U0128619

本书系教育部人文社会科学研究青年基金项目"'美丽经济'—— 近代上海化妆品业研究（1903—1949）"（项目编号：18YJC770042）的阶段性成果。

近代行业史丛书

主编 魏文享

"美丽经济"

近代上海化妆品业研究

（1903—1949）

张 鑫 著

中国社会科学出版社

图书在版编目（CIP）数据

"美丽经济"：近代上海化妆品业研究：1903—1949/
张鑫著 . —北京：中国社会科学出版社，2023.7
　（近代行业史丛书）
　ISBN 978 – 7 – 5227 – 1357 – 1

　Ⅰ.①美…　Ⅱ.①张…　Ⅲ.①化妆品工业—工业史—
研究—上海—1903 – 1949　Ⅳ.①F426.7

　中国国家版本馆 CIP 数据核字（2023）第 022447 号

出 版 人	赵剑英	
责任编辑	刘　芳	
责任校对	杨　林	
责任印制	李寡寡	

出　　　版	中国社会科学出版社
社　　　址	北京鼓楼西大街甲 158 号
邮　　　编	100720
网　　　址	http://www.csspw.cn
发 行 部	010 – 84083685
门 市 部	010 – 84029450
经　　　销	新华书店及其他书店
印　　　刷	北京君升印刷有限公司
装　　　订	廊坊市广阳区广增装订厂
版　　　次	2023 年 7 月第 1 版
印　　　次	2023 年 7 月第 1 次印刷
开　　　本	710×1000　1/16
印　　　张	21.25
插　　　页	2
字　　　数	348 千字
定　　　价	108.00 元

凡购买中国社会科学出版社图书，如有质量问题请与本社营销中心联系调换
电话：010 – 84083683

行业史：理解近代经济多线
程路径的透视点

（代总序）

　　清人叶调元在《汉口竹枝词》中写道："街名一半店名呼，芦蓆稀稀草纸粗。一事令人惆怅甚，美人街上美人无。"这里的"芦蓆""草纸"，都是街道的名称，聚集的是经营此类商品的同业店铺。在汉正街的两侧及江边，还有棉花街、绣花街、砖瓦街、打铜街、花布街、药帮巷、淮盐巷、茶叶巷、茯苓巷等，纵横交错，聚行成市。此外如新安街、宝庆街、黄陂街等，大体也是乡籍商人的汇聚之地。百工百业，行里行外，共同构成名镇汉口的繁盛商业空间。以行业、商品为街巷之名，在工商发达的通都大邑是常见现象。追索原因，实是产业结构和社会分工在城市经济地理空间上的存在映照。随着交通设施、信息技术的革新，行业的市场及空间聚集形态会发生变化，但毫无疑问，行业是社会分工和专业化的直接体现，也是经济产业的中观构成要素。无论是显性还是隐性的，行业的数量、规模、结构及其关联函数，都直接体现并影响着一国一地的经济发展水平和增长方式。

　　在现代化及工业化进程中，行业的分化兴蜕较农业社会更为剧烈。罗斯托（Walt Whitman Rostow）将人类社会发展共分为六个经济成长阶段，在不同的阶段，经济部门是在不断变化更新的。在传统社会阶段，农业是主要部门，手工业和商业处于辅助补充地位。在起飞准备阶段，第一产业或者劳动密集型的制造业得到快速发展。到了起飞阶段，工业和制造业高速成长，成为经济增长的引擎，也推动生产、消费、投资、技术的全面升级。及至成熟阶段、大众消费阶段及超越大众消费阶段，经济增长的主导行业也在不断更替。在经济发展理论及现代化理论的不同学说中，关于经济增长的动力、范式或有不同阐释，但都关注到了先导经济部门及产业分化、升级的重要性。在关于工业革命起源的英国模式和江南道路讨论中，建立在不同资源禀赋基础上的工业结构被认为是技术革命发生与不发生的差异要素之一。如何运用自身的资源及市场禀赋，在关键行业形成比较竞争优势，对于起飞的准备和启动至为关键。不同的行业结构，不只是影响生产和消费，其在不同的产业系统中的组合关联会对技术、市场产生复杂的聚合反应。

中国经济史学界早期在关于资本主义萌芽问题、近代经济发展的中心线索问题、近代资本主义兴起与发展等问题的研究中，已非常关注行业结构，有些议题就是在特定行业之内展开。所论明清时期的资本主义萌芽现象，主要体现在纺织业、矿冶业、制瓷业等，尤其以江南的纺织业为重点考察行业。这些行业经过长期的累积发展，生产规模、市场空间和经营方式都在成长进步，且在区域内形成行业聚集效应。在明清商业革命的论述中，也关注到江南的经济专业市镇以及行商天下的商帮群体。专业市镇的经济基础，已经不是单一的粮食种植或简单的耕织组合，而是高度市场化、专业化的商品生产，蚕业、丝业、丝织、棉布、米业即是其背后的产业依托。徽商、晋商、粤商、鲁商、闽商、江右、龙游、宁波等商帮以血缘、乡谊相连接，构筑会馆，商行天下，但乡帮内还有行帮，行帮内又存乡籍。单一商帮往往在某一个或多个行业内占据比较优势，而难以普遍兼营。步入近代，随着国内国际贸易格局及新兴工商业的发展，中国经济开始发生结构转型和趋势之变。汪敬虞先生强调以资本主义的发展与不发展为中心线索，吴承明先生更重视从传统经济向市场经济的近代化之变，但在具体分析之中，均注意不同行业的近代命运及市场表现。汪敬虞先生主编的《中国近代经济史》，吴承明、许涤新先生主编的《中国资本主义发展史》，都对不同时期的行业结构和变迁路径进行了系统呈现。在史料方面，中国史学会和中国经济学会在1950年代组织了中国近代经济史参考资料丛刊编辑委员会，推动编辑了《中国近代工业史资料》《中国近代手工业史资料》等大型资料集。在20世纪60年代前期和70年代末，为编写《中国资本主义发展史》，中央工商行政管理局与中国社会科学院经济研究所合作，组织编辑了大量行业史、企业史资料，包括卷烟工业、机器、水泥、棉纺、毛纺、缫丝、面粉、火柴、造纸、制药、橡胶、搪瓷等工业行业，还有棉布、百货、国药、新药、粮食、五金器材、进出口等商业行业。到1980年代，上海社会科学院经济所编辑《上海市棉布商业》《上海民族机器工业》《旧中国机制面粉工业统计资料》《上海民族毛纺织工业》等行业史料及上海机器、造纸、缫丝、丝织、卷烟、面粉、五金、百货、棉布、土布等行业史志。这些资料及行业史志的整理出版，揭示了近代主要工商行业的基本面貌，奠定了进一步拓展的学术根基。兹后，在商会史、行会史、工业史、手工业史、商业史、企业史、市场史、商帮史及至城市史研究中，行业结构、行业市场、行业组织都是重要的研究议题和关注维度。

进入21世纪后，行业史研究取得新的显著突破，其重点尤体现在行业经济、行业组织、行业社会等方面。行业经济的关注点是行业的企业构成、市场形态、经营方式、技术特性等议题。这一时期行业史关注的行业范围及规模都大为拓展，除前述一些重点行业外，许多原来关注不足的传统或新兴行业被发掘出来，如典当业、绸缎业、钱业、银行业、书业、出版业、糖业、轮船业、制药业、西服及时装业、咖啡馆业、经纪人业、旅栈业、百货业、自行车业、唱片业、电影业、化妆品业、汽车业、广告业、油料业、食品业、银楼业等。与原来的工业化取向相比，这一阶段的研究增加了对商业、服务业及新兴工业问题的关注，生产、生活和消费都被纳入考察范围。行业组织的研究以同业公会最为集中。在会馆公所、商帮以及商会史的脉络延伸下，同业公会作为新兴的行业组织形态及商会的基层组织，在政府、企业与市场间的角色受到重视。在宏观层面，同业公会的组织、制度及区域内的同业公会结构研究讨论较多。更多的是各行业的同业公会作为研究对象，讨论同业公会在行业秩序、价格机制、经济统制、中外竞争、行业市场等方面的功效。涉及的行业同业公会，以银行业、钱业、丝绸业、机器业等最为集中，在区域方面则以上海、天津、杭州、汉口等地关注度为高。同业公会研究的意义，不仅在于揭示其作为商人团体组织整合者的角色，还揭示出同业商人、企业在理性契约下的行业自治机制。政府也尝试将之纳入财经政令及市场调控体系之中，到战时则以委托—代理的方式赋予其更多的公共职责。行业社会可以说是行业史研究的新取向，其关注问题不只在工业化、现代化的经济指标，还从行业产业链、生产消费关系、消费文化与社会需求、行业与就业、行业商人与地方社会等视角出发，讨论行业在整个社会系统及区域经济中的角色构建。在这一问题关怀下，研究者更加重视"人"在市场和社会中的主体性。不同行业都是基于社会需求而存在，不论是从业者、消费者，雇佣者、受雇佣者，都因行业市场关系而连接。行业社会具有内在的市场关联逻辑，但又是整体经济、社会系统的构成部分。

与此同时，行业史的学术价值也在重新被发现和评估。吴承明教授在《中国的现代化：市场与社会》一书中主张从市场角度来讨论现代化的生发及路径，行业市场是重要着力点。朱荫贵教授对此持赞同意见，他关于近代航运业、近代资本市场的研究，都充分体现了这一问题关怀。2016 年，华中师范大学中国近代史研究所主办的《近代史学刊》第 15 辑发表了"行业经济史研究的问题、方法与视野"笔谈专栏。朱荫贵教授撰文认为，行业史研究具有重要意义，他提出行业史研究必须注意四个方面的问题：近代以来的总体发展趋势；中国近代的行业史是在什么样的一个社会环境中运行；注意政府与经济发展之间的关系；重视资本市场。彭南生教授的笔谈文章认为，"行业经济史是经济史的重要基础，介于宏观与微观之间，上承整体的经济通史，下接单个企业史"，在方法上则有别于经济通史与企业史。樊卫国教授的笔谈文章，提倡从制度的视角，来深化近代行业组织研究。这些讨论充分肯定行业史在经济史系统建构中的重要地位，强调应加强对于各行业发展史的研究。2020 年 11 月，同济大学举办了"中国近代行业发展与社会变迁"青年工作坊。2022 年 8 月，中山大学历史学系承接主办了第二届"中国近代行业发展与社会变迁"学术研讨会。会议提交论文不仅涉及诸多具体行业，也对政府与行业发展关系、抗日战争与行业发展等问题展开讨论。这些新动向说明，学界在一定程度上已经把行业史视为一个相对独立的研究领域来看待。行业不仅是具体的研究对象，还是观察产业结构、经济现代化道路的一个重要视角，行业史本身具有较为特定的问题领域和研究方法。

从问题拓展与视角转换的角度来理解并推进行业史研究，确可为深入探析中国近代经济的演化道路提供一些新的思路。其一，从行业角度开展更多的个案及关联研究，可以对近代中国的产业结构进行解构重建，从而揭示原有工业化、现代化、资本主义经济发展等研究范式下被相对忽视的行业、地区差异。同时，透过行业之链及市场之链，可以进一步探析产业结构的内部关联及现代化的启动密钥。已有研究已经揭示，在近代经济转型进程中，不同行业面临的社会需求变化、竞争环境及技术条件等均有较大差异，因此所谓的工业化、现代化或资本主义化的进度并不一致。单纯以宏大的现代化叙事来对不同行业加以解读，会忽略很多重要的变量信息。在区域、全国及国际的范围内，差异性会更加放大。除了考察具有基础性、战略性的行业外，对于原来关注不足的行业加以讨论，有助于理解近代国民经济体系演化的复杂性。行业史研究不仅要大量拓展研究个案，更重要的是要将之置于整体的产业结构和经济体系之中，分析行业内外的要素流动与市场关系，由此理解行业本身的资源配置方式及系统角色。

其二，经由行业史来连接政策史、企业史、商人史、市场史，可以为理解近代经济的动力、形态、绩效及限度提供更加多维的视野。在近代经济史研究中，政府、企业、商人都是重要的主体，各自角色不同但紧密相关。对后发现代化国家来讲，国家和政府的力量极其重要，经济政策直接影响到企业的经营环境，而商人和企业的经营状况如何，也与市场形态密不可分。企业的兴设及早期发展，主要取决于创新型的企业家及其经营决策，但企业能否得到持续发展与壮大，则受到营商环境、市场机制的制约。现在的研究在以上领域均极为重视，但其中存在的悖论是，谈政策则多论宏观绩效，谈企业多重内部管理，谈商人则聚焦于团体、群体，谈市场言制度易论运行难，各者之间不同程度存在隔离，这对于全面把握政府、企业与市场关系，了解近代经济发展的合力因素并不利。行业立于政府与企业的中观层面，行业组织、行业商人对于政府的经济政策、同业经营环境、行业市场秩序、商人集体利益有全面深度参与。同业公会、商会是商人理性契约下的集体组织，透过其讨论决策、组织行动，可以探知同业企业、行业商人的言行指向。同时，在行业层面，政策、企业、商人及市场也各具特色。在近代商会、同业公会档案以及报刊文论中，有极其丰富的史料。如将之与企业史料相结合，确可加强对近代经济发展道路的融合理解。

其三，从行业维度来考察近代经济要素流动及资源配置情况，可以对近代中国的要素市场及其与产业发展的关系进行深入剖析。近代经济的发展，涉及原料、技术、设备、资本、人才等要素的流动与配置。这不是仅在行业内进行，而是全市场全社会范围内的流动。已有的产业研究和行业研究，均重视对要素市场的考察。在关于资本主义萌芽问题及工业革命的比较讨论中，经济要素、制度、文化等都是重要的观察点。

在近代企业史研究中，这些问题也被视为企业兴衰的关键因素。在中外经济关系及近代行业史研究中，相关的研究也较为丰富。但归纳而言，仍存在一些不足。企业层面的要素考察与行业层面上缺少贯通，行业层面的考察重在内部而与社会关联分析不够。如果再加扩展，某一行业要素需求的解决，均需要其他行业提供支撑，供需之链由此建立，但也相互制约。从行业层面上，对这些问题加以理析，可以与政府、企业及社会层面上的要素流动机制进行对照分析，当可更明确近代行业的要素禀赋。

其四，行业史研究的意义不仅在于经济，还是透视社会的行业构成及"行业社会"的运行实态的重要出发点。早期的行业史研究，关注的主要是经济要素，部分涉及劳资关系。在近代商会、同业公会研究中，对政治参与、社会参与问题有较多关注。但行业的关联范畴并不限于此，从行业的"人"的主体性出发，行业本身也是社会的构成单位。无论是作为雇佣者的东家、企业家、商人或者资本家，还是作为受雇佣者的职员、工人、学徒，或是个体工商业者、摊贩，透过人口、职业、就业以及业缘、乡缘、经济组织的连接，从业者的职业活动及分群结社都使行业成为社会构成的基本维度之一。西方的所谓基尔特社会主义，实际上是将行会组织及其治理功能放大扩张，从而以之替代国家的部分公共职能。在明清时期，会馆、公所在地方上也会扮演着一定的公益角色。以行业来划定社会治理维度，其中内含有一个前提条件是，社会是以行业为单位构成的。各行业的从业者会隶属于企业、商号、同业公会、工会，及至在地区及全国范围内实现行业整合，但在社会参与方面，仍具有相当鲜明的行业本位特性。行业利益、政府委托职能和公共角色未必一致，会对行业组织的集体行动产生阻抑。近代政府在设定同业公会的市场及法律地位时，不仅赋予其合法的经济自治权，同时作为法人，也要承担政府委托职责。在政府强令全国各地设立同业公会之后，行业在地方经济、全国经济体系乃至社会治理中的作用益发凸显。

行业社会的维度之下，强调的正是基于供需关系、同业利益和从业关系而形成的市场关系及社会关系网络。在这一关系网络中，同业内的从业者可以获得经营及生计收入，也得到同业认同，实施集体行动，参与社会。行业之外的人也会以消费者、市民等不同的角色加入其中，获取行业提供的有价商品、服务及公益性的公共产品。从业者本身也会以不同身份参与到其他维度的社会生活圈际，从而使行业社会呈现出开放的特性，但其主体仍是同行业的从业者、经营者及其团体组织。在地域和关系这两个维度上，行业社会的存在形态会有所不同。在地区范围内，同业经营者的聚集就会形成行业特色鲜明的商业街区，使行业社会具有空间上的相对稳定性。放之于全国，行业社会往往是以全国性的行业组织、工会或其他同业商人、企业的联合组织来实现连接整合。前文所指的行业街，其背后的市场及社会逻辑正在于此。从市场的角度来看，地理空间上的聚集也有利于信息沟通和集体协商，可以节约交易成本。如果从行业社会的角度来分析同业内外之交互关系，有助于厘清行业从业者的政治、经济及社会行动逻辑。如果由街区而延伸到城市、区域，甚至是全国和世界，行业的边界也会相应延伸。

行业史拓展有极其丰富的档案史料作为支撑。历来经济史研究，往往欠缺商人、企业、商号及市场方面的史料。原因在于，民间的商人、商号未进入官方的档案整理系统，其日常经营形成的文献易流失散佚。历来常用史料，以食货志、碑刻、方志、赋役等为主。明清不少知名商人能够入传者多非因经营功绩，而是以公益、捐输、艺文彰显。近年来，民间账簿及企业史料的发掘，扩充了近代经济史的史料来源。在行业史方面，最为重要的仍然是商会档案、同业公会档案。自20年代80年代以来，商会档案成为商会史兴起的基础，商会档案中也蕴藏着组织史之外的政治、经济、社会史料。同业公会作为团体会员，与政府、商会的往来函电、组织会商、集体行动也见之于档案之中。正因如此，商会史研究在经历较长时间的繁荣后，仍能在议题、方法上不断保持更新。同业公会档案早期受到关注，但缺少专门的整理与利用。在不少档案馆的编目中，同业公会档案是独立于商会档案之外的，行业数量极多，案卷规模惊人。目前利用较多的，是上海、天津、苏州、汉口、厦门、南昌、重庆等地的同业公会档案。在这些通都大邑之外，在一些中等城市及至县市档案馆中，也都大量的行业档案尘封未用。如能进入研究的视野，不仅能促进区域经济史研究，而且由区域而至全国，可以对各行业的全国分布及发展情况进行更深入的探析。

本丛书定名为"行业史丛书"，立意正在于以行业档案史料为基础，推进对近代行业史的系统研究，进而加强对近代产业结构及经济转型之路的理解。鉴于行业数量繁多，难以尽述，择定近代若干行业，不求完全，意在尝试，希望能够揭示出一些行业的历史轨迹与内在特质。这一计划的起步，最早起于朱英教授主持、个人参与的教育部人文社科研究基地重大项目"中国近代同业公会与当代行业规范"。在 2004 年结项书稿由中国人民大学出版社出版后，深感单纯从制度及宏观层面上的讨论难以触及每个行业的核心发展问题，同时也希望加强贯通研究，又申报了基地项目"近代行业市场及行业秩序"。项目在宏观上继续保持对行业组织、制度及行动逻辑的关注，但重点放在扩展行业个案之上。后来，个人的主要兴趣向财政和税收移转，但对于这一领域的关注一直没有停止，陆续指导了多篇博士论文对近代行业史展开研究。本丛书目前已确定收录的多本著作，大体是在博士论文的基础上修改而来。张鑫博士的《"美丽经济"——近代上海化妆品业研究（1903—1949）》列为第一本，以上海档案馆收藏的化妆品业档案为基础，辅以行业期刊及报纸史料，对外国化妆品的引入传播、民族化妆品工业的兴起、化妆品的营销、化妆品的消费及化妆品与生活等问题进行了深入讨论。化妆品业以往研究较为零碎，本书的出版，可以为近代上海化妆品业的变迁提供较为系统的阐释。庄蕊蕊博士的《近代上海电影院研究》、陈春兰博士的《近代上海的银楼业》这两本著作也是博士论文的成果，同样也使用了上海档案馆的行业档案，试图结合行业内外因素，对行业的兴起、变迁及其在社会、经济及生活维度的影响展开讨论，既揭示行业经济的逻辑，也探讨行业社会的图景。无论是从史料基础，还是从选题来看，这几本著作都具有较强的创新价值。所论行业，也都是此前研究较为欠缺的部分，在一定程度上可以弥补近代产业及上海经济的行业版图。这几位青年学者，也经由行业史的路径前行，进入更为宏阔的研究领域。在此之后，丛书计划仍将继续，关于橡胶业、旅栈业、纺织业等行业的研究成果也会纳入。行业史议题丰富，史料充实，仅凭丛书的数本著作，绝难达致初衷。但行动就是开始，希望本丛书能够激发更多有志者的学术兴趣，期待有不同区域更多行业的历史图景得到展示。

汉口的行业街，上海老城厢的城隍庙，天津卫的估衣街，重庆朝天门的八省会馆，杭州的清河坊，古老的商巷会馆诉说着历史上的繁华。行业聚集，商旅往来，货通天下时，城市与社会都呈现出勃勃生机。近代口岸开通，铁路铺设，轮船驰行，人口、工厂、商号更向中心城市和沿海聚集，经济地理的空间形态发生变化，但行业之链、市场之链的延伸不断突破边界，穿越时空。及至当代，科技园、工业园、开发区遍布九州，成为各地重要的经济增长极，完善产业链、强化比较优势，也仍是其中的重要逻辑。行业史研究，不仅在探究中国早期现代化道路上具有重要意义，也是追索改革开放时代中国产业革命密码、寻求关键产业国际竞争比较优势的历史之基。向上，可以与政府经济管理、宏观经济体系、国际经济格局相连接；向下，可以与同业企业、市场运行、产业升级相呼应；如横向贯通，也可以观察不同行业的经营者、从业者在政治、经济、社会等层面的多元角色。从行业的维度观察产业、社会变迁，可以获得多线程的研究进路和比较经验。期待各领域的学者合力共进！

魏文享

2023 年 4 月 21 日于桂子山

目　录

导　　论

　　追逐美丽是人类生活永恒的主题之一。《1844 年经济学哲学手稿》中马克思提出"劳动创造了美"，他指出"动物只是按照它所属的那个种的尺度和需要来构造，而人懂得按照任何一个种的尺度来进行生产，并且懂得怎样处处都把内在的尺度运用于对象；因此，人也按照美的规律来构造"①，将对美的追求作为人类意识觉醒的关键性一步。车尔尼雪夫斯基提出"美是生活"，高尔基甚至说过"美学是未来的伦理学"。"对美的追求是人类生存意识在心底刻录下来的永远不可磨灭，且代代相传的生存基因密码。"② 素有"美丽经济"之称的化妆品行业，正是为了满足女性的美丽要求而产生的。

一　选题的缘起与研究意义

　　"随着历史观的拓展与史学研究的深入，行业史的研究吸引了不少学者。因传统的行业史多是由行业内的人撰写，基本上是循时间线索，根据技术进步与行业发展的量化统计写成，故而与大历史的关联性不强，且多是见物不见人、见技术不见人。现在，虽然有相当史学素养与训练的青年学者介入此领域，从大历史的角度来解读，使行业史研究进入了新境界。"③ 然关注的焦点还是多集中在热门行业，④ 其实随着新文

---

① 马克思：《1844 年经济学哲学手稿》，《马克思恩格斯全集》第 3 卷，人民出版社 2002 年版，第 274 页。

② 王小珍、朱清华、郑晓江：《灿烂女人花：生命教育女性读本》，福建教育出版社 2013 年版，第 73 页。

③ 陈红民：《"以人为本"书写行业史的新成果——〈新式交通与社会变迁：以民国浙江为中心〉评介》，《民国档案》2008 年第 3 期。

④ 以往对行业史的研究多集中于银行业、烟草业、棉纺织等行业，这些行业因资料相对完整，影响意义较大，故吸引了相对多的注意力。单以银行业为例，中外学者有单纯研究银行变迁史，有研究银行与政府关系的，有研究银行与洋行的金融活动的，还有研究银行公会、银行监管、单个人物与银行关系、银行与工商业关系等方方面面。相对于冷门的行业，这些行业的研究成果无论是在数量抑或在质量上都远远超越。

化史和生活史研究的开展，应该将越来越多的日常行业纳入研究领域。一些原本看似微不足道的对象，也可以成为有学术价值的研究课题。

人们对美的追求从未停止过，而"女性美，是人类全部文明的提纯和结晶"[1]。冰心也曾说：世界上若没有女人，这世界至少要失去十分之五的"真"、十分之六的"善"、十分之七的"美"。女性，既是美的化身，又是对美最执着的追求者。

我国使用化妆品的历史源远流长，三星堆考古发掘的青铜人头像，有一部分"在宽而浓的眉梢上绘以黛色，大而立的眼眶周围描上了深蓝色的眼影，阔而长的唇边涂上朱丹，鼻孔或耳饰孔里也涂有朱色"[2]。可见，远在四千多年前，古蜀先民已然有了美的意识。春秋时，"周郑之女，粉白墨黑"，就是用白粉敷面，黑墨画眉。化妆品备受女子喜爱，可惜古时化妆品种类匮乏、制造方法简陋，与近代新产生的化妆品相去甚远。即便是广受欢迎的扬州谢馥春日用化工厂和杭州孔凤春化妆品作坊，在面对新产生的近代化妆品业时也稍显无力。

近代化妆品业是由国外传入中国的一种新兴工业，采用的是迥异于传统的制造方式和宣传方法，近代化妆品业的诞生，是工业发展和审美变化的结果。审美的变化缘于国人特别是女性，对健康与卫生的认识。早期受医学水平的限制，主宰人们健康观念的是一些巫医和巫术，之后虽陆续有药房的诞生，但人们普遍不关注健康问题。清时，鸦片烟的泛滥，更加重了国人身体的孱弱。

健康一词最初是战前中国知识分子从日语中借用的。通商口岸的陆续开放，在加深中国半殖民地化的同时，也为先进的技术和思想传入中国提供了通道。国人的健康问题，乃至女子的健康问题开始有人关注。时人认为"'多愁善病'的美丽，是不能立足了，妇女们负着的责任重大，岂可再盲从了以前可笑的话，使身体不能强健，我中华二万万的女同胞，都应该负起责任来，和男子一同为国家和民族奋战！"[3] 特别是1927—1937年，随着公共卫生设施的改进和人们受教育程度的提高，上海居民的公共卫生意识和健康观念也得到了一定程度的增强。健康美

---

① 刘华锋：《女性人体审美变迁探析》，《中华女子学院山东分院学报》2003年第4期。

② 陈德安等：《三星堆：长江上游文明中心探索》，四川人民出版社1998年版，第68页。

③ 叶曾骏：《妇女的健康》，《妇女杂志》1930年第16卷第6期。

观念的高涨，使得女性在选择化妆品时，开始注意化妆品的质量和卫生状况，对其制造工艺也开始讲究。

在中国的历史长河中，美是一个重要话题。而将落脚点选在上海，则因为这是一座近代发展状况良好的城市。上海是近代化妆品业的发源地，也因其东临浩瀚的东海，北扼长江口岸，身处长江和黄浦江的入海汇合口，同时也是舶来化妆品的集聚地，在近代化妆品工业的发展变迁史上扮演着重要角色。香港的广生行，我国大规模化妆品工业的鼻祖，1903 年在上海设立发行所，以双妹老牌最为著名，广销各地，自双妹花露水发行后，洋货林文烟花露水即绝迹。"1912 年，方液仙所创上海中国化学工业社诞生。随后，各化妆品厂相继成立，不下七八十家，若加上与化妆品业有关系的团体，则不下百数家，且这其中各大药房之兼制化妆品为副业、与百货杂货商店之经售化妆品业者，犹未记入。"① 至于舶来化妆品，"1922 年，中国对于香妆品的输入，有 2609372 海关两之巨"②，至 1933 年时，"香水脂粉进口，已达 150 余万元"③。上海地区不仅集中了中国最具影响力的化妆品企业，且代表着最新流行的化妆品时尚。

探析美丽经济，不仅可以了解近代经济发展，更重要的是，也可以了解人类社会发展史，它的兴衰变化，从一个侧面反映出社会的更替、风尚之变迁，因而近代化妆品工业的研究是一个有相当发展空间的领域。鉴于此，本书尝试将近代化妆品业置于历史学科的研究方法之下，主要以化妆品业的发展演变为脉络，以商业发展与消费文化为切入点，从商业史和社会史相结合的视角探讨近代化妆品业是如何因应局势产生，又是如何调试商业的发展与社会的融合，尝试揭示近代化妆品业与近代上海社会的互动。

二　学术史回顾与反思

本书的研究不仅涉及化妆品行业本身，而且与女性的妆容文化密切相连，但从目前已有研究状况来看，将两者结合起来的论著仍然极为少见，因而，在学术前史的梳理中，会将两方面的研究成果分开叙述。

---

① 《上海化妆品之调查》，1931 年，上海市档案馆藏，档案号：Q242—1—829。
② 《中国化装品之制造与消耗》，《申报》1928 年 7 月 13 日增刊第 6 版。
③ 《上海妇女五月消耗百十一万》，《妇女共鸣》1934 年第 3 卷第 7 期。

（一）关于化妆品及其行业的研究

对于化妆品的研究，早已有之。民国时期就因现实的需要，有人对化妆品展开探讨。但因化妆品工业作为近代新出现的行业，更多的研究侧重于对其制造方法的考察，目的是"研究及介绍世界科学之应用，并根据科学原理，阐扬中国固有之文化，以致力于中国社会之科学化"。如《香妆品制造大全》《人造香料》《雪花膏之理论及其制法》《最新化装品制造法》《化装品及香料制造法》《香料及化妆品》《化妆品制造》等书，① 均可归结为对化妆品制造法的考察。其中恽福森的《香妆品制造法》，屠祥麟、车志义合著的《化装品及香料制造法》，以及汪向荣所著的《化妆品制造》，可谓每个时期的代表性作品。

恽福森的《香妆品制造法》，缘于"工业为富国之本，制造为工业之基，欲兴工业，当知制造，香妆品为日用所需之工业品"，此书不仅介绍了各类香妆品的化学制造方法，还引入了近代传入的新技术。②

屠祥麟、车志义合著的《化装品及香料制造法》开篇也言明"集合了许多研究自然科学和实用科学的人，想把科学知识，送到民间去，使它成为一般人民的共同智慧。更希冀这种知识散播到民间之后，能够发生强烈的力量，来延续我们已经到了生死关头的民族寿命，复兴我们日见衰颓的中华文化。这样，才大胆地向社会宣告开始我们科学化运动的工作"。全书论述了香料、香精、香水、美颜用品、香粉、口唇用品、毛发用品以及沐浴、熏香、剃须等用品的制造方法。③

汪向荣的《化妆品制造》，也是出于"化学工艺实乃生产事业之初步工作，亦可谓之基本工作，吾人爰由斯着手"，全书介绍了如何运用化学方法制造出颜面化妆品、毛发化妆品、口齿化妆品、手用化妆品以

---

① 恽福森：《香妆品制造大全》，商务印书馆1927年版；朱积煊：《人造香料》，商务印书馆1935年版；王镜璘：《雪花膏之理论及其制法》，中华书局发行所1937年版；郭本澜：《最新化妆品制造法》，商务印书馆1937年版；屠祥麟、车志义：《化装品及香料制造法》，正中书局1937年版；郑尊法：《香料及化妆品》，商务印书馆1939年版；［日］大槻广：《香料及化妆品制造法》，曹沉思译，商务印书馆1939年版；汪向荣：《化妆品制造》，世界书局1944年版。

② 恽福森：《香妆品制造大全》，商务印书馆1927年版。

③ 屠祥麟、车志义：《化装品及香料制造法》，正中书局1937年版。

及浴用化妆品。①

民国时期，国人一方面积极研究化妆品的制造法，另一方面翻译国外化妆品制造法，为己所用。1939 年曹沉思翻译了日本学者大槻广所著《香料及化妆品制造法》一书，也为介绍化妆品制造法。②

虽然民国的著作，以介绍化妆品制造法的为多，但也有其他类目。如对化妆品基本情况介绍的《香料及化妆品》一书，对化妆品行业进行调查的《上海化妆品之调查》一文，以及由中日贸易商品调查所编印的《化妆品》《肥皂》等文，均是从整体上对化妆品业的发展情况作出论述。③

此外，在一些商业史和工业史的论著中也有关于化妆品某一层面的探讨，涉及化妆术、美容常识、化妆品原料、化妆品税费稽征、化妆品名词解释、化妆品商业统计以及化妆品卫生等众多方面。④ 此类著作，最引人注目的是，已开始关注化妆品业与上海社会的互动。例如《上海之工业》有反映化妆品业供求状况的记载，"反观吾国化妆品之供求状况，大概高等品多来自欧美，中下等品则为国内自制，及由日本输入者"⑤。反映洋货化妆品在上海流行的《一年来的国产化妆品业》一文，记载有"虽然本乎近年来国产化装品业之发达，在国内市场上理应把舶来品排斥殆尽，这是必然可以认知的倾向，可是实际上，我们清楚地观察一下所谓化装品市场者，外货之充斥依然占有绝大的势力，这不可不说是一种怪现象。而尤其是国货年一年来，外货化装品之向我国百货公司内输送，非独不见减少，反而激增向上之势"⑥。《上海市年鉴》反映出人民对健康的重视，"香粉类制造，甚多采用宫粉方例，以铅粉

①　汪向荣：《化妆品制造》，世界书局 1944 年版。

②　[日] 大槻广：《香料及化妆品制造法》，曹沉思译，商务印书馆 1939 年版。

③　郑尊法：《香料及化妆品》，商务印书馆 1939 年版；谢青和：《上海化妆品之调查》，沪江大学毕业论文，1931 年；中日贸易商品调查所：《化妆品》，中日贸易商品调查所，1931 年；中日贸易商品调查所：《肥皂》，中日贸易商品调查所，1931 年。

④　徐珂：《上海商业名录》，商务印书馆 1918 年版；孙慕坚：《初小卫生教学法》，世界书局 1933 年版；[日] 野野垣一雄：《上海经济年鉴》，大陆印刷所，1943 年；[日] 富冢铎二：《上海经济年鉴》，中支野田经济研究所，1943 年；农商部总务厅统计科：《第六次农商统计》，农商部总务厅统计科，1920 年；齐敬金：《国防用材核桃木》，商务印书馆 1945 年版；国家事业出版社：《国货年鉴》，国家事业出版社 1934 年版；刘遂生、薛鸿达：《化学与日常生活》，中华书局 1948 年版；财政部税务署：《货物税法规汇编》，1947 年；江蝶：《民众生产指导》，新民书局 1935 年版；蒋乃镛：《上海工业概览》，学者书店 1947 年版；等等。

⑤　上海特别市社会局：《上海之工业》，中华书局 1930 年版，第 53 页。

⑥　国家事业出版社：《国货年鉴》，国货事业出版社 1934 年版，第 128 页。

（碳酸铅）为原料。铅有害肌肤，卫生当局似应检验，加以取缔，而本业工厂尤应束身自爱禁用此项原料而代以锌白、脂肪酸锌为佳"；也反映出化妆品与日常生活的关联，"化妆品工业之制品，以牙膏、香皂、蚊香、花露水、爽身粉、润肤剂等日用品为主，胭脂、口红、唇膏、眉笔产销较狭，故化妆品并非纯粹奢侈品工业，似应正名为日用化妆品工业，以免一般人误解"①。

中华人民共和国成立初期，化妆品相关研究较少，且仍是延续之前的关注制造法，如《做润发膏和生发油》《家常化妆卫生日用品制造法》与《化妆品简易制造法》等著作。② 之后化妆品的研究近乎沉寂，只有对特定化妆常识的了解，如《京剧化妆常识》《电影化妆》《电影化装浅谈》等，③ 因与本书主体无关，在此不做赘述。

直至 20 世纪 80 年代，化妆史的研究开始再次显现，成果渐多。此时期既有延续传统，介绍化妆品工艺的著作，如冯兰宾、袁铁彪编著《化妆品生产工艺》、臧剑士编的《化妆品生产基本知识》以及曾仲韬等翻译森泽尔的《化妆品分析》一书等。④ 也有对化妆品的美容效果进行基本介绍的，郑言的《化妆品与美容》、肖子英的《化妆品学》、相宝荣的《美容与化妆品》等书均属此类。此期还不乏引进的日本对化妆品进行介绍的书籍，如池田铁作《化妆品学》、垣原高志《化妆品实用知识》、小泽王春《奇妙的化妆品》等书。⑤ 另外，还有指导女性如何化妆的，像小林照子、户田净、高富士子、金晓渝、傅小均等人的著

---

① 上海市文献委员会：《上海市年鉴》，上海市文献委员会年鉴委员会，1947 年，第 37 页。

② 雷云生：《做润发膏和生发油》，中华书局 1950 年版；范凤源：《家常化妆卫生日用品制造法》，科学书报社 1951 年版；上海家庭工业社：《化妆品简易制造法》，轻工业出版社 1959 年版。

③ 〔苏〕A. 安德让、IO. 沃尔恰涅茨基：《电影化妆》，罗晓风译，中国电影出版社 1957 年版；孙鸿魁等：《电影化妆》，中国电影出版社 1958 年版；黎新、朋弟：《京剧化妆常识》，中国戏剧出版社 1960 年版；达旭：《电影化装浅谈》，中国电影出版社 1963 年版。

④ 冯兰宾、袁铁彪编著：《化妆品生产工艺》，轻工业出版社 1986 年版；臧剑士：《化妆品生产基本知识》，轻工业出版社 1985 年版；〔美〕A. J. 森泽尔（A. J. Senael）：《化妆品分析》，曾仲韬等译，轻工业出版社 1987 年版。

⑤ 〔日〕池田铁作：《化妆品学》，任犀、李庄稼译，轻工业出版社 1983 年版；〔日〕垣原高志：《化妆品实用知识》，邬曼君译，轻工业出版社 1985 年版；〔日〕小泽王春：《奇妙的化妆品》，光存译，黑龙江人民出版社 1986 年版；郑言、李芬：《化妆品与美容》，山东人民出版社 1986 年版；肖子英编著：《化妆品学》，天津教育出版社 1988 年版；相宝荣编著：《美容与化妆品》，轻工业出版社 1982 年版。

作，皆为此种。① 国外著作如关于审美的，有玛丽·吉福根、菲力斯·陶奇－斯帕奇特的《仪表与着装》一书，最先从审美的角度，按照不同的年龄阶段和身体条件，介绍通过饮食保健、化妆和服装的选择，来体现仪表的个性美的知识。② 而国内此时期对化妆品史研究虽多，但多是将化妆品放到日用生活品类下，与日常必需品联系在一起。如梁梦兰、陶春林、王锡臣的《日用化学知识：洗涤、美容、营养》，通俗易懂地阐述了与日常生活密切相关的洗涤清洁、化妆美容、食品营养的化学知识，介绍的化妆品也仅仅是说明适用范围、使用方法及保存时应注意的问题，是为了正确选购和科学使用这类日化用品。③ 苏珊、梁惠珠编译的《现代女性美的自我完善》，也仅是从化妆的方法、原理入手，细致地阐述了脸部、身体、手脚、服饰等方面的 60 多个问题。④ 相对于专业的书籍，这一时期的著作更类似科普著作。

　　90 年代后，化妆史的研究成果丰硕起来。如阎世翔、光井武夫、卫卉红、包于珊、李芳怀、许远景等人或从化妆品的特性出发，或从消费者权益出发，或为了论述化妆品的原理，统统选择对化妆品学进行介绍。⑤ 汪洋、何爱华、王高松、陈成章、赵振新、张云华等人，则从卫生的角度出发，探讨化妆品与健康的关系。⑥ 然而，在化妆品广为流行时，也有学者提出不同意见，认为化妆品是危险的。日本学者郡司笃孝

---

　　① ［日］小林照子：《最佳美容化妆》，高土平、刘小立编译，工人出版社 1985 年版；［日］户田净：《正确保养与化妆知识》，大鸿图书公司 1988 年版；［日］高富士子：《化妆入门》，广东旅游出版社 1988 年版；金晓渝编著：《现代女性化妆手册》，东南大学出版社 1989 年版；傅小均等编著：《教会您日常生活化妆》，团结出版社 1989 年版。

　　② ［美］玛丽·吉福根、菲力斯·陶奇－斯帕奇特：《仪表与着装》，赵燕华译，轻工业出版社 1986 年版。

　　③ 梁梦兰、陶春林、王锡臣编：《日用化学知识：洗涤、美容、营养》，新时代出版社 1988 年版。

　　④ 苏珊、梁惠珠编译：《现代女性美的自我完善》，学林出版社 1989 年版。

　　⑤ 阎世翔编：《化妆品科学》，科学技术文献出版社 1995 年版；［日］光井武夫主编：《新化妆品学》，张宝旭译，中国轻工业出版社 1996 年版；卫卉红编著：《化妆品》，中国人事出版社 1997 年版；包于珊主编：《化妆品学》，中国纺织出版社 1998 年版；李芳怀、许远景编著：《内在化妆品》，安徽科学技术出版社 1999 年版。

　　⑥ 汪洋、何爱华等编著：《化妆品与人体健康》，四川科学技术出版社 1990 年版；王高松编著：《化妆与健美》，上海科学技术文献出版社 1990 年版；陈成章、赵振新等编著：《化妆品与家用化学品卫生》，人民卫生出版社 1994 年版；张云华等编著：《化妆品与美容卫生指南》，山东大学出版社 1996 年版。

先生连续撰文《可怕的化妆品 1000 种》《续可怕的化妆品 1000 种》，"诉说"化妆品的可怕。前田久代等所著《化妆品与过敏》一书，也是告诫女性，化妆品有风险，使用须谨慎。① 国内学者刘纯洁在所著《危险化妆品》一文中也提出相同看法，认为使用化妆品是存在危险的，并提醒消费者注意，不要滥用化妆品，不要盲目依赖化妆品，不要忘记了化妆品中某些化学物质的危害性。②

进入 21 世纪，关于化妆品的研究更是深入方方面面。有关注化妆品质量问题的，如梁益圃、秦钰慧、王红、赵同刚等。③ 有"解密"化妆品的，如塞缪尔·爱泼斯坦、兰德尔·菲茨杰拉德、张丽卿、具熙宴、李银珠等人。④ 还有人考察化妆品的推销技巧，如李纲、龚震波、王颂舒、李金泉等人。⑤ 更有人注意到化妆品之间暗藏的"战争"，最具代表性的为美国学者杰弗瑞·琼斯的《美丽战争：化妆品巨头全球争霸史》一书，杰弗瑞·琼斯作为哈佛商学院商业史教授，担任欧洲商业史协会和美国商业史会议的主席，亦是《商业历史评论》（*Business History Review*）的特约编辑，撰写和编辑过的许多商业史方面的图书和论文都曾获奖。该书译者王苗为管理和营销战略专家，上海家化联合股份有限公司董事、总经理，兼任佰草集化妆品有限公司董事长、上海双妹实业公司董事长。另一译者顾洁，为品牌管理、市场研究、营销传播等方面的独立咨询师。这本绝妙的美容化妆品行业历史书，回顾了该行业从 19 世纪世界美容化妆品业萌芽到今天美容化妆品业全面繁荣的发展历程，探析了当今全球美容化妆品业巨头们的成

---

① ［日］前田久代等：《化妆品与过敏》，廖梅珠译，青春出版社 1996 年版。
② 刘纯洁：《危险化妆品》，科学普及出版社 1992 年版。
③ 梁益圃总主编：《商品质量与真伪识别3》，学苑出版社 2003 年版；秦钰慧主编：《化妆品管理及安全性和功效性评价》，化学工业出版社 2007 年版；轻工业标准化编辑出版委员会编：《中国轻工业标准汇编（化妆品卷）》，中国轻工业出版社 2008 年版；王红等：《〈化妆品标识管理规定〉实施指南及相关法律法规选编》，中国标准出版社 2009 年版；赵同刚：《化妆品法制化管理与研究》，人民卫生出版社 2012 年版。
④ ［美］塞缪尔·爱泼斯坦、兰德尔·菲茨杰拉德：《化妆品的真相》，卢姝姝译，重庆出版社 2011 年版；张丽卿：《化妆品好坏知多少》，上海科学技术文献出版社 2002 年版；［韩］具熙宴、李银珠：《化妆品王国的秘密》，王琳译，商务印书馆国际有限公司 2011 年版。
⑤ 李纲主编：《化妆品营销知识与技能》，中国劳动社会保障出版社 2007 年版；龚震波、王颂舒：《美容化妆热销有绝招》，中国经济出版社 2009 年版；李金泉、肖玉霞：《化妆品推销》，高等教育出版社 2011 年版。

长过程。从中不仅可以了解到一代又一代的企业家如何缔造了那些代表对美的理解的品牌，以及国际大公司如何在本国和世界范围内对这些品牌进行营销，还可以了解到一度只为上流社会专享的化妆品是如何大众化的。① 其他类似著作，像武斌的《美丽的战争》，讲述了身体美学的历史与文化，② 琳蒂·伍哈德《美丽的战争》一书，讲述了雅顿和赫莲娜争夺化妆品女王桂冠的世纪之战。③

　　还有些人关注中医药材在化妆品中的应用，如闻荃堂、周欣初、刘华钢、刘德军、李桂英、黄霏莉等人对此均有专著。此类著作多是作为一门新兴的边缘学科，随着社会的发展和需求而诞生的。它的特点是将中药的有效物质运用到化妆品中，充分发挥中药的嫩肤、祛斑、除痘、美白、黑发、美发、洁齿、护齿等特殊作用。以便建立和完善中药化妆品学的独特的理论，研制各类中药化妆品。④

　　与此同时，一些以化妆品为研究对象的学位论文也开始出现。国内方面，朱玉武考察了化妆品营销渠道，⑤ 刘霞分析了女性化妆品消费的审美心理，⑥ 张超探讨女性化妆品的包装设计，⑦ 王金阳以 1910—1936 年的《申报》化妆品广告为例，探究了民国时期女性形象的嬗变，⑧ 郝玉娟研究了化妆品企业经营策略问题，⑨ 邓坤源则梳理了化妆品的消费税情况。⑩

―――――――――

① ［美］杰弗瑞·琼斯：《美丽战争：化妆品巨头全球争霸史》，王苗、顾洁译，清华大学出版社 2011 年版。

② 武斌：《美丽的战争》，时代文艺出版社 2002 年版。

③ ［美］琳蒂·伍哈德：《美丽的战争》，庄千慧译，晨星出版有限公司（台湾）2004 年版。

④ 闻荃堂等编著：《美容美发中医古方》，金盾出版社 1997 年版；周欣初：《天然中草药化妆品》，渡假出版社 1998 年版；刘华钢主编：《中药化妆品学》，中国中医药出版社 2006 年版；刘德军主编：《现代中药化妆品制作工艺及配方》，化学工业出版社 2009 年版；李桂英编著：《〈本草纲目〉中的美容秘方》，中国纺织出版社 2010 年版；黄霏莉、余靖主编：《中医美容学》，人民卫生出版社 1997 年版。

⑤ 朱玉武：《美容化妆品营销渠道的研究》，硕士学位论文，湖南农业大学，2009 年。

⑥ 刘霞：《女性化妆品消费的审美心理研究》，硕士学位论文，山东师范大学，2010 年。

⑦ 张超：《女性化妆品包装设计研究》，硕士学位论文，山东大学，2010 年。

⑧ 王金阳：《民国时期女性形象的嬗变——以〈申报〉1910—1936 年化妆品广告为例》，硕士学位论文，山东大学，2013 年。

⑨ 郝玉娟：《化妆品企业经营策略问题研究——以上海家化为例》，硕士学位论文，中国海洋大学，2014 年。

⑩ 邓坤源：《基于公平视角的我国化妆品消费税研究》，硕士学位论文，上海海关学院，2015 年。

　　国际上，以化妆品为视角所作的学位论文也数量众多，但多是针对现代化妆品展开的研究，故在此不多展开，只选取有代表性的几篇文章作简要介绍。芬兰学者 Jingxuan Liu 以 Skinfood 公司为个案，研究了影响化妆品选择的诸项因素，[①] 美国学者 Perrine Alma Dehield 探讨社会审美标准是如何来影响化妆品行业的发展的，[②] 美国学者 Hwa Soon Yun 的《美国国内美容业向亚洲新兴市场拓展的经营战略分析》一文，则研究了全球美容行业的概况，研究了美容行业的经营策略，最终将落脚点放在扩展亚洲化妆品销售市场上。[③] 丹麦学者 Silvia Menendez 探究了化妆品行业行销过程中，所进行的欺诈性广告宣传，如珀莱雅化妆品宣传的"改变自己"就属于虚假广告。[④] 瑞典学者 Emina Busatlija、Mia - Berentje Land 和 Anne N. Mathieu 与时俱进，探讨了化妆品行业应该如何运用社交媒介谋求发展。[⑤]

　　另外，近些年来的不少论文也将目光移向化妆品这一广阔的领域。化妆品营销行为方面，曹慧娟、张琳、胡洪亮、汪丽丽、常洁等从整体出发，考察了我国化妆品营销策略、营销渠道以及未来发展的新趋势。[⑥] 具体化妆品广告方面，肖燕雄、彭凌燕以《申报》上美容、化妆品广告为中心，探讨了 30 年代对女性美的消费问题。[⑦] 李雷兵、黄炜

---

① Jingxuan Liu, *Factors Affecting the Choice of a Cosmetic Brand：A Case Study of Skinfood LTD*, Bachelor Thesis, Laure a - ammattikorke akoulu, 2013.

② Perrine Alma Dehield, *Breaking Beauty Barriers：How the Evolution of Societal Beauty Standards Impacts the Luxury Cosmetic Industry*, Master Thesis, Savannah College of Art and Design, 2014.

③ Hwa Soon Yun, *Business Strategy Analysis of Domestic Beauty Business in the USA Expanding towards Emerging Asian Markets*, Master Thesis, California State University, 2014.

④ Silvia Menendez, *Deceptive Advertising in the Cosmetic Industry*, Master Thesis, Roskilde University, 2014.

⑤ Emina Busatlija, Mia - Berentje Land, Anne N. Mathieu, *How Could Cosmetic Companies Use Social Media In Times of Crisis*, Bachelor Thesis, Jönköping University, 2014.

⑥ 曹慧娟：《浅谈我国化妆品营销渠道模式》，《市场周刊》2004 年第 7 期；张琳：《论化妆品营销渠道现状及发展趋势》，《商业时代》2008 年第 20 期；胡洪亮：《基于女性消费者心理的化妆品营销组合策略研究》，《企业经济》2010 年第 10 期；汪丽丽：《化妆品营销渠道模式分析》，《河南农业》2011 年第 24 期；常洁：《基于女性消费心理的化妆品营销策略》，《日用化学品科学》2012 年第 5 期。

⑦ 肖燕雄、彭凌燕：《三十年代对女性美的消费——以〈申报〉美容、化妆品广告为中心》，《湖南师范大学社会科学学报》2013 年第 2 期。

则基于女性消费心理，探析化妆品广告策略。① 朱晓伟、张红茹、刘云、陈伶俐通过对化妆品广告的调查，解读了广告中女性角色的异化现象。② 路宏伟、王清洁以上海报刊为例，解析民国报纸中美容、化妆品类广告的宣传特点。③ 同时，还有学者对化妆品的消费心态进行研究，如朱维明、林道农、李立、牟发章、周军等。④ 化妆品研究的多路径，也吸引了台湾学者的注意力。赵国评、陈庆荣、吴珮瑄等论述了香料与化妆品的变迁史，⑤ 吴佩玲、谢文雀、胡同来、林素如等研究了化妆品品牌建设的重要性。⑥ 许淑惠、李世聪则另辟蹊径，将结合面相学与数据分析的技术，运用于化妆品市场行销，找出相同面相特征顾客的消费习惯与趋势。⑦

　　除此之外，在一些会议论文集中，也有一些文章涉及对化妆品的研究，而中草药作为研制化妆品的热门材料，此类论文自然也不在少数。2004 年，阎世翔的《中草药在化妆品中的应用》一文，即指出近十多年来，以作用温和又具有一定功效的中草药提取物作为天然物添加剂，应用于化妆品中已成为新产品开发的热点，并阐述了我国发展中草药化妆品的优势、应用于美容化妆品的中草药化学成分和药理作用，以及有关中草药化妆品的概念和产品研制的理念。胡国胜提交

　　① 李雷兵、黄炜：《基于女性消费心理的化妆品广告诉求策略》，《市场研究》2010 年第 2 期。

　　② 朱晓伟、张红茹：《从化妆品广告看广告中女性形象异化》，《新闻世界》2010 年第 4 期；刘云：《现代广告中女性身体审美观的物化倾向》，《新闻传播》2013 年第 6 期；陈伶俐：《解读化妆品广告中的女性形象》，《教科文汇》2014 年第 7 期。

　　③ 路宏伟：《20 世纪 20 年代—30 年代上海报刊上的化妆品广告分析》，《内江科技》2011 年第 8 期；王清洁：《淡妆浓抹皆相宜——浅析 1931 年 2 月〈申报〉的美容、化妆品广告》，《知识窗》（教师版）2015 年第 1 期。

　　④ 朱维明：《当今化妆品消费五心态》，《中国化妆品》1994 年第 1 期；林道农：《化妆品消费心态》，《中国化妆品》1994 年第 4 期；李立：《化妆品消费的九种心态》，《医学美学美容》1997 年第 3 期；牟发章：《化妆品消费的十种心态》，《中国化妆品》1996 年第 1 期；周军：《女性化妆品消费心理及营销策略探析》，《中国集体经济》2009 年第 3 期。

　　⑤ 赵国评、陈庆荣：《谈香料与化妆品》，《林业研究专讯》（台湾）2008 年第 3 期；吴珮瑄：《香料的新趋势及应用》，《化工》（台湾）2008 年第 3 期。

　　⑥ 吴佩玲：《百货公司化妆品专柜再购行为之研究》，《建国科大学报》（台湾）1997 年第 2 期；谢文雀、胡同来、林素如等：《促销活动、品牌形象、顾客满意度、再购意愿之研究——开架式化妆品实证》，《台北科技大学学报》2012 年第 1 期。

　　⑦ 许淑惠、李世聪：《面相影响化妆美容产品消费行为之研究》，《数据分析》（台湾）2010 年第 4 期。

的《中草药化妆品的现状和市场机会》，从技术、文化背景、产业链和市场机会等方面对目前中国市场上采用中草药成分开发化妆品的现状及前景作了分析，并且认为，随着我国在经济、技术、法规以及消费者成熟度方面的进步和国际交流的增加，中草药化妆品将会有很大的市场空间和产业发展前景。2012 年，杨万政、李晓霞、李意芳的《红花作用及在化妆品中的应用》，介绍了红花的化学成分及药理作用的研究现状，探讨了红花在化妆品中的应用和前景，为开发红花类化妆品提供了一定的理论指导。2013 年李林子、赵岩等合著的《美容的中医药渊源与中药化妆品研究进展》一文，对中药化妆品的历史渊源、概念、特点与优势进行概述，并介绍了目前国内对中药化妆品研究的进展。同时，指出了中药化妆品的发展瓶颈，提出了一些发展性的建议。① 此类文章不胜枚举。另外，也有少许其他主题的文章出现。如范瑛、宋坪的《中国传统美容与化妆品》，即对中国传统化妆品进行说明。② 《广告学研究》论文集中，《殖民现代性、美与卫生》一文，吴咏梅以《盛京时报》中的日本化妆品及医药广告为例，思考日货在华销售过程中如何结合在地的社会文化需要，以营造一种"现代日本化学产品是高级的现代物质文化产品、健康美容文化是时髦的精英文化，产自日本的东洋货可实现匹敌于西欧各国的生活文化的西方化、近代化和合理化"的印象，并传播出去，让当地的女性消费者接受。③ 孙秀慧、陈仪芬以《台湾日日新报》化妆品广告为例，论述了"女性美"的构建。④

---

① 胡国胜：《中草药化妆品的现状和市场机会》，《中国化妆品》2004 年第 3 期；阎世翔：《中草药在化妆品中的应用》，首届中国中医药美容学术交流大会论文，北京 2004年；杨万政、李晓霞、李意芳：《红花作用及在化妆品中的应用》，2011 中国上海第二届全国香料香精化妆品洗涤用品食品添加剂专题学术论坛论文，2011 年；李林子、赵岩等：《美容的中医药渊源与中药化妆品研究进展》，2012 转化医学与中医现代化高峰论坛论文，浙江杭州 2012 年。

② 范瑛、宋坪：《中国传统美容与化妆品》，2015 年全国中西医结合皮肤性病学术年会论文，湖南长沙 2015 年。

③ 吴咏梅：《殖民现代性、美与卫生：以〈盛京时报〉的日本化妆品及医药广告为中心》，《广告学研究》（台湾）2013 年 7 月。

④ 孙秀慧、陈仪芬：《"女性美"论述之构建：以〈台湾日日新报〉化妆品广告为例》，《广告学研究》（台湾）2013 年 7 月。

（二）关于妆容史的研究

有关中国女性妆容史的研究，出现较晚，20 世纪 80 年代后才零星出现。周汛、高春明的《中国历代妇女妆饰》一书，为此类题材的开山之作。著作以生动的文字、丰富多彩的图片资料，展示了中国古代各个时期妇女的生活风貌和装饰习俗，展现了整体的"历代女性时世妆"①。作为最早介绍中国古代妆饰造型的书籍，该书具有开创性作用。可惜的是，妆容史仅在面饰一篇中涉及，其对于古代妆饰的描述也并非翔实。其后，连仲元、庞玉坤著《东方女性化妆美》以及雷毓华、付小燕合编《东方女性美容化妆》一书，均讲述了化妆后的东方女性美。②

汪维玲、王定祥合著《中国古代妇女化妆》一书于 1991 年出版，相较于《中国历代妇女妆饰》，该书对古代妇女的美容、化妆，进行了更为全面的阐述，同时也揭示了古代妇女美容、化妆、佩饰的审美意识、审美情趣的渊源和发展轨迹。③ 随后，冯世伦等编著的《历代化妆美容秘方》揭秘古代女子美容秘方。④ 王琳的《中国美容发展史略》一文，则从考证中国医学对美容的研究出发，叙述了具有中国特色的中医美容法。⑤

21 世纪，越来越多的学者开始关注这一领域，学术成果不断问世，无论在研究的深度还是广度上，都有很大的进步。2000 年，李秀莲著《中国化妆史概说》出版，该书从各个时代的社会背景及服饰特色出发，采用通俗的语言概述了从上古至 20 世纪 90 年代我国女性化妆术的发展变迁史，是介绍女性妆容史的一部重要通史类著作。⑥ 其后，李芽所著《中国历代妆饰》有异曲同工之处。该书详尽地介绍了中国从原始社会一直到 20 世纪末这一漫长的历史时期中妆饰领域的基本发展状况，其中化妆又细分为绘身、文身、女子面妆、眉妆、眼妆、唇妆、面饰、护发护肤品、缠足及男子化妆几个分支，基本上涵盖了妆饰领域的

① 周汛、高春明：《中国历代妇女妆饰》，学林出版社 1988 年版。

② 连仲元、庞玉坤：《东方女性化妆美》，天津科技翻译出版公司 1990 年版；雷毓华、付小燕编：《东方女性美容化妆》，农村读物出版社 1990 年版。

③ 汪维玲、王定祥：《中国古代妇女化妆》，陕西人民出版社 1991 年版。

④ 冯世伦等编著：《历代化妆美容秘方》，山西经济出版社 1993 年版。

⑤ 王琳：《中国美容发展史略》，《河南中医药学刊》1995 年第 5 期。

⑥ 李秀莲：《中国化妆史概说》，中国纺织出版社 2000 年版。

方方面面。难能可贵的是，该书对各个历史时期的妆饰特色进行了总结和归纳，是一部比较详细地研究中国历代妆饰史及妆饰文化的学术著作。① 2014 年，李芽《漫话中华妆容》出版，该书以言简意赅的方式，深入浅出地全面展示了中华传统妆容的整体面貌。② 此外，徐莉的《妆容形象的视觉设计》、艾冰的《美人装扮》以及陈芳等的《粉黛罗绮：中国古代女子服饰时尚》等书，对于古代的妆容也均有涉及。③ 这些均是可以慢慢品味的妆容好书。

除了专著之外，一些论著中也有对妆容史某一层面的探讨。陈丽萍、高梅进、崔小蒙、黄伟婷、刘小琦等人分别对特定朝代的妆容进行论述，其中又以对唐朝妆容的关注为最。④ 葛蓓、乔楠、洪惠娟、赵恒梅、张国斌、范丽等人则从关注当代出发，考察了唐代妆容与当今时尚的关联性。⑤ 刘艳红从唐代诗词记载的女性妆容，尤其是面部妆容入手，着重探讨了这些妆容背后的"生殖"文化意蕴。⑥ 赵炜璐、杨微以唐代女性妆容为载体，研究了唐代的审美趣味。⑦ 吕晓洁则从生产方式、人的觉醒、玄学兴起和人物品评等方面探讨了魏晋南北朝时期，男子"傅粉施朱"的时尚。⑧ 张文雅、马志明、陈华伟等人考察了中草药应用于现代美容的可

① 李芽：《中国历代妆饰》，中国纺织出版社 2004 年版。
② 李芽：《漫话中华妆容》，东华大学出版社 2014 年版。
③ 徐莉：《妆容形象的视觉设计》，东南大学出版社 2005 年版；艾冰编著：《美人装扮》，湖南美术出版社 2011 年版；陈芳等：《粉黛罗绮：中国古代女子服饰时尚》，生活·读书·新知三联书店出版社 2015 年版。
④ 陈丽萍：《唐代女性妆容七步曲》，《乾陵文化研究》2010 年第 00 期；高梅进：《浅析春秋战国时期的妇女妆容》，《管子学刊》2011 年第 2 期；崔小蒙：《浅析唐代仕女面妆与发式之美》，《中国民族博览》2015 年第 16 期；黄伟婷：《浅析唐代长安地区不同时期的女子妆容》，《青年文学家》2015 年第 21 期；刘小琦：《唐代女性面部妆容特点及其变化原因》，《艺术品鉴》2014 年第 10 期；李翠华：《唐代女性妆饰习俗初探》，硕士学位论文，湘潭大学，2007 年。
⑤ 葛蓓、乔楠：《解析唐代妆容对当今时尚界的影响》，《郑州铁路职业技术学院学报》2008 年第 2 期；洪惠娟：《唐代彩妆风格应用与现代彩妆设计之研究》，《美容科技学刊》（台湾）2011 年第 2 期；赵恒梅、张国斌：《唐代时世妆的当代演变》，《吉林艺术学院学报》2014 年第 2 期；范丽：《唐代仕女面妆的符号特征及对现代时尚影响的研究》，硕士学位论文，江南大学，2009 年。
⑥ 刘艳红：《女性妆容生殖崇拜考》，《长江师范学院学报》2015 年第 4 期。
⑦ 赵炜璐：《浅析唐代女性妆容的审美趣味》，《山东工艺美术学院学报》2013 年第 3 期；杨微：《女性服饰妆容与唐代审美趣味研究》，硕士学位论文，西北大学，2011 年。
⑧ 吕晓洁：《魏晋南北朝士人妆饰时尚现象之探讨》，《鸡西大学学报》2013 年第 7 期。

行性。① 王星光、李华锋从基本护肤、唇饰、粉妆、胭脂、眉饰等方面入手，展开全方位论述，勾勒出了一幅古代女子面妆美容的生动画卷。② 吕婧华探讨了 19 世纪 30 年代至 21 世纪，大众服饰、妆容的审美变迁轨迹，指出任何历史时期都有标志性的主流审美观念，它与一定时代的特征相关，且受到社会发展水平和社会生活条件的制约。③ 姚惠明、梁牧原考察了妆容与古典诗词的联系，借此得出：作为审美对象的人物造型设计，其经典的造型设计背后必然隐藏着深厚的美学价值。④ 此外，贾云艳从中外各个历史时期的妆容看中外时尚潮流，得出中外女性在对拥有白皙肤色的执着、眉毛的精细刻画，以及对面靥的装饰等方面有相通之处，指出中外文化不同地区之间存在相近或相同的审美情趣。⑤ 章一帆则与其相反，其《浅谈从意象到具象的妆饰美》一文，分析古今妆容、面相、服饰审美观的区别，引发对现代审美趋势的思考。⑥

除此之外，一些论文集也触及相关研究。邱靖嘉考察了辽代妇女"黄物涂面"的"佛妆"，从梳理零星的"佛妆"史料入手，纠正前人的错误理解，厘清"佛妆"与"额黄"的区别，并借助于对其他朝代类似习俗的考察，追寻"佛妆"的渊源。⑦ 胡琼、何枰凭以长沙市博物馆藏数量颇多的妆饰文物为依托，探究出清代长沙民众日常妆饰具有的四个特点：朴素而清新；大量应用翡翠小件；追求局部的艳丽；吸收了明清贵族妆饰的精美之处，并化繁为简、化大气奢华为小巧精致，以适

---

① 张文雅、马志明、陈华伟等：《中草药萃取应用于美容之可行性研究》，《美容科技学刊》（台湾）2012 年第 1 期。

② 王星光、李华锋：《中国古代妇女面妆美容略论》，《华北水利水电学院学报》（社会科学版）2007 年第 2 期。

③ 吕婧华：《从明星照看现当代大众服饰妆容审美变迁》，《陕西教育》（高教版）2011 年第 9 期。

④ 姚惠明：《淡妆浓抹总相宜——古典诗词与当代女性妆容的设计》，《戏剧丛刊》2012 年第 5 期；梁牧原：《妆容与服饰在宋词中的作用》，《赤峰学院学报》（汉文哲学社会科学版）2015 年第 3 期。

⑤ 贾云艳：《浅谈中外时尚渊源——以中外历史特色妆容为例》，《科学与财富》2012 年第 7 期。

⑥ 章一帆：《浅谈从意象到具象的妆饰美》，《金田》2013 年第 1 期。

⑦ 邱靖嘉：《"洗尽铅华试佛妆"——辽代妇女面饰习俗探析》，辽金历史与考古国际学术研讨会论文，辽宁沈阳 2011 年。

用于民间。①

另外，特别值得一提的是，卢秀文以敦煌壁画中的妇女为研究范本，通过考察这一时期的妆饰文化，以系列论文的形式，展现了整个古代妇女妆饰史的盛衰及审美观的递嬗。②

此外，关于美容文化的论著，也有几篇。知缘村的《闻香识玉：中国古代闺房脂粉文化演变》，作为一本别开生面的关于妇女文化方面的书，重点介绍了闺房脂粉文学、化妆梳理用具与脂粉文化，上起先秦，下迄清末，论及闺房文化与时代政治、宗教、文学和绘画等方面的联系，叙述范围广泛。③ 龙夫所作《中国少数民族的美容文化》，把中华民族的美容习俗、化妆艺术与民族精神和民族文化联系在一起。④ 张平、刘宁等人指出盛唐时期的美容发展，不仅反映了妇女的美容风气，亦反映出了当时的社会经济与政治力量的强大。⑤ 杨素瑞的《从盛唐经典女性形象看唐人的审美风尚》，以盛唐时期在社会上具有代表性的女性的经典形象为依托，考察了当时人们的审美意识和流行风尚。⑥ 何燕的《古代中国女性美容文化初探》一文，从文物资料和文学作品所体现出的古代女性容颜审美活动的相关记载出发，勾勒出中国女性美容习俗的形成过程，阐释了古代女性对于容颜美的审美观念，展示了中国古代审美文化的博大精深。⑦ 鞠萍《民国时期审美观与上海女性美容妆饰

---

① 胡琼、何枰凭：《馨香秀色——清代长沙妇女妆饰文化》，中国博物馆协会城市博物馆专业委员会第五届学术年会，四川广安 2013 年。

② 卢秀文：《中国古代妇女眉妆与敦煌妇女眉妆——妆饰文化研究之一》，《敦煌研究》2000 年第 3 期；卢秀文：《敦煌壁画中的古代妇女饰唇——妆饰文化研究之二》，《敦煌研究》2004 年第 6 期；卢秀文：《敦煌壁画中的古代妇女红粉妆——妆饰文化研究之三》，《敦煌研究》2005 年第 6 期；卢秀文：《敦煌壁画中的妇女面靥妆——妆饰文化研究之四》，佛教艺术与文化国际学术研讨会论文，甘肃兰州 2004 年；于倩、卢秀文：《敦煌壁画中的妇女花钿妆——妆饰文化研究之五》，《敦煌研究》2006 年第 5 期；卢秀文：《敦煌壁画中的妇女首饰簪花——妆饰文化研究之六》，《敦煌研究》2007 年第 6 期；卢秀文：《敦煌壁画中的妇女饰黄妆——妆饰文化研究之七》，《唐史论丛》（第 11 辑），2009 年。

③ 知缘村：《闻香识玉：中国古代闺房脂粉文化演变》，上海三联书店出版社 2008 年版。

④ 龙夫：《中国少数民族的美容文化》，《中国民族博览》2000 年第 2 期。

⑤ 张平、刘宁等：《盛唐时期的美容发展初探》，第四届华东六省一市整形外科学术会议暨 2007 年浙江省整形、美容学会议论文，浙江温州 2007 年。

⑥ 杨素瑞：《从盛唐经典女性形象看唐人的审美风尚》，中国民族学学会 2004 年年会论文，北京 2004 年。

⑦ 何燕：《古代中国女性美容文化初探》，《中华女子学院学报》2002 年第 1 期。

（1927—1937）》一文，考察了 1927—1937 年，上海女性的美容妆饰，指出其呈现出多元性、时尚性、创新性、盲目性和差异性等特点，而上海女性美容妆饰的这些特点对社会经济、生活、观念又产生了一定的影响。① 张晓梅、刘进合著《中国美容美学》一书，从历史和现实两个层面梳理了中华五千年美容文化，并广泛借鉴自然科学、社会科学领域的大量优秀成果，建立了中国美容美学理论的体系。② 张苇航在《中医药美容文化管窥》中，以《永乐大典》残卷所录美容医方为例，指出了中医药在美容方面的应用特点，并指出这也反映出当时的社会文化状况。③ 吕姿莹的《古艺今妆：妇女容貌美学与化妆研究——从中国古代文献与艺术品取样》一文，从中国古代文献与艺术品入手，采取个案研究方法探讨化妆与造型的美学观点，并再现文献中的妇容形象。④ 郑富元《论人类美容史》从宏观上论述了人类的美容史与美容文化。⑤

（三）对近代上海消费文化的研究

对于消费文化的探讨，早已有之，且成果众多。有关于全国乃至东南亚的，⑥ 亦有侧重区域的；⑦ 有侧重消费结构与消费性质的，⑧ 也有探

---

① 鞠萍：《民国时期审美观与上海女性美容妆饰》，硕士学位论文，华中师范大学，2008 年。

② 张晓梅、刘进：《中国美容美学》，四川科学技术出版社 2002 年版。

③ 张苇航：《中医药美容文化管窥——以〈永乐大典〉残卷所录美容医方为例》，中华中医药学会亚健康分会换届选举会议暨第四次"治未病"及亚健康防治论坛论文，云南昆明 2012 年。

④ 吕姿莹：《古艺今妆：妇女容貌美学与化妆研究——从中国古代文献与艺术品取样》，《美容科技学刊》（台湾）2009 年第 2 期。

⑤ 郑富元：《论人类美容史》，《美容科技学刊》（台湾）2012 年第 2 期。

⑥ Samuel Adrian Adshead：*Material Culture in Europe and China*，*1400 - 1800*：*The Rise of Con-sumerism*，New York：St. Martin's Press，1997；皇甫秋实：《中国近代卷烟市场研究（1927—1937）：企业发展、消费文化、经济危机》，《中国经济史研究》2012 年第 3 期；［美］葛凯：《制造中国：消费文化与民族国家的创建》，黄振萍译，北京大学出版社 2007 年版；［美］高家龙：《中华药商：中国和东南亚的消费文化》，褚艳红、吕杰、吴原元译，上海辞书出版社 2013 年版。

⑦ 巫仁恕：《奢侈的女人：明清时期江南妇女的消费文化》，商务印书馆 2016 年版；蒋建国：《符号、身体与治疗性消费文化——以近代广州报刊医药、保健品广告为例》，《甘肃社会科学》2007 年第 6 期；韩红星：《民国天津市民消费文化空间的建构——基于〈北洋画报〉的研究》，《历史教学》2011 年第 7 期；蒋建国：《〈上海新报〉广告与西方消费文化传播》，《新闻大学》2013 年第 1 期。

⑧ 王家范：《明清江南消费风气与消费结构描述——明清江南消费经济探测之一》，《华东师范大学学报》1988 年第 2 期；王家范：《明清江南消费性质与消费效果解析——明清江南消费文化探测之二》，《上海社会科学院学术季刊》1988 年第 2 期。

讨消费分层与消费文化的;① 有考察消费思想的,② 还有探究奢侈消费及其后果的。③ 然而与此相比,关于近代上海消费文化问题的探讨,出现得则稍晚,且成果有限。许纪霖先生对近代上海消费文化的研究,做了拓荒性的工作。他与王儒年所著《近代上海消费主义意识形态之建构》一文,通过对 20 世纪二三十年代的《申报》广告的研究,分析其作为都市大众文化的重要组成部分,是如何借助各种各样广告形象和话语,赋予消费多种功能和价值,以此参与构建近代上海市民享乐主义的人生观、占有欲望主宰的审美理想和上等人士的身份认同,为处于世俗化过程中的上海市民提供了一整套消费主义的意识形态。④ 与罗岗等著《城市的记忆:上海文化的多元历史传统》是许纪霖先生探讨近代上海消费文化的又一篇力作。该著围绕上海城市文化传统与城市精神这一主题,着重以上海的三种文化传统,即明清以来的江南文化、近代的殖民文化和革命年代的社会主义城市文化入手,研究上海都市多元复杂的文化传统,并描述了不同的文化传统之间的断裂与延续、历史转型过程等。其第四章着重讲述了现代上海的消费文化。⑤

随后,杨剑龙出版《都市上海的发展与上海文化的嬗变》一书,

---

① 〔法〕皮埃尔·布尔迪厄:《区分:鉴赏判断的社会批判》,转引自罗钢、王中宸主编《消费文化读本》,中国社会科学出版社 2003 年版;纪江明:《消费文化的社会意义及消费文化阶层结构的形成》,《上海管理科学》2010 年第 5 期;张仲民、潘光哲:《卫生、种族与晚清的消费文化——以报刊广告为中心的讨论》,《学术月刊》2008 年第 4 期;周石峰:《阶层、性别与空间:民国时期崇洋消费文化的生成与传播》,《贵州社会科学》2013 年第 10 期。

② 陈新岗:《古代中国消费思想史》,兵器工业出版社 2005 年版;陈玉璞、郭丽娜:《中国古代消费思想研究》,白山出版社 2006 年版;刘芳编:《明清消费思想研究》,经济科学出版社 2016 年版;刘锦增:《先秦儒、道、墨家消费思想研究述评》,《消费经济》2014 年第 2 期;陈曼娜:《略论墨家与儒家消费思想之异同》,《天津财经大学学报》2007 年第 12 期;汤跃跃、张毓雄:《我国古代奢俭消费思想及其影响》,《江苏商论》2007 年第 1 期。

③ 〔法〕达尼埃尔·罗什:《平常事情的历史:消费自传统社会中的诞生(17 世纪初—19 世纪初)》,吴鼎译,百花文艺出版社 2005 年版;〔美〕索尔斯坦·凡勃伦:《有闲阶级论》,程猛译,北京出版社 2012 年版;樊卫国:《近代上海的奢侈消费》,《探索与争鸣》1994 年第 12 期;柴勇:《从宋代奢侈消费新特征看中国古代消费制度的转变》,《保定学院学报》2008 年第 2 期;巩天峰:《欲望空间的营建:文人士大夫的奢侈消费与明中晚期江南园林的兴盛》,《艺术学研究》2012 年第 1 期。

④ 许纪霖、王儒年:《近代上海消费主义意识形态之建构——20 世纪 20—30 年代〈申报〉广告研究》,《学术月刊》2005 年第 4 期。

⑤ 许纪霖、罗岗等:《城市的记忆:上海文化的多元历史传统》,上海书店出版社 2011 年版。

更细致地将上海文化分为上海文化、租界文化、通俗文化、左翼文化、消闲文化、孤岛文化、海派文化、消费文化、后现代文化等并进行梳理评说，意在从不同角度对上海文化进行具体细致的分析，从而把握不同历史时期上海文化的某些特性。①

　　陈惠芬等著《现代性的姿容——性别视角下的上海都市文化》一书，也涉及上海的消费文化，其认为摩登女郎还使现代上海的消费文化呈现出某种女性化的特征，通过对现代娱乐场所等都市公共空间身体力行的介入，摩登女郎有力地改变了以往主流的社会文化一直以来都以男性为主的特点。②

　　包亚明、宋钻友和陈刚等则分别选择了一个固定对象，对此对象与消费的关系进行了细致的研究。包亚明等所作《上海酒吧：空间、消费与想象》一书，指出上海酒吧所代表的空间，不是单纯、被动的地理环境，而是消费主义全方位地进驻当代中国日常生活的一个绝妙媒介。它一方面向全球化的文化想象敞开了意义的通道，另一方面也为地方性知识的重建提供了想象的空间。③ 宋钻友所著《永安公司与上海都市消费（1918—1956）》，将目光投向大百货公司，以永安公司为例，探讨了上海的都市消费。④ 陈刚所著《上海南京路电影文化消费史（1896—1937）》，则对上海南京路的电影文化消费史进行了深入研究，其内容涉及百货公司——电影明星文化消费熏陶下的物质消费空间；别墅、公寓、弄堂——消费主体居住空间的分化；电影院——电影文化的消费空间等。⑤

　　对于近现代上海炫耀性消费的研究，则有乐正的《近代上海人社会心态（1860—1910）》、忻平的《从上海发现历史——现代化进程中的上海人及其社会生活（1927—1937）》以及李长莉的《中国人的生活方

---

①　杨剑龙：《都市上海的发展与上海文化的嬗变》，上海文化出版社 2012 年版。

②　陈惠芬等：《现代性的姿容——性别视角下的上海都市文化》，南开大学出版社 2013 年版。

③　包亚明等：《上海酒吧：空间、消费与想象》，江苏人民出版社 2001 年版。

④　宋钻友：《永安公司与上海都市消费（1918—1956）》，上海辞书出版社 2011 年版。

⑤　陈刚：《上海南京路电影文化消费史（1896—1937）》，中国电影出版社 2011 年版。

式：从传统到近代》等书。①

　　除了专著之外，一些论文也涉及对上海消费文化的探讨。吴果中以民国《良友》画报上的广告为依托，探讨上海的消费文化。其《民国时期〈良友〉画报广告与上海消费文化的想象性建构》一文，旨在探讨民国时期《良友》画报广告对 20 世纪二三十年代上海消费文化的想象与建构，文章从生产消费语境、传播内容选择及其所营造的消费空间三个方面，分析了《良友》画报广告与上海消费文化的互动关系。② 《从〈良友〉画报广告看其对上海消费文化空间的意义生产》一文，指出民国《良友》画报广告在现代性家庭生活、男女性别、文学文化和民族主义政治等四种空间里，塑造了上海的消费文化空间。③ 钟建珊也将《良友》画报中的广告，作为管窥民国时期上海市民消费文化发展变迁的窗口。④ 王玉庭以《〈申报〉广告与近代上海消费文化的互动》为题，分析了 20 世纪二三十年代上海消费文化影响下《申报》广告呈现的特点，并从消费品广告、消费观念广告两个维度深入探讨《申报》广告对二三十年代上海消费文化建构的策略。⑤ 陈艺丁试图通过阐述上海的消费社会特质，来看社会环境对文学写作的影响。⑥ 曹超、闫唯、邓颖君则分别探析了小说与上海消费文化的关系。⑦ 孙梦诗在分析了民国广告的现代性特征后，认为在民国上海城市现代性物质空间的作用下，民国广告通过现代物品、时尚、女性等符号化表征，建构了现代性

---

① 乐正：《近代上海人社会心态（1860—1910）》，上海人民出版社 1991 年版；忻平：《从上海发现历史——现代化进程中的上海人及其社会生活（1927—1937）》，上海人民出版社 1996 年版；李长莉：《中国人的生活方式：从传统到近代》，四川人民出版社 2008 年版。

② 吴果中：《民国时期〈良友〉画报广告与上海消费文化的想象性建构》，《广告大观》（理论版）2007 年第 3 期。

③ 吴果中：《从〈良友〉画报广告看其对上海消费文化空间的意义生产》，《国际新闻界》2007 年第 4 期。

④ 钟建珊：《〈良友〉画报洋货广告与上海市民文化变迁（1926—1945）》，硕士学位论文，广西大学，2014 年。

⑤ 王玉庭：《〈申报〉广告与近代上海消费文化的互动》，《常州工学院学报》（社会科学版）2013 年第 2 期。

⑥ 陈艺丁：《现代消费社会被物化的女性》，《安徽文学》（下半月）2009 年第 10 期。

⑦ 曹超：《海派小说与现代上海消费文化》，硕士学位论文，郑州大学，2002 年；闫唯：《带着面具跳舞——从新感觉派小说管窥三十年代上海消费文化》，硕士学位论文，华中师范大学，2009 年；邓颖君：《消费文化影响下的三十年代海派小说》，硕士学位论文，南京师范大学，2014 年。

想象空间。民国广告的现代性特征引领了民国上海的消费文化，并因此改变了民国上海市民的思想观念和生活方式。①

另外，值得注意的是，在未刊论文集中，也有少许文章涉及对上海消费文化的研究。如丁源富的《从西点文化的发展看海派商业文化》一文，以西式糕点为切入点，通过探讨其与上海消费的融合，以此来讨论海派商业文化。② 薛毅则另辟蹊径，所著《上海摩登的再解读》一文，认为就上海而言，其内部有多个不同的区分，富人的上海、穷人的上海、西洋化了的上海、本土的上海、消费的上海、劳动的上海等等，各自都有相对独立的区域，上海的文化是由不同区域不同阶层的人创造和发展的、众声喧哗的多种文化。③

（四）对研究现状的反思

通过对以往相关成果的梳理，不难发现，近些年来对化妆品的研究，取得了不少高质量的研究成果，并且吸引了越来越多的学者，特别是一批青年学者的注意，给化妆品的研究注入了新鲜的生命力。同时，在研究视野和研究方法上也都有所改进。但从整体而言，对于化妆品的研究还属于初创阶段，仍有很多待完善之处。

第一，化妆品研究的时段性要有所拓展。查阅以往研究，在对化妆品业的时段进行划分时，显示出很强的政治性特征，表现在著作上，则为研究古时的化妆品往往以朝代为划分依据，现代的则以新出现的化妆品为标尺，这种划分方法既割裂了化妆品之间的延续性，也难以看出化妆品业发展的自身特点。事实上，虽然化妆品的演变有其时代性，并且每个时代，甚至每个地区都有独特性，但毋庸置疑的是，化妆品行业也拥有相承的脉络，拥有每个时代都偏爱的"美"，甚至于很多地区有着共同的审美观。所以，只有长时段地深入把握化妆品业的发展脉络，才能真正了解化妆品业所呈现出的真实面貌。

第二，加强化妆品研究的历史感。翻阅以往著作，不难发现，成果虽然很多，且一些新的理论和方法也陆续被引入到对化妆品的研究中，

① 孙梦诗：《民国上海广告的现代性特征探讨》，《江淮论坛》2015 年第 2 期。

② 丁源富：《从西点文化的发展看海派商业文化》，95 商业文化研讨会论文，中国上海 1995 年。

③ 薛毅：《上海摩登的再解读》，交流与互动——上海、汉城（首尔）都市文化比较国际学术研讨会论文，中国上海 2005 年。

但其学科分类，又多在化工、贸易经济、药学、市场研究与信息、美学等学科下，至于历史学科下的化妆品研究，成果寥寥可数，这不能不说是一大憾事。其实随着新文化史和生活史研究的开展，原本微不足道的对象——化妆品，也可以成为有学术价值的研究课题。通过对化妆品实物的考察，能呈现文本所描述的形态，可以引证和补充文本史料的不足。通过梳理化妆品的制作、销售、流通等过程，能深入了解研究对象与人类之间的互动如何影响人类的价值观、行动及生活方式等。因此，加强历史学科下对化妆品学的研究，也是刻不容缓的。

第三，增加研究内容的多样性。翻看先前著作，表现出很强的同质性特点。如对化妆品的研究多集中在如何制造化妆品、如何改进化妆品技艺，以及如何运用化妆品美饰自身，或者单纯介绍某个朝代或地区的妆容，对很多问题的解释流于表象。可能是有关化妆品的资料收集难度较大，档案资料记载较少，报刊资料庞杂且难于梳理，外加文学传记的记载又需消耗大量的时间与精力，故而，对于化妆品的研究，很多仍浮于表面，内容上也具有相似性，只有加强对化妆品的多元解读，在丰富研究内容的基础上，尽可能地把握化妆品业的多面向。

第四，存在对化妆品研究简单割裂的现象。就如笔者在先前所提出的一样，对化妆品行业的研究，不能割裂与女性的妆容文化联系，亦不可使其与社会脱节。但就目前的研究状况来看，将此关系结合起来的论著仍然极为少见，化妆品不是一个单独的个体，而是与政治环境、经济、文化、社会等多重因素相互交缠的，不能割断历史时空单纯看表象，因而，研究化妆品业必须回到历史的现场，考察其时空环境，尽可能还原其真正面貌。

第五，消费服务业研究薄弱。表现为研究范围狭窄，仅停留在茶楼、旅游娱乐、花店等方面，对美容业、理发业等传统服务业的考察几乎无人问津。并且在消费文化与社会变迁、消费礼仪、消费风气、消费心态等问题的研究上，也留有很大的写作空间。

第六，城市史研究应有新尝试。城市史一直是学界的一个关注热点，但城市史主要集中于上海、苏州、杭州等少数大城市，特别是明清时期的苏杭、近代时期的上海。城市史是社会史研究的分支，近世城市史的研究追求展现更加生动细致的历史面貌，翻阅以往著作，城市史研究成果丰富，有的侧重社会经济史，有的侧重近代化过程，也有的侧重对城市文化的研究，但将经济与文化相结合的研究却少之又少，城市作为一个整体，经济与文化不应被人为割裂，城市经济史与文化史相结合，是城市史研究的一个重要方向。

以上对研究现状的反思，为本书的写作提供了不少的启发和视角，展现了宝贵的写作空间。

三　研究路径与论文架构

（一）研究方法

1. 运用历史学的基本叙述方法

当历史学家远离叙事时，他也开始远离传统的历史资料之源：独一无二的事件。当以追求对问题的解释来代替描述一种独特的、无可比拟的经验时，他就需要以更清晰的历史事实作支撑，马敏教授曾如是说。杨连芬教授也主张回到现场，重构历史。历史的真相，往往存在于历史的过程中；历史的结局，并不能代表历史的"本然"，当然，更不能取代历史本身。还原历史的具体场景，以矫正人们在政治史中获得的不实印象；而还原的方法，是占有大量民间形态的历史材料，梳理和辨认细节，考察人物事件的关联，去粗取精，去伪存真，最终"获致全方位的呈现社会场景的效果"。因此，本书就拟采取历史学的基本叙述方法，对上海化妆品业发展的社会环境作一综合论述，找出上海为化妆品行业发展提供的优势资源；对上海化妆品行业的发展脉络进行客观的描述，理清其发展轨迹。

2. 总体史的研究方法

"真正理想的历史叙事绝对离不开历史现象背后的大逻辑（即大历史），历史现象不可能孤立存在，其背后一定有一张更深层次的结构、体系、规律等构成的逻辑的大网，散在的历史现象只有纳入这张大网之中，方能呈现其意义，方能成为可解读的。"① 而选用总体史的研究方法，它主张对历史进行"全景式"或"全辐式"的把握。"总体史固然强调宏观的、综合的、长时段的研究，具有大历史的特征，但它却并不排斥微观的、具体的历史研究，而常以微观、具体的

---

① 马敏：《追寻已逝的街头记忆——评王笛著〈街头文化：成都公共空间、下层民众与地方政治（1870—1930）〉》，《历史研究》2007 年第 5 期。

历史研究作为其载体。"① 本书即是选择化妆品行业为切入点，通过长时段的考察，同时借鉴经济学、文化学、社会学等学科的研究理论与方法，展现历史的多面向、多维度，更接近于历史的客观事实。

3. 定性与定量相结合的方法

定性分析与定量分析是人们认识事物时常用的两种分析方式。定性分析是对研究对象进行"质"的方面的分析，通过对获得的材料进行思维加工，从而达到认识事物本质、揭示内在规律的目标。定量分析则是通过对社会现象的数量特征、数量关系与数量变化的分析，以揭示和描述社会现象的相互作用和发展趋势。本书则采用定性和定量相结合的方法，考察化妆品业对上海社会的影响。如对化妆品行业的销量、原材料、消费人数、舶来化妆品数量等进行统计时，就得进行定量分析；从选用舶来品的缘由、化妆品行业的宣传策略、对化妆品的追捧等方面探寻上海社会生活、民众心理、价值观念的嬗变等，又需要选用定性分析。

4. 经济与文化相结合的方法

本书试图将经济史与文化史相结合，希望对新文化史有所突破。"新文化史强调意义的阐释而非执着于历史因果的追求，重视文化的建构力，强调从话语（discourse）和表象（representation）中寻找社会现实。"② "从宏观历史研究转向微观历史，研究对象是历史上的普通民众，新文化史已不满于政治史、经济史将文化排除在外的现象，而此处的文化区别于思想史，亦即主张把研究重点放在心态、预设或情感上，而不是放在观念或者思想体系上。"③ 因而，本书试图以经济与文化相结合的研究方法，希望尽可能地展示近代上海化妆品业的历史真实，将"美丽经济"与"美容文化"结合起来考察，更翔实地解释行业经济发展与消费文化的关联。

（二）相关概念界定及时空范围的选择

1. "美丽经济"

"美丽经济"是一个经过复杂的演变后得来的概念。先来谈"美"。

---

① 马敏：《商会史研究与新史学的范式转换》，《华中师范大学学报》（人文社会科学版）2003 年第 5 期。

② 周兵：《林·亨特与新文化史》，《史林》2007 年第 4 期。

③ ［英］彼得·伯克：《什么是文化史》，蔡玉辉译，北京大学出版社 2009 年版，第 57—58 页。

美历经三次词源演变。"美"字最早出现在殷代的甲骨文中，是一个头戴羊形装饰的"大人"形象。大人指祭司，祭司祭祀时按照人们心目中最美的天神来打扮。头戴羊形装饰的"大人"就是美。于是就有了"羊人为美"这个成语，此其最初会意。① "美"字的第二层含义，义为味道美。东汉时期，许慎《说文解字》载："美，甘也。从羊从大。美与善同意。"宋代徐铉注："羊大则美，故从大。"清时，段玉裁注："羊大则肥美。"又"甘者，无味之一，而无味之美皆曰甘"。《孟子·尽心下》载"脍炙与羊枣孰美？"《世说新语·任诞》也记有"友闻白羊肉美，一生未曾得吃，故冒求前耳。"皆取其味美的意思。② 第三层含义，为引申义。"美"，引申之，凡好皆谓之美，又谓之美丽，漂亮。《战国策·齐策一》记录："吾孰与城北徐公美？"《史记·项羽本纪》也记有："沛公居山东时，贪于财货，好美姬。"③ 皆为此意，此后也多将美作为漂亮的解释。

丽，《说文·鹿部》载："麗，旅行也。鹿之性，见食急则必旅行。从鹿，丽声。"（麗，结伴而行。鹿的特性是，发现食物虽情势紧急却也一定结伴而行。从鹿，丽声。）丽的本义为双鹿并行。引申为成双的、成对的。④《小尔雅·广言》云："丽，两也。"后引申为"附着""依附"之意。王弼注："丽，犹著也，各得所著之宜。"孔颖达疏："丽，谓附著也。"即"丽"指一物附着于另一物，似乎有突出物之外在形态的目的，故又引申为"华丽""美好""好看"之意，多用来形容人或事物。⑤

"美"与"丽"在美丽、华美等方面意义相同，故现代多合在一起使用，仍表示漂亮的意思。现代意义上的"经济"多指经济活动，包括产品的生产、分配、交换以及消费等。"经"从"坙"表明经营者要在千变万化的经济活动中，分清主次矛盾，做到经营有道。⑥ 因此，"美丽经济"，即指为追求漂亮而衍生出的经济活动。再具体到本书，

① 曹宙：《美学成语词典》，郑州大学出版社 2011 年版，第 279 页。
② 陈涛：《常用汉字浅释》，新世界出版社 2011 年版，第 223 页。
③ 陈涛：《常用汉字浅释》，新世界出版社 2011 年版，第 223 页。
④ 张章：《说文解字上》，中国华侨出版社 2012 年版，第 13 页。
⑤ 吕逸新：《汉代文体问题研究》，齐鲁书社 2011 年版，第 166 页。
⑥ 李土生：《土生说字》第 8 卷，中央文献出版社 2009 年版，第 47—48 页。

则又指化妆品的生产、分配、交换以及消费等活动。

化妆品作为"美丽"的物质依托，其经济依托形式和产业形态处在不断的变动中，本书所描述的"美丽经济"——化妆品工业，特指近代新产生的行业。从产业层次与市场销售方面看，近代的化妆品业与古代的脂粉业相比，在生产、贸易以及消费等方面均有所区别。生产上，古代的化妆品，仅脂粉、香油、香料等几类而已，且制造方法简陋，远称不上工业。直到1903年广生行于上海设立发行所，才标志着我国近代化妆品工业的诞生。近代化妆品业采用机器进行大规模生产，对于化学、药物学等也均有所研究，且由小作坊手工生产转变为工厂机器生产。在贸易层面，由以往按定货量制造脂粉，转变为依据市场需求进行生产，并不断进行产品创新，待新产品面世后再面向市场进行销售。在使用者层面，古代化妆品大多男女同用，不少男性也敷粉施朱，而近代化妆品的使用者，多以女性为主，虽也有少数男性使用，但毕竟是少数，无改女性是构成化妆品行业主要消费者的情况，在本书内更多的笔墨也是会用于女性和化妆品的使用方面。

2. "美容文化"

美容一词，源自于古希腊"kosmetikos"，意为"装饰"。我国最早的记载见《简易经》："简之矩只容能存之，易之规只美能化之。容则容物亦可护物，物之附表也。美其表、愚蠢目、健其本、乐而可为也。""美其表"就是美其容的意思，把外表美化一下，可以愚弄蠢笨的眼睛，使对方心中提高对本物的价值认同，从那时起，人们就知道美化外表有重要的意义。① 容，则被当作事物的外表，可以保护实质的东西，美容是让容貌变美丽的一种艺术。而"美容文化"则可以泛指一切能够提升人的外在形态、内在修养的生活方式、传统习俗、行为规范以及思维方式等。

如果说化妆品工业提供给人们变美的方法，那么"美容文化"则是让人们感知美，美是人的主观认知，具有时代性、社会性、个体性和展示性。在本书内，"美容文化"的内涵也并非固定不变，查尔斯·达尔文就说过："要说关于什么样的人才算得上是标准的美人，人们心目

---

① 张懿奕：《衣食住行中的国学》，中国广播电视出版社2012年版，第23页。

中已经形成了一种放之四海皆准的标准，那显然是大错特错的。"① 因为不同的历史时期，人们对美丽的定义、对美人的衡量标准都有所不同，故而形成的"美容文化"也是差异的，并且一旦有新的审美要求出现，"美容文化"也要随时变更、不断调整，反之亦然。"美容文化"与生产技艺、经济发展、生活方式、都市文化以及女性生活水平均息息相通。

研究时段的择取上，本书选取 1903—1949 年这段相对完整的时间段。起始时间定在 1903 年，主要是因为该年广生行于上海建立发行所，成为我国近代化妆品工业界的鼻祖。其建立，标志着近代化妆品工业在中国大陆的诞生。而将下限定于 1949 年，则是因为从 1903 年至 1949 年，化妆品工业跨越了清末、北洋政府、南京国民政府和新中国成立初期，历经舶来品传入，本土工业萌芽、发展、繁荣、萧条，形成了一个完整的周期。而 1949 年中华人民共和国成立之后，中国的化妆品工业走上了另外一条道路，化妆品企业虽也有一定的发展，但是奢侈品被视为资产阶级腐朽生活的象征，化妆品行业成为以生产清洁用品为主的一个行业，呈现出的是另一番景象，为研究方便起见，故将下限定在 1949 年。

空间选择上，研究中虽预先设定以上海地区为研究中心，但在 19 世纪，上海作为商贸繁华的城市，不论是与内地其他城市，抑或香港，在商业上均有着密切的贸易往来，故在本书的实际写作中，也会对涉及的相关城市，做出一定的论述和分析。

（三）篇章安排与主要内容

本书试图引入新文化史的研究视角，以经济史与文化史相结合的方式，对 1903—1949 年上海化妆品工业的发展历程进行考察，明晰不同时期的发展特色和运营方式，探究 20 世纪商业发展与消费文化之间的关系。具体研究上，除导论外，全文主体共分为六章以及结语，其主要内容如下。

第一章将分析近代化妆品工业在上海出现的历史背景。本章首先论述近代上海的商业环境和社会文化生态。工商业贸易发展，城市基础设

---

① 参见［美］杰弗瑞·琼斯：《美丽战争：化妆品巨头全球争霸史》，王苗、顾洁译，清华大学出版社 2011 年版，第 6 页。

施完善，以及市民阶层的形成，都是促进化妆品工业出现的优势资源。并且此时奢靡的社会风气和人们休闲娱乐项目的增多，激发起人们的猎奇和追求新鲜的心理，传统的装饰品已无法适应近代需求。其次，本章将研究近代上海都市女性的新形象，她们独立谋生，走向社会，开展社交，并拥有了相对自主的意识。思想的转变，也促使她们对"美丽"做出新的选择。

第二章探讨早期的舶来化妆品。当女性开始注重自己的外貌时，对美丽的要求不再局限于家庭，而是逐渐形成了一个市场，新的化妆品行业也就应运而生，唯因当时中国传统工业相对落后，这个市场首先被外商开发。近代上海舶来化妆品种类和数量惊人，不仅有西洋货，也有东洋货；不仅有制成品的进口，还有原材料的输入。同时，外商在上海所建立的销售洋行和制造工厂也与日俱增，面对这些"新产品"和"新状况"，上海民众态度不一，而这种态度也在一定程度上影响了上海女性的美丽选择。本章通过探讨外国化妆品在上海的引进与传播，考察舶来品是如何被引入上海，经过哪些本土化改造，以及人们的接受程度如何。

第三章涵盖上海民族化妆品工业发展概况，并依据不同历史时段的阶段性特征划分各小节。第一阶段起止为1903—1927年。该阶段属于化妆品工业的初创时期，鉴于市场需求和利润刺激，一批本土化妆品企业相继诞生，如广生行、中国化学工业社、家庭工业社、香亚公司等企业。第二阶段起止为1927—1937年。在该时段内，市场继续发挥其重要作用，属于化妆品业快速发展期。第三阶段起止为1937—1949年。在这一阶段，政局动荡、战争不断，作为消费性产业的化妆品行业，也进入到相对低迷期，但并未被完全摧毁。需要指出的是，各阶段的起止年份不可能完全精确，对其进行历史阶段的划分，只是为了研究上的方便。在本章最后一节考察上海民众对化妆品的使用评价。

第四章则具体考察上海化妆品业的商业运营，化妆品在上海被女性接受后，呈现出两种截然不同的发展趋势，一种是追求高端奢侈，另一种则是通向日用所需，而这两种趋势皆与市场发生关联。两条不同的发展路径，也必然会造成不同的经营方式和消费群体，为争抢客源，化妆品厂商各出奇招，从价格、包装，到地理位置的选取、雇员的服务等，均力求突破。上海化妆品的消费需求是旺盛的，不仅高端奢侈类的化妆品消耗量是惊人的，日用品的消费量也不容小觑。化妆品的消耗，不仅具有商业意义，更有其深远的社会意义。

第五章探讨商家宣传与"美容消费"之间的联系。化妆品不仅具有使用价值，也包含着审美价值与文化意义，而化妆品的传播和流行，往往需要依靠一种介质来沟通，广告，便成了沟通介质。本章首先考察在化妆品业的发展初期，广告为化妆品业的发展造势，宣传化妆品造就的"美丽"。其次，本章继续研究化妆品广告画对女性形象的塑造，探究"女性美"的建构过程。再次，以民族企业家陈蝶仙创制的"无敌牙粉"打败日货"金刚石"牙粉为例，考究民族化妆品企业如何利用"国货""爱国"等宣传语，激起民众的美容消费。整个章节层层递进，探究商家对"美容消费"的把控。

第六章从总体上对化妆品行业与近代上海生活的关系进行解读。首先分析化妆品工业对于女性的多维角色。它对于不同层次的女性有着不同的意义，对都市女性而言，是摩登的诱惑，对乡村女性而言，则是日用所需，并且看似是女性在消费化妆品，实则化妆品也于无形中"消费"着女性。进而，通过分析化妆品广告，呈现社会生活的种种变化，如社交的发展、风俗的变迁，以及社会的变革等。最后，更深一步地探讨化妆品工业面临的新挑战。因为化妆品能激发出女性的魅力，引发男性的性幻想，故受到娼妓、舞女和明星等"营妓式"生活的女子的追捧，同时"花瓶"式的女子也依赖化妆品保持容颜资本，所以化妆品的应用究竟是女性的解放还是被奴役也是本章最后所探讨的问题。

结语部分将对近代化妆品工业的变迁与特点进行总结。本书表明，上海化妆品业的发展历程，是一条以市场为导向的产业演化路径，从总体上而言，这是与近代上海营销与消费模式相契合的。而其行业发展的关键特色，就在于能够准确地把握女性的美容观，即"美丽经济"和"美容文化"的有效互动。一方面，化妆品厂商成功地利用了女性的爱美心理，创造出一套令时人无法抗拒的"美容文化"。在化妆品的销售过程中，化妆品厂商以诱惑式的言说方式和符号化的传播手段，强调其美容效果，激发消费者的购买想象，推动"美容文化"的传播。另一方面，近代文化场域里的"美容文化"，在实践中被商家迅速攀附和挪用，并影响人们的消费实践，将女性对"美"的追求，转化为对化妆品的消费。两者相互影响，造就了近代化妆品业的发展与被民众的接受。

第一章 上海化妆品业的兴起背景

自开埠以来，上海在中国一直具有特殊的意义和价值。特别是20世纪上半叶，上海成为远东地区最重要的贸易和工商业城市，最早引进西方现代商业模式，而华洋杂处的生活形态也为上海引入新事物和接受新观念创造了便利，上海成为时尚、摩登、新潮的代名词和风向标。

进入近代，外资的涌入使近代化妆品业出现在中国的几个通商口岸，这其中上海最为发达，这和当时上海的商业环境是分不开的。近代上海开风气之先，轮船、火车、飞机、手表、时钟、电报、电话、香烟、香皂、牙粉等新鲜事物纷纷涌现，中国民众大开眼界的同时，社会风气也随之改变。女性不仅成为公共活动的参与者，也成为时尚的追随者，化妆品一行业，日渐发达。

第一节 化妆品引进前上海的城市发展

"在布迪厄的象征论人类学和社会学中，人类实践的象征性结构及其象征性运作过程，使得在社会活动着的各个阶层的个人的'生存心态'和精神活动，同客观的社会制约性条件、行动者实践活动所创造的社会场域，三大方面交结在一起。因之，做研究时，就必须具体地结合特定社会空间中的社会结构和心态结构的特征，即把行动者的个人或群体在特定历史环境下的实践所面临的客观社会制约性条件、所寓于其中的社会场域及行动者自身的特殊'生存心态'，加以通盘地考虑和分析。"[1] 具体说来，就是欲研究化妆品业的历史轨迹，并不能简单孤立、静止地研究化妆品业，而是要将整个近代上海的社会环境考虑在内，需

---

[1] 高宣扬：《布迪厄的社会理论》，同济大学出版社2004年版，第94—95页。

先梳理近代上海的商业生态。

一 近代上海商业文明的构建

化妆品业在上海的出现和发展与这座城市工商业的繁荣是同步的，工商业贸易发展、城市基础设施完善，以及外来工业的生根、市民阶层的形成，都是促进化妆品业产生的有利因素。

（一）工商业贸易发展

上海，东临浩瀚的东海，北扼长江口岸，身处长江和黄浦江的入海汇合口，是一处天然良港。清政府于 1865 年在上海设立"江海关"，从此，"往来海舶，俱入黄浦编号，海外百货俱集……邑商有愿行货海外者，较远人颇便"①。乾隆时期，上海海外贸易已达相当繁盛的地步，"自海关设立，凡远物贸迁皆由吴淞口进泊黄浦，城东门外，舳舻相衔，帆樯比栉"②。嘉庆、道光时期，上海已成为东南沿海最重要的港口之一。"闽、广、辽、沈之货，鳞萃羽集，远及西洋、暹逻之舟，岁亦间至，地大物博，号称繁剧，诚江海之通津，东南之都会也"③。

开埠之后，上海商业地位更是迅速提升。"上海水路，从黄浦江出吴淞口，向东可到日本、美洲，向南可到欧洲各国，往北可到河北、辽宁等省，往南又可到浙江、福建、广东等处，由吴淞江而西，可通往苏州、无锡等处。上海陆路，有京沪铁路、沪杭甬铁路、津浦铁路、浙赣铁路等，运输迅速，往返便利，所以国内外的货物，都在此集散，成为我国商业最繁盛的地方。"④

也难怪时人评说，"自海通以来，中国之商业，以上海为中心点，上海之商业，尤以秋冬二季为繁盛之时。何者外货于焉输入，内地于焉取资，激水之轮，当乘时而麇至。巨腹之贾，已联袂而偕来。交易往还，于斯称盛。故经营商业者，莫不占一年之胜筹"⑤。1924 年，美国游历团亦如是形容上海，"此伟大之通商口岸，屋宇宏敞，工厂林立，

---

① 参见中国地理学会历史地理专业委员会、《历史地理》编辑委员会《历史地理》（第3辑），上海人民出版社 1983 年版，第 109 页。

② 参见中国地理学会历史地理专业委员会、《历史地理》编辑委员会《历史地理》（第3辑），上海人民出版社 1983 年版，第 109 页。

③ 参见中国地理学会历史地理专业委员会、《历史地理》编辑委员会《历史地理》（第3辑），上海人民出版社 1983 年版，第 109 页。

④ 陈荣海：《上海商业发达的原因》，《新和安》1934 年第 16 期，第 5 页。

⑤ 《论上海商业之困难》，《申报》1907 年 12 月 21 日第 2 版。

诚觉百闻不如一见之言实非虚语，至在上海言商业发展限度莫可限量"①。1937年上海第一百货商店——大新公司的建立，标志上海商业布局最终完成，上海成为全国著名的商业都市。

同时，金融业亦星罗棋布，足以辅助商业的发展，"金融机构由昔日的三大帮：外国银行、我国钱庄帮，以及华商银行，演变为百花齐放。多年的演变，华商银行已占据金融界的首把交椅，钱庄在昔有合伙、独资之分，可也已多变为股份公司，与银行性质完全相同。再则国人崇拜外人的心理，也已大为改变，所以外国银行的营业，已不如昔日的鼎盛，尤其自从上海票据交换所成立，昔日的鼎足局面，完全一统，而华商银行的势力，确可凌驾一切。同时信托公司，也加入交换，所谓上海票据交换所，实包括华商银行、外商银行、钱庄、及信托公司，所以上海的金融机构，在表面上名义虽有不同，营业上亦区分泾渭，可是按之实际，并无多大区别，而可混为一体"②。

上海商业的繁荣，带动了进出口贸易的繁荣。"淞沪抗战前，上海国际贸易，已是年达国币10亿元上下。"③"1864年，上海进出口贸易货值为6402万关两，1894年，进出口贸易货值为15508万关两，30年间总计增长了242%。"④至1926年，"上海进出口贸易货值已是116743万关两，30年间再次猛增长了753%。并且上海一埠的国际进出口贸易，常占总值百分之五十左右"⑤，可知当时上海在国际贸易中占有重要地位。

黄汉民对上海进出口贸易发展以后市场的消费变化进行了研究，指出"进出口贸易对于上海工业发展的最大影响，是在造成一种新式工业产品的需要，如纸烟、火柴、罐头食品、水泥、针织袜、胰皂、牙粉、皮革、橡胶制品等，大部分皆因国际贸易关系，而引起国人的消费。此后国人习用此种物品，乃渐自开办工厂，从事制造"⑥。

---

① 《总商会欢迎美商游历团纪》，《申报》1924年1月31日第14版。
② 汤心仪：《上海商业发展的主要因素（下）》，《商业月报》1946年第5期，第1页。
③ 汤心仪：《上海商业发展的重要因素（上）》，《商业月报》1946年第4期，第1页。
④ 丁日初主编：《上海近代经济史》（第一卷），上海人民出版社1994年版，第154页。
⑤ 汤心仪：《上海商业发展的重要因素（上）》，《商业月报》1946年第4期，第1页。
⑥ 黄汉民：《长江沿岸城市工业带的形成与中国近代化》，载张仲礼、熊月之、沈祖炜主编《中国近代城市发展与社会经济》，上海社会科学院出版社1999年版，第37页。

（二）城市基础设施的完善

开埠后，商业贸易的发展为上海积累了巨量的资金，城市基础设施也被提上日程，道路交通、水力、电力、土木工程等设施的完善，为工业的发展提供了便利条件。

由于近代上海公共租界、法租界和华界分立的特殊格局，上海的城市基础设施建设也是分开进行的，基本是起于租界，渐及华界。1854年7月，英、美、法三国借太平天国起义，上海统治混乱之际，擅自创建市政委员会，中文称为工部局，负责租界的管理和开发。"工部局成立后不久，就颁布了一项筑路计划，根据这项计划，工部局先后铺筑了5条干道：九江路、汉口路、福州路、广东路和山东路。以后，又陆续增辟及延长了一批新道路。到1865年，英租界已形成南北向干道和东西向干道各13条的道路网。1899年，公共租界实现大扩张，将西界远远地推展到了静安寺、小沙渡一线，1900年，工部局为此制定了新的筑路计划、在新划入的泥城滨以西地区大举辟路。"①

1862年法租界公董局成立后不久，也开始制订工作计划及筑路计划。"首先宣布延长或者开辟五条交通干线，即一、公馆马路向东延长；二、洋泾浜延伸至城墙；三、开辟一条和公馆马路平行的马路，从靠近帝皇路的洋泾浜码头开始，直至洋泾浜西端，并在公馆马路北面160米的地方穿越'英国人的马路'；四、在帝皇路西面145米的地方，在帝国路和另一条通往泰勒氏桥的马路之间，开辟一条和帝皇路平行的路；五、在上面这条路的西面145米的地方，开辟一条和它平行的路。另外，还宣布了两项工程：一、延长黄浦江外滩和护城河滩岸；二、在皇家邮船公司地皮的南面开辟一条宽24尺的马路。"② 初步形成交通道路网后，对于租界设施的维护，也是相当精细，1900年12月，公董局就曾发告白，聘请专人进行维护工作。"招揽1901年内各项工程物料，一、电气间及公董局等处应用东洋头号烟煤每年约需1100墩。二、凡工部局应用垃圾车及水马车等马匹。三、所有修筑马路应用黄沙等物，石子一项每月应需250方。四、所有法租界及新租界清洁事务。以上各

---

① 张仲礼主编：《近代上海城市研究（1840—1949年）》，上海人民出版社2014年版，第497页。

② ［法］梅朋、傅立德：《上海法租界史》，倪静兰译，上海社会科学院出版社2007年版，第227页。

项如愿承包者，自 3 号起至 15 号 12 点钟止，将各项细账开明呈送公务局打样房或工部总办写字房，以凭酌核。"①

华界的城市建设开始虽晚，但成果显著。"光绪、宣统年间，华界先后筑成的道路有福佑路、侯家路、大境路、小九亩路、露香园路、方浜路、旦华路、万竹路、紫金路、蓬莱路、黄浦滩马路、肇周路、方斜路、万生路、文斜路、皇家阙路、大吉路、安澜路、林荫路、教育路、西林路、新大桥路、新闸桥路、南川虹路、斜桥南路、斜日路、龙华路、瓜豆园路等 30 余条马路，华界没有新式马路的时代遂成历史。"②

而无论是租界还是华界，新筑的马路均有明确的管理章程：不许堆物碍路、不许随路大小便、禁止骤驰、定时倾倒垃圾、行车点灯等，并且全部设立电灯、电线。道路的铺筑和拓宽，为工商业的发展创造了便利，"使昔日之瓦砾荒滨，今则化为康庄大道，从此铺户繁多，商贾囤积，市面为之振兴，地方获益匪浅"③。

此外，开埠后的上海在照明、供水以及交通工具等方面也都有十足的进步。照明经历油灯、煤气灯到电灯，至清朝末年时，上海已是一片"灯火璀璨"。饮水由河水、井水过渡到自来水。交通工具也从轿子与独轮车转变为马车、电车、汽车。

城市基础设施的完善，满足了市民生存和社会集聚的需求，并带动了商业贸易的发展。"无论何地筑路与修路为必要之事，尤以上海为最，盖上海人口日增，商业日盛，而街道之建筑与修理亦必随之增繁。"④ 城市功能的完善，也带动了城市休闲环境的优化，在商业氛围的熏陶下，休闲娱乐也具有了商务交际的功能，人们越来越重视外在的形象，化妆品业在上海的崛起和发展也就成为一种必然。

（三）市民阶层的形成

上海作为一座移民城市，"来游者，中朝则十有八省，外洋则二十有四国"⑤。据有关资料统计，"20 世纪 30 年代的上海，无疑是当时国

---

① 《大法公董局》，《申报》1900 年 12 月 4 日第 8 版。

② 熊月之、周武主编：《上海——一座现代化都市的编年史》，上海书店出版社 2007 年版，第 87 页。

③ 《潚政展期》，《申报》1897 年 12 月 4 日第 3 版。

④ 《上海之修筑街道》，《申报》1922 年 4 月 8 日第 20 版。

⑤ 葛元煦：《沪游杂记》，转引自徐剑雄《京剧与上海都市社会（1867—1949）》，上海三联书店 2012 年版，第 52 页。

内人口密度最大，人员组成最复杂的城市"①。

关于上海人口的统计，最早记载于《松江府志》，1341 年到 1367 年间上海县约有 72502 户，如以每户 4 人或 5 人估计，有 30 万到 35 万的人口。"明嘉靖至清嘉庆的 300 年间，上海行政辖区一再缩小，加之江南一带战火频繁，清初实行海禁，航运断绝，商业凋零，影响了上海地区人口的增长，顺治年间（1644—1661 年）仅 30 万人"②

至 1852 年上海有 54 万余人，后因战事的影响和上海设施的完善，各地人士俱来谋生，人口遂大量增加。1913 年是 65 万余人，1915 年时达 100 万余人，1920 年已是 150 万余人，"上海人口平均密度每英方里为 9 万人，视英京伦敦增高 8 倍"③。1924 年，"荒僻之闸北，因此也日就热闹起来"④。1929 年时，"上海人口共 280 万余人"⑤。1931 年时，已达到 310 万余人，"公共租界有 100 万，法租界有 50 万人口，合之华界，共有 310 万余，平均每亩有 182 人，为世界上人口最密之处"⑥。且上海人口并未停止增长，"1933 年时，已达 350 万余人"⑦。

"此人口数，既包括本国民，又包括外国人口，1885 年外国人口只有 3673 人，到了 1910 年就有 13536 人，25 年间约增 3 倍。"⑧ "1930 年上海公共租界的外国人有来自英国、美国、日本、俄罗斯、法国、意大利、印度、葡萄牙、德国、菲律宾、丹麦、韩国、西班牙、瑞士、希腊、拉特维亚、挪威、捷克斯拉夫等共 20 个国家，合计有 36471 人。"⑨ "1934 年，上海人口已经有 340 余万，其中 7、8 万即是外国人。"⑩

作为刚刚迈入近代化门槛的城市，上海也促成了新兴市民阶层的出

① 杨朕宇：《〈新闻报〉广告与近代上海休闲生活（1927—1937）》，复旦大学出版社 2011 年版，第 29 页。

② 严重敏等编：《上海市》，上海人民出版社 1993 年版，第 88 页。

③ 《上海马路问题》，《申报》1923 年 3 月 17 日第 21 版。

④ 《闸北行驶公共汽车之路政问题》，《申报》1924 年 7 月 5 日第 25 版。

⑤ 《宣言》，《申报》1929 年 2 月 18 日第 13 版。

⑥ 《各名人均有恳切之演说》，《申报》1931 年 3 月 2 日第 9 版。

⑦ 《镛记大世界》，《申报》1933 年 10 月 6 日第 27 版。

⑧ 《农工商业与市政的关系》，《申报》1928 年 6 月 28 日第 24 版。

⑨ 罗志如：《统计表中之上海》，载马镛《外力冲击与近代上海教育》，湖北教育出版社 2005 年版，第 14 页。

⑩ 《吴铁城讲演》，《申报》1934 年 10 月 4 日第 14 版。

现，并且市民阶层伴随着都市化进程的加快而日益庞大。这些新兴的市民阶层是上海都市的活力之源，既为新兴的工商业提供劳动力资源，又是其产品的消费者。他们主要集中在租界内，"1853 年，英美租界人口仅 500 人，占上海总人口比重不到 0.01%，1865 年，英美租界人口比重已经占上海人口总数的 21.5%，1942 年则这个数字为 62.2%"①。

近代上海的市民阶层毫不掩饰对世俗生活的追求，敢于消费和娱乐，追求物质和精神上的享乐。"在 1930 年到 1936 年间华界人口职业构成中，农业人口约为 16 万—18 万人，约占总人口的 10%，工业人口约 30 万到 40 万人，约占总人口 20%，商业人口约 17 万—18 万人，约占总人口 10%，交通运输业人口仅 2 万、3 万人，占总人口 1%。其余多为家庭服务，总人数在三四十万人左右，占总人口的 20% 上下。从中可以看出，当时华界非生产性人口已经达到总人口半数，而生产性人口仅为总人口的 20%，由此可以确定当时的华界是一个消费性远远超过生产性的地区。而租界的情况与华界几乎一样，消费性人口远远超过生产性人口。"② 这些庞大的消费人口也是上海化妆品业不断发展、兴盛的一个重要因素，消费性产品的市场，是与消费性人口的需求分不开的。

二 近代上海的社会文化生态

孟德斯鸠说过："通商之结果，为生活之复杂，生活复杂之结果，为技术之精进，技术精进之结果，为文化之进步。"由是可知，商业更有促进文化的功效。③ 梳理近代上海的商业生态后，考察近代上海的社会文化生态也属必要。

（一）奢靡的生活方式

"除了明初一段时间以外，从元代到近代，上海一直崇尚奢华。"④ 上海，"僻处海滨，四方之舟车不一经其地，谚号为小苏州，游贾之仰给于邑中者，无虑数十万人，特以俗尚甚奢，且市民颇易为生尔"⑤。

---

① 邹依仁：《旧上海人口变迁的研究》，上海人民出版社 1980 年版，第 15 页。
② 徐剑雄：《京剧与上海都市社会（1867—1949）》，上海三联书店 2012 年版，第 58 页。
③ 汤心仪：《上海商业发展的主要因素》（下），《商业月报》1946 年第 5 期，第 1 页。
④ 熊月之：《上海租界与文化融合》，《学术月刊》2002 年第 5 期。
⑤ 陆楫撰：《蒹葭堂杂著摘抄》，转引自张忠民《近代上海城市发展与城市综合竞争力》，上海社会科学院出版社 2005 年版，第 27 页。

至晚清时，上海的奢华消费风气已极为普通，不仅"富商巨贾，坐飞车，拥丽妓，肥鱼大肉，恣意流连"，而且平户人家"虽中人以下之人，茶馆酒楼，无不有其踪迹"①。如时人评说，"窃谓上海生活程度既如是之高，已有长安不易之感，今社会不特不知崇尚俭朴，力矫其弊，反日趋于浮竞，无论婚姻丧葬之费，动竭岁资以营日富，始以创出为奇，后以过前为丽，即以平居服用言，亦无不夸多斗靡，穷奢极欲"②。

"风俗之奢靡以上海洋泾浜而达极致，商贾云集竞尚奢华台榭，歌台秦楼楚馆繁华熟闹，冠绝一时，信所谓朝朝寒食，夜夜元宵矣。"③关于奢靡生活方式的记录，数不胜数。"举凡衣食居处以及日常应用之物品，莫不刻意讲究，力求装潢，富者任所欲为，贫者亦勉为其难，于是相率，习于浮华……但就衣服一项言，已可知其奢靡之一斑矣。往昔普通人民御绸衣者，十无四五，又冬月服重裘者，亦十无二三。而今则不然矣，凡读书学子以及商店伙役，每年进益并不为多，然亦衣襟华美炫耀人目矣。盖风尚如此，人力难抗，以为不如此不能见重于人也"④，商贾间"阔其排场，华丽其衣服，奢靡其食用，行必以舆马，从必以仆从，往往杯酒之间言无数句，而贸易已成"⑤。

"20世纪早期，35%—50%的进口商品是被通商口岸居民所消费，尽管他们只是中国人口中很小的一部分，富有阶级向这一地区集中，大部分生产资料也在这一地区消耗。"⑥上海社会的豪华程度，超出其他地区，如"内地的富有者，有了钱，未必就有汽车来坐，未必就有各种新奇的游艺……必须要踏到上海这般的豪华社会，方才有直接享受到这种豪华生活的可能"⑦。

奢靡的生活方式，也渐及妇女。"女界奢华之习，尤足骇人，金银

① 樊卫国：《近代上海的奢侈消费》，《探索与争鸣》1994年第12期。

② 张仲礼、沈祖炜：《近代上海市场发育的若干特点》，《上海社会科学院学术季刊》1994年第2期。

③ 《伤风化论》，《申报》1872年5月23日第20版。

④ 霖：《论风俗日趋奢靡之害》，《申报》1911年5月3日第3版。

⑤ 《上海整顿市面扼要说》，《申报》1888年2月18日第1版。

⑥ 张仲礼、沈祖炜：《近代上海市场发育的若干特点》，《上海社会科学院学术季刊》1994年第2期。

⑦ 徐国桢：《上海生活》，上海世界书局1933年版，第6页。

不足益以珠翠，珠翠不足更以钻石，一髻之上所饰者动用千万金，可慨矣"①，"习尚日趋奢靡，尤以妇女为最甚，一切所穿衣服或故为短小、坦臂、露颈或模仿异式不伦不类，招摇过市，恬不为怪，时髦争夸"②，"近年以来，社会生活日趋于奢靡，在都市尤其有一日千里之势。都市的妇女们，托庇于豪富或权贵的丈夫的爱怜下……食必珍馐，衣必舶来洋货，画眉、唇、烫发、钻戒、高跟鞋、花样翻新的衣着、居崇楼大厦、行汽车兜风，一切的一切，只是尽情的享受，极端的奢靡，极端的纵欲"③。

城市商品经济的发展，人们经济收入的增加和物质生活水平的提高，所造成的奢靡的生活方式，是沪地社会走向近代化城市，在生活领域的一个投影。

（二）休闲娱乐活动的多样化

晚清沪上的娱乐消费也发展得很快，19 世纪六七十年代，富豪之人创设了桂圆观剧、新楼选馔、云阁尝烟、醉乐饮酒、松风品茶、杜馨访美、层台听书、飞车拥丽、夜市燃灯、浦滨岁月沪北十景。"到 19 世纪八九十年代，上海已享有梨园之盛，甲于天下的美誉了，上海旋转般地成为了一个繁华的商业消费社会。"④

"因上海是座移民城市，移民大半因不满迁出地的现实而流动，他们往往没有一个辉煌的过去，移民靠自己的体力、智力、毅力创造了今天的生活，他们更重视现今和未来，较少有过去成规定矩的束缚。"⑤正所谓"客到申江兴便狂，纵饶悭吝也辉煌。4 元在手邀花酒，8 角无踪入戏场"⑥。故而，追求休闲娱乐和及时行乐的观念在近代上海社会生活中流行开来。

"申江自是繁华地，岁岁更张岁岁新，解取及时行乐意，千金一刻莫因循。"⑦《社会日报》曾以小报的视角，记录了富豪之家都市之晨的娱乐活动，"富翁之晨，是住着豪宅，吸着鸦片烟，有人服侍，与娘

---

① 《自由谈话会》，《申报》1914 年 2 月 11 日第 14 版。
② 《取缔奇异服装之部令》，《申报》1920 年 11 月 9 日第 10 版。
③ 《都市的妇女生活》，《申报》1932 年 6 月 12 日第 3 版。
④ 樊卫国：《近代上海的奢侈消费》，《探索与争鸣》1994 年第 12 期。
⑤ 樊卫国：《论近代上海人文环境及其对企业经营的影响》，《史林》2003 年第 2 期。
⑥ 袁祖志：《上海感事诗》，《中国教会新报》1871 年 11 月 26 日。
⑦ 《续沪北竹枝词》，《申报》1872 年 5 月 18 日第 4 版。

姨、丫头说笑打趣；少奶奶的早晨，要到钟打过 11 下后才开始，她忙着梳妆打扮、喝补品，然后坐着最新款的'司蒂蓓克'风驰电掣地看电影去"①。而都市化过程中的市政建设以及新能源的开发，更是延伸了都市娱乐的新时空。夜晚的上海，更是"火树银花，光同白昼，沪上真乃不夜天也"②，"尤其是四马路一带皆茶室书楼以及酒肆珍味，每至下午，游人如织，士女如云，间以马车东洋车，东西驰骤，声彻云霄；而入夜则电气灯自来火，照耀如白昼，真如不夜之城，靡丽纷华，至此已极"③。

跑狗场、回力球场、跳舞厅、电影院、戏院，都是夜间活动的主角。"跑狗比赛时间集中在晚上，当时上海的明园、申园、逸园三家跑狗场各有不同的开场时间，互不冲突：明园跑狗场为每周一、周四两晚举行，逸园跑狗场为周二、周五晚上以及周日下午两点或五六点举行。这样的时间安排，让上海市民每晚都可以沉迷于其中一个跑狗场。跑狗场赌博一度十分风靡，三家跑狗场合在一起，粗略估计可容纳观众 2.5 万—3 万人左右，每周一般都能吸引 8 万市民加入。"④ "跑狗和回力球博彩，每券 1 元或 2 元，价目低，以连猜中两盘独赢者为赢，得中时连本分摊，少则数十元，多则数百元不等"⑤，吸引了众多的工薪一族和小市民，也催生了无数的职业赌客。在跑马场附近，一般都附设有酒吧、餐厅、舞场、足球场等公共场所，以满足人们其他不同的娱乐需求。

跳舞厅则是太太、小姐们的最爱，一般每日从下午起，奏乐后中西宾客即能开始跳舞，直至次日早晨。有些戏院为了吸引消费者，在内部也设有跳舞场，由戏院观影后转入跳舞厅不再收费，"一处两美兼备，足以怡悦性情"⑥。电影院则从下午到晚上，一天放映 3 场，开场时间分别为下午两点半、五点半和晚上九点。上海电影院的数量超过 50 家，戏院则有 100 多所，正常状态下每日观众、听众均达 10 万人以上。

---

① 湛晓白：《时间的社会文化史——近代中国时间制度与观念变迁研究》，社会科学文献出版社 2013 年版，第 237—238 页。

② 葛元煦：《沪游杂记》，上海书店出版社 2006 年版，第 148 页。

③ 何荫楠：《钮月馆日记》，载《清代日记汇抄》，上海人民出版社 1982 年版，第 352 页。

④ 楼嘉军：《上海城市娱乐研究（1930—1939）》，博士学位论文，华东师范大学，2004 年。

⑤ 萍子：《回力球场杂景》，《娱乐》1935 年第 2 期第 24 页。

⑥ 《东华大戏院跳舞场工程告竣》，《申报》1926 年 3 月 14 日第 15 版。

19世纪30年代，整个城市娱乐消费市场已十分成熟。曾有人痛心疾首地描述"九一八"国耻日的娱乐情况，"戏院、游戏场里，还是急管繁弦穿红着绿的唱戏；酒楼、旅社、妓院里，还是一样的花天酒地挟妓胡闹；跳舞场里，还是依旧的乐声悠扬，灯红酒绿的歌舞；咖啡店、按摩院，还是一样的嬉戏作乐；跑狗场、回力球场，还是一掷千金的赌博；总会、俱乐部、公馆、商店，还是东西南北中发白的大打麻雀；公园里，还是一对一对的挟着爱侣，摄影啦，谈情啦，憧憧未来"①。

休闲娱乐活动的多样化，也反映了人们生活方式多样化的变化，男子垄断领域的退缩，妇女活动空间的扩大和社交场所的增多，为化妆品业的成长，提供了机遇。

第二节　近代上海女性的新形象

"如果将1840—1894年作为近代上海社会变迁轨迹的启动阶段，那么在此期间上海曾于1842年由传统商埠而跻身首批条约口岸，又于1860年代中期率先在国内步入都市化进程，这一过程在客观上促成了近代中国都市女性首先在上海的形成。"② 这些城市女性，已然不再是深居闺阁、足不出户的传统形象，她们走上社会、开展交际并且拥有相对自主的意识。这些妇女生活的新风气，塑造出了近代上海女性的新形象。

一　妇女谋生自养

传统中国对两性的活动空间素有严格的区别，"足不出户"是中国古代有身份人家的女眷必须遵从的基本规范之一，然上海开埠后，却为女性步入社会打开了一扇窗。"最早走向社会的职业妇女，并非都是产业工人，一批被社会视为低贱的女堂倌、佣工、女艺人和妓女，在数量上远远超过前者，而成为最早的妇女职业大军。"③

---

① 自在：《亡国先锋》，《申报》1932年9月18日第18版。
② 罗苏文：《女性与近代中国社会》，上海人民出版社1996年版，第86页。
③ 李长莉：《晚清上海社会的变迁——生活与伦理的近代化》，天津人民出版社2002年版，序。

（一）妓女

娼妓在中国是个古老的行业，最早可追溯至春秋时期，"狎妓一事，女闾之设，肇自管子，以致官山府海之利，盖以待商贾之无家者，使有系恋之思，而无岑寂之感，乃能经营异地，久不怀归，而齐因而强且富，此正羁佐之权术也。后世袭其法，乃置营妓以待久戍之军人，亦此意也。六朝以后，浸为滥觞，文人骚客，寄与欢场，毫不为怪，至于教坊歌舞供奉宫廷已极盛矣……唐宋以来，虽不以狎妓为讳，而以风云流则有之，以云立品则亦非所尚也。至于圣朝，则尽除教坊没籍之令，于是官妓绝迹，而所有者皆为土娼矣"①。至清朝时，官妓被废除，所有娼妓皆为土娼。

上海作为一座移民城市，源源流入上海的女性流民，为娼妓业提供了庞大的从业人员。流民，多是因对迁出地的生存状况不满而迁出，然迁至上海后，因工作机会有限，特别是女性，传统的教养方式，使其无以为生，或为家族所卖，或为人拐卖，或为生活所迫，终致沦入娼家。而上海租界管理局的纵容，又使得娼妓业呈任由发展之势，短短二三十年间，"女闾之盛已甲于天下"。

近代上海的妓女是一个较特殊的群体。"她们是最先进入都市消费市场，从单一的被买卖的商品，发展成为兼有商品独立经营者身份和学做生意的女人。"②娼妓业的兴旺发展，已然使此行业成了职业化的行业，不仅从业人数众多，有档次之分，且妓女与嫖客之间买卖关系明确，商业色彩浓厚。

上海妓女人数之多，人们动辄以妓馆成千、妓女累万而议论，"妓女之流何代篾有，未有如今世之盛。然他处不过论十论百，犹僻处于背街曲巷，稍知敛迹，骤然过之而不觉，未有如上海之盈千盈万，遍于大市通衢"③，"沪上烟花之盛，可谓超秦淮、驾姑苏，甲天下矣。按沪上为四方贸易聚集之区，无论文人学士、巨商富贾，与夫店家之伙友，极而至于佣工仆隶，并皆驰逐于花柳之场，趋之如鹜，甘之如饴"④。

妓女也有优劣数等之别，"品流不齐，自长三而下，有幺二，有住

---

① 《冶游闲论》，《申报》1881年10月24日第1版。
② 罗苏文：《女性与近代中国社会》，上海人民出版社1996年版，第270页。
③ 忧时子：《论妓》，《上海新报》1872年7月13日。
④ 《劝经纪人勿嫖说》，《申报》1877年3月30日第3版。

家，有野鸡，有台基，有花烟馆"①。"上等俗称长三，陪观剧洋钱3元，宿又3元，凡游冶客宴于长三之家，一席之费13元，若30元则不过二席有奇"②，"为书寓销金之窟，局面辉煌，虽入其中者不少轻薄少年、狎邪浪子，而豪商巨贾、达官贵人亦或于此会衣冠，讲酬酢焉"③。"中等称么二，陪吸鸦片烟一二口，洋钱1元，宿又1元"，"至于花烟馆和野鸡、台基则属于下等，乱头粗服，列坐门前招人入室，人苟给以银蚨1、2角即可，横陈一榻呼吸烟霞，调笑轻狂，了无禁忌。"④

不同档次的妓院，以客人身份的不同，而有相应的顾客群，"分门别户，迥然不同，所来往客亦各从其类"⑤。妓院与顾客之间买卖关系明确，商业色彩浓厚。"真情未卜有还无，别号由他信口呼，最是缠头常逼索，催人竟似吏催租"⑥，"心上浑如压石头，囊中金尽便生愁，踉门借贷都回却，且把妻房首饰偷"⑦。上海妓女待客，"视银钱多寡，为恩爱浅深，囊橐既空，辄加白眼"⑧，如若顾客欠款，则免不了被"剥去衣衫无处躲，小阴沟后大阴沟"⑨。

（二）女艺人

上海休闲娱乐业的发展，也为女子的谋生，提供了另一条出路——女艺人。唱书，也称说书、弹词，以说为主的叫"大书"，称平话，或评话；以唱为主的叫"小书"，即后来的评弹。⑩平话，最早专由男性从事，"道咸以来，始尚女子，珠喉玉貌，脆管么弦，能令听者魂销"⑪。开埠后，茶楼为了吸引顾客，乐于请说书艺人来摆场，以说为主的平话，因其视觉效果欠佳，逐渐被评弹所取代。而女弹词往往更具

---

① 《论身死不明案》，《申报》1894年1月30日第1版。
② 《禁娼辩》，《申报》1872年6月10日第1版。
③ 《禁约野鸡流妓议》，《申报》1891年5月11日第1版。
④ 《禁约野鸡流妓议》，《申报》1891年5月11日第1版。
⑤ 《恶俗宜亟禁说》，《申报》1885年12月4日第1版。
⑥ 《戒嫖俚句》，《申报》1873年4月7日第3版。
⑦ 《戒嫖俚句》，《申报》1873年4月7日第3版。
⑧ 《书逐日申报后》，《申报》1877年8月3日第1版。
⑨ 潘超、丘良任、孙忠铨：《中华竹枝词全编》，北京出版社2007年版，第446页。
⑩ 李长莉：《晚清上海社会的变迁——生活与伦理的近代化》，天津人民出版社2002年版，第360页。
⑪ 《女弹词》，《申报》1939年7月1日第18版。

吸引力，致沪上书场专约女唱书，"以弹词为职业者，亦以女子为多"①。

表演形式由以说为主向以唱为主的改动，艺人角色由男性到女性的变更，无一不是为了适应市场的要求。也正是在这种需求下，女唱书兴起。"跻居上海者为最多，名曰女先生，所说之书不外乎白蛇传、倭袍传、玉蜻蜓、双珠凤、落金扇、三笑缘诸部，登场炫技曰场唱，任人环听，青蚨半百焉。"②

至 19 世纪 70 年代，女唱书已发展成为一个兴旺的行业，有自己的行业公所与行规，"向者词场诸女，皆有师承，例须童而习之。其后稍宽限制，有愿入者，则奉 1 人为师，而纳番饼 30 枚于公所，便可标题'公寓'"。"自书寓众多，于是定每岁会书 1 次，须各说传奇 1 段，不能与不往者，皆不得称先生。""场中说书时，遇熟客，例索包筹，须纳番洋 1 元。"③ 至 80 年代，唱书已是极盛，论茗时也需唱书助兴，"有约申园共品茶，匆匆登座弄琵琶，曲终便下歌楼去，门下盈盈驻马车"④。

"书寓之初，本禁例綦严，但能侑酒，主觞政，为都知录事，从不肯示以色身"⑤，标榜"卖艺不卖身"，然后期风俗已坏。"现在之女唱书，非从前之身分（份），出局陪酒一似妓馆，是以亦有茶会之名目，实娼妓之一流也。"⑥ 又如报道，"查得某茶馆有女唱书 2 人，在彼弹唱淫词艳曲，立拿到案，各掌颊 50 下，次日押令游街"⑦。

约在 19 世纪 70 年代中期，女伶也出现在上海戏园，同时期的花鼓戏、"毛儿戏"也出现了由女艺人组成的戏班。花鼓戏虽因其了无禁忌，"以真女真男，当场卖弄，凡淫艳之态，人所不能为暗室者，彼则化日光天之下，公然出之秽亵之言，人所不忍闻于床第者，彼绸人广众之场大声呼之，其忘廉丧耻较之古人裸逐相去几何"⑧，曾被禁止，然

① 《女弹词》，《申报》1939 年 7 月 1 日第 18 版。
② 《说书女先生合传》，《申报》1872 年 6 月 22 日第 2 版。
③ 王韬：《淞滨琐话》，齐鲁书社 2004 年版，第 407 页。
④ 《漫谈静安寺》，《申报》1948 年 7 月 29 日第 8 版。
⑤ 王韬：《淞滨琐话》，齐鲁书社 2004 年版，第 407 页。
⑥ 《嬉闹被咎》，《申报》1873 年 2 月 20 日第 2 版。
⑦ 《维持风化》，《申报》1897 年 7 月 10 日第 2 版。
⑧ 《请禁花鼓戏说》，《申报》1872 年 10 月 15 日第 1 版。

终因符合市民的世俗口味，一直延续下来。

女艺人的出现，是顺应都市娱乐业发展的结果，并受到人们的欢迎，同时也给流入上海的女性提供了新的谋生出路。

（三）女工

女工是近代上海出现稍迟的职业群体，上海开埠二三十年后，一些工商企业才开始招募女工，女工最早出现在茶栈、丝栈，后发展到缫丝、轧花等轻纺工业，再后来其他一些企业也相继雇佣女工。

女工早期出现的行业，多要求精细作业，女工有天然优势，"妇女任劳、有耐心，没有专门技术，容易受支配，在机器房里可以成天坐着，不断地工作，不断地生产，而成绩比男工好，因此，男工被排挤了"①。如"师傅教妇女所缫之丝，经汽水缫治则色鲜而丝柔，经女工缫络则缕细而质净，丝既佳则价自可稍昂，市场亦因之而广"②。且女工工薪低廉，"若使雇用男子，恐所给不丰，向往者必然廖落"③，怡和纺织局，"有缫车100部，最初全用男工，但不久即招用女工以代男工，工资仅为男工的三分之一"④。

女工生存条件恶劣，为女工者，纯属贫家妇女，"朔风凛冽啼饥号寒为生计起见，势不得不出外工作，各工厂定规甚严……距离工厂较远者，每晚4点许即须起身梳洗，粗具夜食往外行走，仍在明昧之间，是以攫物强奸之事层见迭出"⑤。但因其不用出卖色相来赚钱，贫穷人家女子亦争做女工。"一闻有人招雇女工，遂觉勃然以兴，全家相庆，举国若狂，利之所在，人争趋之。于是相与联袂随裾，或行逐队以去。"⑥

1893年，"上海一地，有15000或20000妇女被雇佣，从事清理禽毛以便载运出口，清拣棉花与丝，制造火柴与卷烟"⑦。据1892—1901年海关报告称，上海已有28家缫丝厂，拥有缫丝机7800—7900部，雇工1.8万—2万名。当时一家大缫丝厂的女工工人为丝间20人，缫丝

---

① 《现代的美国妇女》，《申报》1935年3月3日第17版。

② 《江西有兴蚕桑说》，《申报》1896年6月18日第4版。

③ 《论妇女作工宜设善章》，《申报》1888年4月1日第1版。

④ 李长莉：《晚清上海社会的变迁——生活与伦理的近代化》，天津人民出版社2002年版，第416页。

⑤ 《丝厂女工之苦楚》，《申报》1917年1月4日第11版。

⑥ 《论妇女作工宜设善章》，《申报》1888年4月1日第1版。

⑦ 孙毓棠：《中国近代工业史资料选辑》（第1辑下），科学出版社1957年版，第1231页。

470 人，扯吐 40 人，选茧 100 人，合计 630 人，占全厂工人 57% 以上。另据 1924 年前后工部局的调查，"上海工业系统雇佣工人为 168815 人，女性为 120946 人，其中不满 12 岁的女童工为 17705 人。同期，在上海雇佣劳工总数中 12 岁以上的女工占 57%。可见，女性在上海劳工队伍中的多数地位已确定无疑"①。

1925 年《生活》杂志曾对上海女子的职业进行了分类，认为属于高级的，有银行经理、教员、洋行打字、书记、医生；属于从事体力劳动做工的，有织布、摇纱、摇黄丝、做花边等；而诸如喜娘、收生婆（接生婆）、推拿小儿的女郎中、剃面、念经婆婆等，则需能言善辩，靠拍马屁吃饭，被社会认为是下贱的职业；属于艺术的，有唱书、新剧家、拍影戏的明星等；妓女、野鸡、白蚂蚁（低等妓女的称谓）等虽被认为是非正当的行业，但也能在上海谋得一席生存之地。

可见，近代上海妇女走上社会，谋生自养，成为趋势，并且女性经济能力的增强，对其活动空间和见识的扩展，也有诸多裨益。

二　女性活动空间扩展

开埠之前，上海女性向少出游，"吾乡农妇向端庄，少女专求纺织良。自设缫丝轧花厂，附膻集粪蚁蝇忙"②。且消闲娱乐场所较少，也无地游玩。开埠后，繁盛的工商业贸易及消费风气的嬗变，对传统观念和习俗带来巨大冲击，并促使其逐渐让位于新的顺应近代经济运作的思想观念和社会习俗，女子置身其中，身受其惠。

（一）女性娱乐项目的增多

开埠后的上海，不乏茶楼、酒馆、戏园、烟馆等消闲娱乐场所，只是最初进入这些公共娱乐场所的主要还是男子，18 世纪六七十年代方才有女子出入其间。

茶楼是最先向妇女开放的空间，"上海地方妇女之蹀躞街头者不知凡几，途间或遇相识之人，观然道故、寒暄笑语，视为固然。若行所无事者，甚至茶轩酒肆，杯酒谈心，握手无罚，目贻不禁"③。"饭后二三点钟，妇人也上茶馆，年少不妨独行，老年带个女伴"④，也成为生活

---

①　罗苏文：《女性与近代中国社会》，上海人民出版社 1996 年版，第 288 页。

②　秦荣光撰：《上海县竹枝词》，上海古籍出版社 1989 年版，第 54 页。

③　《二人摸乳被枷》，《申报》1872 年 6 月 4 日第 2 版。

④　罗苏文：《近代上海：都市社会与生活》，中华书局出版社 2006 年版，第 84 页。

常态。

妇女入戏园看戏，也渐次成为一种风尚。"上海一区，戏馆林立，每当白日西坠，红灯夕张，鬓影钗光，衣香人语，杳来纷至，座上客当满，红粉居多"①，"里中十朝请昆腔名班演戏3日，游人毕集，粉黛偕来，逸趣横生"②。上海一埠"戏馆林立，每馆客座不可以数计，士女好游者，一夕之费人人挥金如土"③。

此后关于妇女听书、出游、烧香等活动的描绘也越来越多，诸如"小拓璃窗近水楼，美人高座说风流"④，"妆成堕马髻云蟠，杂坐香车笑语欢"⑤，"妆饰偏工，有女如云庙入红"⑥。甚至在烟馆里，也可以看到妇女的身影。早在烟馆开设之初，就聘有女堂倌，以之为饵，招揽生意，"有瘾者固欣然愿往，无瘾者亦乐得而尝试之，遂有因而上瘾者，其实皆为贪妇女之色，初非必欲吸烟也"⑦。但后来出现在烟馆里的妇女，多为自己享乐而来，与女堂倌截然不同，但行为更甚，"女烟客之行径情形则较当时女堂倌尤为不堪入目……女堂倌不过榻傍侍坐而已，女烟客则双枕同眠，一灯对吸，恍观秘戏矣；女堂倌不过来者应酬而已，女烟客则携手而来，并肩而卧，做尽丑态矣；女堂倌不过略致寒喧而已，女烟客则一一横陈，双双归去无非姘头矣"⑧。"洋泾浜租界地方之妇女，岂已忘其身之为女哉，闺门谨守之箴既未闻见，今且于酒肆、茶坊外日游烟馆矣，夫事之最不雅观者，莫烟馆其间男女横陈，并肩连膝，巫山咫尺，只隔一灯"，引得卫道士们连连惊呼"妇女吸烟而复出入烟馆习之淫陋甚矣"⑨。

除去这些传统的娱乐休闲场所外，在19世纪新兴的娱乐场所中，妇女身影更是比比皆是。如舞场兴起后，妇女争相前往，"今之女青年竞尚奢华，讲求服饰，一切家务置诸不闻不问，惟往来剧场舞馆，尽量

① 《邑尊据禀严禁妇女入馆看戏告示》，《申报》1874年1月7日第2版。
② 《妇女看戏竹枝调用上下平韵》，《申报》1874年1月26日第2版。
③ 《筹振刍言六则》，《申报》1890年7月21日第3版。
④ 葛元煦：《沪游杂记》，上海书店出版社2006年版，第192页。
⑤ 葛元煦：《沪游杂记》，上海书店出版社2006年版，第193页。
⑥ 葛元煦：《沪游杂记》，上海书店出版社2006年版，第284页。
⑦ 《伤风化论》，《申报》1872年5月23日第3版。
⑧ 《女烟客急宜禁绝说》，《申报》1874年11月12日第3版。
⑨ 《论妇女入馆吸烟似宜缓禁》，《申报》1873年3月20日第1版。

挥霍肆意快乐"①，"社会奢靡，于今为极，大家闺秀，惑于自由平权之泛说，睥视礼教，恣意放纵，以挥霍为豪爽，视放浪为社交，歌场舞榭，恒见若辈之芳躅，习而久之"②。看电影成为新潮娱乐后，"太太们，她们看京戏、看神怪舞台剧看得腻了，于是到影戏院里来逛逛，藉资调节"③。30 年代时，"大概头轮外片观客，多富商大贾，闺阁名媛，头轮国片观客，女性多于男性"④。而且从地域上分，还有女性偏爱去的影院，"上海大戏院开映以武侠侦探片为多，因有日侨观众，他们崇尚武士道的缘故；东华大戏院观客以男女学生、商人为多；中央则以闺秀名媛、北里姊妹花为多"⑤。

妇女出入公共休闲空间的行为，打破了男子把持休闲娱乐场所的局面，是妇女新生活的开端，也由此带来了妇女精神面貌的转变。

（二）女性消费活动的增长

近代上海女性在商业化生活的浸染下，经济能力增强且观念得以转变，这促使女性消费在 19 世纪 80 年代后逐渐形成。

这期间，妓女和姨娘（服侍妓女的女性）起了示范的作用。妓女为了吸引顾客，招揽生意，往往需要在穿着打扮上，费尽心思，以献媚争妍为事，因而大都衣饰华丽，"两行红粉按笙歌，首满金珠玉绮罗"，"衣衫华美习为常，抱布贸丝作大商，几句西人言语识，肩舆日日到洋行"⑥。上等妓女所住之处屋宇宽敞，"房中陈设俨若王侯，床榻几案非云石即楠木，罗帘纱幕以外，着衣镜、书画灯、白灵台、玻罩花、翡翠画、珠胎钟、高脚盘、银烟筒，红灯影里，烂然闪目，大有金迷纸醉之慨"⑦。中等妓女所住之处，"有衣饰房榻之类堂子，曰住宅"，下等妓女虽无固定住所，但"有艳服夜游群，拥聚于茶室烟寮，倚婢招人"⑧。妓女还是时尚用品的使用者，头油、香皂、香水、扇子、镜子等，都由妓女率先使用。"云鬓新编脑后托，时新衣服剪纱罗。倾瓶香水浑身

① 《家庭与主妇》，《申报》1924 年 3 月 7 日第 17 版。
② 《戏旨说略》，《申报》1926 年 8 月 8 日第 1 版。
③ 《电影院里的形形色色》，《申报》1932 年 11 月 29 日第 5 版。
④ 《上海电影院之鸟瞰（下）》，《申报》1939 年 7 月 8 日第 18 版。
⑤ 王定九：《上海门径》，中央书店 1937 年版，第 17—18 页。
⑥ 《续沪比竹枝词》，《申报》1872 年 8 月 12 日第 2 版。
⑦ 池志徵：《沪游梦影》，上海古籍出版社 1989 年版，第 163 页。
⑧ 池志徵：《沪游梦影》，上海古籍出版社 1989 年版，第 163 页。

洒，风送芳香扑鼻过"，"钻石深嵌约指空，黑油牙柄扇摇风。个人赠物分明在，排缝鲛绡出袖中"①。

姨娘由于长期身处妓家身旁，协助妓家料理生意，陪妓女出局，耳濡目染，也开始注重装扮。"肩舆出局快非常，大脚姨娘贴轿旁。燕瘦环肥浑不辨，遥闻一阵麝兰香"②。农妇们到上海成为姨娘后，生活往往发生巨大变化，"一至上海，则往往忘其本来。犹是赤黑面色，六寸圆肤之体，一经装束，遂有许多妖冶气，而邪僻之缘亦随人而易入。久废田事，手足不劳，饮食起居渐觉安逸，面黎黑者，亦有时而白皙。头之饰也金若银，身之衣也绸若绫。佣于妓馆则学其放诞风流之态，佣于人家则习其深居简出之风。略一修饰自觉楚楚动人，因而乡间常态有不留分毫者"③。

在妓女的示范下，沪上女性纷纷仿照，"靓妆倩服效妓家，相习成风，恬不为怪"④。进口商品也开始在上海打开局面，据 1887 年英国驻沪领事贸易报告称："在上海逐渐得到更普遍使用的外国生产的小商品还有驼毛织品、丝伞、做内衣用的廉价法兰绒、棉织内衣、白手帕和花边。中国这一地区的贵妇人现在也用花边来装饰她们的短上衣"⑤。到清末，"洋广杂货铺以洋货为大宗，批发店多在南京路、河南路、广东路一带，形成不下百余家店铺的销售网。与女性消费相关的产品大类初期为洋布、印花布、毛巾、羽绸、大呢、被面、雨伞、纽扣、金银线等，19 世纪末出现皮革、绸伞、玻璃制品、自行车等"⑥。20 世纪 30年代中期，"上海商业网络中以经营女性消费为特色的商店已颇具规模，以静安寺路（南京路）、同孚路（石门路）、霞飞路（淮海中路）最为集中。此外，上海有首饰店 51 家，鞋店 21 家，美发厅数家。上海女性的消费领域及档次可见一斑"⑦。

上海的大家闺秀和小家碧玉的消费能力也不容小觑。美国妇女杂志

① 顾炳权：《上海洋场竹枝词》，上海书店出版社 1996 年版，第 409 页。

② 潘超、丘良任、孙忠铨：《中华竹枝词全编》，北京出版社 2007 年版，第 445 页。

③ 《书朱陈氏愿归原夫案》，《申报》1883 年 8 月 7 日第 1 版。

④ 池志徵：《沪游梦影》，上海古籍出版社 1989 年版，第 163 页。

⑤ 李必樟译编：《上海近代贸易经济》，上海社会科学院出版社 1993 年版，第 721 页。

⑥ 徐安琪主编：《社会文化变迁中的性别研究》，上海社会科学出版社 2005 年版，第146 页。

⑦ 罗苏文：《女性与近代中国社会》，上海人民出版社 1996 年版，第 321 页。

曾调查过上海一隅，"无论大家闺秀、小家碧玉，每月香水所耗当亦不资，偶入公共场所，则香雾腾结，殆将人人为香妃矣"[1]。中产之家，女子一年所耗费之化妆品，为数已属可惊，"所花费香水 67.5 元、干粉 58 元、脂膏 9.8 元、肥皂 26 元、粉纸粉布 12 元余、香腊（女子不一定用）7.4 元，若加上富室及名花优伶，更须数倍于此"[2]。

显著的消费给妇女带来光彩耀人的形象，是沪上女性塑造新形象的历史性成果，而这种消费，也直接影响女性审美标准的变化。

三 女性对"美"的新认知

人生之初，美丑不一，然偏爱美，却是天性使然。对于女子而言，更是这般，女为悦己者容已成为家庭生活的一部分。《谷梁传》云："妇人……从人者也；妇人在家制于父，既嫁制于夫，夫死从长子，妇人不专行，必有从也。"女性不具有与男性对等的资格，只是男性的依附者，既嫁之后，又有一朝被弃或失欢之惧，因而往往更希冀容颜貌美，以此留住丈夫，故历朝历代的女子从未放弃过对"美"的追寻。

（一）天然"美"向化妆"美"的转变

"美"的观念，初甚质朴，崇尚天然。《诗经·卫风·硕人》云："手如柔荑，肤如凝脂，领如蝤蛴，齿如瓠犀，螓首蛾眉，巧笑倩兮，美目盼兮。"这其中并没有雕琢装饰的意思。[3]

战国时期，宋玉《神女赋》写女子之美，着重在"秾不短，纤不长"，即体长合度，是所认同的美的宗旨。言女美之大体，则"其状嵬嵬，何可言极，貌丰盈以庄姝兮，苞温润之玉颜"。分言其眉目则，"眸子炯其精朗兮，瞭多美而可观。眉联娟以蛾扬兮，朱唇的其若丹。素质干之酞实兮，志解泰而体闲"[4]，歌颂的仍然是女子的天然"美"。

即便是到了汉末建安时期，《孔雀东南飞》中，记有刘兰芝梳妆打扮，"著我绣夹裙，事事四五通。足下蹑丝履，头上玳瑁光。腰若流纨素，耳著明月珰。指如削葱根，口如含朱丹。纤纤作细步，精妙世无双"。可见依旧未有施朱傅粉的描述。

由此可知，汉代及以前崇尚的是不施粉黛的自然美，然而，并非每

---

① 《紫罗兰菴随笔》，《申报》1919 年 11 月 17 日第 14 版。
② 玉鲸：《闺秀化妆品之消耗》，《妇女杂志》（上海）1923 年第 9 卷第 5 期，第 57 页。
③ 陈东原：《中国妇女生活史》，上海文艺出版社 1928 年版，第 77 页。
④ 陈东原：《中国妇女生活史》，上海文艺出版社 1928 年版，第 77 页。

个女子都天生丽质，故搽脂抹粉的女子亦有存在。"美人妆，面既施粉，复以燕支晕掌中，施之两颊，浓者为酒晕妆，浅者为桃花妆；薄薄施朱，以粉罩之，为飞霞妆。"一首《妆台论》道出了粉对女性红妆的重要性。

《战国策·楚策》载"郑周之女，粉白黛黑"。《韩非子·显学》言："故善毛嫱、西施之美，无益吾面。用脂泽粉黛，则倍其初言。"可见，人们早在先秦时期就以黛画眉，增添美色。先秦时期，女子化妆时，惯以"粉白黛黑"，日后工艺进步，原料来源日广，加之多元文化的融合，女子们开始向往"面带桃色"的美丽，胭脂便成为不可替代之物。而关于胭脂的起源，主要有两种说法。一种认为胭脂产生于商纣时期，为燕国所产，马缟于《中华古今注》中，记录"胭脂盖起自纣，以红蓝花汁凝作燕脂，以燕国所生，故曰燕脂"①。但此种说法，受到种种质疑。目前多采用第二种说法，认为胭脂是从外地传来的，由张骞出使西域时引入。这种说法，最早见于崔豹的《古今注》："燕支，叶似蓟，花似蒲公，出西方，土人以染，名为燕支，中国人谓之红蓝。"②之后张华《博物志》载，"红蓝花生梁汉及西域，一名'黄蓝'，张骞所得也"。习凿齿所著《与燕王书》，也记载有"焉支山下有红蓝，足下先知不？北方采红蓝，取其花，染绯黄；挼取其上英鲜者作烟肢，妇人将用为颜色。吾少时再三遇见烟肢，今日始视红蓝。后当为足下致其种。匈奴名妻作'阏支'，言其可爱如烟肢也"③。这些著作均采信外来说，若此为可信的话，那么胭脂的使用，当在汉朝。

除去面部的妆饰外，女子对身体的气味也有所要求。屈原在《九歌》中曾描述"被石兰兮带杜衡"，"制芰荷以为衣兮，集芙蓉以为裳"，"纫秋兰以为佩"，"这里的石兰、杜衡都是香草，而芰荷、芙蓉、秋兰无疑是香花"④。可见战国时，女子已知采集天然植物，风干后做香料，"以香其身"。至汉代，经济发达，对外交流加强，不仅打通了陆上的丝绸道路，还开辟了南方的海上交通，中国和世界取得了较为广

① （五代）马缟：《中华古今注》，转引自《古今逸史》，景明刻本，第10集，中卷，第4页。
② （西晋）崔豹：《古今注》，转引自《古今逸史》，景明刻本，第9集，下卷，第4页。
③ 参见万方《"胭脂"名实考》，《湘潭师范学院学报》1994年第4期。
④ 李芽：《中国古代妆容配方》，中国中医药出版社2008年版，第156页。

泛的联系，香料贸易从这时起，也被提到日程上来。"今乌桓就阙，稽首译官，康居、月氏，自远而至，匈奴离析，名王来降，三方归服，不以兵威"①，"其条支、安息诸国，至于海濒四万里外，皆重译贡献"②，香料的来源日广。

足见，至汉代时，粉、黛、脂、香四品，已悉数呈现。此四品历史悠久，用途广泛，为古代女子的化妆史，抹上了浓重一笔，也为中国古代女子单调的生活，增添了装饰美和色彩美。

（二）追求健康的"化妆美"

到了近代，卫生与健康的观念传入中国，妇女们日渐认识到传统化妆品的弊端。虽然在漫长的封建社会内，粉、黛、脂、香四品，一直是女性化妆的主要用品，但与近代进口的化妆品相比，其弊端很明显，而近代女性思想观念的变化，也促使她们做出新的选择。

粉，一直是古代女子最重要的一类化妆品，粉的出现，可归功于秦汉之际冶炼技术的发展。何孟春《余冬录》载："嵩阳产铅，居民多造胡粉。其法：铅块悬酒缸内，封闭四十九日，开之则化为粉矣。"此即由醋酸铅制碳酸铅粉法的起源，碳酸铅即是后世所称的宫粉。宫粉的原料离不开铅，而铅有黑、白、青三种之分，三者之中，只有白铅可在空气中直接燃烧、氧化，成锌氧粉，用于制作宫粉。其他两类，还需再经过复杂的程序，进行深一步的打磨，方可使用。可惜三者价值，相去悬殊，白铅最昂，故至明清时期，有投机取巧商人，常以黑、青二铅代替白铅，直接氧化，冒充宫粉，女子们使用后，后患无穷。

青铅氧化后，会形成淡黄色的粉质，并不适合敷面。若换做黑铅，直接氧化，会产生淡红色的鳞状结晶，国人称为黄丹粉，也非白粉，亦不适合敷面，但如若先将黑铅酸化，形成醋酸铅，再与碳酸化合，就会形成碳酸铅，色白质细，状糊如粉，能够冒充宫粉，以次充好。可惜此类白粉，夏季使用，遇汗，则会因硫化作用，而还原成黑铅，黑色的残留物将会依附在皮肤上，形成黑色小点，必须及时用镊子摘去，如果不摘除，或摘除得不及时，则日益加深，终成雀斑。况且铅内含毒，长久使用，会使肤色变青，继续使用，会致皮肤脱落，过量使用，还可能危

---

① 李芽：《中国古代妆容配方》，中国中医药出版社 2008 年版，第 156 页。
② 陈连庆：《汉晋之际输入中国的香料》，《史学集刊》1986 年第 2 期。

及生命。《本草纲目拾遗》中就有："粉锡即铅粉，乃以铅打成薄片，入甑，用醋一瓶同蒸，化为粉用。今杭城多有此业，名曰粉坊，工人无三年久业者，以铅醋之气有毒，能铄人肌骨，且其性燥烈，坊众人每月必食鹅一次以解之。"① 铅毒之害，由此已见。

将青铅、黑铅氧化所得之物用于涂面，非但对美容无益，甚至会危及健康，可即便是使用白铅所制的宫粉涂面，也必须十分注意分量的选用，否则就可能会事倍功半。女子一般涂粉的时间，常在洗脸后，这样一来可以护肤，二来可以增加美白效果，可锌氧粉涂面时遇水，并不显白，而女子们使用时，都尽量多涂显白，于是等到干燥时，锌氧粉、水会因为结合空气中的二氧化碳，反应为碳酸锌，呈现得非常白，不仅不美观，甚至于遮蔽了肤色中固有的血色，呈现出一种病态感。因而对于不懂得化学反应的古代女子而言，使用它也远非完善之法。

画眉最初选用的石黛，需先将石黛放在石砚上磨碾，使之成为粉末后，以水调和，方可使用。"至南北朝时，陆续有铜黛、骡子黛、青雀头黛等画眉物品传入，这些黛石使用时，直接蘸水，更加方便，妇女们遂逐渐淘汰了石黛。"② 可惜这些黛石出产范围有限，而远途运输对古代交通而言，又是一项巨大的挑战，因此，青黛一物，并无正式制造的机构。

民间女子则会选择廉价物品替代黛石，柳条、火柴成为可选项目。选用以柳尖画眉之法，虽采集简便，所费无几，且具有防腐杀菌功效，但柳条色彩稍淡，颜色显青，不能和眉色一致，效果不佳。选用燃烧火柴画眉法，不仅无杀毒之功，于卫生、健康亦无益，颜色不能持久，而且往往由于下笔力度、肤质柔韧度的差异，画出来的眉形并不均匀，要时时修正、添色，使用火柴画眉也绝非易事。

凡此种种，都迫使女性寻求新的美容之品，而近代进口化妆品的出现，正为迷茫中的近代女子指出了新的"方向"。

---

① （清）赵学敏：《本草纲目拾遗》，人民卫生出版社 1963 年版，第 16 页。
② 《上海化妆品之调查》，1931 年，上海市档案馆藏，档案号：Q242—1—829。

第二章　外国化妆品在上海的引进与传播

1843 年上海正式开口通商，化妆品亦应时而进口。唯因当时人民购买力弱，思想相对保守，故销路不广。其后上海市场发达，中西仕女，渐荟萃于此，化妆品进口大增。及至 20 世纪，我国摩登仕女，雅好修饰，致每年外来化妆奢侈品，其销售量大为惊人。外国化妆品在上海渐次拥有市场，外商见此良机，开设商行，建造工厂，以谋发展，外国化妆品业得以在上海"落地生根"。

第一节　外国化妆品的传入

"煤气灯和电灯的相继问世，逐步取代了昏黄跳动的蜡烛光，镜子质量也得到了显著提升，所有这一切终于使人们能够有机会好好地审视一下自己的外貌。人们对外貌的自我关注开始以一种前所未有的方式得到不断强化。"[①] 并且上海人口总量的改变，使得消费水平与消费市场也发生变化。"大量的多元异质的移民进入上海后，不仅改变了上海的人口结构，也改变和刺激着消费市场结构向着多元异质方向发展。"[②] 最终，美容不再局限于家庭，逐渐形成为一个市场，各种新兴产业也就应运而生。唯因中国传统工业相对落后，这个市场首先被外商开发。

一　化妆品的进口

相较于古代粉、黛、脂、香妆品，近代进口化妆品在品种上，就显得丰富了很多，大致而言，有美颜类、毛发类、口齿类、美甲类、沐浴

---

① ［美］杰弗瑞·琼斯：《美丽战争：化妆品巨头全球争霸史》，王茁、顾洁译，清华大学出版社 2014 年版，第 36 页。

② 忻平：《从上海发现历史：现代化进程中上海人及其社会生活》，上海人民出版社 1996 年版，第 60 页。

类、芳香类六大类，每大类下，又包含众多小品目，品种众多。修饰范围包括面妆、眉妆、发妆、唇妆、手妆等，使显现在外的肌肤都能得到妆饰，是一种涵盖范围更广的全身修饰。

（一）外国化妆品之沿革

"近代纷繁复杂的美容化妆品，其源头都可以回溯到世界各地的人们对植物、花卉和药草的香味及其治愈作用的认识和了解，而这些物品的使用以往更多的是属于亘古的宗教和文化习俗的一部分。但是，逐渐地，经过一个多世纪，在这些神奇花草的基础上成长起来了一个迅猛发展的全球化行业。"[1]

"古人用香，用途有三，一为焚熏之用，二为装饰之用，三为保存尸体之用。阿拉伯人喜用香料，以麝香为多，波斯之拜火教，常焚烧香料而拜之，巴比伦人常以香料涂身，且喜涂粉于面，希腊人亦喜用香料。罗马人初不如此，自被希腊征服后，始渐用之。当公历五十四年尼罗（Nero）为罗马皇帝时，香料与化妆品为宫中之要品，皇帝可以自由使用香妆品，其后据说罗马帝国的君王们，无论是沐浴还是睡眠，都离不开香味的萦绕。罗马人以各种优美的材料，作为香料与软膏，主要有三，一为固体软膏，一为流质软膏，还有一种为香料粉末。固体软膏是一种特殊的香料，由杏仁、玫瑰，或柠檬等果实而制成；流质软膏则为花卉香料与树脂相调合之物。"[2]

"罗马帝国衰落后，整个欧洲大陆失去了古罗马人那样的对香味的深厚理解，好在进入中世纪之后，伊斯兰文明逐步发展成科学文化的中心，从而使香水制造工艺不仅得以保存下来，而且还得以日益兴盛发展。"[3] 其后数世纪中，阿拉伯人对于香料之研究，较其他民族为甚，如在 10 世纪时，有阿拉伯医生阿维森纳（Avicenna），以蒸馏之法，提取花中香料，能在玫瑰花中，提出玫瑰水及玫瑰精。而阿拉伯人，因此得大宗贸易。

---

① ［美］杰弗瑞·琼斯：《美丽战争：化妆品巨头全球争霸史》，王苗、顾洁译，清华大学出版社 2014 年版，"导言"。

② 方液仙：《三十年来中国之化妆品工业》，载中国工程师学会编《三十年来之中国工程》，中央印制厂重庆厂 1946 年版，第 820 页。

③ ［美］杰弗瑞·琼斯：《美丽战争：化妆品巨头全球争霸史》，王苗、顾洁译，清华大学出版社 2014 年版，第 1 页。

"英国最初以脂粉为修饰品，香料之输入，则在十字军时代，盖随骑士得胜东方，携归回教妇人之各种贵重化妆品而来，自此至伊丽莎白女皇时代，香料及化妆品更为普及，并且不独独流行于英国，法国、意大利、匈牙利诸国，亦尤而效之。1370 年时，匈牙利开始使用酒精与香料调制酒精香水，成为酒精香水生产最早的国家，这种香水至今仍享誉盛名。之后不久，法国便成为了天然花卉香料工业之场，其所出地点极佳，遂能保持其优越地位，虽他处亦欲有仿法从事此业者，但出产不良，经验不足，故无法与之竞争。"①

及至近代世界各国，香料工业勃兴，或以蒸馏方法，自植物中提取各种香油，并用最新的分离方法，自香油中提取单纯化合物，或以化学合成方法，制成各种人造香料，生产大量原料，然后制成各种精美夺目之香品，装于精美瓶盒中，近代已成化妆品普遍的时代。

近代使用化妆品多是因为其美容作用，然最初人们创造这些物品时，看重的多半是这些产品的治愈和卫生效果。如"用冷香膏敷于皮肤后，可以去除一切粘附之不洁物，待不洁物消除后，皮肤乃呈现清洁与白色，而成为康健现象"②。又譬如"以不良的肥皂，洗涤皮肤后，则皮肤遂呈干燥的状态，因其中含有游离碱质所制，若涂以冷香膏，则滋润矣，因冷香膏中，含有多量羊毛脂，此种脂肪质，与皮肤的自然脂肪质，极相符合，故对于用肥皂后，及缺乏自然脂肪之人，正如给皮肤以食料，且此种人极易潜伏湿疹，羊毛脂即可防止各种皮肤之疾病"③。再如"用滑石粉所制的爽身粉，可以减轻皮肤刺激，此种症象，在热天尤为显著，故其用途在暑天最大。此外，尚有漱口水及牙膏等，因含有台摩尔的原料，可以随时消除口中之微生物"④。

香水既可以外用，也可以内服，护肤霜和彩妆产品既能治病，也能起到修饰作用。"医药和美容知识紧密地交织在一起，都是基于自古以

①　方液仙：《三十年来中国之化妆品工业》，载中国工程师学会编《三十年来之中国工程》，中央印制厂重庆厂 1946 年版，第 820 页。

②　方液仙：《三十年来中国之化妆品工业》，载中国工程师学会编《三十年来之中国工程》，中央印制厂重庆厂 1946 年版，第 820 页。

③　方液仙：《三十年来中国之化妆品工业》，载中国工程师学会编《三十年来之中国工程》，中央印制厂重庆厂 1946 年版，第 820 页。

④　方液仙：《三十年来中国之化妆品工业》，载中国工程师学会编《三十年来之中国工程》，中央印制厂重庆厂 1946 年版，第 820 页。

来人们对鲜花、药草和油类产品的共同认知，但是工业化进程，促使美容和健康向着不同的方向延伸和发展。"①

（二）进口化妆品的品质优越性

国内香粉之中，素含铅质，而铅粉损伤皮肤，长久使用不仅易生斑点，皮肤亦起皱褶，严重时甚至会危及性命。而"观欧美造粉，因知金属有损于肌肤，极力减少锌氧的使用，每百分中，至多含十五而已。锌氧之成分减少，其补充品以淀粉为大宗，白芷根粉，间或用之，其色与皮肤相似，又有黏性，敷于肤上，甚觉密切，此乃制造者，合科学方法，具理化学知识之结果也。"②

一年之中，冬季是皮肤最脆弱的时候，如若不加以注意，还可能引发冻疮，以致溃烂，不仅疼痛异常，也有损美观。为解决这一问题，女性会涂抹香蜜，可惜国产香蜜，杂质颇多，不受欢迎。

反"观舶来之香蜜，并无杂质，能给皮肤补充水分、保湿。"③"甘油、洋蜜和雪花膏，此三者之中，又以雪花膏最受欢迎，其可用以清洁皮肤，即先涂抹较多量的雪花膏，略加摩擦，而后再用清洁的纱布将其拭清，如此则皮肤及毛孔的污秽，都可除去；亦可在化妆时代替粉底，即敷粉前，先匀抹雪花膏于面部，而后敷粉其上，这样不断，所敷的粉较能持久，而且颇能平均；还可直接涂抹，用以保护皮肤，补水保湿，积极地给与皮肤以滋润，使其润泽鲜艳"④，可以说是三效合一。

胭脂的制造，可分为两种，胭脂粉与胭脂膏。"胭脂粉乃于香粉之外，加以适量香油与红料即成，所用红料，不外两种，一为洋红，一即红蓝花汁。然此二种红料与粉配合，欲求适当，实非易事。因我国无一定标准，需测量成分，不为近人所乐用。胭脂膏则以滑石粉和以甘油或玫瑰油、蔷薇油等，然后附着红料，手续复杂，又因一遇日光，即能改

---

① ［美］杰弗瑞·琼斯：《美丽战争：化妆品巨头全球争霸史》，王苗、顾洁译，清华大学出版社 2014 年版，第 27 页。

② 谢和青：《上海化妆品业调查录》，1931 年，上海市档案馆藏，档案号：Q242—1—829。

③ 谢家玉：《科学小说：雪花膏的回忆》，《科学世界》1935 年第 4 卷第 12 期，第 1198 页。

④ 《秋冬常用的化妆品雪花膏》，《玲珑》1935 年第 5 卷第 45 期，第 3919 页。

变本色，制造不多，上海工厂，偶一制之而已。"①

而舶来品中的胭脂，采用番红花制成，其色带黄，即本草中的黄蓝，用以涂唇，最为鲜艳，且其味亦甜美，因甘油调和而成。"近年以来，此项胭脂膏亦已渐归淘汰。因其最新出品，乃系白色之冷脂。涂于口唇，则因受热及润湿的作用，能使唇膜皆变透明质，鲜艳胜于胭脂。其制法乃以硝酸混加少量之尿酸，先制成 Alloxan（四氧嘧啶），后与冷脂调和而成。"② 舶来中国时，冷脂通常以圆梗形角质小管盛放，使用之时，由底部推出，使之上升使用，携带方便。

香料虽在中国使用历史悠久，但古代人民却并不知道如何长久地保存香气。由于对香气的挥发性认识不足，在日晒汤煎中，不自觉丧失的香气甚多，加上中国的蒸馏器极不完密，致使香气在加热时，又挥发大半，因而凡中国所产花露，仅有少许香味而已。

而舶来香水，制造商采用全新的溶液提炼方法和密封方式，使得香水不仅气味多样，留存时间也较长。

中国传统花粉业，终"因制造者顽固守旧，不注力于改良，又因国人崇拜洋货之心太重，致此数千年来之传统妆品，渐被进口化妆品所淘汰"③。

二　外来化妆品的生根

由于西方资本主义国家的商品输出和进出口贸易的发展，上海能够经销一批新兴的工业产品，如西药、化妆品、百货，加之上海优越的商贸环境不仅为这批新兴行业的诞生提供了便利，也帮助它们顺利地实现了在上海的扎根。

（一）舶来化妆品进口之惊人

我国传统香粉业的落后，加之国人将本地生产的化妆品视为品质不高的廉价产品，不能承载自己的消费需求，使得我国化妆品情况为，"大致高等品多来自欧美，普通者以德货居多、俄货次之，中下等品则

---

① 谢和青：《上海化妆品业调查录》，1931 年，上海市档案馆藏，档案号：Q242—1—829。

② 《上海化妆品业》，《工商半月刊》1930 年第 2 卷第 18 期，第 18 页。

③ 谢和青：《上海化妆品业调查录》，1931 年，上海市档案馆藏，档案号：Q242—1—829。

为国内自制及由日本输入"①。

香水是最早发展起来的资本主义工业化产业，"19 世纪中叶，法国和英国的香水出口量已达到了相当的数量，法国香水主要出口到欧洲和美国，而英国则主要出口到印度、中国和澳大利亚"②。20 世纪初期，无论是低价位还是高价位的西方护肤品，都已经进入了中国市场。1911年，日本可乐美化妆品（Club Cosmetics）推出一款"英伦风格"的滋润霜，以"双美女"品牌向中国出口产品，希望借此打开中国化妆品消费市场的大门。

查舶来品中香水，"有蔷薇花露水、百合花香水、水仙花香水、华尼拉香水、紫罗兰花露水、芸香香水、纽白尔特香水、威尔勃尼亚香水、格南尼谟花露水、波斯香水、海罗脱拉拍香水、拉文达香水、摩斯罗氏香水、弗罗里达香水、蕙兰香水等，然皆昂贵。③"

香水脂粉作为妇女的化妆消耗品，事物虽小但每年输入量却惊人。1918 年时，进口日本化妆品是 439 两（单位关平银），1919 年时已为932 两，"1922 年，中国对于香妆品之输入，有 2609372 海关两之巨，1923 年，对于化妆品之输入，有 2796710 海关两之巨"④。

"1925 年时，海关贸易总册记录，进口化妆品 340 余万，1926 年骤增至 440 万，以关平合通用银元近 660 万元。"⑤ "1930 年海关贸易册载，进口外洋化妆品竟有 4300 余万元之多。其数足以惊人矣。"⑥

就连外国人都惊叹中国进口化妆品的繁盛。"1928 年时，日常需求已达到 600 万美元。香港作为最主要的供给地，每年提供不少于 200 万美元的产品；上海第二，提供 150 万美元的化妆品；日本第三，每年出口中国 100 万美元的化妆品；美国每年出口中国 50 万美元的化妆品。法国此时虽只向中国出口香水、乳霜，但每年却高达 40 万美元，英国向中国出口 19 万美元，德国供给 8 万美元。其中香港提供的并非自产

---

① 《上海化妆品业》，《工商半月刊》1930 年第 2 卷第 18 期，第 18 页。
② ［美］杰弗瑞·琼斯：《美丽战争：化妆品巨头全球争霸史》，王苗、顾洁译，清华大学出版社 2014 年版，第 27 页。
③ 《中国化装品之制造及消耗（三）》，《申报》1928 年 7 月 13 日第 30 版。
④ 《中国化装品之制造及消耗（三）》，《申报》1928 年 7 月 13 日第 30 版。
⑤ 《化妆品与印花特税》，《申报》1928 年 6 月 3 日第 14 版。
⑥ 《值得介绍的国货工厂（十）》，《申报》1932 年 7 月 30 日第 17 版。

的，而是经由香港进口的欧洲和美国的产品，然后再转销中国各个地区。"①

对于化妆品消费所造成的巨大外汇流出，国民要求减少化妆品消费的言论从未停止过，1915 年时就有人表示，要在化妆品中装胭脂水的瓶塞下端，刊一圆印，仿中华民国字体，印中华民国国耻字样，来纪念国耻，并减少外货的使用。特别是 1921 年沪苏两地的胶济赎路运动，更是持续号召女界参与，"自赎路委员会成立以来，爱国人士热忱储蓄者日见增加，惟我妇女界尚在沉寂态度之中，噫我二万万诸姑姊妹，岂非国民一分子乎？"② 并有人给女性使用的基本化妆品算了一笔账，"生发油一瓶约大银元 3 角，花露水一瓶约大银元 3 角，雪花膏一匣约大银元 2 角，香身粉一匣约大银元 2 角，统计起来每年至少也要花去 1 元。若是十人十元，百人百元，全国就要 20000 万元"，"如若将这笔钱的二十分之三拿出来，一年之后那 3000 万元的胶济铁路就可立刻赎回"③。

虽然激烈的反对言论不曾终止过，然化妆品的使用非但没有减少，反而呈增加之势。"1933 年，据国际贸易局指导发表，自 1 月至 10 月各国进口之香水脂粉价格已达 1398664 元，其来自美国者最多，约占全数三分之一强，其次为法国、英国、日本，大半均销于上海各大公司及商店。仅 10 月份一个月，即化妆品进口法国 179360（单位开金）、德国 55171、英国 76083、香港 46806、日本 74379、美国 282209、其他各国 5487、总计 719495（合洋 1398664 元）。"④

"1934 年 1 月至 11 月，香水脂粉由外国输入者，共值关金 818640 元，合国币 1580898 元，若以 11 个月平均，即每月流出金钱为 143400 余元。1935 年，妇女国货年时，情况稍有好转，本年 10 个月，香水脂粉之由外国输入者共值关金 356318 元，合国币 634313 元，平均每个月有 63400 余元，不啻减为四四折，然消耗量仍是惊人。"⑤

"1937 年时，化妆品共输入 10684047 元"⑥，直至抗日战争爆发后，

① "Trade in Cosmetics and Perfumes in China Grows Rapidly", *The China Weekly Review* (*1923 – 1950*), Nov. 17, 1928.
② 《妇女之赎路储款法》，《申报》1922 年 6 月 19 日第 20 版。
③ 《妇女应节化妆费赎路》，《申报》1922 年 10 月 17 日第 20 版。
④ 《舶来化妆品数可惊》，《申报》1933 年 12 月 5 日第 12 版。
⑤ 《妇女国货年的成效》，《申报》1935 年 12 月 12 日第 15 版。
⑥ 《从化妆品想起》，《申报》1937 年 2 月 5 日第 16 版。

化妆品的输入才逐渐减少。"1938 年上半年度，奢侈品进口数值，雪花粉与雪花膏 107511 元，牙粉牙膏 104690 元，香水脂粉 253832 元，化妆器具 9494 元"①，"1940 年 1 月至 7 月，据江海关方面探悉，香水脂粉之进口计 329035 海关金单位，折合国币 890699 元。"②

随着战事的吃紧，为节省非必要的开支，政府规定禁止奢侈品的销售，政府对奢侈品进行管制的一个原因，是认为它不能创造有形的价值。"政府采取措施控制物价，以确保食物和日常必需品得到合理分配，同时规范战时的日常生活，为了抑制某些阶层的奢侈生活，也为了防止资本由中国流向出口国，进口的奢侈品必须在 1940 年 10 月 1 日前买卖完毕，否则将由政府接手，并将以低于市场的价格售卖完毕。"③认为会被禁止的物品包括，"香料和化妆品、香烟、玩具、海产品等奢侈品"④。"在此政策的影响下，化妆品进口量受到明显的影响，1941 年时，输入化妆品值计 539174 海关金单位，合国币计 1459544 元。"⑤

进口化妆品数量减少，富人阶层的需求得不到满足，便造成了走私的泛滥，"1941 年日本军事部在陇海线即被拘留 100 万元的走私品，其中就包括化妆品、香料、药品等物"⑥。"越来越多的奢侈品经由香港进入中国大陆，在上海黑市交易中，一些小型、方便运输的化妆品价格上升的速度远远超过普通商品。"⑦

虽然战争期间，上海贫民甚至无家可归，风餐露宿，但富人仍然过着奢侈的生活，他们出入高档场所，使用着来自国外的化妆品、香料等奢侈品。⑧ 综上可知，无论是在和平时期，还是战争时期，化妆品都是一项重要的消费品。

---

① 《奢侈品限制输入》，《申报》1938 年 12 月 8 日第 9 版。

② 《脂粉消耗惊人》，《申报》1941 年 9 月 13 日第 9 版。

③ "Control Over Prices in Chungking", *The China Weekly Review* (1923 - 1950), Aug. 22, 1940.

④ "Chungking Prohibits Sale of Huxuries from Oct. I", *The China Weekly Review* (1923 - 1950), Oct. 5, 1940.

⑤ 《脂粉消耗惊人》，《申报》1941 年 9 月 13 日第 9 版。

⑥ "Million Dollars' Worth of Cargo Detained", *The North - China Herald and Supreme Court & Consular Gazette* (1870 - 1941), Jan. 22, 1941.

⑦ "Flying Blackmarket", *The China Weekly Review* (1923 - 1950), Jan. 19, 1946.

⑧ "Four Resolutions for the Shanghai City Council", *The China Weekly Review* (1923 - 1950), Sep. 25, 1948.

（二）外来工业的生根

近代上海作为"华洋杂处的大都会，政出多头的城市，纸醉金迷的
冶游场，遍地黄金的好处所"①，这一切吸引了大批投机家、商贾甚至
无赖等各色人群纷至沓来，上海变为了"冒险家的乐园"。然而"20世
纪的'冒险家'正站在冒险事业的相反的极端，他不创造而只是毁坏，
不为社会努力而唯社会的利益是侵，不做人们的良友而做大众的公
敌"②，他们来上海的目的多是谋财。

近代化妆品多是经由他们开设在上海的贸易点销售给民众，进口化
妆品，最初是由外国洋行③和外商药店直接贩卖，随着人们对进口化妆
品需求的增加，这些贸易点的数量也持续增长，如英商兴利洋行、鲁意
师摩洋行、美商怡昌洋行、老晋隆洋行，法商宝多洋行、兴业洋行，德
商美最时洋行、日本瑞宝洋行等都是著名的销售化妆品洋行，药房包括
大英药房、科发药房、薛鲁敦药行等多家。虽然这些贸易点不是专营化
妆品，兼营药品与其他货品，但化妆品还是占了很大比重。此外，有些
外商企业在经营进出口贸易时，也会顺带销售化妆品，如寰珠香料公
司、棕榄公司、美纽约威廉华纳公司、美狄根公司等。外商在这些贸易
点内多设有买办帮助其销售，而且给买办提取一定额的佣金。

买办在外来化妆品的销售过程中起了重要作用，"买办最初并不是
商人，充其量只是洋行的管家，随着洋行势力的扩张，买办跃升为洋行
业务的代理人，演变成商人"④。他们通过原有市场商业网点为化妆品
打开销路，为扩大化妆品销售量，"买办会雇用一批有业务经验的推销
员，向各洋广杂货等店联系业务，进行推销。另外，洋行买办的亲友、
同乡开设了新的经营洋杂货的店铺，有的也有买办投资，通过买办关

---

① 朱逊：《上海——冒险家的乐园序》，《国文杂志》1944年第3卷第1期，第22页。
② 朱逊：《上海——冒险家的乐园序》，《国文杂志》1944年第3卷第1期，第22页。
③ 外国洋行是外国商人在中国设立的外资企业，1843年上海开埠后，次年英、美洋行就
发展到11家，到1852年，外国洋行扩展到41家。据海关关册统计，1872年有外国洋行343
家，到1893年甲午战争前发展为580家，到1911年清朝灭亡时增至2863家。参见王相钦、
吴太昌主编《中国近代商业史论》，中国财政经济出版社1999年版，第114页。
④ 王相钦、吴太昌主编：《中国近代商业史论》，中国财政经济出版社1999年版，第
120页。

系，可以取得进货和资金通融上的便利"①。外国洋行的创设，对华商化妆品业有直接影响，化妆品输入上海后，最早是和西药一起由洋广杂货店经营，有些药铺也会进行售卖。而中国早期国产化妆品企业的创始人往往也与洋行有着千丝万缕的联系。

1898 年，在香港成立的广生行是中国历史上第一家化妆品公司，其创始人冯福田，就曾在香港一家洋行售卖过药品，其间，"有个英国药剂师教会了他一些英文与配药的知识，很快冯福田洞察到中国化妆品市场的前景，于是在一份花露水配方的基础上，经反复研究，制出了比较适宜东方人的花露水，并取名——双妹嘜"②。据载，"冯福田，为吾国实业有名人物，曾于前清光绪年间游学英、美、法等国，素注意实业非振兴不足以言救国。于庚子拳乱平时，遭返祖国。在粤港等处，以研究之所得，设厂制造各种良药及创制双妹化学工艺各品，如花露水、雪花膏、生发油、各种香水、果子露，均以双妹为商标，出品百余种，行销几遍全国"③。

中国化学工业社的创始人——方液仙的发家，也离不开其先辈与外商做交易所获取的厚利。"方氏家族第一代创业者方介堂、方建康早在鸦片战争前后就到上海经商，投资设立糖行，兼营南北货，积下资产。至第二代方润斋、方性斋、方仰乔，则适应了五口通商后洋货源源而来生丝、茶叶出口激增的形势，专营进出口贸易。"④ 方液仙则是这个家族第 5 代中的佼佼者，师从上海公共租界工部局德国籍化验师窦柏烈，其创立中国化学工业社的最初资本也由家族所出，此后中国化学工业社虽几经风雨，但幸赖家人支持得以进行下去。

19 世纪初期，民族化妆品企业虽已初步形成，但数量上远逊于外商化妆品企业，规模也是相差较远，外国化妆品工业通过早期"冒险者"在上海建立起互市贸易点，接着利用了解上海的买办精心编织的各种社会关系网，来达到使外商化妆品企业在上海扎根的目标。

① 聂好春：《买办与近代中国经济发展研究（1840—1927）》，博士学位论文，华中师范大学，2007 年，第 39 页。

② 由国庆：《民国广告与民国名人》，山东画报出版社 2014 年版，第 248 页。

③ 《实业家冯福田到申》，《申报》1924 年 4 月 29 日第 14 版。

④ 木菁：《中国智慧丛书：古今企业家智慧》，新疆美术摄影出版社 2015 年版，第 85—86 页。

第二节　外国化妆品的销售

"古代中国的大家闺秀，为了不愿意在不相识的人面前抛头露面，于是搽脂抹粉，把真面目掩饰起来，这是中国女子化妆的起源。欧美的情形也和此相仿，从前一切关于化妆的事情都不公开，胭脂是'女伶'与'坏女人'所用的东西，任何普通女子用人工把脸颊染红便要受人非议，这是美容史上的黑暗时代。"① 近代则大不相同，妇女对于美容与健康观念，已有相当认识，美容乃天性使然，凡足以增加美观，无损健康的物品，莫不受人喜爱，因而化妆品的消耗额，随其他工商品之畅销而增加，利源外溢，不可胜计。

一　东西各国输华化妆品

"所谓化妆，其所代表的主要意义，就是说用某一种物品涂抹于皮肤上，使皮肤变得更为美丽，而那一种物品，则又往往是含有药品的性质的，换句话说，所谓化妆，即是要使某一种药，与我们的皮肤发生密切的直接关系，关系既那么直接……因此，就卫生的见地说来，我们对化妆上所应注意的，就是化妆品的品质的选择。"② 近代上海，已可以选择任何国家的化妆品。

（一）东洋货

19 世纪中叶的亚洲，印度和其他许多国家基本上都是欧洲列强的殖民地，日本也在西方列强的欺压下变得羸弱不堪。1853 年，美国以炮舰威逼日本打开了国门，结束了日本 200 多年来的闭关锁国政策。1868 年日本内战结束，为了避免遭遇到与其他亚洲国家类似的命运，日本的执政政府开始加速发展现代化。"日本现代化发展的最初重心是致力于打造有利于现代化经济建设的体制，1868 年之后，新政府的志向还包括让日本社会的外貌和观念都彻底现代化或者至少是部分西方化。"③

---

① 罗曼：《妇女一页：妇女的美容》，《大美周报》1940 年第 64 期，第 11 页。
② 《科学的化妆术》，《玲珑》1937 年第 13 期。
③ ［美］杰弗瑞·琼斯：《美丽战争：化妆品巨头全球争霸史》，王茁、顾洁译，清华大学出版社 2014 年版，第 49 页。

在这种思想的指导下，1869 年日本成立了化学专门学校大阪舍密局，聘请荷兰人格拉泰马，为该局教师，培养化学人才，同时在化学的教育中引进实验仪器和药品进行实验教学。第二年，京都政府聘请德国应用化学家瓦格涅，建立了京都舍密局（化工研究所），研究和教授陶器、玻璃、燃料、肥皂等的制造工艺。19 世纪 70 年代中期，在海外学习化学新知识的留学生次第回国，日本国内学习兰学①和近代医学的医学家和药学家也投身于对新化妆品的研发。1873 年建立的内务省，更是以"劝奖全国农工商诸业，确实使之繁荣昌盛"为目标，设置劝业寮，主要从事劝农、畜牧以及缫丝和棉纺织品生产的管理，同时负责肥皂、香水和牙膏等产品的开发。整个社会充满了开发符合新时代化妆品的气氛。

日本的医药行业中也涌现出一批创业者，他们纷纷推出各种新产品，引进并推动这种全新的西方式美容观念。这些人中值得一提的是福原有信。福原有信曾是日本海军的首席药理学家，1872 年在东京喧闹的银座（Ginza）开办了日本第一家西式药房——资生堂。仿效拜尔斯道夫的经营理念，福原有信开始研制具有药效的美容产品，及至 1888 年，他成功研制了全日本的第一瓶牙膏，并迅速取代了当时流行的洁牙粉。将近 1990 年，开始推出自己的化妆品品牌。高价位护肤蜜红色蜜露（Eudermine）的推出，标志着资生堂逐渐转型成为一个新兴的化妆品公司。这个品牌一上市就取得了巨大的成功，但是当时的资生堂并没有决定拓展日本以外的市场。反倒是其他一些日本公司野心更大。从 1911 年起，可乐美（Club Cosmetics）推出"双美人"牌产品并向中国出口，之后，其他厂商纷纷仿效。

"日本化妆品之销行我国，在民国四年（1915）以前，可谓盛极时代，当时之七星牌蜜糖膏、金刚石牙粉及其他香水、香粉、雪花膏、发膏、胭脂膏等，均充斥市上，销路之大，几使国产品无以立足。五四以后，抵制风潮激起…于是日货在华之销路，一落千丈。自'九·一八'以后，即原料方面，亦多摒日货不用，至使日货化妆品在华，遂告绝迹。后据化妆品同业公会林谷云、叶善定、张叔良诸君报告，知日货化

① 18—19 世纪日本将西方科学技术统称为兰学，即日本锁国时代通过荷兰传入的西方科学文化知识，兰学是西方资产阶级的近代科学，它对日本生产力的发展产生了重大影响。

妆品在华销售额，仅剩百分之一，而此百分之一的日货化妆品，或可能仅是在华日本人自购消费，亦未可知。"① 虽不免有夸大之词，但可看出因抵日风潮的缘故，日货在我国化妆品销售中，呈减少之势，这一点是无须置疑的。

（二）西洋货

1870 年就已输入上海的纽约化妆品牌子——林文烟，是最早进入中国的欧美化妆品，它的主要产品有花露水和香粉。林文烟花露水是一款专门针对中国女人的习惯，销往中国的花露水，在当时尚属奢侈品。"香水行业在美国的兴起，主要是围绕着纽约这个港口城市，当时纽约的码头边到处可见成群结队的法国香精进口商，由此美国的香水产品自然也逃不过被归入山寨货这个群体的命运，美国香水公司的创始人大多数都是移民。"②

使用护肤品是另一个历史悠久的美容仪式。"19 世纪就开始出现小规模的奢侈护肤品贸易活动，这一市场基本是由两类产品组成的，一类是护肤乳，也就是让肌肤清爽洁净的乳剂产品，一般是将诸如玫瑰之类的植物种子加以碾磨和以清水而成，这类产品一般都由香水店经销；另一类是冷霜，是把脂肪和清水混合在一起，目的是使肌肤变得光滑。"③护肤产品在 19 世纪初期变得越来越流行，19 世纪晚期则得到了较为迅猛的发展。

与其他消费市场一样，中国消费者将本地品牌视为品质不高的廉价产品，不能承载自己对社会地位的向往，这一观念所带来的结果是欧美品牌抢占了大量的中国市场份额。

20 世纪 30—40 年代，进入中国市场的西洋化妆品销数较广的，"为法国巴黎香避格蕾（Roger Gallet & Company）、匹万公司（L. T. Piver）、霍比格恩特（Houbigant）等厂；德国谦信经理之爱梯开厂（Wolf & sohn）；美国之高露洁厂（Colgate's & Co）、棕榄公司（Palmo-

---

① 方液仙：《三十年来中国之化妆品工业》，载中国工程师学会编《三十年来之中国工程》，中央印制厂重庆厂 1946 年版，第 821 页。

② ［美］杰弗瑞·琼斯：《美丽战争：化妆品巨头全球争霸史》，王茁、顾洁译，清华大学出版社 2014 年版，第 17 页。

③ ［美］杰弗瑞·琼斯：《美丽战争：化妆品巨头全球争霸史》，王茁、顾洁译，清华大学出版社 2014 年版，第 42 页。

live & Co）；奥国之卡洛斯卡帕厂（Gottlicb Taussig & Co），又德国之质面海厂（Ferd Mulhens & Company），销售颇广。另外，英国的卡尔弗特厂（Calverts & Co）、薇娜丽雅皂厂（Vinolia & Co）（中国经理为利华公司）、爱林司蜜克厂（Erasmic & Co）、梨牌厂（Pear's & Co），法美合资之三花厂（Richard Hudnut & Company），法国之可滴厂（Coty & Co）、谢啦米厂（Cheramy & Co）、蒲乔厂（A. Bourjois & Cie），英国阿特金森厂（Akinson & Co），美国亨资厂（Hind's & Co）、美国弗雷德厂（Frederick Stearn & Co）、英国约翰哥司内公司（John Gosn Ⅱ & Company），德国亚杜尔公司（Odol Chemical Works），美国沙梳敦公司（Sozodent & Co），德国罗格朗公司（L. Legrand & Co），美国且士宝公司（Chesbrough & Co），美国常生公司（Johnson & Co），美国太子公司（Tange's & Co），美国蔻丹公司（Cotex & Co），英国莫顿公司（Morton & Co），英国莎琳公司（Harlene & Co），法国皮诺公司（Ed. Pinaud & Cie）等销路亦广"①。

（三）肥皂

肥皂工业，本不属于化妆品业的范围，唯其中附有香皂业的制造，故特别论述。香皂和香水一样，其制作工艺都是遗传自古代人类已经拥有的手艺。皂业之兴，始于9世纪法国马赛之地，当时碱质，尚取自木炭中，油脂则向排放户购取。15世纪中叶，皂业制造，渐转移其中心至比利时、意大利等处，但不见发达，17世纪时，复转回马赛。但当时的人们只是将肥皂视为一种新奇的小玩意，如果要洗净身上的污垢，他们更喜欢用掺着香水的热水。直至19世纪初期，全世界的皂业需求量仍然非常有限。

"19世纪30年代和40年代，各种传染病包括流行性感冒、斑疹伤寒、伤寒和霍乱先后席卷了英国各大城镇。为了应对这种情况，英国政府加大了投资，在城市里铺设水管，为人们提供清洁身体的清水。在美国，同样也是因为出现了大规模的传染病，迫使政府开始建立城市供水系统。在法国，19世纪60年代，政府也开始了公共水管系统的建设。公共供水设施的逐步发展大大刺激了人们对肥皂的需求。特别是18世

① 方液仙：《三十年来中国之化妆品工业》，载中国工程师学会编《三十年来之中国工程》，中央印刷厂重庆厂1946年版，第824页。

纪末法国化学家尼古拉斯·勒布朗发明出从常用的盐中提取出强碱的
办法，为工业化肥皂生产奠定了基础。30年后，另一个法国人米歇
尔·尤金·谢弗雷尔发现动物油脂含有甘油酯成分，用苛性苏打或者
苛性钾混合在一起煮沸之后，就能形成脂酸盐，也就是我们常称的肥
皂，而肥皂又能分解甘油酯。这一发现加上大量取自于肉类加工场所
剩余下来的不可食用的脂肪和油脂副产品，最终使得规模化制造肥皂
成为可能。"①

　　"肥皂可分为洗濯家用皂和香皂两种，洗濯皂包括普通日用洗涤
皂、工业漂白染色皂、海船上特用皂及牙粉中的皂粉。香皂则属于化妆
皂，是以普通肥皂中的上品加以色泽香料，复制而成，种类甚多，如透
明皂、浮皂、细研皂等。药水皂则属另一项，其制造多附于香皂厂或化
学制造公司。"②

　　"肥皂创自欧西，初进中国口岸者，为英商礼和皂。"③ 清光绪末
年，日商积善洋行和英、德商相继设厂于上海。上海外商所建肥皂厂虽
为数不多，但资本皆极为雄厚，如1911年英商所创中国肥皂有限公司，
资本计800万元，厂址位于杨树浦路2310号，计有百余亩面积，其总
公司设于外滩麦加利银行大厦二楼，天津、南昌、厦门、沈阳各埠均设
有分公司。该公司系由利华、和与、白礼氏及厚丰四家肥皂公司合并而
成，规模极大，产品分家用皂及化妆皂两种（以前者为主），牌号甚
多，如力士香皂、利华药皂、祥茂、北忌、日光等皆是。"每日产量，
仅家用皂一项，即达六七千箱，平均每年营业额可达1000万元。"④

　　"上海油脂株式会社，为日商于1910年建于昆明路，发行所则设于
河南路（林宝洋行亦为其发行机关），资本额定50万元，实收25万
元，置有机器35台，雇工约有120人，每年可出香皂100万打，油脂
90万斤。第一公司（又名第一工业制药株式会社），系由日本总公司分
来，于1918年设立，厂址在河间路55号，占地面积约4亩余，资本扩

　　① ［美］杰弗瑞·琼斯：《美丽战争：化妆品巨头全球争霸史》，王苗、顾洁译，清华大
学出版社2014年版，第58—59页。
　　② 谢和青：《上海化妆品业调查录》，1931年，上海市档案馆藏，档案号：Q242—1—
829。
　　③ 《调查：上海化妆品业》，《工商半月刊》1930年第2卷第18期，第18页。
　　④ 《上海肥皂业概况》，《申报》1935年12月11日第12版。

充至日金 100 万元，实收 625000 元，公积约日金 200000 元。该厂以制造并贩卖工业用肥皂为主，每年可产肥皂 8640 箱，营业额年达日金 200000 元，其发行所设在密勒路 355 号。"[①]

据上海时报所载，1913—1917 年，英国祥茂香皂与日本日光皂，平均每年输入中国的香皂额，已达百万有余，普通皂和其他外厂所输香皂尚未计算在内。又据海关报告册所记载，"肥皂一业的输入，其数量之大，在一般化学制造品中仅稍亚于火柴，1926 年，输入肥皂关平银 2298171 两，其中香皂为关平银 1814485 两。1927 年，肥皂输入量为关平银 2097481 两，香皂为 1787631 两。1928 年时，肥皂输入约合关平银 3287987 两，香皂占 2297620 两。以输入国别计量，日本居首，英、法、美次之"[②]，肥皂虽小，然处于化学工业中的重要地位可知。

二　化妆品原料的舶来问题

欲求制品精良，当以选择原料为第一要事，"至若化妆品所用原料，当以供给丰富，物价低廉为原则，惜其主要原料，多属舶来，即以上海一埠而论，各化妆品公司所采用的原料中，外货约占十分之六七，是则所为国货出品者，实一不纯粹之洋货耳"[③]。

"就实际而言，化妆品之主要原料，如炭酸镁、炭酸钙、甘油、薄荷油及滑石粉、玻璃瓶等早期皆仰给于日本，其他原料如酒精、泼拉芬油、硬脂酸、香料等，至 20 世纪 30 年代仍须从法、美、英等国进口。购买外国原料有托沪上洋行代购者，亦有直接函法美英国公司定购者，外国原料价昂，较本国原料价昂 3 倍。"[④]

具体而言，碳酸镁的供应，早期仰给于日本，国内碳酸镁的制造，"始于家庭工业社，利用盐场中废弃的苦卤，而制成纯粹之炭酸镁"，[⑤]国内才可以自给。然而，其他原料，如甘油、硬脂酸等，仍需从国外购进。香水中酒精亦有同样困难，其上等货来自英国，次货则属爪哇、中

① 《上海肥皂业概况》，《申报》1935 年 12 月 11 日第 12 版。
② 谢和青：《上海化妆品业调查录》，1931 年，上海市档案馆藏，档案号：Q242—1—829。
③ 谢和青：《上海化妆品业调查录》，1931 年，上海市档案馆藏，档案号：Q242—1—829。
④ 《上海化妆品业》，《工商半月刊》1930 年第 2 卷第 18 期，第 18 页。
⑤ 谢和青：《上海化妆品业调查录》，1931 年，上海市档案馆藏，档案号：Q242—1—829。

国台湾。泼拉芬油即矿石油，为制造毛发剂的主要原料，因国内尚无石油的开采，故需依赖法、美。"薄荷脑出自浙、闽、赣、湘，足供需用，但少良好设备，不能精致，反而是日本所产的台湾精脑，充塞市场。松香为用日广，然国货嫌其色泽太黑，不适于用，又因采取未得其法，手续繁重，故令其进口不少。其他副品，如硼酸、加波力酸、淀粉等等，亦均非国产，殊为可惜。"①

"香料为各种化妆品不可缺乏之原料，大别有植物、动物、人造三种，前两者属于天然香料。其中又以植物类为多，而此等植物香料，多为挥发油，挥发油有存于花者、实者、牙者、根者、皮者或植物全部均含有之者，大抵以含于花者，最为普通。动物香料，则广存于少数动物之腺囊中，然品质香味，均不如植物香料。人造香料，乃利用人工，配合各种化学药品而制成，虽其价较廉，然气质却可与天然香料相比拟，但是制造技术，布置设备，至精且复，又因资本巨大，学理奥妙，制造非易事。"② 我国天然香料，可种植提取之者，出产极多，可惜因设备不固，采取不得其法，导致所出品反不及舶来人造香料之优美。香料的进口，以法、美、英三国为多，其中法产又最为著名。

终之，"香料事业，在中国属于极幼稚的工业，其中除一二种特殊外，其余皆需仰给国外，外货香料的输入，在上海多有代理洋行，如正广和代理英国的浦歇厂，仁利经理荷兰的泡力克厂，禅臣行代理德国的司麦而厂，谦信行代理德国的海纳公司，慎余行代瑞士的格凡噸厂，永兴行代法国的利塔公司等，此外各大化妆品厂，自设有香料经售部，各大药房及原料行也均有批发"③。

肥皂的主要原料，为碱与油二种，可用的油类，首推牛油、椰子油、豆油、棉籽油，次为蓖麻油、花生油、橄榄油、棕榈油等。其中棕榈油因颜色关系，非精制后，不能应用，且因其价格太贵，因此很少采用。橄榄油亦因价格昂贵，难以多得，故最普通的油脂，是牛油、豆

---

① 谢和青：《上海化妆品业调查录》，1931 年，上海市档案馆藏，档案号：Q242—1—829。

② 谢和青：《上海化妆品业调查录》，1931 年，上海市档案馆藏，档案号：Q242—1—829。

③ 谢和青：《上海化妆品业调查录》，1931 年，上海市档案馆藏，档案号：Q242—1—829。

油、椰子油、花生油此四种油，油类尚可自给。碱则需依靠进口，碱类中苏达或苛性苏达为制造肥皂所需品，因我国供给有限，且品质不良，故碱需要仰给于日、德、英三国。

"试观化妆品的原料，舍牙粉之炭酸镁与滑石粉及数种天然香料外，其余一切均有赖于外国的供给，故其制造，亦只能惟外国马首是瞻，即便国产中某种化妆品，虽销路极其畅旺，然原料一项，势不能不在外商的掌握下，致该品的进行，时受牵制。至于化妆品成品的装潢所用，玻璃瓶最初来自日本，后国内渐渐可自产，然上等瓶、瓶塞、纸盒等还皆是洋货。"① 因之，外商不仅直接向中国出口化妆品，在中国通商口岸开设商行、建造工厂，并且通过原料一项，掌控中国近代化妆品业的发展。

第三节 外国民众对上海舆论的影响

上海开埠后，进口化妆品虽然源源不断地流向上海，外商在沪所设销售洋行和制造工厂也与日俱增，但是面对这种前所未有的新行业，不仅中国民众态度不一，即便是化妆品出口国民众的态度，也是不尽相同的，而这些舆论评价，最终又通过近代上海所办报刊回到了上海人的"耳中"，并且在一定程度上影响了上海人民的消费情况。

一 化妆品无用说

女子使用化妆品的主要目的是美化皮肤，增加外表的优越感，但并不是所有人都认同这个观念，所以这些反对者，首先就强调说，化妆品非但不能美化皮肤，反而对健康有害。

（一）化妆品有害身体健康

19 世纪中叶的欧洲，女性中又开始流行复杂的长发造型，那些富裕的中产阶级女性受到有名望的贵族女性潮流的引领，开始纷纷追求时髦的发型，使用颜色各异的染发剂。

"美国医学协会和《健康杂志》的编辑 Morris Fishbein 就公开发表

---

① 谢和青：《上海化妆品业调查录》，1931 年，上海市档案馆藏，档案号：Q242—1—829。

言论，认为染发剂对头发和健康有害。他指出染发剂最初植物提取，后来源于金属与化学物质的合成，再后来人造染发剂问世，其来源于煤焦油产品。虽然提取自植物的染发剂，对人体几乎无危害，但是因为其无法长久地保持发色，所以往往被遗弃不用。金属染色剂虽可以长久地保持发色明亮，但是金属染发剂中含有铅、银、铜、锡等金属元素，而这些金属元素具有潜在的危险性，如果长期使用这类染发剂，这些金属元素将会被身体所吸收，进而导致病症。而人造染发剂则含有对苯二胺，很多人对这种物质是敏感的，会随着使用次数的增多，刺激的增多，导致脖子和胳膊等部位出疹子，眼睛和耳朵等部位也会产生不适的反应。"①

而铅、汞、砷等有毒的化学成分，大量存在于粉、染发剂、脱毛剂、护肤乳、睫毛膏等各类化妆品中，"长期使用此种化妆品会对健康产生危害，并且这种危害会贯穿整个人生，比如患者经常疝气痛，就是过度使用铅毒所造成的可怕后果"②，并且，"过度使用化妆品，使美国女孩们看起来好像马戏团的小丑一般"③。

英国一位著名的外科专家乔治·李文萨尔（George Lenthal Cheatel）也说过，虽然时髦的女郎们偏爱粉和各类化妆品，但遗憾的是这些东西却有可能致癌。他解释说，"因为粉类与化妆品易于粘着在皮肤上，会对皮下腺体产生影响，久而久之就有可能引发癌症，因而粉和化妆品是极其危险的物品"④。

一位英国女性也曾叙述，"因为跳舞风的盛行，使得很多女性，其中就包括她自己喜欢、热爱并最终沉迷其中，且越发注重起自身的穿着和妆扮，然而细细想来，除了无尽的绝望和无所事事外，审视镜子中的自己，在香水和化妆品的覆盖下，只剩下一张覆满面膜的脸，其余一无

---

① "Either Hair Or Health Endangered By Dyes", *The China Press* (*1925 – 1938*), Oct. 31, 1926.

② "The Cosmetic Evil", *The North - China Herald and Supreme Court & Consular Gazette* (*1870 – 1941*), Aug. 16, 1924.

③ "Rules for Girls Given By Pastor", *The China Press* (*1925 – 1938*), Apr. 28, 1927.

④ "Cosmetics Dangerous", *The North - China Herald and Supreme Court & Consular Gazette* (*1870 – 1941*), May 12, 1923.

所有"①，化妆品不仅不能清除皱纹，反而于身心无益。

"法国的化学家热衷于研究各种化妆品，法国的妇女相比其他国家的女性而言，也更喜爱装扮，她们将化妆品涂抹在脸上，自认为抹的是矿物质，然而并没有几个人真正知道它的构成物质是什么，实际上这些粉和化妆品中普遍含有铅、锡或者铋，对皮肤非常有害。她们使用含有四氯化碳的香水，虽会产生令人愉悦的气味，但副作用是无穷的。四氯化碳对粘膜有轻度刺激作用，对中枢神经系统有麻醉作用，对肝、肾有严重损害。如果使用过多，使用者可能出现昏迷、抽搐等中毒症状。因而在法国，有人呼吁政府对化妆品的制造以及加工售卖施行严格的管控。"②

"在日本，虽然化妆品有巨大的行业前景，但是大家普遍认为妇女们过度使用了化妆品，大家不能理解，为何日本的妇女要放弃天然的美丽，而选择在脸上涂一层厚厚的粉，使得脖子和脸都呈现煞白色，而这种粉还是由有害金属制成的。"③

"化妆品不仅对自身有危害，更甚者会危及下一代的健康。日本的研究表明，母亲和护士使用劣质的化妆品，会造成新生儿患脑膜炎的机率增加。"④"纽约时报也曾报道'满洲里'很多的婴孩因为铅中毒去世，因为他们年轻的妈妈们偏爱使用化妆品，而这些化妆品又往往含有铅质，容易导致婴儿发生脑膜炎，而脑膜炎对婴儿来说，属第四大致命疾病。"⑤

（二）化妆品消耗大量金钱

不仅中国民众认为进口化妆品造成外汇流出，外国民众也认为自己国家的妇女在使用化妆品上花费了过多的钱财。

① "A Universal Remedy", *The North – China Herald and Supreme Court & Consular Gazette* (*1870 – 1941*), May 25, 1938.

② "Our Paris Letter", *The North – China Herald and Supreme Court & Consular Gazette* (*1870 – 1941*), May 18, 1929.

③ "Japan's Women Criticized By Emigre Painter", *The China Press* (*1925 – 1938*), Feb. 5, 1934.

④ "Japan's Election Costs", *The North – China Herald and Supreme Court & Consular Gazette* (*1870 – 1941*), Apr. 1, 1930.

⑤ "Lead in Cosmetics Kills Many Infants IN Manchuria", *The China Press* (*1925 – 1938*), Feb. 8, 1925.

"美国财政部长指出，1919 年美国妇女用于香水和化妆品的消费是
1 亿 5 千万美元，肥皂消费 1 亿美元。"① 19 世纪 20 年代，短发波波头
的流行，使得妇女们要花费平常 4 倍的时间来打理头发，并且在保持外
形上的消费激增。"仅为了长久保持头发上的波浪卷，美国妇女每年就
需要花费 7 千 5 百万美元。而 1926 年，政府仅花费了 3 亿 1 千 7 百万
美元用于海军建设，但是妇女们用于保持、修理波浪卷以及使用香波的
钱，就高达 3 亿 2 千 5 百万美元。在过去 10 年里，香水和化妆品的消
费量增长了 6 倍，面霜、粉、唇膏消耗量居首，达 34178000 美元；牙
膏消费居第 2 位，消耗 25496000 美元；滑石粉和其他粉类居第 3 位，
消费 21423000 美元；香粉和香水居第 4 位，消耗 20544000 美元；护发
素居第 5 位，消费了 9480000 美元；染发剂居第 6 位，消耗 1616000 美
元；其他化妆品和日用品居第 7 位，共消耗 805700 百美元。"② 化妆品
消费之巨，由此可见一斑。引得美国海军大臣柯蒂斯·威尔伯（Curtis
D. Wilbur）在 1928 年一次演讲中不得不说，"虽然美国现在到处都充斥
着恐慌，然而过去 9 年里用于海军建设的钱，只花费了 7 亿 4 千万美
元，但美国妇女仅用在脸上的花费，就不止是它的 2 倍，而钱花费在武
器建设上，远比花费在脸上更有意义"③。

化妆品惊人的消耗量，是每个国家都存在的情况。"1935 年，德国
官方资料显示，平均每位德国人每 200 天，就需要花费 25 美分，用于
购买化妆品。德国女性花费在化妆品和香水上的费用，是英国妇女的 2
倍。"④ 而据估计，"美国女人使用化妆品的花费，是英国女人的 3
倍"⑤。1939 年时，更有调查显示平均每位芝加哥打字员，"1 年花费
15 美元，用于化妆品和头发护理的消费，而用来购买书籍的费用却低
于 5 美元"⑥。

---

① "Luxuries in America"，*The Shanghai Times*（1914 - 1921），Jun. 21，1920.

② "Cosmetics"，*The China Press*（1925 - 1938），Oct. 23，1927.

③ "America's Naval Programme"，*The North - China Herald and Supreme Court & Consular Ga-
zette*（1870 - 1941），Feb. 18，1928.

④ "Lithuanian Cabinet Out for Brief Time"，*The China Press*（1925 - 1938），Sep. 7，1935.

⑤ "Jealousy Spoils Unity Plans of Puppet Regimes"，*The China Press*（1925 - 1938），
Sep. 11，1938.

⑥ "The Woman's Page"，*The North - China Herald and Supreme Court & Consular Gazette*
（1870 - 1941），Aug. 2，1939.

虽然美国妇女在化妆品上的花费已经很惊人，但是和法国女性相比还是略逊一筹。"法国不仅盛产高端化妆品，法国女人更是钟爱化妆，并且是浓妆，特别是眼妆。有报道甚至称，法国女性的眼中只有粉、唇膏、乳液、眼影等化妆品。"[1] 法国化妆品不仅自销，还外销，且受到世界各地女性的喜爱。就连日本女性也喜欢用由巴黎运来的化妆品。

跳舞风在苏联流行起来后，苏联的姑娘们"放弃武装，爱红妆"，每年消耗大量的化妆品，"1935 年时，为满足农民群体的需求，2300个部门，1500 个文具店、音乐、运动产品店、香料和化妆品店被建立于农村地区"[2]。1936 年苏联还特意与美国订立协约，"决定将购买的美国货再提升 30%，价值 5000 万美元，此次购买虽然还有些重工业机器，但更偏向于诸如化妆品、鞋子等轻工业品的生产设备"[3]。

英国妇女喜欢淡妆，虽然不像法国女性那么浓妆艳抹，但是化妆品也是女性的每日必需品，"即便是在二战时期，英国女性每年还要消耗4000 万英镑用于购买化妆品，而这笔消费几乎可以维持战争期间 10 天的消耗"[4]，"这也迫使英国政府最终决定对化妆品征收高额的奢侈品税"[5]。

（三）寻找真正美丽的办法

女性们偏爱使用化妆品，无非是化妆品使她们看起来更加漂亮、迷人。化妆品可以遮蔽脸上的瑕疵，使脸色看起来红润，使头发显得有光泽，但是这些都只是表面的、暂时的，是有副作用的，只有选择正确的方法，方能获得真正的美丽。

"很多女性花费大量的时间和金钱用于按摩和使用化妆品，她们小心翼翼地选择粉和唇膏来搭配她们的肤色，尽管她们妆饰得很漂亮，但是她们很可能不知道合理的膳食才会造就美丽的肤色，简单地

① "Star Sees Happy Medium", *The China Press* (*1925 – 1938*), Oct. 16, 1936.

② "Moscow Aims to Cut Down Food Prices", *The China Press* (*1925 – 1938*), Jul. 30, 1935.

③ "Soviets Add to U. S. Trade", *The China Press* (*1925 – 1938*), Sep. 21, 1936.

④ "A London Letter", *The North – China Herald and Supreme Court & Consular Gazette* (*1870 – 1941*), May 1, 1940.

⑤ "All – Round Tax Increase", *The North – China Herald and Supreme Court & Consular Gazette* (*1870 – 1941*), Jul. 31, 1940.

使用化妆品只会伤害皮肤。"①

　　"伦敦的医生认为，衡量女性皮肤一项重要标准就是无瑕疵，而无瑕疵需要合理的生活方式才能造就——充足的睡眠、新鲜的空气、每日运动、营养的食物供给。个人美丽其实就是身体的合理发展和面部的完全健康。"②

　　"巴黎的医生也说过，营养膳食和运动可以促进美丽，这远比使用任何化妆品要有效得多。如果我们的皮肤太干燥或者太油腻，脸上长黑头粉刺，这是我们身体在预警，我们的脂肪腺和汗腺会做出反应，我们会出现偏瘦或者肥胖的症状。身体不再会有美丽的曲线，脸会细长和憔悴或者浮肿和松弛，自然便产生了双下巴和皱纹。出现这种可怕的事情，就是我们的身体机能受到破坏，脸和皮肤充当了身体器官的镜子。而要避免这种事情的发生，就需要合理膳食和多做运动。"③

　　"对于女性来说，可怕的不是年龄大，而是看起来年老。所以她们拼命用化妆品想留住青春，实际上美丽是和健康同步的。在任何情况下，一个人如果身体不健康，她是不可能美丽的，如果长期违反自然规律，那么她的脸和身材也会有所反映。缺乏睡眠、吃太多、运动不足，不只是毁坏神经和肌肉，她的脸上也会有所体现：跑起步来会满脸通红。美容专家们彻夜难眠为我们想方设法地遮蔽瑕疵，然而他们的方法都是无效的，最多只能算是暂时有用而已。在阳光下运动与呼吸新鲜空气，所带来的身体健康和美丽，的确是任何化妆品都无法比拟的。"④

　　很多女性关注她们的外貌，但是聪明的女性不再使用粉、霜和唇膏来遮盖天然的肤色，她们越来越认识到要通过多做运动，足够的睡眠和其他健康的生活习惯，来提升气色，获得内在的美丽。"即便是化妆品经销商在鼓吹自己的化妆品多么有神效时，他们也会敦促你多

---

① "Beauty Culture in Spasms", *The North - China Herald and Supreme Court & Consular Gazette (1870 - 1941)*, Jun. 15, 1929.

② "An Old, Old Story", *The North - China Herald and Supreme Court & Consular Gazette (1870 - 1941)*, Mar. 31, 1928.

③ "The Real Secret of Beauty", *The Shanghai Times (1914 - 1921)*, Nov. 18, 1918.

④ "Fair, Fat And Forty", *The North - China Herald and Supreme Court & Consular Gazette (1870 - 1941)*, Apr. 30, 1921.

运动，保证营养膳食和足够的睡眠。他们再也不敢夸下海口说只要使用自己的产品，就可以使脸泛红晕，眼睛有神，头发闪耀，大部分经销商还是要告诉你在保持身体健康的情况下，使用化妆品才会有些许的作用。"①

美国好莱坞的著名化妆师梅尔伯恩斯（Melberns）都感叹，"要有节制地使用化妆品，粉会造成阴影效果，妇女们如果随意涂抹只会让她们看起来更加年老而已。她们应该使脸色泛着红晕，而不是泛着白光。而健康的生活习惯——营养膳食，足够的睡眠，饮用大量的新鲜水，做适量的运动，才是皮肤无瑕疵和健康美丽的第一要诀。无论你使用多少化妆品，它都是无法修饰天然灵气和健康的"②。

另一位好莱坞化妆师派尔可·韦斯特莫（Perc Westmore），"则反对拔下眼睫毛，然后使用有颜色的眼影。他认为眼睫毛很重要，可以阻挡太阳光对眼睛的直接照射，并且阻止灰尘进入眼睛，拔下它们，不仅损害了你天然的容颜，而且还是有害的"。他接着进一步发表他的观点："很多女孩躺在床上或者弱光下看书，都是对眼睛非常有害的。要记住粉不能敷在眼睛上，如果想使眼睛闪闪发光，不要指望化妆品。"③

人们越来越认为健康的生活方式，才是获得美丽的真正秘诀。"每天8杯水，保证每晚8小时的睡眠时间，早上做15分钟运动，白天15分钟的走路运动，每日洗澡等，这些看起来微不足道的日常习惯，却是保持真正健康与身材美丽的基础。"④

虽然化妆品自产生之日起，就一直存在着批判之声，但是这并不能影响女性对它们的喜爱，在反对使用化妆品的过程中，总是会有一些人站出来，指出使用化妆品是有益的，并且这些人往往能够引导主流大众的消费。

---

① "Cosmetics Should Be An Accent to Health", *The China Press* (*1925 – 1938*), Dec. 14, 1935.

② "Expert Advises to Use Cosmetics Sparingly", *The China Press* (*1925 – 1938*), Oct. 5, 1935.

③ "Expert Condemns Plucking Eyebrows", *The China Press* (*1925 – 1938*), Jan. 7, 1936.

④ "Water Is Cosmetic for Internal Use", *The China Press* (*1925 – 1938*), May. 22, 1936.

二　化妆品有益说

对于每一个能够接触到化妆品的人来说，无论她们处于哪个区域，或者属于哪个民族，都能深切地感受到化妆品给自己生活带来的变化，那就是她变得更加美丽了。

（一）化妆品增加美丽

虽然合理的膳食和足量的运动是保持真正美丽的根本方法。但是即便是最健康的人，由于环境的变化和意外情况的发生，她也是不可能不生病的。同样，皮肤也是要受到周围环境变化的影响的。而一旦皮肤出现不适的情况时，也是需要采取一些补救办法的，化妆品便成了最佳选择。

"精致的化妆可以增加外表的美丽，先在脸颊涂抹少量的粉，在唇上涂上淡淡的唇膏，简单的两步就可以提升你的外貌。然后站在镜子前，重复上述动作，直到你的脸颊上呈现出比较自然的红晕，唇色鲜艳，你会发现化妆品真的可以让你看起来更好看。"①

并且近代的化妆品是处于不断改进的状态中，"和以前会堵塞毛孔的雪花膏，已经有明显的不同，现在的粉底是细腻的、明亮的，色彩也和肤色协调，当你打高尔夫球、网球、外出骑行和垂钓时，能够保护我们免受风吹日晒。正确的使用粉底液，会使我们的皮肤变得柔软。一般在化妆前，先抹上粉底，好的粉底虽然不会快速变干，但是会干得很彻底，但是不要将粉底擦在陈旧的化妆品上，在洗干净脸和脖子以后，再去擦粉底液，这样粉底液就会很容易被皮肤所吸收，皮肤自然感觉到柔软和明亮"②。

每个女人都需要学会化妆，这样，就可以使自己变得更加美丽，"我们需要做的第一步就是要为肌肉组织和皮肤选择清洁霜、乳液和润滑油，这是我们每天都需要使用的。然后我们需要为自己选择一款打底液或者粉底霜，这要求我们不断地尝试，直到找到真正适合自身皮肤的为止。如果脸型偏圆，则将脸上的粉涂亮些，并将其涂抹在靠近鼻子的地方，然后再在下巴涂抹与耳边不同颜色的粉，这样可以增

---

① "Cosmetics As Important to Grooming As Gowns", *The China Press* (1925–1938), Jan. 7, 1937.

② "Foundation Lotions Are Real Protection", *The China Press* (1925–1938), Aug. 19, 1936.

加脸的长度。而如果脸型偏长，则需要在整个脸上涂抹同一颜色的粉，包括耳朵也一致，不过可以选择不涂抹下巴，这样会使脸看起来短些"①。

眼睛是心灵的窗户，眼影可以帮助你增加眼部的美丽，"不要将眼影画在眼睛下面，应该将其画在上眼睑之上，在敷粉之前调配好眼影的颜色，如果你不能确保平稳地画上眼影，那就先将眼影刷在食指上，用食指轻轻地触碰眼睑，然后轻刷上眼影。同时要注意不可使用太多眼影，这样不仅不会美丽，反而会显得没精神和不健康。一定要小心，如果你不细心打理眼部边缘，你将看起来不自然和造作"②。

化妆品还可以帮助女性迅速变得美丽，"19世纪20年代兴起的小麦肤色，让众多女性趋之若鹜，纷纷选择到阳光下暴晒，然而此举一来需要时间，二来也并非就能如愿晒成棕色，并且长时间的暴晒对皮肤伤害很大。但是如果采用新出产的霜、粉和乳液，就可以无任何伤害地把自己的肤色装扮成棕色"③。

不仅年长的女性需要化妆品，即便是年轻的女孩，也需要化妆品。"一个容光焕发，健康的年轻女孩，她需要香皂、护手霜、晚霜、皮肤滋补剂、洁齿剂、修甲器，所有这些是要经常使用的。而妈妈们需要给女孩们正确的引导，带领她们去化妆品店，挑选合适的粉和唇膏来搭配。挑选粉时，告诉她们先在脸颊上扑少许的粉，来试看是否和自己的肤色相搭配。口红也要选择和自己唇部同一色调的颜色。母亲们必须明白，当女儿们的皮肤被太阳晒过后，不管她们本来的肤色是什么样，都会变橘黄色，这时候她们就需要使用化妆品进行修复了，所以为什么我们不提前给她们准备好防晒霜呢。年轻的女孩们需要这些化妆品，来使她们的皮肤、头发和手保持极美的状态。"④

由这些评说可以看出，人们对于化妆品的支持，主要考虑到化妆

---

① "In Quest of Beauty", *The North - China Herald and Supreme Court & Consular Gazette* (*1870 - 1941*), Oct. 7, 1930.

② "Eye Makeup Requires Expert Application: An Eye for Beauty Needs Artificial Shadow", *The China Press* (*1925 - 1938*), Apr. 4, 1935.

③ "Modern Girl Ashamed of Pale Skin, She Will Be Sum - Tanned at Any Cost", *The China Press* (*1925 - 1938*), Aug. 21, 1929.

④ "Notes on A. W. C. Are Given", *The China Press* (*1925 - 1938*), May 4, 1937.

品是辅助美丽的工具。"化妆是一门艺术，也是一门科学，不应被阻止。"①

（二）愉悦自己与她人的礼品

人们认为使用化妆品能够使女性看起来更美丽，所以在日常的生活中，化妆品就不可避免地充当了礼品的角色。

"夏季休假旅游，总是希望自己美美的，精神矍铄的。无论是选择懒洋洋地躺在沙滩上晒太阳，还是选择在月光下跳舞，你都不应该忘记使用化妆品，来保护你的皮肤免受日光和大风的侵蚀。"② 所以，度假前选择好化妆品，也算是对自己的工作的犒劳吧。

复活节是西方一个重要的节日，象征着重生与希望。因此在复活节到来之前，"女性往往希望有所改变，她们选择化妆品专柜，将喜欢的香粉全部买回家，然后再一个一个进行尝试，选择出最适合自己肤色的那一款。然后丢掉去年的那一款色彩，你需要的是一个与去年完全不同的你"③，此时化妆品更是愉悦自己的一份礼物。

圣诞节更是一个必须要庆祝的节日。据《圣经》记载，东方三博士在耶稣降生的时候赠送了礼物——黄金，乳香，殁药，朝拜耶稣，表示对这位人类救世主的尊荣，由此也衍生出了圣诞老人为儿童送礼品的习俗。在圣诞期间，人们往往乐于互赠礼物，而每一个女孩都将化妆品列在了礼物清单上。甚至有人说："如果有哪位女性不希望圣诞袜子里有化妆品，那么她一定是不喜欢圣诞节。"④ "如果你想为你身边的女性准备有用且喜爱的礼物，那么就为她们准备化妆品吧。如果你想让你身边的女性开心，那么也为她们准备化妆品吧。当然化妆品必须是精挑细选，认真准备的。如果你给一个 17 岁女孩送了一大瓶修复膏，那才是彻头彻尾的愚蠢行为，这就如你给一位妇女送了她从未用过的口红和乳液一样可笑。假如你还不是很清楚她们的化妆喜好，那么就送一些不具有针对性的化妆品，比如香水和高级沐浴乳就

---

①　"What a Woman Thinks", *The North – China Herald and Supreme Court & Consular Gazette* (*1870 – 1941*), Apr. 24, 1940.

②　"Simplicity Will Be Key – Note of Travel Fashions during Current Season", *The China Press* (*1925 – 1938*), Jun. 30, 1935.

③　"Beautifying Precedes Clothes at Easter Time", *The China Press* (*1925 – 1938*), Apr. 14, 1938.

④　"Beauty Aid Is Cream of Gifts", *The China Press* (*1925 – 1938*), Dec. 11, 1936.

不错。如果你很了解这位女性的喜好，那么送她们喜爱的化妆品就是最好不过的选择了。只有选择她们真正喜欢的礼物，才可能让她们真正开心。"①

除去节庆外，平时的生活中，父母给子女选择礼物时，也有很多窍门，"可以给男孩子选择体育用品，而女孩子 14 岁之前还可以选择娃娃类，14 岁以后，一般都要选择化妆品来迎合她们，因为 14 岁已经是可以化妆的年纪了，香水、化妆盒、口红、饰品等都是不错的选择"②。

化妆品除了充当礼品外，比赛中也常常将化妆品作为奖品，以奖励获胜者。"1936 年国际业余艺术家大赛中，第一名的奖品即包含有进口香水"③，各地举办的舞女大赛，获奖者也往往都能获得化妆品。而不管是赠送他人还是比赛奖品，此时的化妆品都是能够愉悦他人的礼品。

"作为愉悦自己或她人礼品的化妆品，是文明生活里快乐和自信的来源，并且它给了女性胜利的感觉，而这是其他物品所给不了的。"④

（三）增加就业机会

19 世纪的世界，存在着一股女性群体希望获得独立经济和社会地位的思潮。在美国和欧洲，越来越多的女性进入零售业。化妆品业就是最早向女性开放的一类职业，不仅很多著名的品牌化妆品是由女性创造的，并且化妆品行业也较倾向于招收女员工。⑤

日本也如是，东京记者就曾报道，"1924 年日本的女子井上在下谷一个狭窄的街道里开设了一家化妆品店。这家化妆品店虽然没有任何特殊之处，每天却吸引着数以万计的人慕名而来，但是人们不知道的是，这家店的营业员竟然是日本最古老的一位贵族的女儿，一位有头衔的女子，她开设这家店没有雇佣任何服务员和侍女，全靠自己一

---

① "Beauty Aid Is Cream of Gifts", *The China Press*（*1925 – 1938*），Dec. 11，1936.

② "Hobbies Beat Gift Guide for Teens", *The China Press*（*1925 – 1938*），Dec. 22，1936.

③ "Chinese Artists Win At Majestic Cabaret", *The China Press*（*1925 – 1938*），Jan. 22，1936.

④ "Tea Time Chats", *The China Press*（*1925 – 1938*），Jan. 6，1935.

⑤ "Small Town Stuff", *The China Press*（*1925 – 1938*），Jun. 28，1934.

个人打理，主要就是为了摆脱无聊的生活，使得她获得自立"①，而这个化妆品店只是这个城市里的一家而已，这座城市还有很多的化妆品店。

上海的很多化妆品店也会选择雇用女营业员，"她们在嘴唇上涂着一层深厚的红色，眉毛儿画得又细又长，脸上粉好像不用钱买的，搽得像石灰的墙头般，亭亭玉立、风丽多姿地站在那儿"②。雇用女子担任店员，一方面能增加商店的亲和力，化妆品最广大的消费者还是女性，化妆品或是由女性直接购买，或是由男子购买后送给女性，女店员便于和购买者交流且进行导购。另一方面，女店员也增加了商店的生气，化了妆的女店员，自身就是对所售化妆品最好的推销。"1935 年中国化学作品展中，曾展出了一个更衣室，里面也是一位充满吸引力的年轻女士，在向大家展示各种化妆品制品，并且以诱人的价格进行销售。"③

除去化妆品行业直接带来的就业机会外，因为化妆品行业的发展而带动的相关就业机会也有增加。"香港的高级饭店会雇用浓妆艳抹的歌女来招揽生意。雇用此类女子，主要是为了迎合生意人，他们来饭店吃午饭和晚饭，一方面是为了谈生意，另一方面也是为了消遣。仅香港一地，1931 年就雇用了约 3500 名此类女子。而当香港政府禁止饭店雇用歌女后，不仅饭店内歌女的数量两年内锐减至 700 人，饭店生意持续萧条，连周围卖丝绸、香水、珠宝的店面也受到影响，这些被辞退的歌女，为了生存，转向广东、澳门，甚至深圳地区。"④而广东地方政府表示，"只要不解雇男营业员，这些酒楼、饭店就可以继续雇用这些女营业员"⑤，大批女营业员的到来，带动了周围相

---

① "Japanese Peeress Shopkeeper", *The North – China Herald and Supreme Court & Consular Gazette*（*1870 – 1941*），May 24, 1924.

② 吴健熙、田一平：《上海生活：1937—1941》，上海社会科学院出版社 2006 年版，第 51 页。

③ "Sidelights on Activities At Better Homes Exhibit", *The China Press*（*1925 – 1938*），Nov. 19, 1935.

④ "Sing – song Girls and Hong Kong：Colony's West Point Faces Gloomy Future", *The North – China Herald and Supreme Court & Consular Gazette*（*1870 – 1941*），May 31, 1933.

⑤ "Comely Lassies Flock to Canton to Be Waitresses under New Law", *The China Press*（*1925 – 1938*），Aug. 8, 1935.

关行业的发展，就业机会的增多。

由化妆品消费带动就业机会，而对化妆品行业发展持肯定态度，显然是适应近代工商业发展，及女子走上社会这一时代趋向的。尽管对化妆品的使用仍有争议，但上海化妆品工业的发展却是从来没有停止过的，不仅进口化妆品日趋繁多，本土的化妆品厂也是摩拳擦掌，大有一决高下之势。

第三章　上海民族化妆品工业的生产沿革

"化妆品为日本名词，是专指妇女用物，如脂粉、香水之类，而俗尚相沿，凡关于皮肤上美观之修饰统称化妆品。男子之爱好美观者，亦竞购之。于是化妆品之需求日益众多，而制造此化妆品者遂得应时崛起。昔时此类用品大率为舶来者，尤以法国最多，英、日次之。"① "国人既外洋化妆品之充斥，每年漏卮，达数千万。且他人物质文明，吾国只知坐享其成，若不急起以谋自给，将不胜其经济之侵略。实业界有志之士，乃纷起自行设厂制造，以与外货相抗衡。"②

清光绪末叶，我国首家用机器大规模生产化妆品者当属香港广生行。宣统三年（1911），中国化学工业社设立。民国六年（1917），家庭工业社、永和实业公司亦乘时而起。民国八年（1919）香亚公司由旧金山迁至上海。先施为百货商店，亦经营化妆品业，总厂设在香港，在上海设有分厂。"经此数厂提倡，一时踵起者，不下七八十家……其他以药房兼营化妆品者，大陆之雅霜、中法之孩儿面、中西之明星花露水等。又如五洲、中央、中华兴记、爱华制皂厂等厂，则专以制香皂著名。"③ 1949 年时，上海有大、小化妆品厂数百家，这些化妆品厂出品种类繁多，虽然香味色泽、用料品质，还不能与外货并提，但从无到有、从小到大，已是十足的进步。

---

① 《谈化妆品》，《申报》1925 年 9 月 25 日第 17 版。
② 《一年来之国货化妆品业》，《申报》1933 年 10 月 5 日第 18 版。
③ 《一年来之国货化妆品业》，《申报》1933 年 10 月 5 日第 18 版。

第一节 上海民族化妆品工业的初创时期
（1903—1927）

"近代化妆品工业，需对化学、药物学、调查术均有深切的研究，旁若机械、美术，亦须具有相当之智识。虽其用仍以化媸为妍为目标，然近代的化妆品工业，可谓一进化之新工业"①，出品种类既多，形式又愈见新奇，渐致化妆品一物，不但为美容上必须，也是日常卫生健康必不可少。

一　近代化妆品民族企业家的努力

"海通以来，妇女对于卫生及美容观念，认识渐次深刻。举凡冬之雪花膏、夏之爽身粉，通常习见之香水、香皂、发油发蜡、牙粉牙膏，以及一切凡使人清洁、防腐、治疗等等出品，靡不视为人生所必须。故无论通都大邑、富室巨户，还是穷乡僻壤、蓬门小家，乃莫不有其踪迹。其效用既广，需要日亟，有利可图，则人趋之。由是化妆品厂，遍地是矣。"② 化妆品一业，虽发展神速，但开创阶段障碍重重，第一批化妆品厂创始人功不可没。

（一）冯福田与广生行

冯福田，祖籍广东南海，清光绪中叶时期曾在广州做化妆品小生意，后来转到香港一家洋行售卖药品。光绪二十四年（1898），冯福田在香港斥资买下房舍与设备，创立了广生行，是中国新式化妆品业的鼻祖。光绪二十九年（1903），广生行在黄浦江畔成立了发行所，地点设在了时尚繁华的南京路。宣统元年（1909），冯福田与友人梁应权、林寿庭共同出资 20 万银圆，将广生行改组为有限公司。"宣统二年（1910），广生行投入巨资，在上海唐山路创办大型现代化化妆品生产厂，主要生产双妹牌雪花膏、花露水、生发油和爽身粉等市场上热销的传统化妆品。同年，在上海南京路 475 号隆重举办了为期 3 天的大型减

---

① 《上海化妆品业》，《工商半月刊》1930 年第 2 卷第 18 期，第 18 页。
② 谢和青：《上海化妆品业调查录》，1931 年，上海市档案馆藏，档案号：Q242—1—829。

价酬宾活动，及时推出双妹牌新款雪花膏等产品。另外，还在上海最有影响的《申报》，连续大做'双妹'牌雪花膏等化妆品广告，在当时人们的记忆中，也留下深刻的印象。他们还在闹市中心的马路和主要高楼大厦摆放'双妹'牌雪花膏大型广告牌，扩大产品的社会影响。"①

"1915 年，在美国旧金山举行的巴拿马世界博览会上，双妹的子品牌粉嫩膏摘得金奖，并得到当时的大总统黎元洪的亲笔题词——'尽态极妍，材美工巧'，而当时的巴黎时尚界亦用 Vice（极致）一词，来形容这一来自上海的化妆品。"②

冯福田非常重视"双妹"牌的商标名称和图案设计。"关于双妹的由来，一是冯福田偶然在香港中环看见两个美丽的白衣少女，灵感所至想到以双妹作为品牌。二是，传说在开业前的一个晚上，他梦见天使，天使称只要用双妹当招牌，生意一定兴隆。"③"双妹化妆品出名后，冯福田除了在中国政府部门登记注册了'双妹'牌商标外，还在英国、日本、印度尼西亚、新加坡、马来西亚等国，申请注册'双妹'牌商标。从'双妹'牌商标名称看，它与所生产的化妆品非常贴切。'双妹'的'妹'字，与'美丽'的'美'字谐音，'双妹'即'双美'。所谓'双美'，就是说使用'双妹'牌化妆品后，能使广大妇女'色美、香亦美'。'妹'字，通常是指少女，而'少女'两字合并，又组成一个'妙'字，双'妙'并列，使'双妹'牌化妆品令人顿生亲切与美感。"④

此外，广生行还注重广告的宣传作用，从 1910 年开始，冯福田就先后聘请关蕙农、杭稚英和郑曼陀等月份牌画师为双妹绘制广告画。"从双妹牌商标图样看，两位青春少女体态优美，身穿旗袍，微微而笑。她们手挽着手，一前一后；一位穿红，一位着绿；一人手持鲜花，一人手拿花露香水，令人顿感美妙之处。"⑤ 消费和品位超前的时髦女郎，无形中使商品获得了更高的可信度。

———————————

① 左旭初：《百年上海民族工业品牌》，上海文化出版社 2013 年版，第 20 页。

② 石章强：《上海老品牌复兴之路》，浙江人民出版社 2013 年版，第 158 页。

③ 由国庆：《民国广告与民国名人》，山东画报出版社 2014 年版，第 248 页。

④ 左旭初：《早期世博会中国获奖产品商标图鉴》，上海科学技术出版社 2010 年版，第 62 页。

⑤ 左旭初：《早期世博会中国获奖产品商标图鉴》，上海科学技术出版社 2010 年版，第 62 页。

广生行以"广德、厚生、聚人心、行天下"为宗旨，凭借双妹为商标的护肤品最为经典，曾经红遍二三十年代的上海滩。[①]

（二）方液仙与中国化学工业社

中国化学工业社是我国创办较早，产品种类丰富的一家化妆品店，其创始人为方液仙。方液仙，祖籍宁波，清光绪十九年（1893）出生于上海。方家世代经商，在宁波、杭州、上海等地素以经营钱庄、典当、银楼、南北货等行业闻名。

方液仙在青少年时代接受过良好的传统文化与西方文化的教育，"较早就对化学产生了浓厚兴趣，曾师从上海公共租界工部局德国籍化验师窦柏烈，他苦心钻研日用化学品制造的相关知识，还在自家设立简易的实验室，不断探索，立志实业报国。虽然家长希望方液仙日后继承钱庄的生意，但在1912年，方液仙还是说服了家人，并为他拿出了10000元作为资本，创办了化学工业社"[②]。

开始时，中国化学工业社仅是小规模的独资经营，设厂于上海圆明园路，仅制作三星牌牙粉、花露水等数种产品。当时国人对于国货，尚无深切观念，因而在与外货的竞争中，其产品并无优势。"方中国化学工业社初创时，外货之植基于我国者，至深且久，非特外人，即国人亦多目笑存之"[③]，故营业年年亏损，1915年时资本已耗尽。方又投资5万元，组织股份有限公司，然而经营仍无起色。直至1919年五四运动后，提倡国货的呼声席卷全国，中国化学工业社才迎来发展机遇。

20年代前后，牙膏逐步取代牙粉，方液仙审时度势，决定生产牙膏，他们以美国"丝带"牌牙膏为主要研究对象，很快研制出洋货牙膏的配方，仿制出的牙膏的口感和功效不亚于洋货，价格却便宜一半以上。

方液仙为牙膏取名为三星牙膏，投入巨大的广告费用，铁路沿线的墙上、报纸上的头版、商店橱窗和屋顶，都有三星牙膏的广告。且三星牙膏制造精良，很受当时的消费者欢迎，时广告语曰"三星牌牙膏，清芬甘美，沁人心脾。一经试用，爱不忍释，不第齿颊生香已也。谓予

---

① 樊瑁、苏克主编：《中国商业老海报中国珍品典藏》（第4集），河北美术出版社2010年版，第119页。

② 由国庆：《民国广告与民国名人》，山东画报出版社2014年版，第252页。

③ 《中国化学工业社二十二周纪念专刊》，《申报》1933年10月13日第7版。

不信，请尝试之"①。

上海市商会主席王晓籁就对中国化学工业社予以高度评价，"以极简单之组织，小规模之试办，经过极艰苦之奋斗，而卒致驰名中外，交相引重，能确实挽回局部外溢之利源者，首推中国化学工业社"②。

（三）陈栩园与家庭工业社

陈栩园（1879—1940），浙江杭州人，原名寿嵩，字栩园，号蝶仙，别署天虚我生。"民初寓居上海，擅长诗词，经常撰写小说，办过杂志和小报，驰名于上海文坛，是当时鸳鸯蝴蝶派的代表人物。"③

然而陈栩园并不是一个只会读书的文人，他对现代科学技术亦颇感兴趣。"1913 年，陈栩园适任镇海代理知事，公务之余即从事研究。某日，他在海滨见乌贼数万，于是呈请政府开设习艺所，取乌骨粉为牙粉，预算资本数万元，一切计划都有准备，并且确定了这种牙粉的名称为无敌牌，以对抗日货金刚石牙粉。然而不幸的是当时人认为制造这小小的牙粉，要费如此之多的金钱，殊不值得，极力反对，因此政府当局并未批准。"④ 陈栩园故辞去公职，出走上海，"为申报馆编辑，替申报馆'自由谈'编辑家庭常识，后来特辟'常识'栏，大量登载有关科学研究的资料，可见其制造牙粉的志愿始终未曾改变。1918 年，在其奔走操作之下，家庭工业社成立，无敌牌牙粉亦因此产生"⑤。

家庭工业社创于上海，初为股份有限公司，资本仅 1 万元，专制牙粉。1918 年，改为股份两合公司，增加资本 50 万元，所营事业先就无敌牌牙粉尽力推广扩充，俟有余裕再及其他化学工业品以为副业。最初的厂址在上海西门静修路三乐里内，后几经变换，1923 年时，购置梅雪路基地 11 亩，建设新厂。起初只有无敌牌牙粉等数种产品，后增加产品至数百种，然最值得称道的还属无敌牌牙粉。

（四）旅美华侨与香亚有限公司

香亚有限公司，最初是旅美华侨黄藻、蔡成章、郑藻森、刘电声、

---

① 《三星牌出品竹枝词》，《申报》1931 年 10 月 26 日第 12 版。
② 《中国化学工业社二十二周纪念专刊》，《申报》1933 年 10 月 13 日第 7 版。
③ 《无敌牌牙粉为陈栩园创制》，《上海滩》1997 年第 5 期。
④ 郑文汉：《成功人传记：手工业全才天虚我生陈栩园先生传略》，《教育与职业》1941 年第 194 期，第 47 页。
⑤ 张镜人：《天虚我生陈栩园先生之成功史》，《自修》1940 年第 124 期，第 7 页。

刘文煊、容文达等人，关怀祖国，欲挽回利权，于是纠合同志，于
1915 年创设于旧金山香亚街（此街因香亚公司而得名）。所出产品，如
花露水、爽身粉、生发油、香水等，质量上乘，故得到美国政府的特许
发行。"当时美洲仕女，争相购用，销流极广，于巴拿马赛会，又获有
优等奖章，该处人士，交相赞许。"①

1919 年，黄藻等人增招资本美金 23 万，迁回中国，以金钟为商
标，在政府注册。初设工厂于上海兆丰路，发行产品，备受社会欢迎。
"不二年，汉口、九江、广州、南京等埠，皆有推销，营业前途蒸蒸日
上，添设总发行所于南京路，并将工人迁入香山路，加增工友，扩充内
容，日夜赶造，以应各埠所需。"②

19 世纪 20 年代，直奉战争、江浙之役，战火涌漫全国，受时局变
迁的影响，香亚公司的运输顿感困难，加以各地风声鹤唳，营业更受挫
折，各埠的分公司，受牵制而停顿的，为数不少。加上国内商场情形，
与美国经营完全不同，致使前后共亏 50 余万。1926 年时，香亚公司尝
试以减少原料的方式减少亏损，然而却导致制成品粗陋，营业额更加缩
水，并且因为这些劣质产品而失去社会信誉，香亚公司无以为继，不得
不进行改组。于是董事陈翊周提出，由林泽彤、陈菊坡、李敏周、酆筱
舫、林君厚、邓以诚、程君普等人，集合资本，用同德堂名义，接办香
亚，"挽其业于垂危，作中兴之善举"。推选林泽彤为经理，兼任化学
主任，黄藻为制造主任，两人共同研究，精益求精，以适应社会潮流。
"改组后的香亚公司，产品应用最新发明的原料，并对国产原料，进行
化验，选择优良的来调配化妆品，1928 年端午节前，重新开始营业，
于开业之时，赠送样品 20 天，大受社会欢迎。并且自制电影，将工厂
内容、出品制造，公开于国人。当时营业额，日达万元以上。"③

使用新产品的顾客，莫不称赞，认为产品品质优良，定价低廉，远
超舶来品。因此时人评价，"香亚公司虽不能于化妆品界称为首屈一

① 谢和青：《上海化妆品业调查录》，1931 年，上海市档案馆藏，档案号：Q242—1—
829。

② 谢和青：《上海化妆品业调查录》，1931 年，上海市档案馆藏，档案号：Q242—1—
829。

③ 谢和青：《上海化妆品业调查录》，1931 年，上海市档案馆藏，档案号：Q242—1—
829。

指，唯其内容完备，布置周到，人才聚众，一切经营之合科学方法，实不愧为我化妆品界之模范也"[1]。

上海的化妆品厂，开办最早的，即是上述几家。在第一批创始人的苦心经营下，近代民族化妆品业展现出了非同一般的活力。

二 民族化妆品业的奋发

我国所出化妆品相较于舶来品而言，虽产生较晚，但发展较快。当时上海的化妆品，大概高等品质，多属欧美；中下之品，国内自有制造，又有日本输入。国产化妆品产生后，国货进步快速，日货遭到驱除，欧美各货，亦微受影响。

（一）机器生产制造

近代化妆品的生产制造，是运用西方化工式生产，采用大机器进行制造，且在制作的过程中，注重对于化学知识的掌握和运用。

例如妇女常用的雪花膏的制造方法，就是主要依据硬脂酸与氢氧化钠加热时，所发生的化学反应。因硬脂酸乃高级脂肪酸之一，纯品是白色略带光泽的蜡状小片结晶体，熔点是 69.6 度，沸点为 232 度，且不溶于水，将硬脂肪与氢氧化钠同热，先得硬脂酸钠，次加盐酸，则硬脂酸沉淀。化学反应如下所示：

$$C_3H_3(C_{18}H_{35}O_2)_3 + 3NaOH = 3NaC_{18}H_{35}O_2 + C_3H_5(OH)_3$$

　硬脂　　　　　　　苛性钠　　　　硬脂酸钠　　　　甘油

$$NaC_{18}H_{35}O_2 + HCL = C_{18}H_{35}O_2 + NaCL$$

　硬脂酸钠　　　　氯化氢　　硬脂酸　氯化钠

所得硬脂酸即是雪花膏的主要成分。

香皂作为一种不可或缺的日常用品，其制法主要依靠脂肪与碱类的化合作用。脂肪与碱加热，生成软脂酸钠、硬脂酸钠与油酸钠。如下所示：

$$C_3H_3(C_{16}H_{31}O_2)_3 + 3NaOH = 3Na(C_{16}H_{31}O_2) + C_3H_5(OH)_3$$

　软脂　　　　　　　苛性钠　　　　软脂酸钠　　　　甘油

$$C_3H_3(C_{18}H_{35}O_2)_3 + 3NaOH = 3Na(C_{18}H_{35}O_2) + C_3H_5(OH)_3$$

　硬脂　　　　　　　苛性钠　　　　硬脂酸钠　　　　甘油

---

[1]　谢和青：《上海化妆品业调查录》，1931 年，上海市档案馆藏，档案号：Q242—1—829。

$$C_3H_3(C_{18}H_{33}O_2)_3 + 3NaOH = 3Na(C_{18}H_{33}O_2) + C_3H_5(OH)_3$$

  液脂　　　　　　苛性钠　　　　油酸钠　　　　甘油

此软脂酸钠、硬脂酸钠、油酸钠等混合物，即是钠肥皂的主要成分，若采用的碱为苛性钾，则化合生成软脂酸钾、硬脂酸钾、油酸钾，是钾肥皂的主要原料，此种肥皂较钠肥皂更为柔软。

将制成的肥皂"削成薄片，置入有盖之锅中，加入玫瑰水或橙花水少许，或清水少许，在水蒸上熔融之。如肥皂干缩过甚，一时难于熔融，则加用炭酸钠之稀薄溶液少许，俟完全拌搅溶和，乃止热，即取欲加之色料。用酒精溶化，而后调匀，最后加入香料，用力拌和，如是各物均已调和，乃将肥皂倾入放冷槽中，上加密盖。二三日即冷固，取出切块打印可也"[1]。

润发水的制造法也是依据对近代化学知识的掌握，需要醋酸铅、沉淀硫黄、甘油、天然芥菜花香精、蒸馏水等物品，具体步骤如下，"先将醋酸铅溶于一半之水中，另将硫黄与甘油置研钵中研和。而以醋酸铅溶液缓缓加入之，然后再将香精及余水注入调和，即成"[2]。此法是利用硫黄与醋酸铅中铅的化合作用，两者化合生成硫化铅，可使头发显黑。

近代民族化妆品的生产制造，多是遵循近代化学知识，这些方法既方便快捷，对生产者和使用者身体的损伤较小，又能保持妆容的持久，故早期化妆品厂多积极采用。

（二）增加投入，扩大规模

早期化妆品厂资本有限，资本 5 万元以上者，为数极少，大抵 1 万元左右起而经营，最为普通，最低者亦有 2000 元的。各厂经营，大半以小规模计划为主。1916 年，抵制日货后，国人渐有觉悟，开始扩大生产投资。

中国化学工业社创建之初，为独资经营，资本仅有 1 万元，并且连年亏损。1915 年，集资 5 万元，改组为股份有限公司，设厂于重庆路，并于广东路设发行所。"1920 年，改组为无限公司，由方液仙及其叔父方季扬合资经营，实力既充，业务遂日有进展。于上海槟榔路购地自建

---

[1]　季英：《香妆品制造大全》，商务印书馆 1925 年版，第 278 页。
[2]　季英：《香妆品制造大全》，商务印书馆 1925 年版，第 380 页。

厂屋，即第一工场"①，"1923 年，复于第一工场南端拓展基址，续建第二工场，专事制造调味用品的观音粉。1928 年，第三工场建成，用以生产三星蚊香"②。

家庭工业社，因由家庭自给生产，设立之初，资金仅 1000 元，加股份 9000 元，合计 10000 元，纯靠手工人力，利用天时，最初将工厂设于上海城内，利用矿场日晒，但因城内自来水价高于租界，便在卡德路设立第二工厂。又为购买原料方便，乃设第三、四工场于镇海的紫桥、穿山两处。但此二处虽然方便购买原料，可惜水质不纯，有碍漂工，并且这四个工场，分设数处，管理上极为不便，所出产品也难于控制，故在 1918 年，陈栩园选定无锡的蓉湖庄，辟地 5 亩，建立工厂，此处"上有惠山之泉，下通太湖之水，长流不息，水性中和，利于漂工，并且采用完全蒸滤制造，为制镁之专业"③。

位于上海的总厂，则被陈栩园分为三大部门。一为调香部，由陈栩园制定配方，其女儿负责制作。二为筛拌调粉部，聘用粗工担任筛拌的工作，搅拌机内设搅拌器，将各种筛选原料，加入搅拌。三为装粉女工部，此部门内每 24 个人为一班，共 48 人，每一女工装粉的速度，等同两个人缄封的速度。因此"第三部门装出之粉，发由第四、五工厂封缄，可无遇不及之弊"④。

香亚公司迁回祖国后，"总经理郑藻森添设总厂于沪滨，并在南京路设有陈列所，1920 年迁新，于南京路设总放行所，内部装置新颖，门口地上以金属嵌成大香字与亚字，门窗现化妆品行的布置"⑤，"制造厂本在虹口，1921 年时，因营业扩充，不敷营销，另迁新厂在宝山路鸿兴坊后面，厂中各种化妆品，应有尽有"⑥。

广生行为中国发明最早的近代化妆品厂，经过数年发展，生意日益

① 《中国化学工业社》，《中华国货产销协会每周汇报》1936 年第 2 卷第 27 期，第 2 页。
② 《中国化学工业社之小史及其出品》，《上海市之国货事业》1933 年第 1 期，第 33 页。
③ 谢和青：《上海化妆品业调查录》，1931 年，上海市档案馆藏，档案号：Q242—1—829。
④ 谢和青：《上海化妆品业调查录》，1931 年，上海市档案馆藏，档案号：Q242—1—829。
⑤ 《香亚公司迁新预志》，《申报》1920 年 8 月 2 日第 11 版。
⑥ 《理科讲习会参观纪》，《申报》1921 年 8 月 15 日第 14 版。

发达,"1920 年时南北分行已不下四五十家"①,南京路上广生行"资本充足,又增 120 万,扩充汽水部、玻璃部、制造部、印刷部于总厂,至化妆品之发明,以双妹老牌为最早,其制法足以抵制舶来品所出花露水……故到处风行,营业愈形发达"②。1923 年时,上海支行经理林炜南,锐意进取,"对于制造等手续,益加注意"③,并在其发起的广益杂志上,登载该行状况,营业愈发发达。

(三)增强设备,增加出品

早期各化妆品厂出品,一切皆重人工,机械化程度低,设备布置多未完善,产量有限。故提高品质,改良制造,增加新式机器之利用,是各化妆品厂必须解决的问题。

"中国化学工业社创办之后,购置机器于美、德,如牙膏之制造,全部采用机械,搅拌机、练合机、自动装管机等,出货迅捷而优美,较之专恃人工制造者,其迟速精粗不可以道里计也,产销日可 2500 打。"④ 自在槟榔路购地建筑制造厂以来,出品逐有增添,凡化妆用品,已能应有尽有,定价亦尚低廉。如"五十号东方香水,每瓶 5 元;三十号紫罗兰香水,每瓶 3 元;香水精每瓶 2 角 5 分、大号生发香水每瓶 8 角、二号生发香水每瓶 6 角、大号花露水每瓶 4 角、二号花露水每瓶 2 角 5 分、三号花露水每瓶 1 角 5 分、四号花露水每瓶 1 角;玉容化妆乳,每瓶 2 角 5 分,杏仁乳每瓶 1 角,以及各种香皂、生发香油等,有百数十种;又该社新制三号特种雪花精,售价每打 6 角 5 分"⑤。出品既多,售价不同,用以满足不同层次的消费者。

香亚公司自在上海设立制造厂,采用的机器均是极小、灵便之品。如"花露水机,不假人力,每小时可制出 3000 瓶,滤水机达 1600 度(按:上海之滤水机向推屈臣氏药房第一,然亦仅 500 度),出货品质之纯洁可知"⑥。"所产出品,不下 60 余种,价目自 2 角至 20 元不等,上等贵重香水、香膏极多,大半销行于西人及富室闺媛者,制法装潢与

① 《广生行十周纪念》,《申报》1920 年 5 月 23 日第 11 版。
② 《南京路广生行迁移西首开张》,《申报》1922 年 2 月 26 日第 16 版。
③ 《广生行现益注重制货手续》,《申报》1923 年 1 月 27 日第 17 版。
④ 《中国化学工业社之小史及其出品》,《上海市之国货事业》1933 年第 1 期,第 33 页。
⑤ 《化学工业社之春令化妆品》,《申报》1923 年 3 月 18 日第 17 版。
⑥ 《香亚公司力图扩充》,《实业旬报》1919 年第 1 卷第 8 期,第 44 页。

法产无异，上等香水，其瓶必采自美国，因中国现在之瓶，不合西人意，其外所贴之招牌纸，亦印自法国。"[1]

广生行，以双妹老牌商标最为著名，自双妹花露水发行后，洋货林文烟花露水即渐渐绝迹，可见其制造与出品之一斑。"制造花露水部，平列木制巨桶数十，为载火酒之用，滤净器三十具，为滤隔露水之用，其制造原料，以火酒为主，配以各种香花之精液，定其重量，匀入火酒中，经若干时，配成露水。乃用滤净器去其浑浊之质，而装入瓶中，故每一滤净器下均有女工两名，专司装水入瓶及填塞瓶口木枳之工。"[2]"制造牙粉、香粉及雪花膏、生发油，则均用机器制造，故设置有磨打电机器一座，凡须用机器制造之品物，皆由该电力机牵动。"[3]

家庭工业社，虽起自家庭，但机械化程度却是逐步提升，所产无敌牌牙粉更是远近闻名，其自造机器，进行生产，"发动力为380磅之交流电，用7匹半与4匹马力之马达各一，每分钟回转1200次，分四步工作。第一为直转搅拌器械，内具轮叶，一则顺转，一则环转，先以轻重不同之四种粉料由此搅匀，经升降机搬运上楼，倾入于筛拌机中，此机内容为一横置圆筒，外蒙细丝布，当电动时，圆筒与内具轮叶，各自相及旋转，细粉由铜丝布孔吹出，由第一道斜管上注，入于翻斗，其粗粉，则由圆筒之彼端，用轮耳输送于另一容器，不相混合，此第一步之搅拌工程。第二为真空喷雾器，先以筒抽取空气，压入藏氧筒中，由此通一吹管于积储流质香料之池，吹去直立管中之空气，香料即自上升，与筛拌机之斜管送下细粉相遇，成雨夹雪状，入于翻斗，经一定时间，翻斗即自倾其所成香粉，此为第二步。第三为加工搅拌，使之充分均散，以大搅拌机为之，此机为封径六十寸之两半球相遇而成，球之下方，有辗辘，使其回转轻松。第四为输送工厂应用之粉，经自动之推爬机，注入斜管，以达底部，复经大拌机倾入第三道关节，运送上楼，倾

① 田稻丰：《文件录要：香亚公司总厂参观记》，《兴华》1920 年第 17 卷第 15 期，第 24 页。

② 颍川伯子：《实业：述广生行有限公司之历史及其制造厂之内容》，《广益杂志》1919 年第 1 期，第 49 页。

③ 颍川伯子：《实业：述广生行有限公司之历史及其制造厂之内容》，《广益杂志》1919 年第 1 期，第 49 页。

入横行螺丝管，横行如流泉，滚滚而去，经 40 尺横管，以供沿路放用"①。

（四）其他化妆品团体的出现

近代以来，我国国民对于化妆品的研究制造，尚不多见，舶来品源源而来，金钱损失不可数计，鉴于利权外溢，国人纷纷建厂自造，除上述数家化妆品厂外，其他大小化妆品厂，以及与化妆品有关系之团体，亦不在少数，约略述之。

1917 年，叶昆仲不愿坐视利权外溢，力谋抵制，悉心研究化妆品的制造方法，并设发行所于老北门内，定名永和实业公司。"开办之初，资本数千，专制牙粉及数种化妆品而已，以月里嫦娥为商标，刻苦经营。最初出品，计有牙粉、薄荷锭、润发香油等，以抵制日货的销行，之后，花露水、扑粉、香粉、嫦娥霜、薄荷油、霜等，皆陆续发行。"②

先施化妆品有限公司，为先施公司营业之一部，其始乃在广州之先施公司内，划地制造，所出以花露水、生发油、雪花膏、牙粉等为大宗，其余化妆香品及果子露等属于附属。制造之初，不过应酬市面，继而分销四乡，不旋踵而内地各埠，遍设代理处及事务所，行销全国及南洋各埠。"1922 年春，特设总制造厂于香港西环，购买机器，大事改革，出品之货，岁逾百万，犹蒸蒸日上，往后于繁盛之区及国内各大商埠，皆次第添设分庄，出品俱由总厂供给，上海先施公司化妆品部，亦为支部之一，上海社会进步发达，化妆品之需要日亟，故特设制造分厂于华德路 483 号。至于先施公司内之香妆部或香水部，则有香水、香皂、面粉、唇脂、雪花膏、艳颜水、生发油、牙粉牙膏等品出售，大半采自欧美。国货之陈列者，惟数精品而已。"③

"自海外通商以来，西药一业，亦随之发展，惟药业市价的高下、原料制造，操于外商之手，我国虽有经售之家，不过贩运承载而已，故

---

① 谢和青：《上海化妆品业调查录》，1931 年，上海市档案馆藏，档案号：Q242—1—829。

② 谢和青：《上海化妆品业调查录》，1931 年，上海市档案馆藏，档案号：Q242—1—829。

③ 谢和青：《上海化妆品业调查录》，1931 年，上海市档案馆藏，档案号：Q242—1—829。

松泉，有鉴于斯，特募集巨资，于 1887 年在上海创办中西药房，特聘医学博士、专门药剂师等主其事，精研药物，购备机械。出品陆续增加，范围日见扩大，连带制售化妆品，善于利用广告，故营业有蒸蒸日上之势。"①

中法药房股份公司，"1890 年，黄楚九将异授堂迁到法租界大马路，改名为中法大药房。以'万象'为商标，发售中西丸、散、膏、丹、药酒、药水，及医生应用各种新器，一切医院用品及化妆品，并经理上海罗威公司双狮牌各种良药，及化妆用品，冬令盛行之孩儿面，即是明例"②。

1912 年，华商范和甫先生，在闸北区南山路 99 号创设大陆药房，该药房主要经营西药、医疗器械和进口化妆品，不久，范和甫便直接从事国货化妆品的生产。"该药房发行著名的红白雅霜、西美老牌花露水、发水、发油、雪花膏、爽身粉、口香牙粉、以及中西丸、散、膏、丹、药水、药酒、各国香料、香精，及制造各种化妆品之材料，总发行所在上海五马路棋盘街，天津、宁波等处，设有推销处，出品以雅霜为最著，虽制造之法，与普通雪花制造无异，惟于原料之采用，香料之配合，皆别出心裁，上海人士几乎人人知之。"③

牟月秋先生所创的中国兄弟工业社，发行所在闸北香山路中市，制造厂在闸北永兴路宗裕里，成绩不俗，内部分为毛粉扑与化妆品二部，以秋月牌与全球牌为商标，出品繁多，所产化妆卫生用品，曾在 1926 年费城世博会赢得荣誉。

1917 年以后，上海大小化妆品厂先后成立的不下数十家，而各西药房之以兼制化妆品为副业者，亦为数不少。

（五）肥皂业

1843 年上海开埠之后，国人皆趋用洋皂，因洋皂系按照科学方法制造，除含较完善的碱质之外，还含有某种动物油或植物油，故除垢力

---

① 谢和青：《上海化妆品业调查录》，1931 年，上海市档案馆藏，档案号：Q242—1—829。

② 谢和青：《上海化妆品业调查录》，1931 年，上海市档案馆藏，档案号：Q242—1—829。

③ 谢和青：《上海化妆品业调查录》，1931 年，上海市档案馆藏，档案号：Q242—1—829。

量较大，且不易损伤衣物，故海外肥皂，长驱直入。

"最初输入我国的洋皂，为礼和皂，后外货祥茂、北忌两牌，亦盛销市上，期间英、日资本更相继来上海设厂制造，直接推销至内地，企图包揽我国的肥皂市场。1910 年日商成立的上海油脂株式会社，以及 1911 年英商成立的中国肥皂有限公司，迄至 30 年代，仍不失为上海肥皂业中的霸者。"①

肥皂制造业虽为化学工业中的一种，但其技术并不繁复，所需资本亦可大可小，故当海外洋皂输入不久，英日资本在华培植基础之际，华商起而仿制者，亦相当有人，如华商董甫卿，在上海闸北创立裕茂皂厂，为我国皂厂的鼻祖，继起者有怡茂、南阳、立大、鼎丰各厂。"1912 年至 1916 年间，上海创设皂厂 6 家，1917 年至 1921 年间，创办 3 家，1922 年至 1926 年间，创办 7 家，共计 16 家。而此 16 家，乃是依据现存并加入同业公会之厂家计算，其中途闭歇或未加入公会者，皆不在内，故实际厂家之数目只会更多。"②

统观此时期内的上海华商皂厂，"资本最大者为 1921 年所创五洲固本皂药厂，计 30 万元，其次为南阳烛皂厂，资本 6 万元，此外皆为万元或数千元之小厂"③。

三 为传统赋予新的内涵

我国近代化妆品业是中国的新兴行业，也是争议较多、力量较为薄弱的行业。近代化妆品工业，需对化学、药物学、调查术均有深切的研究，旁若机械、美术，亦须一定的钻研，同时对于市场营销也需相当重视。化妆品业在上海的立足，充分揭示了商人如何在近代中国逐步适应潮流，并为传统赋予了新的内涵。

（一）接受西方的营销模式

古人经商，讲求"酒香不怕巷子深"，虽注重品质，但往往忽略宣传。近代民族化妆品业在上海出现后，在与舶来品的竞争中，民族企业家们逐渐注意到，宣传在售卖过程中的重要作用。因此，民族企业家不得不仿效西方，亦注重营销。

① 《上海肥皂业概况》，《申报》1935 年 12 月 11 日第 12 版。
② 《上海肥皂业概况》，《申报》1935 年 12 月 11 日第 12 版。
③ 《上海肥皂业概况》，《申报》1935 年 12 月 11 日第 12 版。

"商店经营之发达，在于商品之优良，欲使人知商品之优良，在于登报之广告。但词尚夸张，间或不免欲博公众之信用，非使商品呈显于顾客之目不可，于是有窗饰者标本广告也。欧美各国对于商店窗饰精益求精，日新月异，不特使路人汇集注目，且能使顾客惠然肯来，深信该店商品之可恃。"① 有鉴于斯，近代民族化妆品企业家，也开始花心思布置起橱窗。如"陈九相经理的南方公司，专售洋货、布匹、呢绒，及化妆各品，开设于南京路 78 至 79 号，已历多年，将应用各货，陈列橱窗"②，四马路上的中英大药房，"对于应用药品及自制各种化妆品和补品，亦陈列于门首橱窗内，以供选择"③。又如"永祥春香粉号特意将门，改制成玻璃大橱窗，油漆美丽，布置改良，将所制各种香粉、生发油等陈列于橱窗内，故路经是处者，莫不驻足一望"④，近代上海化妆品商店经销商，也知道了通过其橱窗装饰来吸引顾客。

除了创造展现商品的橱窗，更有创建杂志，以使声名远播的做法。"中国近代化妆品发明最早者，当推广生行，初设总行于香港，后各地皆有分销机构，该行鉴于商界不善于运用广告术发展营业，特创办月刊。"⑤ 广生行一直将《广益杂志》作为广告宣传的工具来使用，"初时，所载除该行状况外，多为隽永之小说"⑥。"其社务主任为林炜南，编辑总主任为陈亮公，杂志因定价低廉，购阅者众多。后因陈亮公多病，曾停刊 1 年，待陈亮公精神恢复，除仍担任秘书一席外，亦对期刊内容进行改编，《广益杂志》改为按季出版，洋式装订，更辅以插画与家庭及女子旅行必需的附件，可作为万宝全书。"⑦

当时，广生行并不是唯一通过发行大众杂志来为其产品大作广告的企业，但与其他杂志相较，《广益杂志》在吸引读者方面做得尤其成功。"所请名人撰述，关于世道人心，著作极当，内容丰富，有益身心。并且每月出版 1 期，共出版了 36 期，每期发行 1 万册，每册 100

---

① 《最新窗饰广告术》，《申报》1925 年 10 月 20 日第 15 版。
② 《南方公司陈列春季货》，《申报》1923 年 3 月 14 日第 17 版。
③ 《补品化妆品运到多种》，《申报》1923 年 12 月 1 日第 17 版。
④ 《永祥春香粉号》，《申报》1926 年 12 月 28 日第 17 版。
⑤ 《广生行之进步》，《申报》1919 年 12 月 19 日第 14 版。
⑥ 《广生行现益注重制货手续》，《申报》1923 年 1 月 27 日第 17 版。
⑦ 《出版界消息》，《申报》1924 年 4 月 30 日第 23 版。

余版，只取邮费 1 角，故风行南洋、南北各省，以及东三省、云贵等处。"①

（二）改良传统

传统的香粉店，店主和店员通过师徒关系和虚构的家庭关系被捆绑在一起，工艺不外传，而徒弟只有得到师父和同业的认可，方准独立。但近代不同，开店设厂的规矩并不繁复，且很多早期创办者有海外学习或工作的经历，他们所办之企业也与传统的店铺有很大不同。

早期化妆品业中的民族企业家，就多与国外有诸多联系，如冯福田就曾受益于英国药剂师；方液仙在青少年时代接受过良好的西方文化教育；旅美华侨所创香亚公司，在新公司成立之后，"即先从事于工业上的改善，铲除旧式一切寡陋，发布新章程，秩序得以井然，同时增加男女工友，应付营业之需要，一时人才荟萃，出品畅销，非昔旧公司所能比拟"②。

永和实业社发起人叶钟廷，于创厂之初，即派其子叶吉廷赴德国留学，专攻化学工艺，更专于化妆品一门，"1928 年夏，叶吉廷得化学博士学位，自德返国，对原有工艺，大加改善，于重要工艺的原料，亦有所计划，于是永和公司声誉日隆，南洋各埠，因见有如此精美的国货，大加购买，永和实业公司的营业日臻发达"③。

孔雀化工社的创始人，即为留美化学专家陆鼎傅。陆鼎傅于化学上，颇著声誉，曾创制汞水化合物十数种，发表后经美国科学会审定，认为是最新贡献，特刊录于 1925 年的化学年刊中，以示鼓励。待其返国，曾一度服务于上海兵工厂制药部，后因政局上的变迁而自退，出厂后，入教育界凡年余，后计划化妆品业之设施，1921 年，创办此社。

孔雀化工社创办后，"上自经理，下至工役之劳，陆鼎傅亲躬任之，每有闲暇，辄埋首于化学实验室中，分析各种舶来品，对于原料、品质、制造、装潢皆有相当认识，于自己出品，亦无不经极精细之研

---

① 《出版界消息》，《申报》1924 年 4 月 30 日第 23 版。

② 谢和青：《上海化妆品业调查录》，1931 年，上海市档案馆藏，档案号：Q242—1—829。

③ 谢和青：《上海化妆品业调查录》，1931 年，上海市档案馆藏，档案号：Q242—1—829。

究，方见发行，故品质一项，鲜有不能与舶来品并驾齐驱者"①。

新亚化学制药厂的设立，也得益于海外归来药剂师赵寿乔的努力，1926 年春，许冠群与赵寿乔在上海相遇，谈救国莫急于提倡化学工业。因而两人集合少数资本，于 1927 年 7 月，正式开办新亚化学制药厂。该厂共分三部，计化妆品部、药品部以及注射部。

（三）取得成就

中国的化妆品工厂，大多集中在上海一地，上海作为中国第一大商埠，其化妆品工业起步早，发展快。"1861 年上海老妙香室粉局创办，专制和合牌香粉、花露水、头油，至 1928 年，上海全市化妆品工厂已有 130 家之多，品种繁多，产量丰富，知名的有广生行出品的双妹牌化妆品、中国化学工业社生产的三星牌牙膏、家庭工业社生产的无敌牌蝶霜、富贝康化妆品有限公司生产的百雀羚香脂等。"②

然而详细调查起来，远不止此数，因为"有集资三四百元者，借了一个亭子间，创设无牌号、无商标的家庭式的作坊，其货品专销剃头店和烟纸店，以及沿途的小贩，零散发卖的也很多，其他药房也用一部分资本，制造牙膏、牙粉、香皂之类的东西，甚至有些牙医师或西药社，也出品些牙膏、雪花膏之类。总之制造化妆品的厂家，有纯粹制造的，有附属兼制的，有专出一二种的，因此要计算化妆品制造者，究竟有多少家，实在是一件不容易的事情"③，但是可以肯定的是，上海已经成为近代中国化妆品工业的聚集地。

近代工业已在整个经济结构中占到了相当重要的地位，而化妆品业又在化学工业项目中占据一席之地，如表 3 - 1 所示，在整个上海工业资本的分配中，纺织工业最为重要，占到 67%；食品工业居第 2 位，占有 17% 的比重；各种小工业资本总额占 7.2% 的比率，印刷工业和化学工业分别排第 4 位和第 5 位，占据 3.7% 和 3.2%。再观化学工业，其中化妆品业又占到 6.6% 的比重，虽不可说十足重要，但也成为一要紧的行业。

————————

① 谢和青：《上海化妆品业调查录》，1931 年，上海市档案馆藏，档案号：Q242—1—829。

② 谢和青：《上海化妆品业调查录》，1931 年，上海市档案馆藏，档案号：Q242—1—829。

③ 《工商动态：危机四伏的化妆品业》，《职业生活》1939 年第 1 卷第 6 期，第 4 页。

表 3-1　　　　　上海各种工业资本分配表（1927 年年底）　（单位：美元）

工业项目	化学工业资本额	资本额	百分率
（一）纺织工业门		197433900	67.3
（二）印刷工业门		11072891	3.8
（三）机器工业门		2441450	0.8
（四）食品工业门		49715020	17.0
（五）器具工业门		1117000	0.4
（六）日用品工业门		1162100	0.4
（七）其他工业门		20958460	7.1
（八）化学工业门		9371580	3.2
总计		293272401	100.0

资料来源：《上海化妆品业调查录》，1931 年，上海市档案馆藏，档案号：Q242—1—829。

表 3-2　　　　　上海化学工业资本分配表（1927 年年底）　（单位：美元）

工业项目	化学工业资本额	资本额	百分率
（一）玻璃业	904500		9.8
（二）烛皂业	633900		6.8
（三）火柴业	889800		9.6
（四）制革业	2075430		22.4
（五）制药业	1045600		11.3
（六）造纸业	1975700		21.3
（七）漂染印花业	601450		6.5
（八）珐琅业	258400		2.8
（九）油漆业	275000		2.9
（十）化妆品业	615600		6.6
总化学工业门	9275380		100.0

资料来源：《上海化妆品业调查录》，1931 年，上海市档案馆藏，档案号：Q242—1—829。

　　再看表 3-3、表 3-4，化学工业用工人数占整个工业项目的

5.6%，其中化妆品业又占到化学工业部门的 5.3%。特别是化妆品业解决了很多女性的就业问题，女性就业人数占到了整个化学工业部门的 3.1%。

表 3 - 3　　　　　上海各种工业工人比较表（1927 年年底）

工业项目	化学工业门工人数	各工业工人数	百分率
（一）纺织工业门		170522	76.2
（二）印刷工业门		8248	3.7
（三）机器工业门		7665	3.4
（四）食品工业门		15060	6.7
（五）器具工业门		2245	1.0
（六）日用品工业门		2334	1.1
（七）化学工业门		12378	5.6
（八）其他工业门		5268	2.3
总计		223720	100.0

资料来源：《上海化妆品业调查录》，1931 年，上海市档案馆藏，档案号：Q242—1—829。

表 3 - 4　　　　上海化学工业工人具体分布情况（1927 年年底）

工业项目	化学工业门工人数	各工业工人数	
玻璃业	1243（男 745）		
烛皂业	555（男 372）		
火柴业	2737（女 1498）		
制革业	219（男 121）		
制药业	554（男 552）		
造纸业	131（男 120）		
珐琅业	652（男 517）		
造漆业	2193（女 1118）		
漂染印花	3190（男 2675）		

续表

工业项目	化学工业门工人数	各工业工人数	
化妆品业	650（女381）		
其他	254（男160）		
总计化学工业门	12378	12378	

资料来源：《上海化妆品业调查录》，1931年，上海市档案馆藏，档案号：Q242—1—829。

（四）面临新问题

近代化妆品厂的经营，也面临着旧式香粉业不曾遇到的问题，即与机制洋货的竞争。关税，原有调剂洋货与国货市价的作用，1916年颁布的机制洋货完税办法，也为对抗洋货免厘而设，规定外来货物值百抽五，国货则只需值百抽三，使国人仿造者有所保障，不致陷于困难境地。然而1924年，北京政府忽然修改，规定机器仿制洋货以教育品类、机械类、布匹棉纱毛织物，及其他各种工艺品为限，"将化妆品、食物、药材三种，予以剔除，此后不复享受免予重征的权利，其部令及增订条文，已先登入3月2日政府公报，3月24日，上海（总商会）又接到江苏实业厅转来部令，是此案业已通行，各关卡势将即日照办"①。

如若如此，本就弱势的国产化妆品工业，势必就更将无优势可言，上海市民大会提倡国货会、上海总商会、华侨、上海中华工商研究会、商联会等团体纷纷上呈北京财、农两部，坚请收回成命，上海市民大会提倡国货会认为，"此事与吾国货工厂的发展前途有密切关系，非力争不可，如反对后无效果，应再为联合各实业公团，定期举行联席会议，合力进行（抵制）"②。上海总商会认为，"化妆品以及食物之罐头饼干等类，皆需资不巨，可以小规模经营，最适合我国经济现状，如果取消免予重征特例，令其仍照普通土货办法，遇卡抽厘，已设者将歇业，未设者鉴于前车而裹足，此等政策，等同自杀"③。海外华侨，亦深感不便，纷纷要求取消，"海外华侨踊跃争先，纷纷回国，设立工厂，仿制外货，竭力抵制，数年来成绩彰彰，大有可观，其时政府若能奖励提

---

① 《机制洋货完税新办法之抗争》，《申报》1924年3月28日第13版。
② 《反对机制洋式货物税新条例》，《申报》1924年3月18日第14版。
③ 《机制洋货完税新办法之抗争》，《申报》1924年3月28日第13版。

倡，工商前途岂可限量，乃计不出此，不但不能奖励提倡，而财政部不惜违反民意，增订限制提倡机器仿制洋式货物税。惟以教育品、机械布匹毛织物为限，若药材、食物、化妆等品，或目为奢侈，或视为厚利，毋庸再予提倡……从此国产无发达之希望，外货愈形充斥矣"①。上海中华工商研究会也认为此项训令系属自杀政策。商联会作为商界领袖机关，"再四思维，难安缄默，理合呈请钧局，咨行财政部，分令各省区财政厅厅长，各常关税务监督，津浦全路商货统捐局，仍照 1917 年 9 月专章办理，俾利权不致外溢，而商业得以振兴，实为公便，谨呈国务院"②。

　　虽然多个团体激烈反对，然财政部仍坚持前议，并于 7 月特别说明了不能撤销的原因，"各公司一经开办，不问所制货品优劣如何，意图减轻成本，纷纷援案呈请照机制洋货完税，不准则有彼此之分，普准则殊失提倡之旨，而尤以化妆、食物、药材三项为最复杂，核办之时，深感困难，故部处磋商修正办法，不能不增订条文，于教育品及机械布匹棉纱毛织物外，复如各种工艺品于文内，以引导商民趋重于艺之竞争，将来各项货物，如确系用机器仿照洋式制成而品质精良，向为中国土货所无，仍与历来办法不相抵触者，即不在新增条文之内，亦可归入工艺"③。财政部税处商议最终决定，"以 3 年为有效期，将来期满，但能出品上有所改良，亦可改用工艺品名义，呈请核准，继续有效"④。

　　由上可知，近代化妆品业不仅需要面对传统香粉业遭遇的难题，也面临着新问题。在与近代舶来品的竞争中，不仅需要接受西方的营销模式，学习西方的化学技术，还需要在关税问题上寻求援助。但近代化妆品业并未被旧传统所束缚，而是创造出来许许多多的新方法，以适应近代民族化妆品企业的发展。

---

① 《华侨请取消限制仿制洋货税》，《申报》1924 年 4 月 13 日第 7 版。
② 《商联会反对仿制洋货税法》，《申报》1924 年 6 月 5 日第 6 版。
③ 《关于机制洋货完税之部批》，《申报》1924 年 7 月 16 日第 14 版。
④ 《机制货税率变更之函知》，《申报》1924 年 7 月 27 日第 14 版。

第二节　上海民族化妆品工业的快速发展期（1928—1937）

自 1927 年 7 月"上海特别市"的建立（1930 年 7 月 1 日改名称为上海市政府），至 1937 年抗日战争全面爆发，其间 10 年，可说是上海一段相对稳定的时期。

稳定的政治环境为化妆品业的发展提供了重要保障，上海这座"东方巴黎"，更是极尽所能地向世界展现着自身的优越。繁荣的经济、娱乐的盛行，"美丽文化"的形成，又进一步为化妆品工业的发展铺平了道路，而西方技术的深入引进，化学水平的不断提升，使得化妆品的制造也越来越精细，化妆品业取得了长足进展，渐至繁荣状态。

一　民族化妆品厂概况

"近代化妆品以广义而言，包含牙粉、香皂、花露水、生发油、香粉、扑粉、雪花粉等类，发展至 20 年代后期……上海各厂出品，普及全国及侨民所至之地。"① 这对外货化妆品，产生了一定影响，但一般摩登少女、富家小家，仍迷恋外货，且以使用外货为荣，故国人开设的化妆品厂虽多，但外货化妆品的输入，为数仍巨。

（一）原料状况

市上行销的化妆品，虽多为国货，然而原料却大都购自国外，漏卮甚巨。化妆品厂商，多向洋商购买原料，加以精致包装，甚至有将制成的精品原箱或圆桶购回，分装小瓶发售，仅牌子标明"国货"而已。

我国化学工业落后，化妆品原料未能自给，香料为化妆品重要原料之一，无论何种化妆品，均需香料，香料有天然与人造两种，天然香料广布于植物体中，或存在于动物之腺囊中，前者如香花、香叶、香木之类，后者如麝香、龙涎香之类，而无论是天然香料或人造香料，其组成概非单纯体，而为复合体。但我国尚少香料厂，只有数家小公司，营业范围不广，出品亦仅薄荷油、樟脑油等而已，对于化妆品无关紧要。香精一项，尚无出品，不得不仰给于外货。次如锌白，系制造香粉的主要

---

① 叶钟廷：《一年来之国货化妆品业（二）》，《申报》1933 年 10 月 19 日第 17 版。

原料，铅白原亦可制香粉，但铅白有毒，用之过久，会使面部发青，血色全无，故全改用锌白。而锌白我国虽有原料，却并未大规模制造，难供制香粉所需。凡士林系煤油的副产品，常用以制香膏，我国也未能自制，其他如鱼胶、司替林等，亦无国产。

国产化妆品原料，种类不多，甘油系一种，五洲药房利用制皂余液，创设了甘油厂。甘油一物，已由国产品替代洋货。酒精亦系化妆品的重要原料，国产酒精早已有之，酒精工厂曾创有数家，唯范围较小。此后"实业部创办之中国酒精厂，（在浦东）已开工制造，预料酒精，亦不必再依赖外货。其他若碳酸镁、碳酸钙、淀粉等，尚有出品"①。

制造肥皂的原料，主要为碱与油两种，制造化妆皂则需加入各种香料，唯所占比重甚微。碱的种类甚多，主要的可分纯碱、烧碱、泡花碱三种，国产甚少，十之八九皆属舶来品。至于油质原料中植物油一项，如棉籽油、柏油、漆油、豆油等，大体皆能自给有余，我国原为农产国家，所需农产自然不需仰赖他国。柏油主要产地为鄂之荆州、宜昌及沿平汉路之麻城。漆油主要产于湖北各地，性质坚硬，宜于凝结，故小厂常用，价格较柏油略廉。花生油以山东生产最多，年一亿六七千万担，皖、粤次之，宜于制造软性肥皂。其他原料如物油中之羊油，多半产于西北各省，牛油则产于山东、河南，唯鱼油则购自日本。"凡此各种原料，沪上皆有专门之商号或掮客，向各厂介绍推销，如柏油皆由法租界新老永安街一带之永茂祥、永兴盛、程达记等店号经售，牛油则多由童泰昌、李裕盛、顺利、允兴等号经售。"②

"我国工业每因资本短绌，设备简陋，人才缺乏，出品粗劣，且因规模狭小，出品无多，以致成本过高，价格反较洋货昂贵，致难与抗衡，此亦国产化妆品原料缺乏之原因。"③

（二）经营情况

繁荣时期的化妆品业，发展相对稳定。除香亚公司宣告清理，美容香品社改组，华兴香皂厂改制橡胶品，福来顿归并家庭工业社，美华公

① 《沪市化妆品业近况调查》，1935 年 3 月，上海市档案馆藏，档案号：Q275—1—1944。

② 《上海肥皂业概况》，《申报》1935 年 12 月 11 日第 12 版。

③ 《沪市化妆品业近况调查》，1935 年 3 月，上海市档案馆藏，档案号：Q275—1—1944。

司、惠芳化学社、中国美林化学社停业外，其余尚少异动。而化妆品业之新设者，有百乐门及大新2家，资本各在大洋5000元左右，为中等企业。

化妆品种类甚多，有二三百种之多，其中用途较繁，销路较巨者，仅十余种而已，如牙粉、牙膏、花露水、香水、生发油、雪花膏等。上海市化妆品厂，共80余家，资本大者仅10家左右，中等者40余家，小者约30家，至于无商标、无牌号，仅在家庭制造，专销于托盘负贩人及杂货铺理发店者，为数亦多。"惟家庭中制造者，仅1、2种耳，即工厂之中，其出品有十余种，有7、8种，亦有1、2种，视资本的大小，销路的广隘而定。故其资本不等，有百万元者，有数千元至数百元者，甚至仅有100、200元，而恃以周转。"①

此时期，肥皂厂也创建了7家。"上海皂业，处于不景气之时，1932年'一·二八'事变发生之际，直接被毁或间接受影响而闭歇厂家，共有六家。"嗣后，肥皂厂主要分为经营家用皂及化妆皂两类，"化妆皂制造较难，技术比较幼稚的华厂，不易与巴黎、纽约的先进厂家竞争。而能够享用各类化妆香皂的，多为中上阶级，所费虽多，亦无大碍，且一般又常抱有崇洋心理。故民族化妆香皂业在舶来品的压迫下，发展颇非易事。家用肥皂，情形稍异，因其制造相对简单，且购用者又多为一般平民，洋货价贵，不愿意购买，故华商工厂能够挽回部分利益，全年盈余更是自20000元突增，1934年更达到300000元。上海华厂所制的粗皂，其水份较洋商所制为少，而纯皂量又较洋商为多，此种实质上的改进，为我国民族皂业成功的基础"②。

（三）销售情况

制造化妆品厂，大都本轻利重，原料固非名贵，制法亦颇简单。如牙粉，乃研蛎壳为粉，漂净晒干，加以各种类的香料而成。生发油，乃取威灵仙、侧百叶、牙皂、牵牛子、黄檗皮，研末加香，浸入麻油制炼而成。其他如香水、胶腊、粉皂之属，大都取材于普通的药草、油蜡，一经装饰配合，便觉着体芳馥，其纯利润，约在对折以上。"以现在生

---

① 《沪市化妆品业近况调查》，1935年3月，上海市档案馆藏，档案号：Q275—1—1944。

② 《上海肥皂业概况》，《申报》1935年12月11日第12版。

活程度为比例，供求投报，稳称有余。"①

其中大工厂产品，已有声誉的，有中央香皂厂出产的各种香皂，中西药房出产的明星花露水，中国化学工业社出产的三星牌牙膏、三星牌牙粉、三星牌香雪，永和实业公司的月里嫦娥牌牙粉、嫦娥牌白雪，先施化妆品公司的虎牌茉莉霜、千里香，大陆药房的雅霜，三多行的三多牌檀香粉，家庭工业社的无敌牌牙粉、蝶霜、香精，广生行的双妹牌花露水、雪花粉、生发油，爱华及五洲皂厂的各种香皂等。

上列各家著名出品，总有 1、2 种货品，未能畅销，因此截长补短，平均仍有亏损。30 年代，因售价低落，化妆品营业多受影响，幸而原料市价亦随之下降，故各厂尚能彼此相抵，赖以维持。广生行所产花露水，营业旺盛，呈求过于供之势，洋货林文烟花露水渐见绝迹。"今各大城大埠，广生行均设支行，而各商场市镇中之洋场杂货铺，莫不见广生行出品之发售，远及南洋鲜岛、印度、暹罗，皆受欢迎，每年出品总值计 18 万有余。"② 三星牌牙膏，因发行赠券，长江一带得以畅销，中西药房所产的明星花露水，因扩大宣传，颇受上海人民的欢迎。其他如无敌牌牙粉遍销内地，永和实业公司出品盛销四川，营业俱呈蓬勃之象。"1930 年举办的国货展览会，更是风靡一时，各埠纷纷举行，化妆品乘机销去不少，1930 年全国化妆品营业额，约值洋 7 百万元，上海居其四，与往年不相上下。"③

"上海各华商肥皂厂，则因为资力有限，产量不多，所出肥皂除销本埠外，不能广销于内地各埠，故外厂出货在华北、华南，以及长江上游，依然掌握霸权。"④

（四）盈亏及财政状况

此时期，整体上化妆品行业的盈亏彼此相抵，赖以维持。但具体到各个企业，财政状况却不尽相同。"大公司如广生行股份有限公司、永和实业股份有限公司，实力雄厚。广生行专制化妆香品，在同业中历史悠久，其出品以双妹为商标，通常每年营业总额约四百余万元，年派官

① 吴启贤:《论牙粉及化妆品之利厚》,《实业浅说》1916 年第 61 期第 2 页。

② 《上海化妆品业调查录》,1931 年,上海市档案馆藏,档案号:Q242—1—829。

③ 《沪市化妆品业近况调查》,1935 年 3 月,上海市档案馆藏,档案号:Q275—1—1944。

④ 《上海肥皂业概况》,《申报》1935 年 12 月 11 日第 12 版。

红利一分余,该行全部资产约值七八百万元,基础巩固,财力充裕,平时周转也殊为灵活。"①

"永和实业股份有限公司作为上海国货工厂中的成功者,该公司出品以牙膏、灭蚊香、白雪三种最为畅销,各色油墨及橡皮玩具次之,纸盒供自用,遇出货过多时,才出售,其余化妆品多达十余种,交易较少,商标为'月里嫦娥'及'永'两种,销路遍全国,但以长江流域及南洋一带较佳,1935 年营业额约一百二十余万元,结盈三四万元,1936 年营业额增至一百五十余万元,结盈七八万元。该公司放出账款常在二三十万元之间,存货及原料约二十余万元,实力充足,周转灵活,与中国、至中、江浙、盐业等银行,中一信托公司,宝丰等钱庄,均有往来。"②

中型企业虽不如大企业资金灵活,但也能够维持周转,如"东方化学工业社,资本国币 3 万元(分 30 股,每股 1000 元),以制造化妆品为主要业务,其他次之,出品以'红叶'为商标,装潢美丽,香味馥郁,且售价低,销路颇畅,通常存货及存料约值 5 万元,放账亦同,经济周转,尚称灵活"③。

无敌牌第二制镁厂,出品尚属良佳,因出品大都供给家庭工业社所需,故该厂忙闲全视家庭工业社需量之多寡而定,每年营业额在 3 万元左右,因与家庭工业社有连带关系,故售予该社的货品,其价格较市场价略低,"是以营业虽稳固,而获利殊属微薄,幸开支尚省,获利尚属可以"④。

小企业则往往财力有限,周转不济。像"戴春林万记香粉局,资本仅 4000 元,于筹备期间,以及租房装修,添置生财等项,已耗去大半,存货也多赊欠。与各厂交易,以支票抵数,其期限视情形及交谊而定,大概少则 1 月,多则 2 月,而门市交易,可收现款。该局各股东,也均属普通商人,并无资产,而其得以周转,全赖亲友担保的庄款往来"⑤。

逸达实业公司,资本 1 万元,该公司营业虽多,然鲜有问津者,其

① 《广生行股份有限公司》,1939 年,上海市档案馆藏,档案号:Q275—1—1944。
② 《永和实业股份有限公司》,1937 年,上海市档案馆藏,档案号:Q275—1—1944。
③ 《东方化学工业社》,1936 年,上海市档案馆藏,档案号:Q275—1—1944。
④ 《无敌牌第二制镁厂》,1934 年,上海市档案馆藏,档案号:Q275—1—1944。
⑤ 《戴春林万记香粉局》,1934 年,上海市档案馆藏,档案号:Q275—1—1944。

自制银叶牌化妆品，如爽身粉、牙粉、扑粉、软玉霜等，亦未能畅销，银叶牌搽面粉，后由新生公司承包。"该公司所制各品，利益虽厚，而每月营业额却仅有一两千元，是否足敷开支，尚是问题。该公司资本微末，幸购买各原料及料瓶等，略可拖欠账款，因已往信誉平常，只可拖欠数百元。"①

二　民族化妆品厂的革新发展

化妆有广义与狭义之分，广义的化妆，泛指全身的清洁、化妆，而狭义的化妆则特指局部的化妆，即涂脂抹粉。近代化妆品工业作为中国的新兴产业，同时也是争议较多、力量较为薄弱的产业。无论是用于全身的化妆品，还是部分脂粉用品，都要与舶来品相竞争，故在发展过程中，民族化妆品企业必须力求革新，有所突破。

（一）建立股份公司，扩大资本

民族企业资本普遍较少，如"英商一家开设在中国的肥皂公司，计资本800万元，远超中国民族皂厂资本额，甚至超过中国25家华厂资本之总数"②。故扩大资本，增强竞争力是民族企业不得不考虑的一大问题。

家庭工业社初为股份有限公司，资本仅1万元，1918年7月1日遵照公司条例添募股份，改组公司，定名为家庭工业社股份两合公司，股银总数原定在50万元以内，以2万元为优先股，其余均为普通股。"1933年3月16日，股东会再次议决增加资本10万元，共计股银总额60万元，每股银数均100元。"③

而对于公司责任问题，家庭工业社规定，"除无限责任股东负无限

---

① 《逸达实业公司》，1934年，上海市档案馆藏，档案号：Q275—1—1944。
② 依据《上海肥皂业概况》（《申报》1935年12月11日第12版）整理上海各华商肥皂制造厂资本额如下：五洲固本皂药厂，资本30万；亨利烛皂厂，资本1万元；中央香皂厂，资本4万元；新昌皂厂，资本1万元；爱华皂厂，资本6万元；鼎丰皂厂，资本3万元；裕茂皂厂，资本3000元；怡茂皂厂，资本5000元；立大皂厂，资本1万元；南阳烛皂厂，资本6万元；光华化学工艺社，资本12000元；远东烛皂厂，资本7000元；隆盛皂厂，资本3000元；永和实业公司，资本6700元；公茂皂厂，资本5500元；祥民皂厂，资本5000元；福昌皂厂，资本1000元；华昌皂厂，资本5000元；震记皂厂，资本1000元；信华皂厂，资本4000元；大德皂厂，资本5000元；中和皂厂，资本1万元；亚洲皂厂，资本1万元；广通肥皂公司，资本4万元；无敌香皂厂，资本5万元。
③ 《家庭工业社股份两合公司章程》，1935年，上海市档案馆藏，档案号：Q275—1—1944，1935年。

责任外，其余股东责任以缴足股银为限。公司无限责任股东定为 2 人负其连带责任，共同执行业务，并有代表公司之权利，遇有重要事件，得邀监察人为联席会议，但监察人于无限责任股东开会时，只可陈述意见并无表决之权。而当无限责任股东只剩下 1 人时，得由其人自行选择 1 人，加入为无限责任股东，以补缺额，但其资格当有公司股份 20 股以上，并要有下列资格之一者为限。（一）曾任公司监察人 1 年者。（二）曾任公司重要职员 5 年以上者。（三）无限责任股东之继承人"①。这样股份两合公司，既扩充了资本，又不致使权利分散。

老牌化妆品厂广生行，初系冯福田独资经营，资本仅 2 万元，1909 年改组为有限公司，资本增至 20 万元，1915 年增至 40 万元，1922 年再增至 120 万元，1932 年更是增加至 240 万元，历年公积金亦达 200 万元左右，基础巩固。因其财力充裕，平时周转也殊为灵活。"该行出品陆续增至七八十种，30 年代，鉴于妇女烫发盛行，故又出烫发油一种，销路尚称不恶，通常每年营业总额约四百余万元，年派官红利一分余。"②

除去老牌化妆品厂积极改为股份制外，一些新建立的企业也倾向以股份制来积累资金。"美华化学公司创建于 1931 年，此时期适值化妆品营业勃兴之时，王萼卿遂纠合挚友数人，创立该公司。经营制造化妆品业务，当时资本额仅 5000 元，嗣后逐渐增加，达 1 万元。"③"一·二八"事变发生时，该公司因制造厂在闸北，致损失达二三千元，而战后营业，亦突现清淡，出品销路，因之呆滞，由是旧股东 5 人中有 2 人因无意经营，1932 年年底将股本拆出。"王萼卿为维持危局，扩充营业计，遂毅然提议将该公司改为有限公司，额定资本银 2 万元，分 200 股，每股 100 元，1933 年时，股东数已达 20 余人，进行上颇为顺利，筹备工作大致已经就绪。"④

美亚指甲油行亦属此类。我国摩登仕女所喜爱使用的指甲油，向来自欧美各国输入，青年实业家步万国为防止漏卮，埋首研究，1931 年

---

① 《家庭工业社股份两合公司章程》，1935 年，上海市档案馆藏，档案号：Q275—1—1944，1935 年。

② 《广生行股份有限公司》，1939 年，上海市档案馆藏，档案号：Q275—1—1944。

③ 《美华化学公司》，1933 年，上海市档案馆藏，档案号：Q275－1－1944。

④ 《美华化学公司》，1933 年，上海市档案馆藏，档案号：Q275—1—1944。

成功创造出可与美通洋行经售的齐虹指甲油并驾齐驱的款式，定名指魔，独自经营。嗣后，原料飞涨，想要从事大规模制造，必须有大量资金加持，同时，又因为太平洋战争爆发后，交通陌塞，齐虹、蔻丹等指甲油，相继缺货，因而市上优良指甲油的供应，明显不足。"步万国乃联合实业界，及电影明星，如李清华，苏珊瑚等，共同发起组织美亚行，集资国币 30 万元，计分 10 股，每股 3 万元，合伙组织，将制造厂设于香港，上海办事处设于霞飞路 946 弄 8 号。"①

（二）注重厂房设备

各化妆品厂扩充资本，与完善设备几乎是同步进行的，此时期各化妆品厂均拥有独立设备进行生产。"广生行股份有限公司上海分发行所系三层楼市房一栋，下层全部为营业处，二层为办事处、会计处、广告科及经理室等，三层为临时工场及堆栈，雇用职员工人及学徒共约五六十名。"②

"永和实业公司设备完整，虽然在'一·二八'事件时，因该厂位处火线，痛遭兵燹，损失达 20 万两左右。幸其基础稳固，战火中被毁的厂房，1934 年时已全部恢复，全部机器约值银 20 万两，房屋建筑费等，约值银 20 万两。基地面积，约计 40 亩，半属自置，半系租赁，所雇工人，在'一·二八'事件前，约有 1200 余名，战后减为 800 名左右。1933 年时，该公司又因橡胶部惨遭汽锅爆裂，死伤工人多名后，又减去若干，故 1934 年时，仅剩 600 余名，职员 40 余人。全年开支约需 7、8 万元，门市部为三层楼西式市房，设备完美。该厂在'一·二八'战事时，因闸北厂址被毁，故另在劳勃生路小沙渡路口租赁有房屋，作为临时厂址，同时，即在原址上重建新屋，迨建筑竣工后，即行迁回。"③

无敌牌第二制镁厂，该公司虽为家庭工业社所发起，但其营业、会计各自独立，考其筹设之动机，乃因该社所出无敌牌牙粉，行销殊畅，而于原料碳酸镁一物，颇感需要，初时曾设第一制镁厂于无锡，后因运输不便，产量鲜少，乃集股添设该厂，并为便于购取原料起见，即附设

① 《行将开幕之美亚指甲油行》，1935 年，上海市档案馆藏，档案号：Q275—1—1944。

② 《广生行股份有限公司》，1935 年，上海市档案馆藏，档案号：Q275—1—1944。

③ 《永和实业公司》，1934 年，上海市档案馆藏，档案号：Q275—1—1944。

在五和精盐公司内部。"该公司事务所即附设于经理寓所，厂房占地约三亩余，建筑构造颇为简单，另有晒场约十一二亩，俱向五和精盐公司租赁，其出品俱由人工制造，故无机械设备，仅有男工七八名，女工二十名，开支尚算节省，每年约需五六千元。"①

"东方化学工业社，租赁四楼四底市房一所为厂房，每月租金约二百四五十元，雇佣跑街六人，内部职员约二十余人，工人则视工作之多寡而定，有时多至六十名，平时则为二三十名，所有生财约值二千余元，全年开支，约需一万余元，并向太平、中国等保险公司保有火险数万元。"②

其他小公司，虽不像大厂这般买地建厂，雇用大量职员，但也会有相对独立的设备。美华化学公司，营业所在金隆街中，坐南面北，有单开间楼房 1 栋，每月房租约 80 余元，但该屋系与万昌祥华洋杂货号合租，故玻璃橱窗各置 1 套，所雇职员、学徒及跑街等 7、8 人，每月开支连厂房计 350 元左右。后由于万昌祥华洋杂货号收歇，改为美华化学公司独租，全年开支连制造在内约需 8000 元。"制造厂在闸北宝山路32 号内，租金低廉，每月仅 50 余元，其工友之多寡，视营业之盛衰而定。"③

"逸达实业公司，只有办公室二间，一间设有柜台及写字台、化妆品玻橱等，又一间为张昆仲办公之所，装有电话及化妆品玻橱、沙发椅等，其生财设备，约值四五百元，雇有职工二三人。"④ 戴春林万记香粉局，"租赁有市房两栋，月租 100 元，门面装璜，均采用玻璃橱窗，惟以地位窄狭，内部陈设亦甚简单，雇有职员学徒共 8 人，按月开支约需 400 元左右"⑤。

（三）完善内部组织

各化妆品厂规模的扩大，部门的多样化，以及人员的增多，都需要有完善的内部组织来进行协调。

此时期中国化学工业社的行政机构已基本完善，且具有两大特色。

① 《无敌第二制镁厂》，1934 年，上海市档案馆藏，档案号：Q275—1—1944。
② 《东方化学工业社》，1936 年，上海市档案馆藏，档案号：Q275—1—1944。
③ 《美华化学公司》，1934 年，上海市档案馆藏，档案号：Q275—1—1944。
④ 《逸达实业公司》，1934 年，上海市档案馆藏，档案号：Q275—1—1944。
⑤ 《戴春林万记香粉局》，1934 年，上海市档案馆藏，档案号：Q275—1—1944。

第一，在总管理处之上，有一个设计委员会；第二，是各科和制造、营业并列，直接隶属于总管理处之下。关于第一点，是一种有计划的统制，能使产销适度。第二点，则是中央集权，可收管理统一之效。而这些也都是值得各厂商注意的。其组织系统如图 3 - 1：

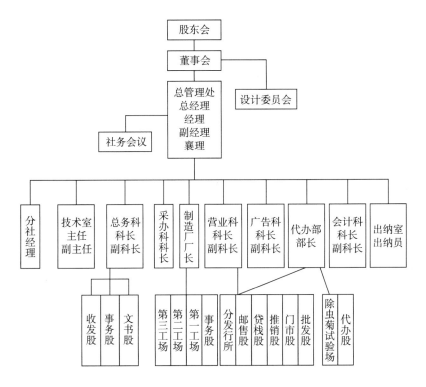

图 3 - 1　中华化学工业社股份有限公司组织系统图
资料来源：《中国化学工业社》，《机联会刊》1934 年第 104 期，第 33 页。

另一公司，家庭工业社，自 1918 年改组为股份两合公司后，由陈栩园担任经理，负公司无限责任，于营业上的设施及计划，采用独裁制。财政方面，完全采取公开制度，所以把现金出纳保管之权，授予常驻监察，以彰公信。副经理是其子陈小蝶。他们父子两人，办了 10 年之后，陈栩园先生因精力不继，所以于 1929 年向股东会提议，请由最初创立至今连任的监察人李新甫先生，加入为无限责任股东，来代替他经理的职务。股东会又举陈栩园为监理，仍以陈小蝶先生为副经理。因而改独裁制为合议制，以联席会议为议事机关，以制造与营业两部为执行机关，以监理及常驻监察为监督机关，取三权分立，中央集权的制度。其组织系统如图3-2：

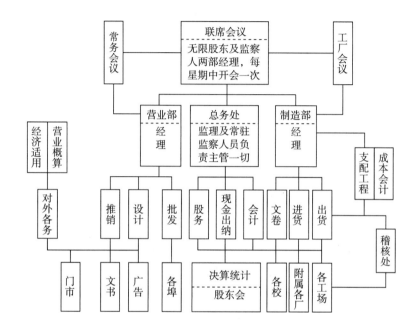

图3-2 家庭工业社办事系统图

资料来源：《厂史概要：家庭工业社》，《国货年刊》1936年，第113—115页。

新亚化学制药股份有限公司，最初范围甚小，仅以制造化妆品及成药入手，但因经营得法，经过十多年的努力，范围益广，业务日增，内部人才应有尽有。"其内部的机构，是绝对采取重质不重量的原则。绝对不因袭因人设事的习惯。所以该公司就以董事长兼任总经理，而总经理之下，并无副总经理、经理、协理、副经理、襄理一类的名称，其下只有业务、总务、稽核、设计四处，每处的下面，分科办事；业务处辖营业、服务、保管、统计四科；总务处辖文书、庶务、人事、股务四科；稽核处辖审核、会计、出纳三科；设计处辖设计、研究、编撰三科。此外总经理之左右，有一个顾问专员室，专备咨询。"[1]

新建立的化妆品企业也十分注重内部组织建设，如美亚行的内部组

---

[1] 《上海企业界的先锋》，《申报》1942年12月9日第5版。

织，就颇为完善，"董事长为步万国，总经理杨忠根，行长陈上海，监察人姚永兴、李丽华，广告主任为电影明星李丽华兼任，会计陈志全，副会计陈龙山，经济保管委员苏珊瑚、李清华，营业主任兼货房主任阚大明"①，各司其职，各尽其责。

三　化妆品工业同业公会的辅助

1927年11月，国民政府财政部制定化妆品印花特税章程，用以增加财政。"1928年4月，马济生和牟月秋鉴于化妆品贴用印花税行将起征，同业苦无集议之所，爰集合同志，于上海第一特区泗滨路，组织化妆品同业协会。"②至此，化妆品商号间建立起了同业组织，同业公会的组建对化妆品业的发展意义非凡。

（一）行业发展与化妆品同业公会的沿革

"1928年6月13日，化妆品同业协会召开第一次筹备会议，到会40余人，公推马济生主席，牟月秋记录，议决推举执行委员11人，推定胡焕荣、徐子钧、杨厚生、秦伯琴、刘世雄、钟汉亭、丁克明、林谷云、马济生、牟月秋、沈子更等为执行委员。并规定每星期开执行委员会一次，定于星期六下午2点。"③至此，各化妆品商号有了行业组织。

1929年依据国民政府《工商同业公会法》规定，"凡在同一区域内经营各种正当之工业或商业者，均得依本法设立同业公会"④，故化妆品同业协会改称为化妆品同业公会。此时期的化妆品业是和日常民生联系在一起的，主要生产诸如牙膏、牙粉、花露水、洗面粉、润肤膏等生活品，并素将民生日用品作为中心。

1931年，化妆品同业公会在上海南京路民永里372号，建立起自己的办公机构，以"联络感情、改良制造、研究原料、规划市价、谋公共利益为宗旨"⑤，济生工业社社长马济生担任化妆品同业公会主席。常设委员会由牟秋月、张叔良、许冠群、孙紫香四人构成。1932年日方挑起"一·二八"事变后，上海也被迫卷入战争，化妆品同业公会

①《行将开幕之美亚指甲油行》，1935年，上海市档案馆藏，档案号：Q275—1—1944。
②《上海市化妆品业同业公会第二次改选大会特刊》，1937年4月，上海市档案馆藏，档案号：S86—1—1。
③《化妆品同业组织协会》，《申报》1928年6月14日第14版。
④《化妆品工业概况》，1947年，上海市档案馆藏，档案号：Y9—1—96—48。
⑤《上海市化妆品业同业公会第二次改选大会特刊》，1937年4月，上海市档案馆藏，档案号：S86—1—1。

为了维持正常运行，于 12 月迁至上海法租界内，1933 年 1 月，归入法租界警察保护下，这为战乱中化妆品同业公会的发展提供了相对安定的外部环境，加之当时各业公会请中央强制要求同业入会，"因人民有遵守国家法令义务，应由主管厅布告限令入会，如期不遵，除以反抗国家行政权论罪外，强制执行入会"①，同业公会会员持续增长。至 1935 年，会员已是初创时期的 5 倍，共计 128 家之多。

1937 年，"八·一三"事变爆发，不久上海沦陷，各路交通断绝，租界亦变成孤岛，化妆品业由于其行业的特殊性，虽未陷入停业状态，但也进入相对艰难期。原有的经营体系遭受严重破坏，不仅销售市场被日军封锁，并且工业本身也遭到摧毁，有些厂房、机器在战争中化为灰烬，员工大量迁出。幸存下来的工厂，也不得不缩小经销范围，勉强维持惨淡的经营。此后，虽在国民政府《商业公会法》《非常时期工商业及团体管制方法》的高压要求下，化妆品同业公会仍然存在，但多数情况下也是有名无实之态。

1941 年，太平洋战争爆发，日寇占领租界，强行要求恢复和改组各行业同业公会，希冀以此来加强社会控制力且进行经济掠夺。化妆品同业公会也于 1942 年 5 月，奉"社会运动指导委员会"指令，进行"改组"，改名称为"上海特别市化学工业品业同业公会"，由"周邦俊、方液仙、许晓初、胥汉臣、周松涛、李润田、俞成穗、陶仲开、王维康、许冠群、林谷云、陈桐柏等，重行筹谋恢复会务"②，设会所于法租界紫莱街渭文坊七号，执监委制改为理监事制，周邦俊担任第一届理事长，李祖苑、昼汉臣分别任第二、第三届理事长。此乃化妆品同业公会自"八·一三"事变后，再次恢复运行。但此时期的化妆品工业同业公会因由日方掌控，故在生产过程中，对国货工厂设置了诸多障碍。

为与日方进行抗争，"1942 年明星香水厂、广生行、家庭工业社、永和实业公司、上海香品社等众多国货化妆品厂，假借与日商化妆品制造业同业公会联合策进，以谋共存共荣，向日伪经济局呈请成立了上海

---

① 《各业公会拟定同业入会办法》，《申报》1933 年 4 月 17 日第 9 版。
② 《上海市化妆品业同业公会登记代表履历表》，1945 年 8 月，上海市档案馆藏，档案号：Q201—1—49—132。

市华商化妆品制造业同业公会，专门为图谋国货化妆品厂的发展，主要为了解决化妆品工业的原料、生产、销售与运输等方面的问题"①。

1945年8月，抗日战争取得胜利，日本宣布无条件投降，上海市社会局开始同业公会的接收工作。针对化妆品业同业公会，按照社会部颁发收复地区人民团体调整办法的规定，"指派叶夏嫖、夏习时等人为该会整理委员……会同各整委，克日前往接收整理，应将办理情形随时据报，为要此令等因奉此遵，11月16日就职，并即日会同接收前伪化学工业品业同业公会"②。经过整顿，共接收伪币1040353元5角8分，并收缴了伪上海特别市经济局工商团体登记证书、伪上海特别市商会会员证书、伪上海特别市化学工业品业同业公会方章等物品，移交于上海特别市化学工业品业同业公会，改组后的同业公会于1946年奉令，改名为上海市化妆品工业同业公会，并依据《商业同业公会法》和《商业同业公会法施行细则》，订立了新的章程。1946年7月，召开第一届会员大会，会员138名，通过制造会员名册，详细地备载了会员的工厂名称、组织性质、资本金额、创建时间、负责人等基本信息，同业公会的发展逐渐再入正轨。

1948年，由于化妆品业生产的日常化，所制多属于生活所需，生产的奢侈品所占比例益愈减少，同业公会被冠以上海市家用化学品工业同业公会之名，此后一直使用这个称号，直至1956年。

（二）化妆品业同业公会与市场秩序的建设

化妆品同业协会自1928年成立，至1956年消亡，其间工业同业公会拥有一套规范的章程和管理方式，同时其会员数量和规模不断增加、扩大，职能亦得到扩展。在协调商事纠纷、维护国货企业发展等方面，化妆品业同业公会扮演了重要的角色。

1. 协调商标纠纷，维护市场秩序

稳定的市场秩序是行业发展的有力保障，特别是对于近代新出现的行业而言。近代化妆品业同业公会在市场秩序的维护中发挥了一定的居间调解作用，对于当时中国商标法制的发展和商标纠纷的解决有

---

① 《明星香水厂等联名发起筹组"上海市华商化妆品制造业同业公会"呈伪经济局的报批文件》，1942年，上海市档案馆藏，档案号：S86—1—2。

② 《上海市化妆品业公会整理事与社会局来往文书》，1945年11月，上海市档案馆藏，档案号：Q6—34—206。

着一定的积极意义。

制造化妆品的厂商，大都本轻利重，中外通商之时，中国尚无商标保护，以致"此商牌号，有为彼商冒用者，真货牌号，有为伪货掺杂者，流弊滋多，商人遂不免隐守亏损"①。发生的化妆品商标纠纷案件也多为外商状告华商，如英商宝威洋行就曾多次在公共公廨状告南洋制药公司，认为后者卖出的美容百花精化妆品，仿其所制夏士莲雪花粉式样，混售渔利。中西法官迭经三次判断，"第一次判南洋制药公司禁止销售前项化妆品，被告不遵。第二次判罚洋 100 元充公。第三次判被告永远禁止发售与原告所制式样相同之化妆品，并赔偿原告损失洋 500元，限一礼拜缴案"。② 被告之所以屡次不改，一方面是利益使然，另一方面也是因为中国商号早期并无多少注册商标意识，并对侵害他人商标权的后果认识不清。

化妆品业同业公会成立后，对于会员商标问题始终持重视的态度，不仅对本地的商标纠纷案积极协调，即便是对国外的商标纠纷案件也是努力调解，其中较为著名的莫过于永和实业公司与华侨陈君的商标纠纷案件。永和实业公司创于 1917 年，向以月里嫦娥为商标，并且在商标局注册给证，出品在华洋各埠，行销颇广。1934 年 6 月，与爪哇泗水某贸易公司陈君订约，推销五彩油墨，因系国外贸易，为求营业上的便利，便托陈某，将油墨商标月里嫦娥图样，向荷印政府代为注册，所有注册等费，均由永和负担。12 月，陈君虽到函称，证已领到，然始终不将该证交付永和。至 1936 年 6 月，永和始终未能拿到该证。而该贸易公司已经改组，再复函陈某时，其竟说"商标人人可用，彼系以私人名义注册，永和无权干涉等语"③，自此双方纠纷不已。

1936 年 12 月 9 日，永和实业公司函请上海市化妆品同业公会转函市商会，请"分别函咨爪哇、泗水领事署，及华侨商会转咨荷印政府注册公署，将陈某非法注册之嫦娥商标撤销，以儆奸刁，而杜争讼"④，

---

① 《商部奏拟订商标注册试办章程折》，《申报》1904 年 8 月 18 日第 1 版。

② 《仿冒化妆品案之结束》，《申报》1919 年 3 月 28 日第 11 版。

③ 《上海市化妆品业同业公会第二次改选大会特刊》，1937 年 4 月，上海市档案馆藏，档案号：S86—1—1。

④ 《上海市化妆品业同业公会第二次改选大会特刊》，1937 年 4 月，上海市档案馆藏，档案号：S86—1—1。

并附各种证件照片 12 张。"上海市化妆品业同业公会请法律顾问马振宗律师参议其事，并即照转市商会，嗣后各关系方面函牍往返，陈君之答辩，则振振有词，不肯担差，永和复辩，自亦引证齐全，理正难屈，泗水领事馆与泗水中华总商会以事关国货海外贸易，曾提出和解意见，永和亦愿息事宁人，各就半途，约于香港或新加坡相晤商讨和解办法，而陈君终不就范。"①

虽然此事结局并不完美，但是可以看出同业公会一直致力于保障会员的商标权益。

2. 解决国货困境，健全市场发展

化妆品业同业公会会员在市场销售中，无法避免的一个问题，即与外商的利益相争，而同业公会会员又多为私营工商企业，这些企业由于缺少政府支持，在应对外界的挑战时，更显敏感，对民间组织的力量也就更为依赖。因而，解决国货困境，健全市场发展也就成为化妆品业同业公会的另一大重任。

近代化妆品舶来量惊人，"1925 年时，海关贸易总册记录，进口化妆品 340 余万，1926 年骤增至 440 万，谱以关平合通用银元近 660 万元"②。"1930 年海关贸易册载，进口外洋化妆品竟有 4300 余万元之多。"③ 即便是 1935 年，"妇女国货年"时，"10 个月内香水脂粉由外国输入者共值关金 356318 元，合国币 634313 元，平均每个月有 63400 余元，消耗量仍是惊人"④。再观我国化妆品所用原料，亦多属舶来，即以上海一埠而论，"各化妆品公司所采用的原料中，外货约占十分之六七"⑤，并且"外货走私汹涌，因走私货物，既不负任何课税，又不费任何浩大开支，因此价廉物美，而国人又以用洋货为荣，无疑击国货于门外"⑥。

故国产化妆品无论是在生产制造，还是流通销售中，都受到与外货竞争的挑战。"针对原料一项，化妆品业同业公会勉励会员积极制造，

---

① 《上海市化妆品业同业公会第二次改选大会特刊》，1937 年 4 月，上海市档案馆藏，档案号：S86—1—1。

② 《化妆品与印花特税》，《申报》1928 年 6 月 3 日第 14 版。

③ 《值得介绍的国货工厂（十四）》，《申报》1932 年 7 月 30 日第 17 版。

④ 《妇女国货年的成效》，《申报》1935 年 12 月 12 日第 15 版。

⑤ 《上海化妆品业调查录》，1931 年，上海市档案馆藏，档案号：Q242—1—829。

⑥ 《化妆品工业概况》，1946 年，上海市档案馆藏，档案号：Y9—1—48。

家庭工业社成立之始，第一步即为自造原料，终在制盐废弃的苦卤中，提炼出炭酸镁。孔雀化工社也尽力研究，解决了扑粉中的滑石粉难题，香亚公司的林泽彤，与药师黄澡细心研究后，发现了物质抵抗法，在国产物质中，采集原料，将我国果壳、树叶、鱼骨、豆皮等变废为宝，化作国货原料。五洲药房利用制皂余液，创设甘油厂，替代洋货。其他若炭酸钙、淀粉、酒精等，国产也有出品。"①

针对走私问题，"激于爱国之热忱，尽夫救国之天职，遵照市商会组织各业检私委员会之决议"②，"1936 年 8 月，推定马济生、周邦俊、许冠群、林谷云、徐公明、都秉寿、梁灼兴等人成立检私委员会，为杜绝私货及保护正当商品之运销起见，订定简章，及检查规则。5 日起即开始工作，通知会员来会办理登记注册证明等项手续，完竣以后，再经江海关一度调查，各厂商之出品，运销出口者，须由检私委员会给以证明书，方可起运。而江海关所颁之土货运销执照，如不经关派员调查，亦须由本会及主任盖章，代为证明"③。

除去专门的检私委员会，上海市化妆品业同业公会还呈请上海市政府，禁止外来私货化妆品出售，并令各商店、摊贩不得经售私运货品，并与警察局、江海关、商会协商，获上海市政府批文，"令饬警察局饬属随时注意，并函江海关饬属严于检查"④。正规的外来化妆品，则需要缴纳货物税，"商人持凭货物税缴纳证，报请当地主管货物税机关换发花证，监视实贴。如系运销外埠时，并须请领运照，方准起运"⑤。

1927—1937 年，可以说是化妆品工业发展的繁荣期，也是不可多得的快速发展期，此后，抗日战争全面爆发，其发展进程被打破，化妆品工业虽未被完全摧毁，但昔时繁盛的景象已不复存在。

---

① 《上海商业储蓄银行有关化妆品业调查资料》，1935 年 3 月，上海市档案馆藏，档案号：Q275—1—1944。

② 《上海市化妆品业同业公会第二次改选大会特刊》，1937 年 4 月，上海市档案馆藏，档案号：S86—1—1。

③ 《上海市化妆品业同业公会第二次改选大会特刊》，1937 年 4 月，上海市档案馆藏，档案号：S86—1—1。

④ 《上海市化妆品业同业公会第二次改选大会特刊》，1937 年 4 月，上海市档案馆藏，档案号：S86—1—1。

⑤ 《财政部上海货物税局关于化妆品目征免范围及贴证规定等问题的训令》，1949 年，上海市档案馆藏，档案号：Q434—1—457。

第三节　战事影响与上海民族化妆品工业的
应对（1937—1949）

1932 年"一·二八"事变后，上海化妆品工业的灾祸已初现端倪。5 月，淞沪停战协定签署后，化妆品业虽曾一度稍见活动，但转瞬又无起色，其原因固然有社会经济的不景气，而南洋销路不佳，亦系一重大打击。此后上海化妆品工业，颇受社会不景气的影响，营业难有进展。"特别是 1937 年'八·一三'事变的爆发，中国沿海城市沦陷，不但原来的销售市场为日本军事所封锁，而这些工业的本身，也遭了日本飞机大炮的摧毁，连机器生财，都化为灰烬，其幸存者，只有上海租界一隅的国货工厂。"[1] 1939 年，上海在不幸沦为"孤岛"后，百物昂贵，生活成本高涨，温饱尚难满足，更谈何美容化妆，上海民族化妆品工业进入衰落、低迷期。

一　战争时期化妆品工业的萎靡

我国化妆品工业的重心，集于上海、香港，北京次之。销售方面，因地理关系，销售路径各不相同，然大体而言，京津各厂，其出品销售华北地区居多；港澳等地，出品大半行销华南与南洋各埠；而上海各厂出品，则普及全国及侨民所至之地。但随着战争的爆发，战火波及范围日广，化妆品销售市场日窄。

（一）化妆品销售市场的缩减

自"九·一八事变"后，与日商竞争多年的东三省市场，便再无中国能插足之地，化妆品在东北市场的交易呈停滞状态，如"永和实业公司，该厂为国货工厂中的成功者，营业颇广，所有出品，遍销全国通商各埠及南洋群岛各地，东北方面，往昔年有 40 万元的交易，因东北方面销路锐减，已减至每年 20 余万元，且转向以长沙、江西、及南洋群岛居多"[2]。此后，该"公司营业注重长江各埠，至于华南方面，

---

① 《国货的出路》，《申报》1940 年 4 月 7 日第 16 版。

② 《永和实业公司》，1935 年，上海市档案馆藏，档案号：Q275—1—1944。

也仅牙膏稍有销量，其他货品，不甚畅销"①。

1937 年 "八·一三" 事变后，中国沿海城市沦陷，不但原有的销售市场为日本军事所封锁，且交通断绝，上海化妆品外销，遭遇困难。上海各国货工厂运往粤、桂、川、滇等各内地的货物，由香港转麻章再转口，或再由滇路转往各地，自滇越路运输发生困难后，香港也因英日形势紧张，货运骤感困难，上海各国货厂商输出化妆品数量渐见减低。"麻章连龙山，日军在此颇为活跃，并不时伴有侵略该地的举动，各厂商更不愿冒此危险，故连年来，上海运往以上各地的货物，大都改道，惟交通颇感困难，因无公路、铁路，运输全靠水道，日期势必延缓。"②国产化妆品推销艰难，而内地购买无路，于是资本较薄弱的厂家，只剩停业一途。

此后，随着战事的持续失利，沦陷区的增加，化妆品的销售市场越发缩小。在中国沦陷区内，以日本财阀为中心的贸易组合，也先后组织起来。其中，在这些普通性质的贸易组合之外，还有两种特别的组合。"一种叫'中支那军票交换用物资配给组合'，是推广日本军用票流通的指定机关。另一种特别组织叫'物动关系组合'，那是包括控制华中的商品销售市场，办理搜刮华中沦陷区内，各种军需物资原材料等事业的组织。"③

这类组织搜刮沦陷区内的物资供给市场，以执行其所谓以战养战的计划。从 1940 年 6 月起，日方加紧了对于上海租界区及内地的封锁网，"这种封锁分两部分，一部分是禁止上海租界区搬运货物到沦陷区去，这目的不过在保障日本财阀的独占利益。另一部分则是禁止沦陷区的货物，搬到上海租界区和内地，目的是它以战养战的本质政策。至于禁止从上海租界区（连非租界的沦陷部分）搬运到沦陷区的货物，有 25 种，肥皂即在此列。这是日本统制沦陷区物资市场的唯一方式，无论在东北、华北，还是华南，都如法炮制，如此而已，这种方式极大程度地限制了国产物品的流通市场"④。

此外，国内还一再调整汇率，化妆品工业饱受外洋货品贬价倾销的

---

① 《永和实业公司》，1935 年，上海市档案馆藏，档案号：Q275—1—1944。
② 《沪货外销遭遇困难》，《申报》1940 年 7 月 8 日第 7 版。
③ 《中国境内的贸易组合》，《申报》1941 年 2 月 17 日第 9 版。
④ 《中国境内的贸易组合》，《申报》1941 年 2 月 17 日第 9 版。

威胁，大型厂家亦感维持为难。1946 年时，化妆品一项的课税额竟高至百分之四十五，但是国产化妆品企业的产品，通常销路，是以广大农村为主，但战争导致农村凋敝，已无多少市场可言，"至于南洋市场，现仍因国内物价水平过高，尚未能大量输出，即有之，亦多属零星及尝试性质的交易而已"①。

（二）化妆品制造场所的被毁

上海本土的一些化妆品厂也未能在战火中幸免。如美华化学公司设立于 1931 年 5 月，1932 年 5 月 1 向实业部注册，资本 10000 元，发行所本在山东路源泰里，后因房屋简陋，改迁至闸北宝山路 32 号经营，"一·二八"事变发生时，因制造厂位于闸北区，损失达二三千元，而"战后经营，亦突现清淡，出品销路因之呆滞"②。

也有工厂提前作出反应，像永和实业股份有限公司，制造厂原在闸北民生路，"一·二八"战争爆发时，因地处战区，故而改迁至巨籁达路 517 号营业，所有机器亦大都运出，据事后调查，"虽在闸北厂房有一部分毁于炮火，但未毁房屋已派人驻守，并且该公司在战前，曾向某外商保险公司保有兵险 250000 元，赔款时改赔金镑，约合国币 130000 元，该公司自领得此项赔款后，约经数月之久，才将此项金镑结售，其时适逢金镑价值高涨，约得国币 200000 元，为公司挽回部分损失"③。

但此类公司毕竟属于少数，大部分工厂因为战争，造成的损失是不可估计的，"广生行股份有限公司上海分发行所在战争发生后，其唐山路工厂位于沦陷战区，无法开工，广州第一分厂亦被炸毁，在战事上损失不小，不得不命员工将存货、原料及一小部分机器运出，战事发生后即在南京路发行所楼上开一工场，开工制造"④。

上海周边也遭到破坏，以菱湖为例，菱湖是吴兴县属的一个市镇，全区面积约 225 方公里，人口达 120000 余口，河道纵横，人民多以农业为务。"抗战开始后，菱湖因为水道的地形有利，所以成为游击战最剧烈的场所，导致农村生产萎缩，镇上商业一蹶不振，市镇房屋，半数毁于炮火，人口锐减，仅剩八千多人。直至抗日战争胜利以后，上海菱

---

① 《化妆品业不胜负担》，《申报》1946 年 8 月 26 日第 7 版。
② 《美华化学公司》，1933 年，上海市档案馆藏，档案号：Q275—1—1944。
③ 《永和实业股份有限公司》，1939 年，上海市档案馆藏，档案号：Q275—1—1944。
④ 《广生行股份有限公司》，1939 年，上海市档案馆藏，档案号：Q275—1—1944。

湖同乡潘公展氏有志复兴家乡，在上海实业人士章荣初氏的努力之下，菱湖开始新的建设。1946 年他们先在上海成立了 10 个菱湖建设协会，然后由章、荣、初氏出资建造工厂、学校等大规模的新型房舍，开始经营各种事业……有化学酸制造炭酸钙，用白煤与洞庭山的嫩石，出品红吉牌淀沉炭酸钙，供制造化妆品、药品等原料之用"①

(三) 意外造成的损失

除去战争之不可控因素造成的巨大损失外，一些意外因素也给化妆品工业的发展造成了不小困扰，最常见的诸如爆炸、火灾。

1933 年，永和实业公司第一厂内烘房蒸缸爆炸，"此次事故焚毙制造间女工 15 名，涂光间男工 4 名，受伤 32 人，焚毁工厂 17 间，及制成之鞋子、皮球原料、机件，共计损失 8 万元左右，至于出品方面，也只得暂行停止"②。

永和公司设备完备，且经过社会局工厂检查，自"正泰惨案"③ 发生后，对于消防方面也颇为注意，竟发生如此不幸，其他设备简陋的小厂状况，更是可想而知。

"1939 年杨树浦路 2300 号的中国肥皂厂，装设的氧气锅炉发生爆炸，当时有工人适在锅炉旁，不及逃避，周身被炸伤甚重"④，"1941 年沪西海防路 391 弄 128 号某化妆品制造厂，忽起火患，经救火会灌救，结果该厂原料货品生财等大都付诸一炬，并波及隔邻房屋一部分"⑤，"1942 年沪西槟榔路 130 号肥皂厂，突发火灾，烈焰飞腾，势极猛烈，经救火会前往灌救，约 1 小时后，使经扑灭，结果该厂全部焚毁，损失不资"⑥。

不幸事件，尚有多处，"1948 年句容路 15 号先施化妆品制造堆栈走电起火，自行扑灭"⑦，损失尚少。"1940 年沪西极司菲尔路开纳路荣庆里 51 号某化妆品厂，因甘油起火，共计焚去平房逾 20 余间，其中

---

① 《菱湖建设》，《申报》1948 年 10 月 29 日第 6 版。
② 《永和实业股份有限公司》，1939 年，上海市档案馆藏，档案号：Q275—1—1944。
③ 正泰惨案，指的是 1933 年 2 月 21 日，沪东正泰橡胶第一制造厂因为安全措施的不到位，导致锅炉爆炸，工人死亡 80 余人，受伤数百人的重大事件。
④ 《气锅爆炸伤人》，《申报》1939 年 6 月 15 日第 15 版。
⑤ 《大连湾路日堆栈昨晨大火海防路亦有火警》，《申报》1941 年 6 月 28 日第 10 版。
⑥ 《槟榔路肥皂厂昨遭焚毁》，《申报》1942 年 7 月 12 日第 5 版。
⑦ 《风雨水雹毁房多处》，《申报》1948 年 7 月 5 日第 4 版。

被焚居户约逾数 10 家，有小型织布厂、花线厂、织篾厂等数家，损失甚巨。"① 一场大火往往能使一家化妆品厂变得一无所有，虽然这些意外事件，并不像战争那样会造成大规模的影响，但也不容小觑。

二　化妆品工业面临的问题

总体上而言，抗战以来，物资日益减少，已经到了枯竭的地步，又因为交通并未恢复，国内的物资无法运输，要使生产扩展，实不容易。关于营业方面，下列几个问题，也是化妆品工业需要特别注意的问题。

（一）外货问题

化妆品一项，舶来品充斥全国，售价颇高，每年漏卮高达几百万，1938 年，每月平均输入约达 10798 元。其中的香水脂粉，以美国运来最多，计达 3477 元，次为法国，占 2328 元，再次为德国，占 1274 元，日本则仅得 647 元，末为英国，为 498 元。其他如雪花膏、雪花粉的输入，则首推日本，次为英、美、法诸国，虽亦有进，但数量则远不及日本。

1939 年 2 月时，舶来品数竟增至 58799 元，各国舶来品的输入，亦均增加，尤以日本因劫持沦陷区各海关行政，及擅改税率以利其日货输入的关系，香水、脂粉、雪花膏、雪花粉更是迅速增加，一跃而占输入我国的首席，计日本香水脂粉在 1938 年 1 月，其进口不过 647 元，雪花粉为 970 元，但至 2 月，则前者忽增至 14400 元，后者增至 17082 元，总数计为 31482 元，其增加之速，为各国之冠。其余法、美、英等亦较前增加，计法国增至 11976 元，美国 6926 元、英国 812 元，对此时人评论，"查此项化妆品物之增加输入，实颇损害我国之资财"②。

舶来化妆品输入之巨，由此可见一斑。然而这些仅为正规输入，走私货品更是不计其数。早在战争开始前，华北就走私严重，上海已受其影响。《大美晚报》记者曾调查上海市场所受私运的影响，发现"租界市场中，已有由华北及华南两方面输入的私货，且数量快速增加，上海各商行，因受私货竞争的影响，已逐渐失去其在外埠的主顾，甚至已有数地的交易，完全陷于停顿。而侵入市场最多的，就属化妆品及药材之

---

① 《沪西火警两起》，《申报》1940 年 6 月 5 日第 11 版。

② 《舶来化妆品本年度输入大增》，《申报》1939 年 4 月 11 日第 7 版。

类"①。战争开始后,走私更加猖獗,"海关缉私组日夜努力,每月破获
走私案,达百数十起,价值在数亿元以上,查获大批玻璃及化妆品等禁
止进口货物的走私案件,达八起之多,价值约在四亿元以上"②。"1948
年1月15日,汉阳轮由香港抵达上海,经江海关派员在该轮船器间及
旅客行李内,查获大批扑克牌、手表、香烟及化妆品等私货,约值
20亿。"③

外国化妆品在我国流行,一来因国货未能改良原料,促进技术,以
粗陋的方法,向市场投放粗制滥造的化妆品;二来,则是由于国人崇拜
舶来品的心理作祟。例如一般人的心理,偏爱用舶来品,有时同为一
物,也常舍国货而用外来品。

(二)劳资矛盾

生产和销售环境的恶化,营业的不景气,也加剧了劳、资间的矛
盾。受时局不靖、交通不便的影响,化妆品企业的营业额一落千丈,同
时遭受原料缺乏的困扰,很多企业即便继续营业,也会选择减少工资开
支。如1946年广生行职工,就向社会局反映工资太低,无以为生,2
月资方规定,仅为每人每日250元,后经数度要求改为700元,虽此数
"仍不足以维持个人生活,然具呈人等为顾全资方利益起见,不愿发生
事故,勉强暂行接受,以冀资方亦能关怀劳方生计而自动依照"④。但
是3月后,"物价高涨不已,而3月份工资仍为每日700元,似此待遇
敢断言全上海决无甚匹,且资方绝不顾虑工人福利,每日工作8小时
外,并无星期例假以调节工人精神"⑤。

社会局虽于10日、11日两次组织调解,然资方均表示不愿接受调
解,理由是"该厂45年来向例为此制度,倔强辩论,无理可喻"⑥。第
二次调解时,资方未出席,终不得调解。

---

① 《上海进口业已受华北走私影响》,《申报》1936年5月8日第10版。
② 《海关查获大批玻璃丝袜化妆品》,《申报》1946年7月26日第4版。
③ 《汉阳轮上缉获私货二十亿》,《申报》1948年1月22日第4版。
④ 《上海市总工会劳资纠纷和解笔录》,1946年,上海市档案馆藏,档案号:Q6—8—2521。
⑤ 《上海市总工会劳资纠纷和解笔录》,1946年,上海市档案馆藏,档案号:Q6—8—2521。
⑥ 《上海市总工会劳资纠纷和解笔录》,1946年,上海市档案馆藏,档案号:Q6—8—2521。

此后，劳资双方因工资、待遇问题发生的冲突一直没有停止。1947年11月广生行股份有限公司化妆品制造厂员工，复向上海市社会局反映，"自政府实行工人配购实物后，工人等曾要求厂方申请配购，厂方以尚未领到工厂登记证为借口，至今未办理，工人等为本身利益所系，复向厂方要求发给差额金事项请求，厂方似有此意，惟差额金数额应依据何种准绳发给"①，请求社会局帮助。社会局于12月22日，进行协调，24日双方同意和解，并达成一致，"民食调配委员会配售化妆业职业工人食米、食油、煤球等物品，该厂已逾期未向民食调配委员会申请，致未能配到物品，其损失将厂方改发差额金补偿工人（差额金之折算依据民食调配委员会之配价，将于本月底报上市价之差额计算之）"②，双方各愿信守不渝。

1948年7月，广生行化妆品厂因原料不继，无法生产，无力继续维持，决议将工人全部解散，停工半年。待形势好转，再行恢复。然在1948年9月，又表示"为维持过去声誉及信用关系，不得不勉励设法以应时需"③，暂时开工试行两个月，以观后效，并特与工友凤莲等30人订立了定期工作契约书，避免纠纷。工作契约期限为60日，自1948年10月1日起，至11月底止。

如果说广生行的劳资矛盾尚属时局不靖，营业不济所造成，那么，香兰化妆品厂则有故意刻薄工人之嫌。香兰化妆品厂资方拒发年赏，并利用高压手段压迫工人退出工会，"工人等因入会系工人自由，未予接受。厂方即将全部工人停止工作，且利用恶势力强迫挟持3名男工，登汽车离场，虽经市总工会调解，全体复工，但3男工至今未复工，且踪迹不明，且最近该厂方复不顾工人生活，借口年已近，提前10天停工，对于年赏及工资调整绝不提起"④。再观工人工资，"（1948年）每日工资仅金圆券4元、5元、6元三级，（依指数结合底薪仅3角3分、3角

---

① 《上海社会局关于广生行股份有限公司要求改善待遇和补发实物津贴文件》，1947年，上海市档案馆藏，档案号：Q6—7—382。

② 《上海社会局关于广生行股份有限公司要求改善待遇和补发实物津贴文件》，1947年，上海市档案馆藏，档案号：Q6—7—382。

③ 《上海社会局关于广生行股份有限公司要求改善待遇和补发实物津贴文件》，1947年，上海市档案馆藏，档案号：Q6—7—382。

④ 《上海市社会局关于香兰化妆品厂年赏、工资、复工问题文件》，1949年，上海市档案馆藏，档案号：Q6—8—2750。

6 分、3 角 9 分三级），尚需自供膳宿，每日糊口尚觉困难，而停工时间厂方又不发津贴金"①。经数度调解，劳资双方终同意和解，"劳资双方同意工人今后底薪每日为 1 元 1 角，停工者工资不给；每月中工人工作如不满 10 天者，仍以 10 天工资计算发给；本办法自（1949 年）3 月 25 日起实行之，有效期间为 3 个月"②。

因战争造成营业困境，厂方因产品滞销而自行减少生产时间、缩减工人工资、克扣工人待遇等，都有可能引发劳资冲突，而这又使得化妆品工业的发展愈加困难。

（三）同业组织的不健全

同业公会的组建，照例在工作方面，要能够解决同业方面的难题，保障同业的福利，提高同业出品的标准。但战争时期的化妆品业同业公会却并不能做到上述几点，一方面是因为日方的控制和打压，另一方面是因为各厂之间的相互猜忌也从未停止过，不肯开诚布公为整个行业的前途着想。

早期化妆品工业同业公会的会员就多有"搭便车"行为，不加入同业公会，却希望享受会员特惠，虽然 1937 年化妆品工业同业公会宣布实行《同业不入公会之制裁方法》，规定"同业商店均应依法加入……未加入同业公会的商店，由各该同业公会限期若干日正式加入，逾期不遵办即警告，自警告日起 15 日内仍不接受，即报由商会转呈主管官署，依行政执行法罚办，罚办后仍不入会，得呈请勒令停业；不缴纳会费之同业商店，逾期若干日，即由各该工会予以通告，再逾若干日警告，警告后逾若干日仍不缴纳者，即由商会转呈主管官署依法罚办"③，但此现象却并无多大改善。各企业为了维持自身利益，也往往对所用原料和制造方法守口如瓶，缺乏同业间的合作研究，增加了无谓的竞争。而原料的来源和收集，原料中含有何种杂质，其功效价格，其用途，精炼方法，又如成品的纯净度，制造法应否改良，皆有合作研究

---

① 《上海市社会局关于香兰化妆品厂年赏、工资、复工问题文件》，1949 年，上海市档案馆藏，档案号：Q6—8—2750。

② 《上海市社会局关于香兰化妆品厂年赏、工资、复工问题文件》，1949 年，上海市档案馆藏，档案号：Q6—8—2750。

③ 《上海市化妆品业同业公会第二次改选大会特刊》，1937 年 4 月，上海市档案馆藏，档案号：S86—1—1。

的必要。

并且化妆品工业的运营，既需要机器设备以供施用，又赖有专门人才通晓其事，然后才能得到良好的结果。国内大小化妆品厂，虽有数百，然而聘有专门技师或工程师的企业，往往十不得一，担任技师职位的，非亲戚即朋友，对于原料制造的理化知识多是一知半解。进行制造时，多无科学依据，多是盲从，致使因学识的幼稚，技术的不良，致工料增加，成本售价亦随之上升，最终影响到销售。且品质外观，往往难以达到精美，故与外货竞争时，纵有国产原料，完善的设备支撑，但品质和外观还是逊于舶来品。而同业间却鲜少交流，造成了制造所需用的手续、公式、温度、压力、时间、物质等，往往无一定标准和规则。

同业公会分门别类过于繁复，也是阻碍发展的因素之一，例如中国化学工业社同时要加入 5 个公会。"但一般加入公会，只是负责支付会费的责任，其他事务，是不闻不问的，又因为分类太多，每一个公会，是没有力量去雇用专职，且有办事才干的职员的，因此，同业公会处理事务时，难于达到理想的境地。"①

三　挽救颓势的努力

尽管战争期间，化妆品工业的发展是艰难的，但国货厂商们还是在竭尽全力地进行挽救，此一时期，也并非全是一片黑暗。

（一）添建新厂

旧的厂房既已被破坏，为维持生产起见，最直接的方法就是建立新厂。此时期的添建新厂，有三种方法。一种为已有的化妆品厂建立新的分厂或发行所，如家庭工业社，"八·一三"事变后，南市的厂屋被毁，后为节省开支，便将总发行所迁至河南路，另在法租界工厂区内租赁房屋数处，当作暂时工场。1939 年，复在徐家汇路租地造厂。1943 年，又将制造厂设于徐家汇路 182 弄 78 号，总发行所设在河南路 309 号。"开明化学工业社 1941 年将厂屋加以扩充，并设发行所于新闸路 1121 弄 21 号。"②五洲固本皂厂，在"一·二八"事变后，觅得小沙渡路（今西康路）夏姓屋作工场，继续生产。1944 年香港先施化妆品有限公司亦在上海设立支店——先施化妆品有限公司，"制造发售化妆

---

① 《中国工业界的当前问题》，《申报》1946 年 2 月 25 日第 6 版。
② 《各界琐闻》，《申报》1941 年 2 月 12 日第 8 版。

香品及其各行生意，种植、收、采买、卖各种花卉及香水，制造发售肥皂及其各行之生意等，支店选于上海马崎路 15 号"①。

一种为创建新的化妆品原料厂。战争爆发后，很多化妆品原料厂倒闭，等到厂商认为合适的时机，许多新的化妆品原料厂便重新纷纷筹建。1939 年时，在沪西及界外马路区域以内，较大与中等程度的工厂，已开始动手兴建原料厂。化妆品制造工业，亦有显著进步。新造厂房及里弄房屋多栋，均由此等工厂使用。制造牙膏锡管的工业，亦随同发展，此类工厂，计有 5 家，每日产额，总计 11 万枚。玻璃厂纷纷赶制玻璃瓶，以备就地盛装化妆品，以应上海和海外顾主的需求，并将玻璃瓶产品直接运至海外销售。化妆品销路的扩大，使上海所制产品，随之俱增。"提炼薄荷油及制造薄荷锭的工厂 7 家，业经开办，此 2 种出品已在美洲觅得市场，乡间农民，正在种植薄荷，希望所获利益，比他种农产为厚。"② 其他材料，"制造酒精的新厂两家，准备开工，其中一家拟用穀类件为原料，有制造醋酸铅及硫酸锌的新厂，也已开工"③，这些原材料厂为化妆品工业的生产提供了保障。

还有一种就是新化妆品厂的建立。1939 年，旅沪侨商与实业界诸人等合股组织绿宝化妆品厂，"专以制造各种高尚化妆香品，如雪花膏、香粉、牙膏、香皂、香水、唇膏等，资本雄厚，规模宏大，特聘留德化学博士主持配制，并由富有经验的化妆前辈主持营业，经确定选用'绿宝'为商标，'Green Spot'为英文商标，并已聘定钟觉民律师为法律顾问，加以保障"④。

1944 年，严益勤、朱九峰等人呈请上海特别市经济局，为筹设雅滴化妆品厂股份有限公司备案，"雅滴化妆品厂股份有限公司以自制各种化妆品，运销国内外，营业额定资本国币 100 万元，分作 1 万股，每股国币 100 元，除由商人等认 6000 股计国币 60 万元外，其余 4000 股计国币 40 万元，拟向外招募。2 月所有股份已认募足额，全部股款亦经收齐。并定于 3 月 18 日于上海市虎丘路 14 号 2 楼 27 室召开创立会，

① 《实业部关于香港先施化妆品有限公司申请在上海设立支店的训令》，1944 年，上海市档案馆藏，档案号：R13—1—774—1。
② 《一九三九年上海工业之回顾（二）》，《申报》1940 年 1 月 28 日第 11 版。
③ 《一九三九年上海工业之回顾（一）》，《申报》1940 年 1 月 27 日第 11 版。
④ 《市场杂讯：绿宝化妆品厂创办先声》，《申报》1939 年 7 月 14 日第 12 版。

其后，实业部核准登记，颁给执照，雅滴化妆品厂股份有限公司正式在上海创立"①。

（二）沦陷时期的苦斗

上海沦陷后，日本商人即继军事行动之后，来上海大肆活动，不仅恢复其原有的工厂，且欲用威胁利诱的手段，勾引意志薄弱的华商，与之合作。"有远识者拒不肯从，虽其最后命运，不免在所谓'军管理'之下被接管，或由'宣抚班'接收而委托当地维持会接办，或由日商霸占复业，藉为搜刮财源的一策。但中国民族化妆品企业不畏强权，艰苦战斗，抱着宁为玉碎不为瓦全的民族精神，虽一时或有损失，但最后仍能恢复其旧观，发展其事业。"②

中国化学工业社在抗战前已有悠久的历史，一直被视为民族化妆品厂的典范，其创设人方液仙，不仅是一位著名的企业家，也是一名热忱的爱国者。在 1932 年"一·二八"事变和 1937 年"八·一三"事变中，他为救护大批抗日战士，开办两处伤兵医院。他拒绝与日本合作，大力倡导国货运动，方液仙的爱国立场及其领导的国货运动，引起了日本侵略者的极端仇视，1940 年 7 月 25 日，他被日方暗杀。之后，中国化学工业社业务由李祖范先生负责主持，李祖范先生早年留学美国，专攻工厂管理学，并继续拒绝与日本合作。

中国化学工业社，因为有很好的基础，逐年发展，自建厂屋，于化妆品部分以外，更进而研制出其他各种化学工业品。在"八·一三"事变前夕，本处于一个蓬勃发展的时期，但日本当局，对于中国的各种事业，调查得非常详细，尤其是对于和军备方面有关系的工厂。中国化学工业社，因设有油脂工场，除制造肥皂之外，还有大量的甘油，而甘油是制造爆炸物的重要原料，因此在太平洋战争开始以后，立刻由日本株式会社监督。在此之前，李祖范已经有预感，因此将大部分原料，做成制成品，这一点使日本人非常失望。即便被监督之后，李祖范也是抱着绝对不合作的态度，日方要收买、租用、代做，他表示丝毫没有商量的余地。"日本油脂株式会社曾经做成秘密报告书，要求军部严厉地处

---

① 《雅滴化妆品厂股份有限公司申请登记、经济局呈批函、实业部令》，1944 年，上海市档案馆藏，档案号：R13—1—1842—1。

② 《悉据淞沪一带工厂》，《申报》1938 年 12 月 27 日第 8 版。

置，李祖范先生也曾屡次被传到军部去，但却并无实在证据，后实在觉得无可利用，日本当局于 1945 年 3 月，将中国化学工业社移交伪政府敌产管理委员会，由该会发还自由营业。"①

五洲固本药皂厂，在项松茂接手后，经过多次努力，成功研制出高品质的"固本肥皂"，并在与英商祥茂肥皂的大战中，取得胜利。"一·二八"淞沪抗战打响后，项松茂为援救虹口支店遇难同人，而惨遭日军杀害。此后，项绳武继任总经理。抗战爆发后，日军侵占了五洲厂位于徐家汇的制皂厂，日本油脂株式会社要求项绳武实行"中日合作"，共同生产肥皂及使用"五洲固本"牌商标，并威胁如不合作，就将厂房和原料等全部烧毁，但仍遭到五洲厂的断然拒绝。计划落空后，日商招工生产冒牌固本肥皂，以欺骗不明真相的消费者。对此，"五洲厂也作出反击：一面公开登报说明日制伪造商标的真正来源，另一面在小沙渡路建造新厂恢复生产。凡新厂所产固本肥皂商标图样，均在原荷花叶上加印小沙渡路出品字样以证真伪"②。对此，日商黔驴技穷，只得将所产肥皂商标改为五星牌。

第一次世界大战发生后，欧美原料来源困乏，故市价飞涨，所幸先施化妆品有限公司存有各种原料，颇为充足，故在战火遍地之时，香港、上海两厂，尚能安然营业。"1943 年时，以一年结算，营业总额比之往年，还有增加，而溢利亦觉进步。除一切开销折旧及撤帐外，仍获溢利 14 万余元。"③

（三）宣传国货化妆品

中国自开埠以来，舶来品源源不绝，国人一直将之视为一大漏卮，深恶痛绝，要求抵制仇货、提倡国货的言论不绝于耳。"我国中古之时，人民之日用器具，皆取给于土产，亦未尝厌其不美观、不适用，及与外人通商以来，洋货纷纷输入，国货渐渐失败……故一物之来我国，人民争先购买，以致洋货遍及全国，几无一处不售洋货，无一家不用洋货，故彼国之吸收我金钱益易，其富国也益速。近几年来，一般爱国人士，知需用洋货有损于国家，关系重大。于是竭力谋抵御之法，以为维

---

① 《中国工业界的当前问题》，《申报》1946 年 2 月 25 日第 6 版。

② 左旭初：《百年上海民族工业品牌》，上海文化出版社 2013 年版，第 155—156 页。

③ 《实业部关于香港先施化妆品有限公司申请在上海设立支店的训令》，1944 年，上海市档案馆藏，档案号：R13—1—774—1。

持国货，乃富国之计。"①"爱国、救国，口头天天谈得沫满泡溢，事实上一些做不到，又何济于事，如其认为报国无门，救国无策的人，也正是自忘其职责。最切实，最忠诚，莫如在你一身做到提倡国货的决心，既不落于空言高谈的救国谎，也不至说你无门可以救国。"②

抗战开始后，抵制洋货、提倡国货的言论再次盛行。如"欲粉碎敌人'以战养战'的毒辣计划，我们便当以最大的努力，一面唤醒沦陷区同胞一致不买仇货，另一面严禁仇货混到后方来，同时还要提倡手工业，制造一切必需品去代替舶来品。固然我们无法禁止仇货进口，也不易使全无心肝的奸商不替敌人贩卖，但是我们如果誓死不用仇货，敌人和汉奸也就无计可施了"③。"日本自和中国开战以来，各方面都拮据不堪，尤其是经济，敌人就绞尽脑汁来设法补救……我们将如何对付呢？我们如再醉生梦死，沉溺于钱财，趁此机会贩卖仇货，或贪便宜购用仇货，这等于间接助敌来蹂躏我们的领土，屠杀我们的同胞，我们不能拿枪到前线去杀敌，还可放弃我们赤手唯一的武器——抵制仇货——吗？"④

在提倡国货言论的渲染下，国货化妆品厂商在宣传化妆品时，也往往刻意凸显其国货属性。如"老牌三星牙膏，为标准最高之国货洁齿妙品，强固齿龈，防止蛀牙，对于儿童及老人，贡献尤巨，品味之妙，比众不同"⑤，"爱的化妆香品品质高尚，装潢美观，行销国内海外，久著盛誉，素为国货化妆品界之翘楚"⑥，"本厂出品之白熊脂香霜，行销八年，众口交誉，胜利以来，其销额已占国货香霜之第一位"⑦，"洋货充斥，工商凋敝，影响所及，人人忧虑！既然大家有此感觉，何不赶快爱用国货！孩儿面雪花霜，润肤美颜，久负盛誉……兹值三十六年岁首，求爱用国货各界仕女普遍试用起见，特定自 1 月 9 日起至 15 日止为孩儿面宣传周，旨在提倡国货"⑧，此类宣传不绝于耳。

---

① 秦则贤：《维持国货论》，《启明女学校校友会杂志》1927 年第 3 期第 42 页。
② 难父：《提倡国货》，《人民周报》1932 年第 24 期第 8 页。
③ 《抵制仇货与抗战》，《军民旬刊》1940 年第 3 期第 7 页。
④ 《抵制仇货》，《努力》1938 年第 6 期第 6 页。
⑤ 《三星牙膏中国化学工业社制》，《申报》1941 年 4 月 21 日第 1 版。
⑥ 《EDDY TOCWOS》，《申报》1940 年 1 月 1 日第 47 版。
⑦ 《1946 年白熊脂新货为久藏不变谨告远地客户启事》，《申报》1946 年 9 月 19 日第 3 版。
⑧ 《孩儿面宣传周》，《申报》1947 年 1 月 10 日第 1 版。

化妆品厂商打出的消费救国、阻止漏卮的口号，也不断告诫女性，使用国货化妆品是爱国的行为。"我们要美容，要保护皮肤，难道一定要用外国货么？外国货又没比中国货好，不过外汇贵，外国货也就贵些罢了，这时候还把钱白白送给洋人，凭什么心？"①，"汝对于化妆一物，决心购用国货，汝之爱国热心，尤足使我钦佩。"②并且在他们的广告中，国货化妆品物美价廉，丝毫不逊于外货。"雅霜的发明，开国货美颜品的新纪录，既换舶来之漏卮，复为今日化妆品业之导河，当时舶来之某某雪花某某霜等，盛极一时，自雅霜出世之后，亦为逊色，渐觉相形见绌。"③"无敌牙膏，即钙晶牙膏，笔者从前所用惯的是外国货牙膏，后经友人介绍，试用无敌牙膏之后，便有相见恨晚的感觉，因为无敌牙膏，另有一种风格，另有一种口味，在漱口时，便感觉到另一种快感，求诸国货中，实在无与匹敌，即求之外国货中，亦无多让。此为笔者的实验，用敢刊之报章，谨请爱用外国货高贵牙膏的人们，不妨一试无敌牙膏，定能证明笔者之感想，实非过誉。同时提倡国货，把入超逐年减少，亦是吾人应尽之天职。"④

化妆品厂商将女性对国货化妆品的消耗，上升到爱国的高度，使消费的女性感到，只要购买的化妆品是国货，那么自己就是爱国的。这在一定程度上也改善了国产化妆品业的萎靡之态。

四 上海民族化妆品厂的转向

战争时期的上海工业界发展困难，阻碍重重，"一因战事关系，二因货物运入未沦陷区有困难，三因其他各地采取营业统制政策，四因人民缺少购买力，以致丧失往常在长江流域以内的市场"⑤。于是，各华洋厂商，不得不另谋出路，纷纷转向国外，结果在印度、南非洲等处，获有了新市场。

（一）销售市场的转移

上海民族化妆品厂需要解决的首要问题，就是开拓市场，能够达到有无相通，绝不是仅仅局限在上海这一狭小的市场内。就这一点讲，国货化

---

① 丽君：《莉莉》，《申报》1939年1月2日第21版。
② 《璇闺情话》，《申报》1938年11月2日第4版。
③ 《二十五年来化妆品业与雅霜》，《申报》1939年1月2日第22版。
④ 《无敌牙膏》，《申报》1939年1月2日第22版。
⑤ 《一九三九年上海工业之回顾（一）》，《申报》1940年1月27日第11版。

妆品业为求自身发展，如果不能把工厂移往内地，也至少要在内地另设分厂。

中国化学工业社，在抗战开始以后，就在重庆的工业区李家沱，设立了渝厂，制造各种日用品，由李祖范主持，1939 年已初具规模，1941 年后，已经取得很好的成绩。"抗战期间，中国化学工业社还曾在桂林设立分厂，但在 1944 年下半年时，因战局变动，整个毁灭，损失极重，工厂职工们流离失所，更是空前的劫难。1945 年抗战胜利以后，中国化学工业社在重庆的工厂，继续开工，至 1946 年时各厂纷纷停办，在李家沱方面，仅剩三四家工厂，中国化学工业社渝厂就是其中之一。"①

在内地建立稳固的基础，并不只是为了其本身的发展，同时也有培养抗战实力，及经济建设的意义在内。"1938 年，陈栩园长子陈定山因滇盐多含芒硝，味道过重，故设改良精盐厂于安宁州，秋至香港，冬季还上海，途中所经武汉、重庆、云南，皆设家庭工业社分厂，命长子蘧经营。而迨重庆、云南运输受阻时，无敌牌西南货竟赖分厂自给。"②

广生行在上海遭受战争毁坏后，将生产的重心转移至香港与广州两地，统计两厂出品额达一百二三十万元，其中香港总厂约占总值十分之六，广州分厂占十分之四。先施香港总制造厂，有男女工人约百人，统计全年营业总额约达百万元，其中港厂约占百分之六十，上海、广州两厂各分占百分之二十。"二天堂药行，1931 年设分厂于香港，并设化妆品制造部，该厂系独资经营，全年营业约达五十万元，其中药占三分之二，化妆品占三分之一。"③

一些在香港开设的化妆品厂，发展也比内地顺利。百家利公司，初创时资本仅一万数千元，为合资性质，至 1917 年扩充营业，改为有限公司，历年业务进展顺利，1938 年时，计有资本 40 万元，男女职工有数十人，全年营业总额约 30 万元。"三凤厂本设在广州，1909 年成立，出品以班粉最为著名，后为推广对外贸易，1934 年设分厂于香港，每年营业额数达十万元，他如中国（内地）、南华、士丹拿、安华、金龙

---

①　《中国工业界的当前问题》，《申报》1946 年 2 月 25 日第 6 版。

②　周瘦娟：《哭陈栩园丈》，《申报》1940 年 5 月 19 日第 16 版。

③　《香港之化妆品工业》，《申报》1938 年 12 月 16 日第 2 版。

等五厂，每年产品销额合在四五万元以上，出品多销往南洋英、荷两属，及暹罗与安南等处，约占总值百分之七十，其余百分之三十则销香港及澳门两地。"①

香港的工商界为挽回颓势起见，由中华厂商联合会发起组织了南洋英荷属考察团，在南洋各大埠举行小规模的港货展览会，扩大宣传，"以谋抗衡日货，计有制造业、染布业、化妆品业、文具业等十余个单位"②。

此时期的民族化妆品厂，已认识到为求自身发展，需开拓海外市场，建立海外制造厂，不过要达到国货畅销海外的目标，"在国货本身讲，是应改良品质，使国货可以与各国货物争一日之长，而使海外侨胞，明了国货的优良质地，乐于购用"③。

（二）销售产品种类的转移

"八·一三"事变之前，可以说是化妆品业发展的黄金时代，存货较多，南洋等地更是有广阔的市场，但"自从太平洋战事发生以后，物资就日益枯竭，价格固然不断上涨，但工厂的存底，日趋薄弱"④。并且，战争时期的百姓，已无多少余钱可以用于化妆品的消费，因而化妆品企业不得不对化妆品的生产种类做出调整，更偏向生产日用品，且经营副业，以适应此段特殊时期。

战争期间化妆品企业，生产设备、技术水平，与之前相差甚远。出品范围，尤其散漫。同时产品多因时令季节适应问题而变更其种类与数量，如春夏以香水、香粉、发水为大宗，秋冬以润肤剂如雪花膏、冷霜、面油等为主，香皂、牙膏则为一般性经常生产。但总体而言，此时段化妆品工业的制品，以牙膏、香皂、蚊香、花露水、爽身粉、润肤剂等日用品为主，其他如香粉、胭脂、唇膏、眉笔等，产销较狭，故化妆品工业并非纯奢侈品工业，而偏向日用品工业。

且从 1942 年 1 月 1 日起，江海关对化妆品的临时特税税率问题做出规定，"第一类牙膏、牙粉、牙浆、牙水、化妆香皂、剃须皂、爽身粉、润肤蜜、润肤霜膏（雪花膏等类）、花露水等，临时特税税率定为

---

① 《香港之化妆品工业》，《申报》1938 年 12 月 16 日第 2 版。
② 《日货运港倾销》，《申报》1947 年 8 月 19 日第 5 版。
③ 方液仙：《国货特辑》，《申报》1940 年 4 月 7 日第 16 版。
④ 《中国工业界的当前问题》，《申报》1946 年 2 月 25 日第 6 版。

从价百分之二十，而第二类香水、香粉、唇膏、头水、发油、发腊、发胶、发浆、指甲油等，临时特税税率则定为从价百分之七十"[1]，而这也是按照化妆品的产品种类进行的划分。

此后，每有变更均依此做出调整，1945 年财政部税务署认为化妆品特税估价不合时宜，亦不适现时市价，故召集评价委员会议议定，"按照原有估价提高 10 倍，并经呈准财政部通令所属，自 6 月 1 日起实行"[2]。

即便是战争胜利后，调整化妆品税率，化妆品税 14 种，系于 1946 年 10 月开征，为维护国货生产起见，"同年 11 月 27 日，将雪花膏、面蜜、爽身粉、花露水、香皂等五项品目暂予免征，后因政府实行输入限额制度，化妆品禁止输入后停征的五种货品，应恢复征税，但仍是将消费较为普遍的雪花膏、面蜜、爽身粉、花露水、香皂、发腊、发油等从价征收百分之二十，其余香粉、胭脂粉、剃须皂、唇膏、香水、指甲油、画眉笔等，从价征收百分之五十"[3]。

可见，战争期间无论是人民经常使用的，还是政府鼓励发展的，均是日用品，化妆品企业也将生产的重点转向了日用品，以适应此特殊要求，并且此时期的化妆品企业也往往会兼营其他副业。如中国化学工业社有蚊虫香、调味品、杀虫粉、果子露等，所生产的味精号称"权威味精，品高味鲜超越一切"[4]。永和实业公司有油墨、灭蚊香、橡胶品、杀虫药水等，战争时期月里嫦娥牌油墨以及各种印刷用各色油墨都很出名。新亚药厂最初范围甚小，仅以制造化妆品及成药入手，其后范围益广，业务日增，"有新亚玻璃厂、新亚化学药物研究所、新亚生物研究所、冠群业余补习学校、新亚图书馆等"[5]。化妆品企业经营的副业多为与社会日常需要有关系的产业，这就大大地增加了企业存活下来的机率。

虽然战争的爆发，给化妆品业的发展带来了重重阻碍和考验，但是国货企业并未被其所摧毁，在做出相应调整，进行种种努力后，终于迎来了新的光明。

---

[1]　《糖类及化妆品临时特税税率》，《申报》1942 年 1 月 1 日第 6 版。

[2]　《化妆品特税提高估计》《申报》1945 年 6 月 2 日第 2 版。

[3]　《货物税国产烟酒类税两项条例修正立法院财经两委会审查通过》，《申报》1948 年 3 月 7 日第 1 版。

[4]　《上海中国化学工业社出品》，《申报》1940 年 1 月 1 日第 54 版。

[5]　《上海企业界的先锋新亚建业股份有限公司（续）》，《申报》1942 年 12 月 9 日第 5 版。

第四章　上海化妆品企业的商业运营

化妆品从富商巨贾、达官贵人、青楼艳妓享用的奢侈品，到市井细民的日用物品，经历了一个从奢侈品到大众消费品的变迁过程。化妆品的购买与使用，既是一种物质消费，也是一种精神文化消费。随着近代上海都市的崛起，商业文明的构建、城市空间的扩张和休闲娱乐活动的多样化，居民的消费领域不断扩大和多样化，化妆品的购用也日趋生活化。然而，有趣的是，化妆品的消费也呈现出两种不同的路径，一种追求高端奢侈，另一种倾向日用所需。

第一节　上海化妆品企业的营销

化妆品业作为近代新兴起的行业，找到合适的营销手法非常重要。中国古语就曾说过，"经商之道，苦患人之不己知，何也？凡为商者，其目的在获利耳，获利之手段，在鬻货，然鬻者我，而购货者人，欲求人至，先使人知，果操何术而可以使人知？"[①] 其意思是说，经营商业，就在于害怕别人不知道自己的商品，因为商人想要获利，只能尽可能多地卖出商品，而卖出商品的第一步，则必须使别人了解这件商品。这种情况同样出现在经营化妆品工业上。

一　经营分流

化妆品被大众接受，一方面是由于健康和美观念的传播，另一方面价格下调也是其中很重要的一项考虑因素，而其在中国市场的两条不同发展路径，也印证了价格高低在化妆品经营中的重要性。

---

① 阎桢：《论坛：说广告与商业密切之关系》，《商学季刊》1923 年第 1 卷第 4 期，第 1 页。

（一）早期的奢侈品定位

早期的化妆品多属舶来品，多是面向富家巨户，突出的就是产品的新颖、高贵，利用人们崇洋的心理，价格较昂，定位即奢侈品。

为了体现产品的新颖和高贵，多突出其舶来性。像早期的褒南秘制格里斯花露水，介绍了众多功用后，特别指明，"此乃美国宾西顿城褒南所制，只此一家，并无分出。……今于中国惟上海新同孚洋行发卖，凡号商欲买者，请至新同孚交易可也"①。保牙药水夸耀，"此药水系法国圣彼内低多会中蒲沙神父，于 1373 年查出此药，制成药水，至今用以保牙可以不痛不坏"②。甚至一些无名的香皂、乌发水、香粉在说明上，也多加上"新到""东洋""洋"等词来修饰，以突出其舶来性。

此类妆品，多价格稍贵。如老德记洋行乌发药水，计价洋 1 元。"清香嫩面水粉，每瓶洋 1 元"。③"屈臣氏玫瑰油膏每罇价银大 1 元，中 5 角；生发香水每罇价银大 1 元，小 5 角；乌发药水，每罇价银大 1 元，小 5 角；即便是相对便宜的玫瑰甘水，每罇价银大 3 角，小 1 角。"④ 皮而士肥皂虽未言明价格，但一句"价钱虽略贵，然结实耐久，并无水气在内，可用至顶薄，比他样肥皂可耐久三倍"⑤，便可知价格不菲。

即便是对比同时期其他货品，化妆品的价格也稍贵。如同期屈臣氏发售的药品心气痛药散每罇价银足 3 角，立止牙痛药水每罇价银足 3 角，目疾各症药水每罇价银足 3 角，白药膏每罇价银大 3 角、小 1 角。能和化妆品价格相当的，则当属补药类，好比补气补血药丸，每罇价银大 1 元、小 5 角，铁精补血药丸，每罇价银大 1 元、小 5 角，化痰止咳药水，每罇价银大 1 元、中 5 角。再如"新书籍发兑，古文选 8 角、泰西水法 3 角、书院四集 7 角、三朝墨信准 3 角半、春草堂三种 8 角 5 分，1 元钱可买原版圣武记"⑥。"茶馆开市每客 2 角，1 元钱可去 5 次茶馆，1 元钱，是每位搭客由上海至通州的往返车费钱"⑦，"曾有女子

---

① 《新到顶真花露出售》，《申报》1880 年 8 月 21 日第 6 版。

② 《保牙药水》，《申报》1887 年 6 月 12 日第 6 版。

③ 《清香嫩面水粉》，《申报》1882 年 3 月 30 日第 4 版。

④ 《屈臣氏谨》，《申报》1882 年 10 月 23 日第 9 版。

⑤ 《皮而士公司肥皂牙粉香水》，《申报》1879 年 6 月 8 日第 6 版。

⑥ 《新书籍发兑》，《申报》1882 年 10 月 23 日第 5 版。

⑦ 《新开》，《申报》1882 年 10 月 23 日第 5 版。

因轻信每月 1 元 5 角的招工信息，被骗去贩卖"①。

以上种种信息，均显示出早期的化妆品绝非为一般大众所准备，其高昂的价格，就决定了其最初的使用者非富即贵，其由国外传入我国，是作为奢侈品引进的。

（二）沿袭奢侈品的路径

舶来化妆品传入我国后，与我国民族化妆品企业所产出品结合市场需求，分化出两个不同的发展方向，其一即继续追求高端。

如美容药料花颜水，宣称"为皮肤科学大医小岛先生历经多年苦心研究，确从皮肤上考究得来之圣剂"②，可全治皮肤病，可化丑为妍，售价大瓶 1 元，每打 10 元。瞻慕对外称，"英国发料专家之特制品，有补发根之资料，止发落之能力，生新发之神效，使发茎柔软，发色光润"③，每大瓶 2 元 5 角、小瓶 1 元 2 角 5 分。号称"清除尘垢，而不刺激肌肤"④ 的美国棕榄公司产品，香水一瓶售价 2 元 5 角，洗发水一瓶售价 1 元 5 角。古德克思宣称"乃一种滋养指甲的佳药，专能保护指甲，并使指甲永久美丽，久已风行欧美，洵为妆饰上品"⑤，在各大药房及洋货店均有出售，然而甲种每套售价 5 元 5 角，乙种每套售价 2 元 7 角 5 分。"所敦侍牙水粉每瓶 1 元。"⑥

即便是国产化妆品，有些售价也堪称高昂。退面麻药水，"男女因出天花不甚致患面麻，情殊难堪，此药水有不可思议之妙，患面麻者一经购用，无不称奇，能将麻点立刻吸平，转瞬之间不留痕迹，每瓶 5 元"⑦。超等双妹老牌各种花露水，据称"泰西各国取鲜花之精液为香水，使花去香存四时毕备。本行尤取其精美者，以尽其善，如白玫瑰、白玉兰、桂花、含笑夜合、瑞香、白蝉、素馨等 10 余种，皆馥郁宜人，馨香压众，一滴衣巾，旬余不散，真为最上之香水，（价目）每瓶大洋 1 元 2 角 5 分"⑧。"中国化学工业社所产三星牌东方香香水 5 元、紫罗

① 《控追匿女》，《申报》1882 年 3 月 19 日第 2 版。
② 《美容药料花颜水》，《申报》1919 年 5 月 8 日第 13 版。
③ 《商标瞻慕绝妙理发品》，《申报》1921 年 10 月 26 日第 12 版。
④ 《特别赠奖》，《申报》1921 年 6 月 4 日第 9 版。
⑤ 《闺阁淑女注意》，《申报》1921 年 11 月 3 日第 15 版。
⑥ 《牙刷及化妆品之廉售》，《申报》1923 年 9 月 23 日第 18 版。
⑦ 《退面麻药水》，《申报》1922 年 6 月 28 日第 16 版。
⑧ 《超等双妹老牌各种花露水》，《申报》1923 年 7 月 25 日第 14 版。

兰香水 3 元、一号香水 1 元。"① 此为 20 年代左右上海化妆品的价格。

30 年代抗日战争爆发后，高端化妆品的价格也未下降，美国老牌三花霜每瓶 1 元 5 角 5 分，珂璐骄蓝腰牌爽身粉每盒 6 角 9 分、林文烟花露水每瓶 7 角 5 分，旁氏白玉霜每瓶 3 元 5 角。1939 年上海乐安公司销售的大号花露水需 3 元 3 角 6 分，白玫瑰香水要价 5 元 4 角。华腾新记公司生产的 101 美尔面香水精 1 元 2 角。

然而，当时女性的工资却是不高的。上海职业界的女职员，银行和机关里的较好些，学校和公司、商店里的女职员要差些。她们的工资多则几十元，少则几元，生活都困难。当时一位俄国记者，记录了一位妇女如何以每月 86 元的工资在上海生活，"每月租房花费 21 元，多出的 1 元钱表示感谢，伙食费消费 35 元，19 元可以用来买杂物、化妆品和支付交通费，这其中的 10 元钱用于买衣服。然而 10 元钱在上海是完全不够职业女性买一件衣服的，所以她们只能缩减伙食消费"②。

由此可知，售价如此高昂的化妆品绝非普通市民所能够消费，"中国的富裕阶层只使用质量好的产品，从未在乎过她们使用的化妆品是国货还是进口货。"③

（三）日用品的活跃

仅仅依靠生产奢侈类的化妆品，化妆品行业在上海可能不会如此繁荣。化妆品企业结合市场需求，发展出另一条路径，即生产日用卫生品，如香皂香粉、牙膏牙粉等。

此类产品多与日常生活相关，售价也便宜很多。"上海中英大药房所售玫瑰花露香粉 1 角、玫瑰花露香水粉 2 角 5 分、玫瑰香皂 2 角、花露玉容散 2 角。"④ "双妹老牌擦牙香水每瓶 2 角 5 分，擦牙香皂每盒 3 角 5 分，擦牙香条每枝 3 角 5 分，纸包牙粉每包 3 分，老牌花露水大号每瓶银 4 角，二号每瓶银 2 角 5 分，三号每瓶银 1 角 5 分，四号每瓶银 1 角。"⑤ 正卫生香药皂，"香皂能去皮肤上的污垢，而不能去皮肤之

---

① 《中国化学工业社制造厂》，《申报》1922 年 12 月 11 日第 23 版。

② "How to Live in Shanghai on ＄75（U. S ＄12）a Month", *The China Weekly Review* (*1923 – 1950*), Oct. 8, 1938.

③ "Future U. S Trade Seen by Seymour", *The China Press* (*1925—1938*), Oct. 10, 1936.

④ 《上海中英大药房迁移赠彩》，《申报》1908 年 7 月 24 日第 16 版。

⑤ 《惠顾之雅意焉》，《申报》1915 年 3 月 25 日第 4 版。

毒，此皂新发明乃用上等香料药料合制，不但善除油光、晦色，凡疮疖、痱子及蚊虫叮咬之斑点，均可立退，每块大2角，小1角"①。"洗浴香，此系西国贵妇人所用，沐浴时约投半方，香袭肌理，能退瑕玷，使肤若羊脂，每块洋2角5分。痱子粉，暑湿相蒸易生痱子，此粉扑之，痒退痛止，痱即消减无痕，每听洋3角。"②仿照美国化妆品，制造的"新花铁瓶牙粉，其香味系仿留兰香糖制法，优美绝伦，除擦牙外，兼可擦面，能去面部黑色油光，每瓶只售1角5分，又仿俄国式的长方铁盒牙粉，系冬青花香味，只需2角5分"③。

外国牌子有美国新出品的白玉霜，宣传"此粉为美国新出品中的特色，曾经著名医学悉心研究，博采益肌润肤的花蕊精汁制成，极香润之美颜粉，膏兴质纯良，色香佳美，尤为欧西闺秀名姝所欢迎"④，"小号3角2分，大号6角5分"⑤。宣称"专治疮湿、水痱、红疹等一切外症，功能去湿免腐的硼酸凡士林，售价1角"⑥。号称"系用棕榄油与橄榄油二者配制而成，无论何时将此香皂用以浣手洗面浴身，皆能使肌肤日渐光润，容貌日增妍丽的棕榄香皂，售价每块1角7分"⑦。此外，"旁氏白玉霜每瓶3角4分，巴黎檀香皂每块2角5分"⑧。

日用品虽较之奢侈品，售价已属低廉，然而对于当时的普通民众而言，仍是一笔不小的开支，"譬如就一个寻常的女子说，她每一月用一瓶生发油，洋3角；又每一个月用两瓶雪花粉，洋3角；又每一个月用一块上等肥皂，洋5角；又每一个月用一瓶香水，洋1元。将这四件共计起来，每月便是2元1角，每年便是24元2角"⑨。

而为了能够将化妆品推销给大众，化妆品的经营者往往会从价格、包装、促销等方面来吸引消费者。

---

① 《夏令必需之品》，《申报》1915年7月25日第17版。
② 《夏令必需之品》，《申报》1915年7月25日第17版。
③ 《介绍新花铁瓶牙粉》，《申报》1923年10月26日第8版。
④ 《白玉霜》，《申报》1918年8月27日第12版。
⑤ 《全昌祥已开始春季廉价》，《申报》1923年4月4日第17版。
⑥ 《科发药房家用良药》，《申报》1920年10月17日第13版。
⑦ 《牙刷及化妆品之廉售》，《申报》1923年9月23日第18版。
⑧ 《牙刷及化妆品之廉售》，《申报》1923年9月23日第18版。
⑨ 《女子当废除装饰》，《妇女杂志》1920年第6卷第4期，第1页。

二　巧妙推销

对于化妆品行业而言，如何通过多层次的市场营销来传送广告，从而引起上海的精英群体和一般民众的关注，是整个行业发展的关键。只有让上海民众，完成从商品橱窗的观众到大众消费者的转变，才算是真正完成行业与市场的结合。

（一）价格吸引

无论是高端化妆品还是日用品的消费，对于一般上海市民而言，都是一笔不小的开支，"不同消费档次的消费者，拥有不同的消费特征和心理。如果一种产品要想获得诸多消费档次人的喜欢，首先就要从价格的制定上做到灵活"[1]。"低价""买一送一""打折"等活动，往往对消费者具有很强的吸引力。而化妆品厂商也深谙此道，遇有节假日或开业、乔迁，往往会选择低价促销。

"上海广生行9周年时，所有货物减价，8折5天"[2]，"10周年时，由四月初五起至四月十一日止，所有物品大减价一星期，一律照码8折"[3]。"香亚公司6周年纪念时，金钟老牌化妆品、药品，8月14号起大廉价3星期，8折赠品。"[4] "中西大药房美容运动周时，化妆香品，概售7折，法国香水，头水，减价码，再打7折，另加赠品。"[5]

遇有开业或乔迁，也往往伴随有活动价，"上海振亚化妆品公司开张，自九月初三日起，廉价一月，照码9折"[6]，"双豹牌化妆品迁移开幕，廉价大赠品一月"[7]，"无敌牌发行所定于9月18日开幕，精良化妆品，每组均售9角1分8厘"[8]，"静安寺路跑马听47号，有

---

① 孙健、周蓓蓓：《恒大营销真相：许家印的颠覆性营销策略》，广东经济出版社 2015 年版，第 198 页。

② 《英大马路广生行九周纪念所有货物减价八折五天》，《申报》1919 年 5 月 3 日第 4 版。

③ 《十周纪念大减价》，《申报》1920 年 5 月 23 日第 9 版。

④ 《香亚公司六周纪念》，《申报》1926 年 8 月 23 日第 19 版。

⑤ 《四马路山江路口中西大药房最后两天》，《申报》1933 年 1 月 21 日第 17 版。

⑥ 《上海振亚化妆品公司开张赠彩特别廉价一月照码九折》，《申报》1916 年 9 月 28 日第 4 版。

⑦ 《双豹牌化妆品迁移开幕廉价大赠品一月》，《申报》1922 年 11 月 21 日第 1 版。

⑧ 《无敌牌发行所征求"九·一八"货品》，《申报》1933 年 9 月 17 日第 2 版。

最新式装璜化妆品店一间，因扩充迁移地址，所有生财愿廉价出售"①，"博爱药房开业时，固林玉牙膏、夏士莲雪花膏买一听送一听二两半装"②。

这类减价优惠活动，往往能给化妆品的销售带来很好的效果。因为当妇女对化妆品的品牌忠诚度不高时，某一种化妆品在价格上更胜一筹，或举行"买一送一""半价销售"等活动时，都会引起她们的购买欲。"在对化妆品品牌没有特定要求的情况下，妇女们大多会选择买优惠商品。"③

与此类似的还有加送赠品和捆绑消费，"香亚公司金钟牌化妆香品大改良，由旧历四月初一日起，至四月二十四日止，赠送最新样品20天，买一送一"④。"中国化学工业社10周年时，定于10月10日举行10周纪念，将各种出品廉价8折，再赠送特制香水化妆品物。"⑤中英大药房为发行棕榄牌产品，特制定了棕榄袖珍化妆品盒，"只需在棕榄化妆品中任购，满洋两元，则将此盒赠送，盒内还装有棕榄香皂、棕榄洗发水、棕榄嫩容香膏、棕榄无痕香、棕榄美颜香粉、棕榄扑粉、棕榄修面皂等品，盒内物品不另取资。"⑥将两类化妆品捆绑在一起售卖，总价会比原价低，这样一来，女性在购买时，就会觉得物超所值，也正是抓住了她们的这一心理，原本不太畅销的化妆品也实现了畅销。

新货的发行，也往往是从给予销售者优惠待遇开始的。如"白象牌牙粉发行时，定价每1000袋洋17元，另售每袋钱30文。上海以半月为限，外埠以一个月为限，限内如不能销完，其退货还洋，按包照算，并且在三月初五至二十日之间，认定者每1000袋减收洋15元，外埠加寄费1元"⑦。"销售仙女牌牙粉之家，不能将货销尽时，可向总公司退货还洋，其印刷品装潢如有污秽不洁，失其美观，亦可调换，但外埠来

---

① 《精美店面招顶》，《申报》1929年3月15日第21版。

② 《博爱药房今日正式开业》，《申报》1946年12月1日第3版。

③ 佟道奎：《玩微视赚大钱》，北方妇女儿童出版社2015年版，第161页。

④ 《南京路香亚公司金钟牌》，《申报》1928年5月19日第4版。

⑤ 《中国化学工业社十周大纪念出品廉价八折再加精美赠品》，《申报》1921年10月9日第12版。

⑥ 《此盒专送》，《申报》1917年10月9日第4版。

⑦ 《新出白象牌化妆牙粉试销章程》，《申报》1918年4月14日第14版。

往水脚等费用，概须自认。本牌各种牙粉外盒，皆可抵银纸袋，外盒每只 2 分，其余外盒 1 分，但坏盒不收。凡购用的本牌纸袋牙粉，积累空袋至 5 只，可向总公司调换纸袋牙粉 1 袋，10 只调 2 袋，余以此类推。"①

此类优惠活动，非但不是商家的亏本经营，而且对于大众认可其所销售的化妆品也意义非凡。"如果仅从优惠价格投入来说，只要优惠不低于成本价，就可以看作是不亏本经营。而且许多优惠活动的总目标，就是处理目前存货总量，这关键在于确定处理价格和处理库存的时间节点。在某种程度上，价格高低与处理时间成正比关系，价格越高，处理时间越长，价格越低，处理时间越短。如何平衡价格和时间点的关系，每个商家心理都会有个算盘，当坚持原价不能再带来期望的利润时，坚持原价格就没有意义。换言之，及时地采取降价行动就是必要的。"②而此类降价，不仅能吸引推销者和购买者，更为重要的是方便女性了解这类化妆品。只有通过使用，才会产生认同，而只有女性认同了它，才能保证化妆品的畅销。

（二）精巧包装

"包装是指每一件东西的包裹和装饰，而商品的包装则更为重要，因为商品的目的是在求利于销售，而包装就是直接利于销售的东西。"③对于化妆品销售而言，存放化妆品的容器及其外部包装，不仅能体现化妆品的品质，也直接影响着用户对化妆品档次的认定。化妆品作为消费品，除了使用功能，还应符合女性追求美的心理需求，这样才能刺激消费。而化妆品的包装，是化妆品品牌视觉形象的重要部分，已经成为生产和销售的重要环节，很大程度上影响了商品的销售。

化妆品的包装，目的有二。一是对所装之物起保护作用，便于运输。二是使之美观，一种装饰。早期的化妆品包装，多注重第一层要求。如运输粉类产品时，"每于粉块之间，拌以石膏，杂以软巾，不但欲其不致破碎，且求其不起作用，改更粉质"④。对于第二层次的

---

① 《仙女牌牙粉优待章程》，《申报》1920 年 2 月 12 日第 5 版。
② 黄润霖：《用营销计划锁定胜局：用数字解放营销人 2》，中华工商联合出版社 2015 年版，第 143 页。
③ 《论成品之包装》，《小工艺》1939 年第 1 卷第 11 期，第 9 页。
④ 《上海化妆品之调查》，1931 年，上海市档案馆藏，档案号：Q242—1—829。

要求，也仅限于将盛香水、牙水的容器改为由国外购进的玻璃瓶。但"因其输运杂费颇重，费时亦久，且其中碰坏之损失，在所难免，故为极不经济之办法"①，故只有少数商家可以负担得起。

后随着工业技术的发展，国内玻璃厂多兼制玻璃瓶，供给化妆品厂，很多化妆品厂也开始自定式样，交由玻璃厂定做。香亚公司仅用于包装的原料，就可分为木、铁、磁、玻璃四种，且皆以重价买入，故其香水包装保存得好，历时不变。各商家对于瓶上的图案和说明书，也越发重视。

家庭工业社聘有专家绘画，说明书则由陈栩园先生自拟，并自设有印刷所。其他公司，说明书大半自制，绘画方面，则由广告公司代制。中国化学工业社就曾公开征求包装设计专家，要求"熟悉中外化妆品各式包装且见多识广、对于化妆品容器型式、绘制图案及包装格式能设计或修改，备具启发顾客爱好之吸引力，设计论件计酬"②。

曾有一位化妆品公司的店员就道出化妆品包装的重要性，"都市中男女的眼睛，生来只注视装潢。曾有一位脑袋缩在灰背大衣领里的太太来买一瓶香水，把顶好的给她，她还是摇头，没法，就在仓库里把原品装了一只巴黎玻璃盒，再把标价加上一倍，那位太太伸着鼻子一嗅，称道贵品，照数付钱购去。实则，她不是买香水，她是买了那只巴黎玻璃盒—装潢"③。

广生行创办的"双妹"包装，就是上海时尚的象征之一。"双妹"品牌采用短发的新时髦女性形象，用这个形象作为新生活、新文化的象征，同时也暗示自己品牌引领时尚的地位。"双妹"的标志中有两个有着精致东方面孔、健美身形的摩登姐妹，成为那个时代的经典形象，如图4-1。"产品包装图案设计上，双妹借鉴了当时西方盛行的花草纹样装饰，这种装饰风格和当时的短发女性一样自然、清新。"④

---

① 《上海化妆品之调查》，1931年，上海市档案馆藏，档案号：Q242—1—829。
② 《征求化妆品包装设计专家》，《申报》1939年7月1日第19版。
③ 《装潢》，《申报》1935年2月23日第24版。
④ 毛溪、孙立：《品牌百年：沪上百年轻工老品牌》，上海锦绣文章出版社2014年版，第35页。

图 4 – 1　20 世纪早期广生行所推出的"双妹"形象

资料来源：毛溪、孙立：《品牌百年：沪上百年轻工老品牌》，上海锦绣文章出版社 2014 年版，第 35 页。

最早生产出牙膏的中国化学工业社，经过方液仙的慎重考虑，决定还是使用在社会上已享有较高声誉的"三星"牌牙粉的商标名称。因为牙粉和牙膏是同一大类产品，这样便于"三星"牌商标不断扩大宣传。虽然商标名称不变，但方液仙还是将原先用于牙粉的"三星"牌图样作了较大修改，如"将三星两字的中英文商标名称，放在白色纸盒中间的醒目位置，在三星两字正上方再加三颗红星，更突出了三星牌商标的主题内容"。[①] 如图 4 – 2。

产品包装，最初仅为保护和便于携带所售商品，后期衍生的其他功能日益增加，如广告作用，吸引顾客，扩大宣传等。

（三）雇用靓丽的女店员

上海早期各大商店并不热衷于雇用女店员，即便是到了 19 世纪 20 年代，上海大小商店鳞次栉比，可称为中国第一模范商埠时，各店中的

[①]　左旭初：《百年上海民族工业品牌》，上海文化出版社 2013 年版，第 146 页。

图 4 - 2 "三星牙膏"外包装纸式样以及"三星牙膏"外包装纸盒正面图样

资料来源：左旭初：《百年上海民族工业品牌》，上海文化出版社 2013 年版，第 146 页。

女伙计依然缺乏，而譬若绸缎庄、香粉店、药房、书局，及化妆品等商店，皆应雇用女伙计来招待女客。如"女客欲购的药品及女子应用之用具，有不便向男子启齿时，若雇有女伙为招待，女子与女子性属相同，则无羞怯之周折，销数亦必臻臻日上"[1]。

最早公开招聘女推销的商店，多为洋行。像"某大洋行专售美国食品罐头等及欧美西药、香水、化妆品等，招请男女推销员数位，薪佣极丰"[2]，"本行专售各种英法高贵化妆品，兹须招请女推销员一位，须畅晓英文，口齿伶俐，具有充分推销能力，略给薪水佣金从丰，如具有上例资格，请迳至圆明园路 19 号信楼，英商捷宵有限公司面洽"[3]，"敝行（上海经理德商鲁麟洋行）现在南京路先施公司化妆品部陈列（卡沙娜）各种化妆品，并特聘女推销员"[4]。

在早期上海人的眼里，女店员是一种很不好的职业，其理由便是"女店员多浓妆艳服，态度妖野，专以引诱异性男子为目的，狠一点说，行为跟妓女没有什么分别"[5]。故而，雇用女店员的商店也多饱受

---

① 《商店女之伙友》，《申报》1925 年 9 月 30 日第 17 版。

② 《招请男女跑街》，《申报》1929 年 3 月 13 日第 21 版。

③ 《聘请女推销员》，《申报》1932 年 12 月 18 日第 24 版。

④ 《面容秀丽如春之花》，《申报》1936 年 5 月 15 日第 19 版。

⑤ 陈珍玲、施莉娜：《一位女店员的自白：我引诱男子吗?》，《玲珑》1933 年第 3 卷第 8 期，第 342 页。

争议。随着洋行雇用女职员的增多，人们对女店员逐渐接受，争议减少，本土化妆品店为提高竞争力，也纷纷选择雇用女推销。

"南京路几家百货公司及国货公司，一走进去，满眼的是些花枝招展的姑娘，在柜台里招待着顾客"①，"南京路大陆商场招请化妆品女推销员，月薪30元，佣金自30元至100元，要求交际广阔，有口才"②，"某化妆品公司现欲招请女推销员数10名，专行访问家庭直接销售用户，凡有推销能力者，可向北京路190弄50号房间接洽"③。

女推销员的日子是辛苦的，但给化妆品店带来的收益却是不菲的，"因为女性的性情总比男性们柔和，而且能够忍耐，既不容易得罪顾客，又可吸引一些醉翁之意不在酒的人，这二点对营业方面着实有相当的帮助，而且，女的很少有家庭负担，薪水也可较男职员出得少"④。

第二节　上海民族化妆品企业的销售与市场

西式化妆品传入中国之前，国内生产化妆品的行业，因兼制手扎彩花，故被称为花粉业。"我国化妆品起源，大抵自宫中始，次则渐行于上等显官，继至中家，复及下级。由是好之者愈众，需要益急，商人乘此而制造，遂成数千年来之小工业。"⑤ 在苏州、南京、杭州及开埠后的上海等人口集中、经济发达的城市，化妆品需求旺盛，并形成了大大小小规模不等的销售市场。

一　民族化妆品店的分布与格局

花粉一业，在我国已有数千年历史，唐朝时期尤盛。温庭筠的《菩萨蛮》、杜甫的《丽人行》等都记载了唐朝女性对化妆品的偏爱，朱庆余更是以一首《闺意》，借机问张籍是否能高中。唐朝末期，口脂之风兴起，《潜确类书》曰："唐僖、昭时，都下竞事妆唇，以此分别研否，

---

① 吴汉：《夹记夹叙上海的女店员》，《机联会刊》1935年第119期，第22页。
② 《招请女推销员》，《申报》1934年10月27日第22版。
③ 《招请女推销员》，《申报》1942年9月20日第7版。
④ 《女店员的感慨》，《青年之友（上海1938）》1938年第2卷第5期，第2页。
⑤ 谢和青：《上海化妆品业调查录》，1931年，上海市档案馆藏，档案号：Q242—1—829。

点缀之工，名字差繁，其略有：胭脂晕品石榴娇、大红春、小红春、嫩吴香、半边娇、万金红……"梁江淹《咏美人春游》诗"明珠点绛唇"，李贺诗"注口樱桃小"，俱指口脂。唐朝时，虽然化妆品的种类不多，然大类之下品目繁多。

明中叶以降，江南商品经济有了长足发展，人口集中，居民的文化休闲活动相对活跃，日常消费呈现出丰富多彩之态，化妆品的生产和消费日益兴盛。直至开埠通商初期，我国的花粉业发展尚属良好。

我国女性化妆，多喜施粉。上等白粉以珍珠粉和宫粉为著。珍珠粉，其实为铅粉。宫粉，因宫中妃嫔好施之，且价格高昂，故得名宫粉。我国操此业者，多属杭州人，其品质亦佳，故又有杭粉之称。可见，杭州香粉之盛。

清咸丰十年（1860），苏州人朱剑吾在兴让街创办老妙香室粉局，后迁至大马路昼锦里。在昼锦里经营的老妙香室粉局集产销于一体，前店后场，以香粉、生发油为主要产品，为上海首家化妆品工厂。至清末，其生产的香粉、香油占领了上海及浙江的市场。

百合粉也深受女性欢迎，"百合粉，以收买特别培植的鳞茎为原料，用刀斩碎如米粒，再用石磨磨成浆，倾入大水缸中，和井水急搅，约数十旋转停手，留其沉淀 1 小时，待上面之水与下面之粉分清，轻轻撇去上面清水，以去污秽。再冲井水如前搅拌，使细粉与水混合，急取此水的上半，以另缸载之，待此细粉沉淀于下面，而百合粉成。因其品质良美，制作精工，迥非别府县、别字号所能企及，故北京、广东等处贩卖此粉的，多假冒上海百合粉招牌以图利"[1]。

然待西式化妆品东来时，国内花粉业与之相比，"制法幼稚，设备简单，既不合科学方法，又不明原料性质，随波逐流，以盲从盲，以致一切出品，成本浩大，品质不良"[2]，因此自新化妆品出现后，传统花粉业便一落千丈。

上海主要花粉店，大都设立于城内一带，多属私人独资所创，故资本不大，并且规模狭小。花粉店既已资本不足，又因营业迟滞，故无单

---

① 《百合粉之制造法》，《农事月刊》1923 年第 1 卷第 12 期，第 23 页。

② 谢和青：《上海化妆品业调查录》，1931 年，上海市档案馆藏，档案号：Q242—1—829。

独工场之设立。"目下工场，多由四五家合而维持之，内容狭小，并不利用机器，一切制造，唯人工是赖。工人之数，自十数人至数十人不等，工资以日计，自半元至一元，一日工作，皆 8 小时以上。工人待遇、设备布置，一切旧法。每日出品数额，视各家需要之多寡而定。"①

我国近代化妆品工业以上海为最盛，计大小化妆品厂不下 50 家，松江次之，仅有 2 家。江都为旧式化妆品发源地，自外货输入中国，旧式工业淘汰殆尽。"就资本而论，最大者为先施，次之为家庭工业社及中国化学工业社，而香亚、永和、大陆、广生行则又次之。其余多为五千以上一万以下的小工厂，其最小者仅有资本四五百元"②。

二　化妆品店的出品及销售

化妆品店的销售主要采取两种方式：批发和零售。批发，主要是全国各地的化妆品厂商到化妆品集中地购买，然后再贩卖各地。粉之销售，以东三省为首，该地居民几乎人人用之，据某制粉家言，"东北人民，极端守旧，惯用者，惟旧式之宫粉耳，今之新化妆品，并未见十分欢迎，宫粉推销，信用已著。若欲改革装潢，变更粉质，则营业于无形之中必受影响，欲谈改造，一时尚非所宜"③。

上海各化妆品公司的化妆品，销往香港、广州、香山、江门、佛山、梧州、福州、澳门、沪宁线及沪杭线一带，沿长江则销往芜湖、安庆、长沙、九江、汉口、宜昌各埠。北部则销往济南、天津、北平、营口、辽宁省城、河南开封一带。凡各大商埠，均设分行，以便推销。此外，如甘肃、陕西、四川等省，亦有销售。"30 年代后因军事关系，交通不便，内地销路，无以前广，常关纳税本有一定章程，而执行者有时并不按照章程办理，货物装箱，呈单验阅，关人不按单计税，必须将原箱一一启视，如此又须包装，不但多费手续，且损坏货物，在每次验税时，甚至要强索样品，除纳二五附加税外，经过各地，又有通税，每箱纳二三元，而杭州、苏州等处，每包仅三五角。"④

---

① 谢和青：《上海化妆品业调查录》，1931 年，上海市档案馆藏，档案号：Q242—1—829。

② 杨大金：《现代中国实业志》（上），商务印书馆 1938 年版，第 582 页。

③ 谢和青：《上海化妆品业调查录》，1931 年，上海市档案馆藏，档案号：Q242—1—829。

④ 《上海化妆品业》，《工商半月刊》1930 年第 2 卷第 18 期，第 38 页。

不过好在上海化妆品还有零售，用以满足本地消费者的需要。花粉店出品，以香粉和发油为主，并兼制假彩花多种，此等假花，以纱布为之，用于婚嫁喜事者颇多，唯因"鲜花起而代之，维新者皆弃而不用，彩花销路，渐见打击"①。

粉作为主要出品之一，制造有二，一为香粉制造，一为蛋粉或水粉制造，二者的主要原料，皆为滑石粉。"粉铺所用的滑石粉，多来自日本，将滑石粉等磨研，至极细微时，加以香料，以筛筛过，和匀、装管，是为扑粉。若加以水调匀，为蛋式模型，晒之于日，去水分的一部，在未全干前，加上香料，香料以花精居多，用烘法加入。所为烘法，即将花精放于火上烘烤，使香气遇热而上升，入粉粒间，待粉全干，则可取出，加以磨研，使之圆滑，即为蛋粉，装入方盒中出售，其价仅一角余耳。"②

然此种制法，弱点颇多，"其一，粉调湿后，必赖天然日光而干燥，若遇风雨天气之时，出品必感困难，欲时时使需要与供给相应，颇为费事。其二，以烘法加香料，花精可采自国产，实经济之道。然而柴火热力，难以调节，过冷过热之温度，皆是有使粉质改变之可能，非精于其事者，不克奏功。其三，今虽有人，已废弃烘法，而用直接调入香料法，但国产香料，尚无出品，不得不求之国外，亦非上策"③。

之后，寻求改良之法，"锌氧成分减少，其补充品以淀粉为大宗，白芷根粉，间或用之，因其色与皮肤相似，又有黏性，敷于肤上，甚觉密切"④。

发油，香料与茶油的混合品，制法简便，"先以茶油静置磁缸中，使之沉淀，滤清之，取其净油，去其残渣，杂以花生油等，再以适量之香料，混和酒精中，加入调匀，稍加以洋红料以增美观，即可装瓶。此等装油玻瓶，皆为中国出品，外表甚不美观，携带有倾覆之患，扁瓶装

① 谢和青：《上海化妆品业调查录》，1931年，上海市档案馆藏，档案号：Q242—1—829。

② 谢和青：《上海化妆品业调查录》，1931年，上海市档案馆藏，档案号：Q242—1—829。

③ 谢和青：《上海化妆品业调查录》，1931年，上海市档案馆藏，档案号：Q242—1—829。

④ 谢和青：《上海化妆品业调查录》，1931年，上海市档案馆藏，档案号：Q242—1—829。

璜，数十年来，一仍旧观"①。

此外，尚有洋蜜与胭脂的制造，但数量不多。洋蜜盛行于冬令，此时皮肤干燥，往往一被风吹日晒，即起皱裂，甚或冻疮，以致溃烂，为防此患，涂抹蜜糖即可，蜜质多采自附近，成本较为低廉，和以桂花或其他晒干花制成。胭脂可分二种，胭脂粉与胭脂膏，"胭脂粉，乃于香粉之外，加以适量的香油与红料即成。胭脂膏则以滑石粉和甘油或玫瑰油、蔷薇油等，然后复着以红料，手续复杂，又因一遇日光，即能改变本色，制造不多，上海工厂，偶一制之而已，各粉局所售胭脂，皆属杭州出品，成本便宜，定价低廉，输入日本、高丽等处，为数甚巨"②。

与此同时，海外化妆品也开始占领本地的市场，东洋货与西洋货俱有。

三　化妆品业同业公会的市场功用

化妆品业既是一种产业也代表了一种文化，既受社会风尚的影响，也受市场环境的直接制约。化妆品业同业公会为了行业的共同利益，需要协调好政府、企业和市场三者的关系。而同业公会所具有的经济社团本质属性，就决定了其市场功能是最应受到重视的功能。

有销售就会有税收，合理税收，是保障化妆品企业良好发展的基本条件。印花税，因采用在应税凭证上粘贴印花税票，作为完税的标志而得名。化妆品同业协会成立的最初目的也是因为国民政府将启征印花特税，同业需要集议。故而税收问题也就成了化妆品同业公会一直以来肩负的重要责任。

1927 年 11 月以来，化妆品印花特税处就不断派专员详查化妆品种类、名目、售价等项，核定贴用税票办法，并决定自 1928 年 1 月 1 日起着手征收。上海各化妆品商号，因上海特别区印花税局的通告，也不得不纷赴南市方浜路 777 号，及匣北海宁路天鑫里两办事处报告、请领印花。

然而印花税在中国的征收却是有失公平的。各国征收印花税一方面是为了增加国家税收，另一方面也是为了国货厂商的发展，会对本国产

---

①　谢和青：《上海化妆品业调查录》，1931 年，上海市档案馆藏，档案号：Q242—1—829。

②　谢和青：《上海化妆品业调查录》，1931 年，上海市档案馆藏，档案号：Q242—1—829。

品降低征税率。再观我国，舶来化妆品每年总值 660 万元，而国货不过 60 万元。舶来品占据绝大多数，更应请领印花。本来"舶来化妆品如果照章贴用印花，以这种数值百抽十五论，应得征收 100 万元之税，其批发处虽多在租界洋行，但其销售之权尽在华商之手，而用户究以内地为多，若使贩卖商人奉公守法，尊重国权，务必贴印花，即以其税转嫁于卖主，则洋货价值自高，而国货自易销售"①，然我国印花税却主要是针对国货企业，外货厂商多隐匿逃避。而本国商家不论是规模还是设备，都无法与外国商家相比，国货并无优势可言，外加印花税的征收，无疑是雪上加霜，故化妆品同业协会一次次地吁请改善税收环境。

1928 年 6 月，上海市化妆品同业公会上呈农工商局、上海特别市商民协会，请求转请财政部免征国货印花特税，力陈"化妆印花特税，苛征扰商，妨碍国货发展"②，并请派代表到南京请愿。虽然 7 月工商部批复，"化妆品特税系为崇俭戒奢，维护国货起见，在制定税率时价值不过五分者免贴，1 元以内者贴 5 分，盖因 1 元以上者多系舶来品，故规定累进税率"③，未能如愿，但化妆品同业协会并未放弃。

1928 年 10 月，再以"印花特税，各区各办，致产生地与销售地，因运费厘税关系，税率各殊，不啻税上加税，商民不堪负担，呈请财政部并印花处，请求改为就产地贴花征收，以便通行无阻"④。12 月，再就化妆品印花特税问题，召集联席会议，"议决推定陈亮公、马济生、牟月秋、刘世雄、丁克明、钟汉亭 6 位代表，于 3 日下午两点，由济生工业社出发，前往税局，与局长互商变通办法"⑤。

1929 年，世界经济大危机爆发，各地化妆品商号对化妆品印花特税的征收更为不满，江西省甚至一度发生风潮，请求从缓征收或改为就厂征收。上海地区，6 月 14 日召开化妆品同业公会会员大会，讨论认为化妆品印花特税，实属害民病商，国货化妆品自贴印花以来，营业上大受打击，遂"筹对付办法，应即日电请财部停止征税以利营业而资

---

① 《化妆品与印花特税》，《申报》1928 年 6 月 3 日第 14 版。
② 《市商协会请求二事》，《申报》1928 年 6 月 21 日第 16 版。
③ 《工商部对国货商呈文之批复》，《申报》1928 年 7 月 1 日第 14 版。
④ 《化妆品同业改善印花特税之呼吁》，《申报》1928 年 10 月 1 日第 14 版。
⑤ 《化妆品同业会联席会议纪》，《申报》1928 年 12 月 4 日第 15 版。

提倡"①。

经上海化妆品同业公会的不懈努力，7 月 9 日国民政府财政部暂时停止征收化妆印花特税，原文云："查化妆品特税举办以来，因舶来品不克同时征贴，不特各地商人有所借口，亦非政府维护国货之本旨，前据苏局转呈外商讫未就范情形，业经本部转咨外交部，据理交涉在案，据呈前情，除指令呈悉，准将特种印花税专局撤销，化妆品印花税暂行停止征收，俟外交部咨复到部，再行核办。"② "12 日，财部因外货化妆品贴用印花，尚未办到，特将全国化妆品印花特税局，通令一律撤销。"③ 至此，化妆品印花特税完全停止了征收。

然而好景不长，1931 年，江浙两省营业税中将化妆品列入奢侈品，税率定化妆品为最高额，税率增加 10 倍之巨，由原来的千分之二增为千分之二十，与纸炮、明器等类物品同一税率，化妆品同业公会不胜惊骇，4 月 18 日，分电国民政府行政院实业部、财政部，认为"我国国产化妆物品，单位价格不过数角或数分，其用途如牙膏、牙粉、洗牙水等为齿牙保护用剂，洗粉、浴盐、痱子粉、花露水及其应用品如猪鬃及牛骨牙刷、兔毛或丝棉粉扑等为防止疾病，增进健康而设，均为人生卫生上日用必需品，非如洋货化妆品之单位价格每在 1 元以上，供富家的嗜好，含有奢侈性质，或与纸炮、冥器等类，应行取缔之列者，不可同日而语。并且外货化妆品输入我国，或为西药业经售，或为洋广货业所贩卖，则其营业税率只须按照西药业或洋广货业缴纳税率。而华商化妆品制造业未有兼售外货化妆品者，国内化妆品制造业纯系华商经营，毫无疑议，而其营业税率当照日用品课税千分之二规定，庶得其平，否则华商化妆品等既经工厂照制造业第一度之缴纳，复由发行所按照卖部第二度之缴纳，乃又由贩卖商店第三度之缴纳，还望迅予纠正化妆品业营业税率，以轻商负，而维实业"④。

同时上海市化妆品同业公会还致函上海市商会、上海市各业同业公会研究税则委员会、上海机制国货工厂联合会。希"依照营业税条例，

① 《化妆品同业公会昨开会员大会》，《申报》1929 年 6 月 15 日第 14 版。
② 《财部通令停收化妆印花特税》，《申报》1929 年 7 月 9 日第 14 版。
③ 《化妆品印花税局撤销》，《申报》1929 年 7 月 13 日第 8 版。
④ 《各业电请纠正营业税》，《申报》1931 年 4 月 19 日第 16 版。

凡兼营数业者，应行分别科税"①，"请求将化妆品同业所经营各品，分别征税。诸如化妆香粉、胭脂、香水、价值1元以上的高贵雪花膏及发肤用剂、修指甲用具及其药品等，并非人生日用所必需，以满足奢侈之家的嗜好，可征收较高的税。而诸如牙粉、牙膏、洗牙水等齿牙保护剂；普通生发油、生发水、唇蜜等发肤保护剂；洗粉、浴盐、花露水及其应用品等则属于日用卫生用品，用于防止疾病，增进健康，而价值也不过数角或数分，应与普通药材同科征税，不入化妆品类，应从轻收税"②。

1931年5月底，市营业税筹备处邀集市商会代表正式开会，此时各业公会对于营业税请求减低或豁免理由，已经由市商会汇集研究一再汇核编成具体意见交由出席代表，经会议最终协商，"确定营业税率最高勿过千分之三，化妆品照千分之三征收"③，化妆品业同业公会再次改善了营业环境。

第三节　上海化妆品的消费

化妆品的种类，不一而足，如香油、香脂、美发霜、发蜡等毛发剂，爽身粉、面粉、白粉、雪花膏、雪花粉等皮肤剂，牙粉、牙膏、漱口香水、牙香水等口齿剂，至于香水、花露水、香粉、香水精等香料剂，也是举不胜举，要而言之，"化妆品的消耗愈大，则奢侈奢华的程度愈高，对于卫生上的关系，亦极昭显"④。我国化妆品的消费量是惊人的。

一　化妆品的主要消费群体

科学昌明，人工美术已有相当经验，而人工美术的功效，全赖化妆品。化妆品实为人工美术之护容品，为爱美仕女的必需品。从娼妓、舞

① 《国内经济：财政：化妆品公会条陈营业税应分类征收》，《工商半月刊》1931年第3卷第5期，第19页。

② 《国内经济：财政：化妆品公会条陈营业税应分类征收》，《工商半月刊》1931年第3卷第5期，第19页。

③ 《通过营业税率》，《申报》1931年6月1日第13版。

④ 《化妆品之制造与消耗》，《申报》1928年7月5日第26版。

女、按摩、招待，一直到交际花，以至名媛、闺秀之类，用浓厚的脂粉，妖艳的妆容，尽量美化自身，她们对于化妆品的消费，无限度地扩展。普通妇女虽也是化妆品消费的主体，但多是使用肥皂、香皂、牙粉等日用品。虽也有男子使用雪花粉、染发颜料等化妆品，但毕竟属于少数，故在此不做考量。

（一）风俗业的女子

妓女是最早使用化妆品的人，也一直是化妆品的忠实热爱者。早期，唯娼妓公然使用化妆品，"青黛点眉眉细长""凝翠晕娥眉，轻红拂花脸""红颜黛眉，高髻接格妆楼外"，都是对妓女争妍斗媚，化妆的记录。

开埠后的上海，妓业发展迅速，"1871 年两租界内已有妓院 694 家"①，在"1880—1890 年代，妓女已经成为公共娱乐区中人数最多、活动范围最广、个体消费最活跃的女性群体"②。妓女们普遍使用时尚化妆品，诸如香水、香皂、头油等，都由妓女率先使用。

妓女以色相诱人，为生存不得不将自己尽量打扮得美艳，经常奇装异服、浓妆艳抹招摇过市，往往不自觉地领导着新式装扮潮流。"哪一个不具天人的丰姿，伊们粉饰太平的脂粉，厚涂在颊上唇上。"③"施浓脂以掩疤，多画柳炭以蔽眉"，妓女成名靠的即是艳丽。"在太阳刚要出来之前，她们过完了一天；在太阳完了一天的行程，她们刚起身来做今天的人。上灯的时候，自然她们开始梳洗工作的时候了。等她们打着哈欠走到梳妆台边，大小姐已为她预备着一切化妆品。她们每天差不多仅有一次梳洗的时候，所以对于匀粉点脂都费了绝大的考虑，时间的消耗在 1 点钟以上，自然时间在于她们并没有一寸光阴一寸金的那般值价，她们的脸蛋儿就是价值的一切。"④

妓女除去自己购买化妆品外，也多接受狎客的赠送。申报就曾记载有，"南京邮差私吞邮花款 500 元，后潜逃至上海，以侵占的公款，置西式服装，挟妓饮酒，几似富家公子，待其被捕时，正拥妓同梦，在其

---

①　［美］罗兹·墨菲：《上海——现代中国的钥匙》，上海社会科学院历史研究所编译，上海人民出版社 1986 年版，第 8 页。

②　罗苏文：《近代上海都市社会与生活》，中华书局 2006 年版，第 158 页。

③　杨剑花：《上海之夜》，《珊瑚》1933 年第 2 卷第 5 期，第 1 页。

④　《深秋矣》，《申报》1933 年 11 月 18 日第 25 版。

皮夹内搜出剩余现款 35 元，皮箱内又抄出钞票 400 元、金表 1 只及化妆品多种"①。

此外还有舞女，城市经济的繁荣导致民众消费扩张，社会生活奢靡日甚。20 世纪 30 年代跳舞场时兴起来，1927 年上海第一家舞厅——大东舞厅开设，此后"跳舞场之设立，亦如雨后之春笋，滋苗不已"②。不少妇女也就应运当了舞女，其工作就是同买了门票进场的客人跳舞，还要劝说客人买昂贵的香槟酒，她们从中收取提成。她们与其他一些出卖色相的女郎一样，着装时髦，脚蹬高跟鞋，脸上施着脂粉唇膏。因其也依靠出卖色相谋生，对她们来说，"化妆香品的功效也着实不小，从脂粉唇膏说起，直到头上喷的香水、指甲上涂的颜色为止，不下十数种之多。当对着镜子，仔细敷搽涂粉以后，开始走出大门，香风过处，姗姗而行，修眉入鬓，肌白似雪，灯前光下，自更见其美丽多姿了"③。

电影女明星也是化妆品的忠实用户，于拍摄电影之时，化妆手法已臻纯熟之境，"常见若辈囊中，贮有唇胶数管，色深浅俱备。对小镜扑罢香粉时，即探怀出此累累小捲筒，微抵其塞，殷红一点，即注于筒端，漫敷嘴角，浓艳无似，而社会交际之花，于舞罢时，用者尤多"④。"电影女明星王汉伦息影银幕后，独资于霞飞路巴黎大戏院隔壁 458 号创设汉伦美容院，并发明化妆品数种。"⑤

此外，"茶室女招待、按摩女、向导女、脱衣舞女等……为获得生活资料，不得不堕入伤风败俗的颓废生活之中，用浓厚的脂粉，妖艳的服装，尽量美化自身，以博得顾客们的垂青"⑥。

我们来看看那些舞女、交际花们所使用的化妆品费，"上海女人每人每月使用化装品在 1 元以上的当有 200000 人，这是包括头水、眉黛、胭脂、口脂、粉类、蔻丹、香水、肥皂、雪花膏、各种美容药品……在内的。如果属实，则每月在这类女人身上已有约 600 万化妆费，而烫发和使用器具等杂项尚不在内"⑦。

---

① 《南京邮差吞款到上海作乐》，《申报》1930 年 7 月 14 日第 15 版。
② 《不善跳舞是落后》，《小日报》1928 年 5 月 3 日。
③ 《大上海的美人》，《上海生活（上海 1937）》1937 年第 1 卷第 4 期，第 29 页。
④ 《口脂艳话：妇人唇边敷脂》，《申报》1926 年 4 月 4 日第 17 版。
⑤ 《王汉伦组织美容院》，《申报》1931 年 3 月 22 日第 16 版。
⑥ 《是谁的罪恶》，《申报》1935 年 9 月 8 日第 19 版。
⑦ 云裳：《谁在推销化装品？》，《申报》1934 年 8 月 26 日第 17 版。

（二）名门闺秀

上海的名媛对化妆品的热爱，亦不容忽视。陆小曼、赵一荻、唐瑛等人，莫不热爱装扮，"唐瑛惯用的 Channel 5 号香水、Ferregamo 高跟鞋、CD 口红，即是放到现在，也是摩登时尚的"①。

上海的"大家闺秀"和"小家碧玉"，也引领着时尚。大家闺秀们衣食无忧的生活状态，使得她们越发热衷于时尚，"巴黎新近时兴一种什么衣装，伦敦新发明一种什么香水，她们早已关心到了，并且立即'东施效颦'起来！如羡慕欧洲人的黄发，也将黑发染黄，学习外国人，在自己的脸上涂上'黄胭脂'，尤其是在两眼旁画上一个巨大的'黑眼圈'②"。

"小家碧玉"指中等家庭尚未出嫁，年方妙龄的女子。她们虽不及"大家闺秀"系出名门，衣食无忧，但装扮起来也不甘落伍，"虽不如小姐派的奢华，但她们尽其可能学步时髦……连烫发的式样，画眉的方式，一切的一切，都得模仿个像腔才吧（罢）！"③

此外，女学生也是化妆品的一大消费群。最初的女学生，追求的是质朴，不需膏沐，不需插戴，只重本色，不御铅华。然 20 年代后的上海女学生，她们接受新思想，标榜自由，不拘旧俗，日趋奢侈攀比，看见明星或舞女们有一种新奇的装束出现，也得"学步"一下。"她们视化妆品为生命，都成了花粉店的老主顾，司丹康和雪花粉，比着教科书和教育用品尤为重要。"④"校内女学生消耗最多的，要算香皂了，一日天气新凉，又值假期，诸姊妹坐了汽车，到闸北宝通路参观爱华香皂厂，她们见厂中出品很多，有三色香皂、姊妹香皂、舞女香皂、芝兰香皂等等，香气馥郁，质地细腻，认为国货精品，便大批购进，回校以后，分赠诸姊妹，都是欢喜极了。"⑤

"在上海的地方走走，看见的女学生，头发烫得蓬蓬的，眉目画成细长的，脸上抹得和墙壁样，嘴唇涂得和血般，身上穿的，花花绿绿的

① 阿文、罗伟：《民国的前卫女人》，哈尔滨出版社 2011 年版，第 126 页。
② 《上海特殊阶级之四：风头挺健的大家闺秀：醉心欧化，崇拜虚荣，习尚奢靡》，《上海生活（上海 1937—1941）》1940 年第 4 卷第 10 期，第 26 页。
③ 《上海特殊阶级之三：一日数变的小家碧玉：粗做·细做·装阔·卖俏·都会!》，《上海生活（上海 1937—1941）》1940 年第 4 卷第 9 期，第 12 页。
④ 《花粉店老板的颂声》，《申报》1932 年 6 月 20 日第 13 版。
⑤ 《爱国之女学》，《申报》1928 年 8 月 20 日第 20 版。

颜色。"① "过去崇尚妆饰，犹为习惯，而号称提高女子人格，打破一切
不良习尚的新女子，亦视化妆为身心性命之学，不甘稍事放弃，似乎非
此不足表示其身份，诚属不可究诘。"②

二 化妆品的用处

化妆品的消费群体已覆盖了社会各个阶层，然而她们每个阶层对化
妆品使用的不同，也就决定了化妆品消费方式的差异。

（一）妆饰品

无论是名门闺秀，还是从事妓业的女性，抑或电影明星，她们爱用
化妆品，追新逐异，对于她们而言，化妆品多为妆饰之用，用于修饰容
貌。"滋润皮肤，消退一切美容之障碍，立变白皙细腻，且皮肤中种种
污秽，既被驱净，容色异常清秀，娇嫩鲜丽"③，因此，对化妆品多有
挑剔，注重比较品牌和装潢。"摩登先从头起，漂亮首在增光"④，"摩
登女子，需要摩登装饰，摩登化妆品需要摩登装璜"⑤，且四季偏爱
不同。

春寒料峭，应注重滋润肌肤，然春风不若西北风般严寒，因而适合
选用细润芬芳，不燥不腻的化妆品。"人欲颜色姣好，皮肤柔嫩，应注
意夏天的保养，夏天天气火热，组织皮肤松懈，内体所有浊气污液尽由
皮肤发泄，以致汗管毛孔操纵力驰，暑气尘沙乘机侵入，皮肤大受影
响。"⑥ 自然粉剂和脂肪性的化妆品就不适于搽用，应多选择洗涤类，
以及便于施敷的化妆品。"秋风渐紧，皮肤顿觉干燥，况秋气萧杀，红
颜易致衰败，转瞬严冬，保护皮肤首需雪花"⑦，"冬日寒风萧瑟，皮肤
燥烈、冻疮、破烂时有发生，蜜糖、香胶为冬令化妆润肤之要品，早晚
必需之"⑧。因此，"春季多以香粉、香水、发水、发蜡为大宗，秋季以

---

① 《女学生的服装》，《每周评论》1934 年第 129 期，第 2 页。
② 《消耗化妆品女子不能负责》，《妇女共鸣》1934 年第 3 卷第 8 期，第 50 页。
③ 《消黑美容丸》，《申报》1925 年 4 月 6 日第 9 版。
④ 《一张理发厅传单》，《申报》1933 年 7 月 11 日第 19 版。
⑤ 《摩登女子》，《申报》1932 年 12 月 14 日第 10 版。
⑥ 《夏土莲雪花》，《申报》1913 年 7 月 14 日第 7 版。
⑦ 《新近发明制造雪花药水附送详细方法一份》，《申报》1928 年 9 月 23 日第 20 版。
⑧ 《第一国货蜜蜂牌玫瑰蜜糖香胶》，《申报》1919 年 12 月 2 日第 16 版。

润肤剂如雪花膏、冷霜、面油为主"①。

女性在施粉敷脂前，也有众多的讲究和步骤，越来越注重细节。如"唇的化妆，唇是脸上流动美的中心，所以涂口红是相当的重要。口红颜色的选择，应当视自己脸部皮肤的颜色及年龄来选择，青年的女子，适用明亮淡红色的口红，中年的女子，则用比较暗色为合宜，脸色较白的女子，若用带有桃红色或橙黄色的口红，那更会助长美丽。脸色稍黑的女子，最好用深橙色或略含咖啡的口红"②。

"口红的涂法，也是要看唇的形状来决定的。唇厚的女子，应把唇的内部涂得浓些，向外渐渐淡下去，到自己唇色相同为止。薄唇的女子，应将同色涂些在面部，尤其是在两颊，以使色彩相称，如果是上唇比下唇向前突，最好把上唇涂得浓些，把下唇涂得较淡，以掩没这不自然的外形。最应注意的是，口红不宜直接涂在唇上，最好用凡士林雪花膏之类的东西，涂在唇上，再涂口红，这样不但使唇光泽，更美丽，而且色泽，能保持较长的时候。"③

"至于鼻部的化妆，钩状鼻，可于其突出下曲之鼻部尖端，加以阴影，则其突出便可以看得不十分显著。向天鼻，这种鼻端起沿着鼻柱涂些白粉，使其至两眼之间而自然消失。鼻头不著粉者（即俗称油面者）因鼻端油质过多，敷粉时很不易敷上，其根本疗法，应就医于专门医师，至若姑息之法，则于化妆的时候，先将鼻端的油质揩掉，而后敷粉，敷后再以清洁的棉花或纱布将其拭去，拭后再行第二次之敷粉。"④

对于东西方女性装扮的差别，也有所认识。如对于睫毛的化妆，"外国妇女的眼睫毛大多比我们东方人的较为坚立，而且可以一根一根看得很清楚，虽不能说是什么了不得的美观，倒也有些很可爱的地方。可惜我们国人的体质，却有些和她们不同，眼睫毛的生发也有所差异"⑤，无法如此。

时尚的追求是东西方妇女们共同的心理需求，这一点可以说是不

①　《本市化妆品工业概况》，《中华国货产销协会每周汇报》1947 年第 4 卷第 47 期，第 2 页。

②　《唇的化妆》，《妇女杂志》1940 年第 1 卷第 1 期，第 42 页。

③　《唇的化妆》，《妇女杂志》1940 年第 1 卷第 1 期，第 42 页。

④　《鼻部的化妆》，《立言画刊》1943 年第 254 期，第 22 页。

⑤　《睫毛化妆遗害》，《立言画刊》1942 年第 220 期，第 22 页。

谋而合。正因此，当时的报刊也出现了许许多多的化妆建议。诸如"手掌皮肤不甚白者，可薄涂胭脂，以胭脂不易擦花也。而手汗过多，不易涂粉者，可用药水每日涂擦数次，自能渐渐减少"①。"一般妇女们对于化妆的认识，仅仅乎知道这些扑粉，或则胭脂，至多再加上一项口红，另有别的女子以为化妆是须戏剧化俳优式的浓妆艳抹起来，这两种都是谬误的见解。"②"化妆，切勿徒追随流行，不可只以依样葫芦为能事，须发现自己的优处与缺点，优处则发挥之，缺点则隐蔽之，这是化妆的第一秘诀。"③而这些化妆建议，无不是为增加女子的美丽而服务的。

（二）日用品

化妆品不仅可以作为女性妆饰之品，还可以作为日用品，用于改善日常生活质量，营造馥郁馨香的生活环境，这在寻常妇女中比比皆是。

香皂、牙膏、肥皂作为一般性常用品，其更多的是发挥保持健康的功效。"皮肤上附有尘污油垢等不洁物，若全用纯水洗濯，终不能使皮肤十分清洁，因为水只能洗去水能溶去的污物。若从皮肤面上分泌出的脂肪（即皮脂）和尘污合成的油垢，不能洗去，而香皂中一部分的碱和皮肤上附着的油垢，发生化学作用而脱离。它一部分是不溶于水内的，就变成泡沫，能吸收尘垢和洗濯时新成的化合物。这个作用，属于物理学上的。所以能使皮肤清洁，皮肤上排除废物，不致被污垢所阻，自然现出美容，又能保持健康。香皂中也有加入药料的，能限制皮肤的表皮剥离，和皮肤的分泌，且独有杀菌的能力。"④

"食物入口后，其残渣留在牙齿的缝间，遇微生物就变成乳酸，来侵蚀牙齿的石灰质和珐琅质，久之，便能使牙齿表层脱落，内层腐烂，细菌繁殖，引起牙齿痛诸病，所以必须用牙粉、牙膏来刷牙，才能清除食物的残渣和糖分的堆积。牙粉牙膏分碱性与酸性两种，一般人多用碱性，其主要成分为碳酸镁、炭酸钙和肥皂粉等，但不论其为酸性或碱性，均有清洁牙齿之功效和杀菌的功用。不过牙膏较牙粉光滑，对于清

---

① 《艺府：手之化妆法》，《游戏世界》1921 年第 3 期，第 5 页。
② 颂光：《娘儿们的化妆法》，《现代家庭》1940 年第 3 卷第 7 期，第 20 页。
③ 斐然：《化妆十训》，《玲珑》1935 年第 5 卷第 46 期，第 3995 页。
④ 学文：《香水和香皂》，《健康生活》1935 年第 4 卷第 4 期，第 236 页。

洁牙齿的效力不及牙粉优良，而牙粉又不甚细腻，容易擦坏牙磁"[1]，所以，最好牙膏和牙粉交叉使用。

"肥皂是有机物与无机物化合而生成的，体质滑腻，富有洗涤作用，易溶于水，遇水则起分解作用，生成苛性城质及脂肪酸，成乳状体，能与皮肤或衣服上的油垢，起城化及乳化作用而脱落，所以有洗净功用。"[2]

牙膏更是一般家庭的日用必需品，"民众公认齿牙健全与否，各与人生寿夭实有甚大关系，而欲保护齿牙，促进口腔卫生，则牙膏的使用，实为最便利经济而有效的办法"[3]。并且为了保证牙膏的合格，政府对牙膏制造也有相应的规定，"制造商，凡以牙膏装于铅管中者，自即日起应于每一牙膏上注明制造日期，该项字样必须明白清晰，而不易擦抹，如牙膏管包装于封固的纸内者，并须于匣上注明制造日期，是项牙膏自制造日起，逾期 1 年者均不得销售，又铅质牙膏管不用铅锡者，一律禁用，如有违反上项规定，一经查获，当予适当之惩处"[4]。

随着上海商品经济的发展，化妆品逐渐成为大众消费品，广大市井小民虽然消费不起名贵的化妆品，但随着化妆品产量的提高和品种的丰富，他们也有了自己的消费品种。此类日用品关系民众生计，对于改善工人、农民及一般平民的生活，也有极重大的意义。

三　化妆品消费的社会经济意义

上海化妆品的消费需求是旺盛的，化妆品也已由奢侈品转向生活日用品，具有深远的经济意义和社会意义。

（一）增添就业渠道

化妆品之制造，大都本轻利重，出品既重声誉，畅销自易，为谋生困难中一条出路。上海的化妆品店虽都不大，雇员也多几人或几十人之类，但因雇员多为女工，一定程度上缓解了女性的生活压力。当其他行业出现衰落迹象之时，化妆品行业的发展还算相对稳定，工人的生活也较稳定。即便是在国际贸易衰落，人民购买力普遍降低时期，独有妇女化妆品仍在相对地增加，在经济不景气时期，女性宁可缩减其他消费，

---

① 《牙膏牙粉与食盐之功用》，《田家半月报》1941 年第 8 卷第 12 期，第 8 页。

② 《谈谈肥皂》，《乡民半月刊》1936 年第 3 卷第 4 期，第 6 页。

③ 菊生：《米许林牙膏厂参观记》，《申报》1940 年 4 月 7 日第 16 版。

④ 《舞女歌女须登记领照》，《申报》1944 年 5 月 4 日第 3 版。

也不愿减少身上的修饰，于是"雪花膏、白玉霜的制造者们，美容专家们，橡皮减重带、体重按摩机的贩卖者们，下腹部应如何修养的著作者们，还是风起云涌，继续获得她们的肥利"[1]。

甚至有些厂商为取得良好的宣传效果，特意在假期之时，聘请女学生，充当销售员，于女学生而言，既赚取了学费，又增加了工作经验。如"捷宁有限公司为鼓励女生自立起见，特设暑期推销部，招请中学女生贩卖著名化妆品，待遇极优，在暑假期内有得 1 年学费之希望，有志者于办公时间到圆明园路 19 号 8 楼捷宁有限公司与徐君接洽"[2]。

化妆品消费的旺盛也带动了化学品工厂的发展，化学品工厂为我国制造化妆品提供原料，如"中法油脂厂所制硬脂酸，中汉化学工业社、大新化学厂等所产甘油，俱能符合标准，均可作为国产化妆品的重要原料来源"[3]。此外，"制酸方面有上海的开成造酸厂，硫酸有上海的天利氮气厂，上海天原电化厂、中国酒精厂也都是基本的化学工业，上海中华化学研究所是一所私立的化学研究机构"[4]。

即便是在战争时期，制造工业化学品的工厂，也有新发展，"1939年时，制造盐酸与硫酸钠的新厂两家，正在建筑中，其中一家，即将开工。另有两家，已在筹备中。有制造酒精的新厂两家，准备开工，有制造铅丹的新厂四家，均已开工"[5]。

再观化妆品企业的工作时间，也可发现化妆品企业的工作时间相较于其他行业而言，尚属较短，超时工作的情况很少，工作时间多在当时合理的范围内。

表 4-1　　　　上海各种工业工作时间比较（1927 年年底）　（单位：小时）

工业项目	最长	最短	普通
（一）纺织工业门	12	8.5	10
（二）印刷工业门	12	8	9—10

[1] 《是谁的罪恶？》，《申报》1935 年 9 月 8 日第 19 版。
[2] 《中学女生暑假工作机会》，《申报》1933 年 7 月 9 日第 25 版。
[3] 《工商辅导处调查化妆品工业概况提出五点认为应加以改良》，《申报》1947 年 7 月 14 日第 6 版。
[4] 《化学科演讲之三：中国化学发展史》，《申报》1936 年 5 月 25 日第 6 版。
[5] 《一九三九年上海工业之回顾（一）》，《申报》1940 年 1 月 27 日第 11 版。

续表

工业项目		最长	最短	普通
（三）机器工业门		12	7—8	8—10
（四）食品工业门		11—12	8	8—10
（五）器具工业门		12—15	8	8—10
（六）日用品工业门		11—12	8—9	9—10
（七）其他工业门		11—12	9—10	6—8
（八）化学工业门	玻璃业	12	8	8—12
	烛皂业	10	8	10
	火柴业	10	9	9—10
	制革业	10	7.5	9
	造漆业	9	8.5	9
	制药业	10	8	8
	珐琅业	10	8	
	造纸业	12	8	11—12
	漂染印花	13	8	8—10
	其他业	10	8	10
	化妆品业	10	8	8—10

资料来源：谢和青：《上海化妆品业调查录》，1931 年，上海市档案馆藏，资料号：Q242—1—829。

并且工资在工业项目中也属中等，虽不像玻璃和造纸业那般高，但毕竟工作时间明显低于这两个行业，而且工作时间没有制造业和漂染业一样时间长，但工资却高于这些行业。特别是女工的工资，在工业部门中堪称"优厚"。

表 4－2　上海各种化学工业日均最高、最低工银表（1927 年年底）

（单位：元）

工业项目	男工	女工	童工
（一）玻璃工业	0.40—1.60	0.25—0.40	0.20—0.40
（二）烛皂工业	0.25—0.65	0.25—0.70	0.15—0.35
（三）火柴工业	0.45—1.05	0.25—0.45	0.20—0.40
（四）制革工业	0.45—0.95	—	—

工业项目	男工	女工	童工
（五）油漆工业	0.40—1.20	0.35—0.50	0.35—0.50
（六）化妆品业	0.40—0.75	0.30—0.60	0.30—0.40
（七）制药工业	0.35—0.70	0.30—0.55	—
（八）珐琅工业	0.40—1.45	0.25—0.55	0.30—0.40
（九）造纸工业	0.65—1.65	0.30—0.45	0.30—0.40
（十）漂染印花业	0.25—0.70	0.35—0.80	0.20—0.20

资料来源：谢和青：《上海化妆品业调查录》，1931 年，上海市档案馆藏，资料号：Q242—1—829。

除去化妆品工厂中的职工，化妆品的经营者、销售者、长途贩运商人、原料制造者、公司雇员等，都是因化妆品行业而获得自己的工作和收入的人群。化妆品业的发展极大地增加了就业机会。

（二）带动技术创新

化妆品的制造，需要不少物理与化学知识，故凡对这些知识知之甚少者，则较难应对。化妆品的精致化、多样化，带动了化妆品制造技术的革新。

单单化妆品的重要原料——植物性香料的提取，就有水蒸汽蒸馏法、压榨法、吸收法以及抽出法四种。"水蒸气蒸馏法，系采取薄荷、樟脑、橙花、玫瑰、桂皮、薰衣草等各种香油所用的方法，即于原料上通以水蒸气，香水便与水蒸气一同馏出。""压榨法，系从柠檬、橘子、香柠檬等柑橘类果皮采取精油时所用的方法""吸收法，采取不耐热花的精油时所用的方法，普通用牛脂 3 与豚脂 7 的混合物或橄榄油来吸采。在吸收法中，有以 50°—70°C 的温热油脂吸取的温浸法，亦有在常温时施行的冷浸法。前者在制造紫罗兰、金合欢、橙花、玫瑰等各种精油时所采用，后者在采取素馨和月下香等的花精油时采用"。"抽出法，应用石油醚、醚、氯仿、二硫化碳等溶剂，将香气物质抽出，然后采用减压蒸馏法以除去溶剂，即可得到花精油，例如对于玫瑰、金合欢、紫罗兰、百合花、铃兰等，均可用此法。"[1]

---

[1] 刘遂生、薛鸿达：《化学与日常生活》，中华书局 1948 年版，第 156 页。

加热，其目的"系使液体维持原有的温度，或使之蒸发，或使之蒸馏，或使之干燥，煮沸之时而使用的处理方法"①。简单的一项加热，其方法甚多，约略举之，则有直接火热法、二重锅法、蛇管法、恒温加热法等。"直接火热法，系将容器之底，直接受火焰加热的方法，此种加热方法为加热法中最简单之一种，普通均用以升高温度，或使溶液沸腾之用，容器之底普通均用生铁铸成，故其设备亦殊简单，所费亦不大，故小规模之制造恒用之。为调节加热的温度，勿使再有直接火热法的冷热不匀之弊，就用二重锅法。二重锅法的使用能避免物质之分解、变质，容器之破裂及便于调节等。二重锅法，普通又因使用容器不同而其中再分为数种，常用者为水浴、油浴、砂浴及金属浴等数种。"②

化妆品需求的旺盛，也促进了铅粉技术的改良，"香粉的功用，纯欲使之掩饰皮肤，故凡粉之白者皆可用于此，然而因凡粉之白者皆可用之作为原料，故过去人士均不察，竟将与皮肤有损之粉，如矿物粉中之铅粉等亦用入。实则铅对人极毒，小则能使皮肤黄涩，大则足使中铅毒而死，故铅粉技术改良后，已不用这项原料，而以锌粉代替"③。所用作粉料的原料，有下列各种：氧化锌、脂酸锌、脂酸镁、陶土、滑石粉、氧化钛、淀粉、石松子、鸢尾根粉，而因选用原料和制造方法的不同，可制造出美国白粉、扑面粉、紫罗兰扑粉、水粉、爽身粉等数种。"像美国白粉，先将氧化锌、滑石粉、碳酸钙、淀粉共置研钵中，研磨使细，用细绢滤过，然后将香料分别加入，当香料滴入时，须尽量搅拌，以便均匀。扑面粉，则是将粘土细粉于研钵内研细，加香料再研使匀，然后将其他粉类徐徐加入再研细，滤过。而水粉则需先将氧化锌、次氯化铋及碳酸镁研匀，筛过，然后用甘油及一部分之玫瑰水调和，加入月下香油，最后再用玫瑰水补足之，全部用滤布滤过，即成。"④

近代化妆品，运用西方式化工生产，且在制造过程中，不断注重化学知识的掌握、运用与创新。

（三）改善人们的生活质量

追逐美丽是人类生活永恒的主题之一，化妆品的使用，则在一定程

① 汪向荣：《化妆品制造》，世界书局1944年版，第1—2页。
② 汪向荣：《化妆品制造》，世界书局1944年版，第1—2页。
③ 汪向荣：《化妆品制造》，世界书局1944年版，第42—47页。
④ 汪向荣：《化妆品制造》，世界书局1944年版，第42—47页。

度上丰富了广大民众的生活内容，改善了人们的生活质量。

开埠后的上海，社会文明程度提高，民众生活内容愈加丰富多彩，民众的视野更加开阔，对化妆品的选择也是慎之又慎，不仅考虑美观问题，还关注健康问题。

例如，香皂的使用，"我们的皮肤，不断地分泌出脂肪来，这些脂肪，能与尘埃等相结合，所以单用冷水或热汤，是不能将其洗得干净的，我们必须再用皂类才行。因为用了皂类洗，即能作用于皮肤，使皮肤最上层的表皮角质层膨胀剥离，这一方面既可以除去皮肤上的污秽油腻，另一方面又可使角质层不断地新陈代谢。此外，香皂之类多少总还有些消毒杀菌的效力，所以就一般情形而言，洗脸的时候用香皂，于皮肤和美容是有益的"①。

美容雪花膏则可确保冬季皮肤润泽，免受冻疮之苦，于健康和美丽大为有益。而"对于雪花膏的选择，也有诸多建议：（一）色，必须洁白。（二）滑润，抹于皮肤，必须滑润而不具粘性。（三）质，宜松腻，有润泽性。（四）光泽，搽于皮肤，能具活泼青春之美。（五）香气必须雅而不俗，且能保持其恒久之香气。（六）品质不变，久置后，亦不干燥，亦不化水。（七）药水必须留意所杂之物料，不损皮肤，而能保护皮肤之效"②。

也是从卫生和美丽的需求出发，人们反对女性染甲，因为在染甲之前，多需用锐利小刀将甲缘的皮完全除掉，而"甲缘的皮，是以保护和维持指甲的，如果把它这样的除去，因维持力不够的关系，甲上的指皮会因此而变厚成层突起，以增加其维持力，因而极不美观"③。况且，"以锐利小刀切除甲缘皮的时候，遇一不慎，常能使病菌由是侵入而引起意外的疾病来"④，也于卫生无益。

中国制造和使用化妆用品的历史可谓源远流长，近代以来，上海作为我国重要的港口城市，已经成为我国化妆品工业的聚集地。人民于美容及健康观念，认识渐深，渐致化妆品一物，不但为美容上的选择，也成为健康所不可缺之品，由此可见，化妆品的消费亦折射出社

---

① 《香皂选择法》，《中外论坛》1935 年第 3 期。
② 石霜湖：《化妆品如何选择》，《立言画刊》1943 年第 230 期，第 23 页。
③ 《染指甲的错误》，《中外论坛》1935 年第 3 期。
④ 《染指甲的错误》，《中外论坛》1935 年第 3 期。

会变迁的讯息。

第四节　上海民众对化妆品的评价

上海女性在经历了对近代化妆品的陌生、好奇、观察到了解后，使用化妆品的人数不断增加，而近代上海化妆品也由最初的舶来品"横霸一方"，发展到民族企业的"遍地开花"，经营化妆品工业的民族企业家越来越多，化妆品工业的发展也相对平稳，销售市场也日益扩大，但是人们对于使用化妆品的态度，却始终不一。

一　化妆品无用说

随着妇女对化妆品使用的增多，化妆品进口量也持续增加，妇女年耗于此不计其数，浓妆艳抹的女性更是无法计数，而这对于一向提倡节俭、提倡女子应守闺阁之礼的社会而言，无疑是"不合时宜"的，因而，对于化妆品使用的反对声不绝于耳。

（一）化妆品对皮肤无益

女子们使用化妆品主要是为了美化皮肤，增加外表的优越感，所以这些反对者，首先就强调说，化妆品非但不能美化皮肤，有些反而是对皮肤有害的。

有从卫生方面持反对论的，"敷粉非特不足以滋润皮肤，反足以侵蚀皮肤，常敷粉的女子，往往面皮黄瘁，因为恶劣的面粉中，含有铅质，足以蠹蚀肌面的容彩"①。他们认为："皮肤是绝对不透水、坚韧而有阻力的，并且能够容受很多的创伤，但是它却不需要滋养。要滋养也只能由内部滋养，皮肤外表的枯黄或红润，反映着个人身体内部的健康状况。"②

在《化妆品的秘密》一文中，作者还不惜杜撰出"纽约药科大学名誉退职的皮肤学教授佛克斯氏"，来表达对使用化妆品的反对，"关于润肤膏和除皱剂，佛克斯博士说：你们须要弄清楚，你们身上有天然

---

① 《粉语》，《国闻周报》1925 年第 2 卷第 2 期，第 29 页。
② ［美］L. M. Miller：《化妆品之谜》，乐天译，《名著选译月刊》1939 年第 3 期，第 155 页。

油膏，使皮肤润泽起来；外用的润肤膏毫无用处。除皱剂也不能把皱纹除掉；皱纹是由于身上天然油膏的消失和皮肤伸缩力的松弛。化妆品的原料，是简单而随时随地可以得到的，所谓新发现和秘密成份，完全是欺人之谈"①。《化妆品的把戏》一文也声称："皮肤学专家对于化妆品也不感兴趣，他们承认大多数的化妆品是无害处的，但是它们的价值却高过于它们实在的价值，并且它们也没有所称的那些奇效，一个聪明的女郎，无论如何，不会为了希望付出太大的代价，她会知道化妆家的宣传是不能引为购物指南的。"②

甚至有的批评者还不惜向大家展示化妆品所选用的原料，以显示它的无用。

> 假使我对你说：你可爱的嘴唇上，涂的是煤之提炼物，你娇艳的面颊上，搽的是已死的虫，你的眉毛上，画的是烧焦的骨头，你的指甲上，涂的是浸酸中的棉花，那么你一定要把我当作疯子看待。其实这些话不但不错，而且非常科学化的，因为你天天要用的种种化妆品，大部分是靠了化学的技巧，才有这样奇妙的功用。

> 还有一种红色颜料，叫做 Eosin，是从煤焦油中提炼出来的。摩登姑娘一日不可无的点唇膏，有时也用这样出产品来配成的。有一种东西叫做象牙黑，是把象牙烧成焦炭，然后制成的，普通是用其他动物的骨头烧焦而制成的。这样黑色东西，是画眉毛用的。至于涂在指甲上的美容液，就是 Cellulose，是把棉花浸在一种酸中而制成的。那么，你不是把烧焦的骨头画眉毛，把浸融的棉花涂指甲吗？③

反对者宣称化妆品对女子的皮肤其实并无多大的帮助，化妆品无用，且售价过于昂贵，年耗于此过于浪费，"我国的对外贸易过去都是入超，原料品出口，制造品进口，以致资金源源外流，其中化妆品和游戏、娱乐、药品的输入，占了很大的数目。单以上海一埠而论，据海关

---

① 秦贻煊：《化妆品的秘密》，《永安月刊》1941 年第 57 期，第 29 页。
② 清流：《化妆品的把戏》，《中华健康杂志》1943 年第 5 卷第 5 期，第 24 页。
③ 《化妆品的来源》，《申报》1933 年 6 月 19 日第 15 版。

调查，去年间（1936 年）化妆品的输入竟达千万元，其中香水胭脂香粉为 504496 元，雪花膏及雪花粉为 230082 元，牙粉牙膏为 275050 元，化装用器为 313095 元，真假首饰及装饰品为 3713199 元，合计10684047 元。国民之消耗，金钱之损失，殊属可惜"①。

他们认为妇女们每年投入过多的资金和时间在此方面，完全是任何没有必要的行为。

（二）从女性解放立场反对依赖化妆品

反对者认为，女性使用化妆品来装扮自己，本身就是一种降低地位，削夺人格的行为。他们指出，"自封建时代的贵族阶级压迫妇女为玩物以来，一般慕贵求荣的无知愚民，竟将自己的女儿化装起来，以图从他们的女儿身上求得荣华富贵。但此种风气渐渐盛行地成了习惯，妇女也从此深处于被压迫的地位了，自己本来的地位降低了，人格也被剥夺了"②。而近代以来，妇女虽早已认清自己在社会中应有的地位，但是有些妇女却不仅不反省，反而浓妆艳抹，"竟将自己变成了一种商品性质的动物，专供人家的玩弄，自己的自由一点不能存在了"③。

近代提倡提高女子人格，要女子做打破一切对女子不公正行为的"新时代女性"，要明白面貌好看并非真美，真正的美应是内心散发出的美，"真正的美，是散发于周身的美德，外加上一种可爱的态度，只是面貌好看并非真美，因其缺乏特别的生气，而这正是高雅的人所重视的，真正的美是内心的美"④。一个真正爱美的女人，她绝不会完全依赖化妆品，否则化妆品公司经理的太太，该是世界上最美丽的女人了。一个女人的美，先天的条件固然是很重要的，然而后天的气质的培养，也不可疏忽，美，是一直延伸到内心的。

"化装是去创造一种不自然或有害于身体的美，这就未免有点不值得"⑤。而且"人的五官是天赋的，美是美，丑是丑，用不着涂脂抹粉，画眉点唇，去求异性的怜爱"⑥。况且，"外国的化妆品，无非是适合外

---

① 海山：《一年来之化妆品输入》，《浙江财政月刊》1937 年第 10 卷第 1 期，第 243 页。
② 《妇女与化装》，《大公报》1929 年 7 月 4 日第 13 版。
③ 《妇女与化装》，《大公报》1929 年 7 月 4 日第 13 版。
④ 《由美容谈到美的哲学》，《立言画刊》1943 年第 269 期。
⑤ 《妇女与化装》，《大公报》1929 年 7 月 4 日第 13 版。
⑥ 沧海一粟：《我来谈谈废除化妆品的利益》，《美亚期刊》1927 年第 14 期，第 1 页。

国人的皮肤而已，要知道中国人的皮肤，显而易见，与外国人截然不同。"①

这些人主张，妇女应站在女子解放的立场，不应过分依赖化妆品，化妆品只是增加自身美的一种工具，无论女性选择哪一种装扮，唯一的原则还是不要失了天然的美，不应因化妆而耗用大量的时间和金钱，更不能将自己浓妆艳抹地打扮成"商品"，女性应保持人格的独立。

（三）提出替代化妆品的办法

如若仅仅在口头上要求女子们放弃使用化妆品，却无实际的应对良策，可说是痴人说梦，反对者们自然也是深谙此理，因而一方面发表化妆品无益说，另一方面纷纷为寻找替代化妆品的方法出谋划策。

妇女用化妆品的唯一目标，自然是增加美丽，"倘若我们细细地去想想，从化妆品中所得到的美，究竟能维持多久？就也知道这种人工的美丽是暂时的，而不是永久的。不但不能永久，倘若我们滥用劣质的化妆品，或是用了过量的化妆品，以及不知道怎样去保护用过化妆品以后的皮肤，那么这暂时的人工美丽，将要成为永久的丑了。在事实上，空气、日光、运动、充足的睡眠，以及适合的食料，这都是可以增加我们永久的天然美丽的方法"②。

这些人提倡健康的生活，认为人体如机械，故生活必须有一定的规律，"工作遵守时刻，不可漫无节制，使身心过于疲劳，此乃健康法的第一步。早起早寝，身心得有充分的休息。适宜的运动，如日光浴、深呼吸、步行、篮球、网球、游泳等，用于身体锻炼，有健康的生活，则因然之美丽，自然流露，此人生真美善之二"③。

另外有人创设了独特的面部运动法，"只要将眼睛闭起，使眼皮用力压在眼球上"④，"筋骨强健，血脉流通是美容上最基本的条件"⑤，"先用右手按摩右眼，然后用左手按摩左眼，按摩的方法是用手掌合住眼睛，以手掌摩擦眼睛下部。然后再像方睡醒用手擦眼睛般地按摩，就

① 镜：《科学化装术》，《申报》1939 年 1 月 2 日第 22 版。
② 《妇女与化妆品》，《益世报》1935 年 3 月 28 日第 11 版。
③ 《人生之真美善》，《申报》1939 年 1 月 2 日第 21 版。
④ 《废除化妆品》，《万象》1942 年第 2 期，第 27 页。
⑤ 《美容简法：多饮水、每日散步、跳舞为美容法》，《玲珑》1935 年第 5 卷第 9 期，第 558 页。

是用手自鼻梁向外擦，擦起来应当慢一点"①，希望以此除掉眼部皱纹。

还有一些人提倡利用蔬菜和水果来美容，"每天早晨起身，用豆腐擦面，可以使皮肤洁白细致"②，"只要有多量的草莓，便可不买胭脂和唇膏，因为草莓对于妇女的美容术，是大有帮助的，假使使用了草莓作夏季的美容品，一定可使姿色红润娇艳，皮肤白嫩细腻"③，"新鲜华旗橘 1 只、酒精 25 克、甘油 25 克、蒸馏水 300 克，配合而成橘子美容水，所费不过大洋 5 角，可以制造一大瓶的高尚化妆品，而且制法简单，适于家庭试验"④。除去美容面部外，对于面生肉瘤、粉刺等影响美观的问题，也能解决，"面上生了肉瘤，免不了失去天然之美……只要青橄榄核十多枚，放火内烧红后研末，以鸡卵精少许，混成糊状，抹在患处，抹几次，可见奇效"⑤，"面生粉刺，甚或肿痛，抓破出粉汁者……可用生大黄，硫磺，各等分研末，以凉水调敷，内服清血之品自愈"⑥。此外，多饮水对于美容也是益处多多，"天然美最简单的条件，便是多吸饮水分。美容女子，于是多食蔬菜果品之外，尤须多饮白开水"⑦。

化妆品自产生后，社会上就一直存在批评之声，人们也想出了众多替代化妆品的方法，主张提倡天然美、健康美，最好能摒弃一切人工的化妆术，因为化妆的美不是长久的。但是事实上，无论是化妆品的自制，抑或是进口却日渐增多，以至于有人发出呼声："妇女们的爱美观念，实胜于爱国观念万万倍，有识的姊妹们，我们应有以纠正啊。"⑧

二　化妆品有益说

在大家纷纷宣扬化妆品无用论时，也有一些人提出化妆品有用说。他们认为妇女使用化妆品是一件好事，可以增益精神、展现美丽容颜，增加家庭幸福值。

---

① 《废除化妆品》，《万象》1942 年第 2 期，第 27 页。
② 吉云：《果汁美容水的制法》，《自修》1939 年第 79 期，第 18 页。
③ 《化妆品的来源》，《申报》1933 年 6 月 19 日第 15 版。
④ 吉云：《果汁美容水的制法》，《自修》1939 年第 79 期，第 18 页。
⑤ 《橄榄与美容》，《玲珑》1936 年第 6 卷第 15 期。
⑥ 《简易美容法》，《玲珑》1936 年第 6 卷第 33 期。
⑦ 《美容简法》，《玲珑》1935 年第 5 卷第 9 期，第 558 页。
⑧ 《摩登妇女的爱美观念与爱国观念》，《妇女共鸣》1933 年第 2 卷第 12 期，第 61 页。

（一）美是权利

"审美观念，基于人类的天性，尤其是女子，纵使丑如无盐，有人誉之，则衷心喜悦，认为无上荣幸，假如加以贬词，未有不忿然作色，已衔恨刺骨。所以凡是人类，没有一个不爱美容。"[1] 虽说化妆品会消耗掉大量的时间和金钱，但对于妇女们来说，化妆品和她的华丽衣帽、高跟皮鞋一样，具有不可否认的重要性，追求美丽是每个女性都应拥有的权利。

"世界上，无论古今，无分中外，女人都要讲究化妆，好像天经地义似的。她们从头发到脚趾，都得加上一番修饰，衣服、鞋袜、胭脂、口红，都是美化她们的工具。据说女子的一生，有七分之一的时间，是消耗在镜子中的，可见她们对于自己的美貌，是何等地注意呀。"[2] "造物之主创造了自然之美，但更遗下了天然的残缺，为了掩盖自然的残缺，人类才作美的创造者，不然，万物皆极美，则人类又何须再作美的创造！女子的脸容也正为了如此！造物之主既赋予自然之美，但又遗留下一点自然的残缺，女子们把那自然的残缺修饰妥当，也就是替造物之主完成他未竟的工程，这该是何等神圣的工作！"[3]

过去理学家们认为修饰肉体是坏恶的行为，而现在他们也承认，"身体有它自己的权利——而且不单是权利，并且是它的义务，实际的义务。譬如说，在力量和美观上面，肉体应该尽量地去发展，这便是它的义务"[4]，"我们在灵魂方面要求自由，同样在肉体方面也要求自由"[5]。

"假如仍有人固执地认为贫血的黄脸少女为美，而不同意加以改造，那便是故意反对造物之主给我们的宠爱，给我们的特权，而且，那些认为要保存自然之美的人所说的自然之美已非自然之美，为的是自然之美应该完全没有半点人工的涂抹。然而，不涂脂抹粉的人不都是剪发穿衣的么？剪发穿衣已是人工的修饰，为什么去反对较为偏狭的美容，不反对较普遍的剪发穿衣？到底，真、美、善三者为人类的灵性，为人

---

[1] 恨石：《谈谈化妆品》，《申报》1939年1月2日第24版。
[2] 约：《美貌的代价》，《申报》1947年12月5日第8版。
[3] 水影：《美容颂》，《妇女世界》1944年第5卷第2期，第54页。
[4] 《化妆品和女性美》，《新中华》1935年第3卷第15期，第82页。
[5] 《化妆品和女性美》，《新中华》1935年第3卷第15期，第82页。

类不可或缺的，美是其中之一，而美容更是完成美之一部，重要之一部的工作。因此，我们得在这里歌颂，歌颂美容的神圣，歌颂美容的尊荣。"①

综之，这些支持化妆的人，认为爱美整容，是人的天性，尤其对于女性，所以在相当范围内，应用美容品加以修饰，并不能算是完全无谓之事。美是一种力量，是一种权利。

（二）使用化妆品促进健康

这些化妆品的支持者，认为美容工作的整个部分，由健康和清洁两个必要部分组成，使用化妆品可以一定程度地促进健康。如若要达到美容的真正效果，"第一步工作是使我们的皮肤毛孔中，一点也不存什么污秽，使我们皮肤的细胞，个个具有生气"②。这一点也与我们身体的健康大有关系，"那么因为使用化妆品，实行美容而间接促进了身体的健康，所获的利益，就比所费的金钱更多"③。

使用化妆品追求的这种美化极致，"一部分是由于皮肤的营养，石蜡的注射，面孔受的整容术，全身受的泥浴和脂粉等，一部分是由于更进步的健康，而这进步的健康，又是由于更为合理化的生活而来的，丑将成了一种疾病的征象。美，将会成了健康的标识"④。

再者自科学昌明，医药进步，对于一切美容方法，日新月异，不分男女，如果面部上有缺陷，在医药方面，不能治疗，可用其他方法来解决。即以化妆品中的雪花膏而论，"其施用手续及包含成分，比较过去时代的脂粉，其优良程度，何啻霄壤。其医学上的功效，能防止面部起皱，去除一切斑点，因为空气中尘埃飞扬，如果粘在皮肤组织之间，与皮下分泌的脂肪和汗合在一处，即变成黑色。如使用雪花膏，则可避免这种情况的发生，再者强烈的日光，严冷的朔风，皮肤会被晒伤或冻伤，如敷用雪花膏，则对皮肤会产生保护之功"⑤。

再如"用膳之后，肉屑积留牙缝间，容易滋生细菌，倘再进食，此种细菌随食物一同咽下，危害健康甚大，倘不注意，有碍卫生。诸君临

---

① 水影：《美容颂》，《妇女世界》1944 年第 5 卷第 2 期，第 54 页。
② 《化妆品是不是浪费》，《家庭良伴》1947 年第 3 期，第 64 页。
③ 《化妆品是不是浪费》，《家庭良伴》1947 年第 3 期，第 64 页。
④ 《随笔：化妆品和女性美》，《新中华》1935 年第 3 卷第 15 期，第 82 页。
⑤ 恨石：《谈谈化妆品》，《申报》1939 年 1 月 2 日第 24 版。

睡起床，用膳之后，漱口刷牙，请用牙膏"①。还有"我们的皮肤，不断地分泌出脂肪来，这些脂肪，能与尘埃等相结合，所以单用冷水或热汤，是不能将其洗得干净的，我们必须用皂类才行。因为用皂类洗，能使皮肤最上层的表皮角质层膨胀剥离，一方面既可以除去皮肤上的污秽油腻，另一方面又可使角质层不断的新陈代谢。此外，香皂之类多少总还有些消毒杀菌的效力，所以就一般情形而言，洗脸的时候用香皂，于皮肤和美容是有益的"②。"洗发皂为日用香妆发皂之一种，乃涤除发上污垢的利器，为头发卫生的必需品，非独仅供香妆而已。"③

这些支持者认为使用化妆品，"再退一步，离开美的观念而单就卫生方面说，以适宜的药品来保护皮肤，也是必要而不可缺的"④。而我国人"向来对于科学方面注意较薄，医学卫生常识亦浅，结果，对于美容品，多只知其美容化妆的一面，而忘却了其科学的医学一面，其实化妆品与皮肤，关系至为密切，如误用劣品，反能使皮肤受了损害而发生与美容的目的恰恰相反的结果，所以，真正的美容品，必须具有两重的性质：既为高尚的美容化妆品，同时又是保护皮肤的药品"⑤。

（三）化妆带来无形的收获

"孟子曾曰：食色性也，昔深山有一道者，其子生平未曾近女色，一旦引其入市，见彼姝之丽秀貌美，心窃羡慕，归而恍然若重病，父知而诳之曰，此人而虎也，能噬人。子曰，宁为所食无怨。他日又入市，过一褴褛无盐，面不修饰之女，则废然觉悟，修其父之道而终其业。故美观雅颜，能令人爱慕，丑姿不妆，可使人厌恶，虽顽童而知之。"⑥

化妆品的支持者，认为使用化妆品可以增加无形的资产，如"在恋爱中的女子，因为化妆品的帮助而和她们的情人结为终身伴侣以后，生养了有为的子女，能够为国家做一点工作，那么这种美容工作，也倒是

---

① 《注意卫生》，《申报》1940年1月20日第9版。
② 《香皂选择法》，《中外论坛》1935年第3期。
③ 赵则优：《洗发皂》，《工业中心》1936年第5卷第9期，第457页。
④ 石霜湖：《生活的"真""善""美"与妇女化妆上对于美容品应有的认识》，《艺风》1936年第4卷第4期，第59页。
⑤ 石霜湖：《生活的"真""善""美"与妇女化妆上对于美容品应有的认识》，《艺风》1936年第4卷第4期，第59页。
⑥ 《二十五年来化妆品业与雅霜》，《申报》1939年1月2日第22版。

很有意义的。"①

夸耀自己的美，也是人的天性，是人的权利。"美，固然是天赋的，美中不足的地方，可用人工来补救"②，妇女"她固然不能得到所期望的皮肤健康，但经了胭脂、香粉、唇膏的妙用，她的精神上获得安慰，而且在揽镜自照的时候，还可以顾盼生资"③。可见美容是很重要的，"要是有一个女子，拒绝手边的美容利器而不用，她可以说是个女界的叛徒，亦可以说她是个蠢物"④。

女人的化妆，不仅能取悦异性，对物质文明的发展也有一定的作用。《申报》上就曾刊登过一则很有趣的例证："战时英国为节约起见，把化妆品的产造，限制到战前的百分之二十五。结果据英国战时生产局报告，人民情绪大为低落，战时工业的生产率，反逐渐下降。其后在各工厂设置了化妆品站，生产记录继续上升了。化妆的功效这样卓越，那是意想不到的，于是又将化妆品的产量，增加到战前的一半，并且规定军火工厂中女工的美容办法，使她们能重施脂粉，政府还特地供给她们一点化妆品。精神病专家卡尔司顿也说：女人的化妆，是一种必要的不必要，妇女们希望保持她们的爱好，尤其忘不了异性对她们的注意，修饰即可以可起异性的注意，这是动物界的本能，人类也消灭不了的。而假使一旦妇女都不施粉，人类的情绪必大受打击，完全禁止女子施用脂粉，似乎阻碍了她们日常进行的习惯，会产生一种全面性的不安全感"⑤。

美貌究竟值多少钱，这是难以回答的。而正是由于近代美丽观念的深入人心，可供女性选择的化妆品种类也日益多样化，而这正是适应国人美容和文明发展的结果。

---

① 《化妆品是不是浪费》，《家庭良伴》1947 年第 3 期，第 64 页。

② 五凤：《美容经验谈》，《玲珑》1932 年第 1 卷第 43 期，第 1712 页。

③ 《化妆品之谜》，《名著选译月刊》1939 年第 3 期，第 155 页。

④ 《驻颜有何术?》，《申报》1933 年 12 月 12 日第 21 版。

⑤ 《美貌的代价》，《申报》1947 年 12 月 5 日第 8 版。

第五章　商家营销与"美容消费"

化妆品行业是一个十分特殊的行业，化妆品的使用，不仅关乎个人的外在形象，也代表一种生活态度，一种文明。化妆品的出现是社会经济发展到一定阶段的产物，同时也是人类生活文化的体现。化妆品不仅具有使用价值，也包含着审美价值与文化意义。同样，化妆品的消费也体现出女性追求"美"的态度，是女性对外在形象的展示性要求。而为了促进女性购买，化妆品厂商往往在广告的宣传上竭智尽力。

开埠后的上海迅速发展成为亚洲最繁华的国际化大都市，其工商业的发达程度就连当时的日本东京都难以望其项背。以中产阶级为主力的消费人群的形成，激烈竞争的市场环境，为化妆品行业的发展在提供机遇的同时也带来了挑战。"欲求营业上之发达，颇非易事，盖一地一镇，必有同业者在焉，同业众多，则营业分散，且消费者之熙攘往来，又不能尽邀之以入我肆。故欲发达营业，一曰货真价实，二曰注重广告。"[1] 而"以印刷技术为龙头的相关技术、材料和产业的引进与发展，为商业文化的传播，提供了必要的技术前提。报刊杂志及广播等传媒业的发达，为商业文化的传播，提供了丰富的媒介与载体"[2]，报刊广告的繁荣推动了化妆品的消费。

第一节　广告为化妆品企业的发展造势

广告与早期商业发展的关系至为密切，"商人以诚信为壁垒，以

---

①　徐启文：《商业广告之研究》，《商业月报》1934年第14卷第1期，第1页。
②　李婷：《广告摩登：近现代中国商业广告海报研究》，上海锦绣文章出版社2011年版。

广告为战具，广告精良，犹战具之犀利也，执有利器，则战无不克，故商业之与广告，关系至为密切"①。20 世纪 20 年代的上海广告种类繁多，根据选用的媒体不同，可分为报纸广告、电杆广告、路牌广告、橱窗广告、包装广告等，根据商品生命周期阶段的不同，可分为开拓期广告、竞争期广告和维持期广告。近代化妆品行业作为一个新兴起的行业，宣传在此行业更显重要。

一　化妆品广告的整体分析

广告种类虽多且繁，然每个种类的适用性却不尽相同。如"急欲于短时间内布告公众之事项，最宜于新闻广告"②，"广告之不求速效，但期远功，而又不欲出巨价者，杂志广告可当其选"③，又如"通信广告，专恃通信，直接售货与远方各地消费家，而以通信法传递消息，布告货样价目，并宣示用法及功效于一般消费家"④，"户外广告，则为最易让人触目之广告"⑤。广告之媒介物，所在皆是，虽招贴、悬牌、电灯、书札、簿册、传单、月份牌等无一不是，但论功效的持久性还属日报广告。日报种类繁多，且以性质的不同而相异，每种商品都可以找到适合其做广告的日报。并且日报方便扩散，亦可反复阅读，价位也相对低廉，因而居广告业榜首。

化妆品行业为了发展，以上各类广告均采用过，但使用最频繁的还属日报广告。1872 年 4 月 30 日，《申报》在上海创刊，至 1949 年 5 月 27 日终刊，漫漫 77 年，《申报》广告与《申报》共生共存。特别是 1915 年 4 月经过改版后的《申报》，广告版面甚至超出了新闻和副刊的版面，为行业宣传提供了固定的载体。因此，本章也主要以《申报》为模本来分析化妆品广告，《申报》上商业广告种类繁多，包含香烟广告、钟表广告、绸缎广告、化妆品广告、皮货广告、书社广告、电影广告等众多种类，涵盖生活的方方面面。虽然化妆品广告在其中所占比例不大，但类型丰富，并且不同时期的广告特色各异。

①　徐启文：《商业广告之研究》，《商业月报》1934 年第 14 卷第 1 期，第 1 页。
②　解癸伯：《商业广告之研究》，《保险与储蓄》1924 年第 1 卷第 6 期，第 26 页。
③　解癸伯：《商业广告之研究》，《保险与储蓄》1924 年第 1 卷第 6 期，第 26 页。
④　解癸伯：《商业广告之研究》，《保险与储蓄》1924 年第 1 卷第 6 期，第 26 页。
⑤　解癸伯：《商业广告之研究》，《保险与储蓄》1924 年第 1 卷第 6 期，第 26 页。

（一）前期化妆品广告概貌

此处的"前期"是个较笼统的概念，基本指 20 世纪 20 年代之前。此时段为《申报》初创及发展期，因为尚处于起始阶段，此时期的化妆品广告虽然具有开创性的意义，但从现在来看，不免粗糙与幼稚。

首先，从整体上看，早期的化妆品广告没有固定版面，并且版面排列杂乱无序。早在 19 世纪七八十年代，发水、肥皂、花露水等近代化妆品的广告，已经出现在《申报》上，但这些化妆品广告却并非集中于一个特定的版面。虽然早期《申报》上也没有固定的广告版面，但有些版面会集中出现广告，暂称这些版面为广告版面，可是，化妆品广告却并不固定在某一个版面上，即便是日期相近的同一则化妆品广告，也是分布于各个版面，显得较凌乱。如 1891 年 1 月 20 日，将养护发需使用的"乌须黑发水"广告，放置在附张第 1 版上。而 1891 年 2 月 28 日，却将同一广告放在了第 7 版。同样地，声称由东洋引入，专治面上"烟色黑气"的芝兰香肥皂广告，1891 年 1 月 16 日出现在附张第 1 版，1891 年 1 月 23 日又出现在了第 5 版，而到了 1891 年 2 月 27 日，却被发现出现在第 7 版上。同样，宣称异香经月不散的"上等香水"广告，1891 年 2 月 27 日出现于《申报》第 5 版上，到了 2 月 28 日却出现在第 8 版。

早期日报广告版面杂乱无序，化妆品广告与声明、启事、招领以及其他商业广告等信息混杂，不同种类和性质的广告，常常出现在同一版上。如 1904 年 7 月 21 日第 8 版上，不仅有化妆品广告、药品广告、照相广告、火险公司广告等不同性质的商业广告，还包括遗失招领、进口船只信息、告白、招工声明、批发彩票、汇票行情等消息。其后情况稍有改观，虽然社会新闻和商业广告可能还是会被安排在同一版面内，但是为方便查找，已经出现了全部是商业广告的版面。如 1916 年 6 月 3 日第 9 版即纯广告版，包罗双妹花露水化妆品广告、英美烟公司香烟广告、老晋龙洋行所打医药广告、百代公司出售唱片广告，还有中国商业函授学校招生广告等讯息。这样的排版，虽然仍会显得版面混乱，也不易于真正有需要的顾客快速查找到所需要的产品，但对于早期化妆产品的宣传和推广，还是起到了一定的积极作用。

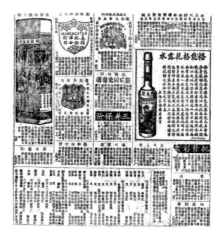

图 5 - 1　信息混杂的版面

资料来源:《申报》1904 年 7 月 21 日第 8 版。

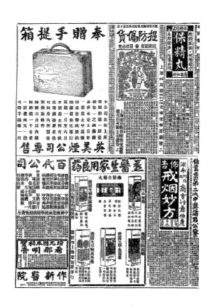

图 5 - 2　纯商业广告版面

资料来源:《申报》1916 年 6 月 3 日第 9 版。

　　其次,化妆品广告的模式设计简单,缺乏吸引力。早期的化妆品广告,大都以文字宣传为主,排列方式与新闻、告白、拍卖等形式相差不大,并且字体与新闻字体大小一般,也没有特殊标志或花纹或图案加以凸显，一眼望去，很容易被忽视。如 1888 年 8 月 31 日的一则肥皂广告，虽标题用加粗字体注明"顶上洋肥皂"，可无论是标题还是内容所采用的文字，都与周边的宣传广告文字大小无异，简短的一个内容介绍也是与招工广告、新印书籍价目等广告罗列在一起，如若不耐心查找，极易错过。而这种模式却历时持久，到 20 世纪 10 年代，仍会发现此类广告。1913 年 9 月 7 日所刊载的"生发水"广告就属此类广告。虽然随着时间的推移，化妆品广告的布局稍有改善，开始在标题字体上有所改进，以隶书或楷体的方式凸显，然而周围的广告标题字体亦有所改进，如此相较，并无优于其他商业广告的创新。

虽然此类广告构成化妆品广告的主体，但仍有部分相当出色的广告。早在 1888 年 9 月 26 日，就有一则出色的"芙蓉散香粉"广告，此则广告虽未位于版面中心，但因其在纯文字的内容介绍中间，配了一幅婉约女子的形象，立刻让人眼前一亮。而且，在此女子图片下方，配一长方形方框，书写着"芙蓉散奇珍粉"六个字，此六个字明显大于周边字体，且凸显了产品的名字和特色，使人一目了然。可惜的是，这类化妆品广告终归是少数，在早期还是以简单设计为主。

再次，早期化妆品广告以文案为主，但文字内容单调，甚至雷同。早期化妆品广告内容主要分为两类，一类是以介绍功能开头，中间贯穿产品价目和使用方法，最后介绍售卖地点。另一类则多是同一厂商宣传多项产品时，简单明了罗列产品名称加上价格抑或加上功效。而第一类则为大多数化妆品广告的缩影，且历时长久，润肤香皂、嫩面散、退斑水、玉容散、香水等化妆品广告均采取过。例如 1886 年 4 月 21 日的一则"百花润肌香腴"广告，开篇介绍产品功效，"专治面上烟瘾墨色兼消诸般滞气……润肤涤垢"，接着介绍价格，"每盒 5 块"，最后说明销售地点，"寄售沪北仁济医馆对门均昌泰洋广货铺及小琅环里吴友如画馆"①。简单明了，一气呵成。1894 年 6 月 25 日的"奇妙玉蓉嫩面散"广告，与之高度类似，开篇介绍功效，"专治男女面上酒刺、黑痣、汗班（斑）、烟色、黑气、油光等患"，中间穿插价格和使用方法，"每瓶 2 角""宜每日早晚洗面常擦"，最后介绍售卖地址，"位于上洋钱马

---

① 《百花润肌香腴》，《申报》1886 年 4 月 21 日第 5 版。

路"①。1906 年 11 月 1 日的一则"嫩面玉容散"广告，仍遵循此套路，开篇介绍功效，"治男女面上油腻、墨气、酒刺、雀班（斑）、暗晦等患"，接着介绍使用方法与价钱，"每晨擦自然嫩娇，每瓶 3 角"，最后说明地址位于"上洋二马路中市"②。到了 1919 年仍能见到此类广告，8 月 23 日的一则"立退雀斑药水"广告仍袭此法，开篇介绍"此药水内服则清肺热，外搽能去雀斑"的功效，接着说明价格，"小瓶洋 1 元 6 瓶洋 5 元，大瓶洋 2 元 6 瓶洋 10 元"，可于"英界卡德路山海关路口善昌里造福齐大药房"③ 购买，亦可付费邮寄。

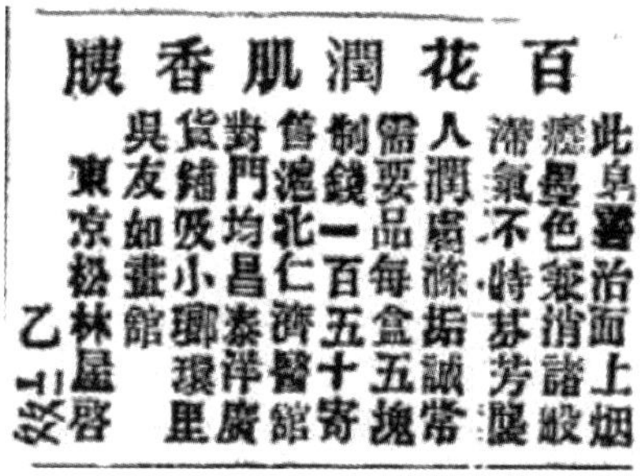

图 5－3　百花润肌香腴广告

资料来源：《申报》1886 年 4 月 21 日第 5 版。

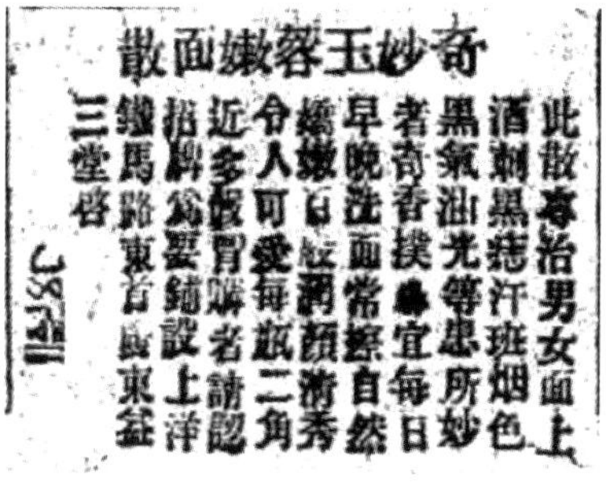

图 5－4　奇妙玉蓉嫩面散广告

资料来源：《申报》1894 年 6 月 25 日第 8 版。

---

① 《奇妙玉蓉嫩面散》，《申报》1894 年 6 月 25 日第 8 版。
② 《京都天宝斋嫩面玉容散》，《申报》1906 年 11 月 1 日第 8 版。
③ 《立退雀斑药水》，《申报》1919 年 8 月 23 日第 16 版。

图 5 - 5　嫩面玉容散广告

资料来源：《申报》1906 年 11 月 1 日第 8 版。

图 5 - 6　立退雀斑药水广告

资料来源：《申报》1919 年 8 月 23 日第 16 版。

　　第二类模板更为简单，多为同一厂商宣传多项产品时所选用。就像 1908 年 8 月 3 日上海中英大药房所刊广告（如图 5 - 7 所示），只是罗列了产品名称和价目。又如 1917 年 2 月 18 日，上海振亚公司也以此方式，宣传立鹤牌化妆品。

　　此两类广告形式因其简单明了，且易于操作，故被众多化妆品厂商选为广告宣传的模板，但其内容终究过于简单，使人读过即忘，难以留下深刻印象。

图 5 – 7　上海中英大药房广告

资料来源：《申报》1908 年 8 月 3 日第 4 版。

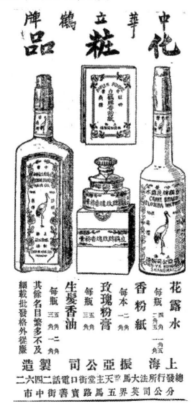

图 5 – 8　立鹤牌化妆品广告

资料来源：《申报》1917 年 2 月 18 日第 12 版。

综上可知，早期的化妆品广告还处于相对较低的发展水平，缺乏对自身特色的体现以及与社会的融合，却绝非一无是处，也不乏优秀作品。

（二）相对成熟期的化妆品广告概况

20 世纪 20 年代后的上海，迎来了快速发展的黄金时期，迅速成为远东最繁荣的港口和经济、金融中心，是近代亚洲屈指可数的国际化大都市之一。浓厚的商业氛围，也推动了广告业的成熟与进步。"上海既为全国商业中心，广告之新颖灵巧，亦为首屈一指，无论文字图画、橱窗布置，大都精益求精。"①

首先，开始注重版面的作用，加大对版面的投入。一个重要的表现就是普遍使用大版面，开始安排版面位置。版面越大，位置越凸显，视觉效果也就越强，越容易捕获顾客的视线。20 年代后大版面、半版甚至全版的化妆品广告，比比皆是。1921 年 4 月 27 日美商珂而辮子公司为推介其所产各类化妆品（如图 5 - 9 所示），就占用了第 15 版整版，整幅画面显示一位打扮时尚的闺秀，正坐在西式的化妆台前，

图 5 - 9　珂而辮子公司化妆品广告

资料来源：《申报》1921 年 4 月 27 日第 15 版。

图 5 - 10　中西大药房香品广告

资料来源：《申报》1937 年 6 月 12 日第 1 版。

---

① 沈伯经：《上海市指南》，中华书局 1934 年版，第 36 页。

涂抹珂而辫子公司的化妆品，图片左下角各种珂而辫子公司的化妆品瓶子，与闺秀梳妆台上的化妆品正好相呼应，右侧文字显示"美商珂而辫子公司专造化妆精品，行销全球，历有年所，如香皂、香水、香粉、美容膏、爽身粉、花露水等，皆以质纯净、香长久、色艳浓、且价廉为特点，闺阁女士赐顾请认明英文商标为要"①。不论是布局还是设计，都与其高级的化妆品的自称相照应。1937 年 6 月 12 日，中西大药房甚至在当天第 1 版，就以二分之一的版面，宣传发行明星香品。通篇以四幅图画和右侧文字表达出：明星成功的秘诀，得力于明星化妆香品。暗示读者，如果你也使用明星香品，便也可像明星一样成功。

其次，化妆品广告在加大版面的同时，也开始注重对版面的设计。除注重文案外，对于化妆品广告的设计，也愈发强调美感和特色，或加入纹饰或图片，抑或字体另类，以此来增显与众不同。如图 5 - 11 所示，1923 年 5 月 10 日的凡士林生发膏广告和 1934 年 10 月 8 日的力士香皂广告（图 5 - 12），在周围其他广告都是小字体的情况下，采用加

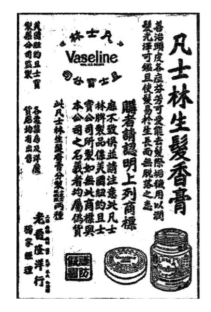

图 5 - 11　凡士林生发香膏广告

资料来源：《申报》1923 年 5 月 10 日第 20 版。

图 5 - 12　力士香皂广告

资料来源：《申报》1934 年 10 月 8 日第 22 版。

---

① 《优秀之化妆品》，《申报》1921 年 4 月 27 日第 15 版。

大加粗字体，其视觉效果立刻显现。增加图片和宣传品相呼应的广告，更是不胜枚举，黑人牙膏就曾以一个微笑时露出洁白牙齿的黑人形象（图5-13），作为广告的图片，洁白的牙齿配合黑人的形象，更加突显出黑人牙膏白齿杀菌的效果。

图5-13 黑人牙膏广告

资料来源：《申报》1937年6月3日第13版。

再次，化妆品广告的体例多样化。除去常见的介绍型、说明型广告以外，还出现了诸如对话广告、换购广告、赠品广告以及防伪广告等多种体例。1934年10月10日，"旁氏白玉霜"广告采取了对话广告的体例，以出门前、后两人的对话为主线，突出旁氏白玉霜"细腻滋润，常搽可免皮肤干燥、坼裂，或因日晒风吹变色"①的功效。1937年6月15日的"美的香皂"广告，也是以两位少女的对话，显示礼和洋行美的香皂"在华南盛行很久啦，人人赞美乐用，是德国德利化妆品厂的

---

① 《旁氏白玉霜》，《申报》1934年10月10日第21版。

著名出品",并且"科学制造,香味持久,而且保护皮肤"①。而更常见的是换购与赠品类广告。1927 年 1 月 17 日,"白衣人霜"在广告上注明"在阴历正月底以前,凡持未曾开过之白衣人霜 1 大新罐,至该行(喊厘洋行)者,即奉赠半英两之白衣人香水 1 瓶,精装盒内,或白衣人霜 2 小罐,任凭自择。又凡持 1 中新罐霜,至本行者,即奉赠四分之一英两香水 1 瓶,或霜 1 小罐,任凭自择"②。与此相近的是,1931 年 1 月 11 日"旁氏白玉霜"打出的广告,宣扬赠送精美月份牌,并附带月份牌券。1 月 23 日,再次赠券,宣称"附上邮票 5 分即寄旁氏白玉霜样子一小管"③。并且旁氏还特别注意防伪,刊登的广告,总是提醒顾客提防冒名撞骗,并告诉消费者"真正旁氏白玉霜之贴头上必加印一红 V 字母为记"④。

图 5-14　旁氏白玉霜广告
资料来源:《申报》1934 年 10 月 10 日第 21 版。

---

① 《两位少女的谈话》,《申报》1937 年 6 月 15 日第 21 版。
② 《白衣人霜》,《申报》1927 年 1 月 17 日第 15 版。
③ 《旁氏白玉霜》,《申报》1931 年 1 月 23 日第 13 版。
④ 《旁氏嫩面香粉》,《申报》1936 年 10 月 18 日第 10 版。

图 5－15　美的香皂广告

资料来源:《申报》1937 年 6 月 15
日第 21 版。

图 5－16　白衣人霜广告

资料来源:《申报》1927 年 1 月 17 日第 15
版。

图 5－17　旁氏白玉霜广告

资料来源:《申报》1931 年 1 月 11
日第 13 版。

图 5－18　旁氏白玉霜广告

资料来源：《申报》1927 年 1 月
23 日第 1 版。

图 5 - 19　旁氏白玉霜广告

资料来源:《申报》1936 年 10 月 4 日第 11 版。

　　而为了避免同一则广告长时间刊登,给顾客带来视觉疲劳,甚至出现了系列广告,以力士香皂最具代表性。力士香皂以偏爱选用女明星做广告而著称。胡蝶、阮玲玉、王人美、黎灼灼、袁美云、徐来、陈玉梅、陈燕燕等人们喜爱的女明星都曾为其做过广告。在广告中,阮玲玉说"力士香皂以上等的质料,售中等的价钱,是值得赞许和介绍的"①,陈燕燕说"力士香皂在摄影坊之化装室中亦占一重要之地位"②,黎灼灼说"力士香皂确使我皮肤洁白可爱"③,陈玉梅说"力士香皂香浓质细,价目低廉,为香皂中之最经济实用者"④,胡蝶也说过"这是我的美容秘诀,欲使容颜娇嫩,并非难事,如常用力士香皂,定能使肌肤洁

① 《明星香皂　香皂明星》,《申报》1933 年 2 月 19 日第 1 版。
② 《力士香皂》,《申报》1933 年 2 月 16 日第 2 版。
③ 《力士香皂》,《申报》1933 年 2 月 16 日第 2 版。
④ 《力士香皂》,《申报》1935 年 4 月 15 日第 9 版。

白光嫩"①。对百姓来说，明星遥不可及，但这一系列明星实证广告，让消费者感到至少可以和明星使用一样的香皂。

图5－20　力士香皂广告系列

资料来源：《申报》1935年4月15日第9版，《申报》1933年2月16日第2版，《申报》1935年8月7日第12版。

虽然总体而言，此时期的化妆品广告大多还是素面朝天，但无须质疑的是无论排版、布局抑或设计，都有显著的进步，并且在对中西方文化资源的融汇，以及对顾客消费心理的把握上，也都有所提升。

二　广告对"美"的宣传

"广告作为商业话语，表面是用来推销各种商品的，但为了更好地引发受众的消费行为，广告一般会在产品上利用文化包装自己，将商业话语转变为文化话语，在广告上附加现实的某种生活态度和生活方式，其中暗含、利用各种社会价值、意识形态，与现行生活文化联系最紧密的性别意涵，更是经常或隐或显地出现在广告中，成为广告利用最为频繁的资源。"② 并且"有趣的是，不论是想象还是现实，提到上海时总是有意无意地与女性联系在一起，上海在时空的变化中不知不觉地被置

---

① 《力士香皂》，《申报》1937年6月20日第10版。

② 戴婷婷：《解析大众传媒对性别的刻板印象化表现——从广告中的性别表现谈起》，硕士学位论文，郑州大学，2005年。

换成一个女性"①。同样地，女性也是广告的主题词之一，化妆品广告更需迎合女性逻辑和情感两方面的心理诉求，美便成了广告内容所要表达的中心思想，成了广告的核心。

（一）对"卫生与美"的宣传

早期对于"美"的理解，多侧重于卫生和健康的层面，强调身体清洁即是一种美。虽然卫生行政的一些举措，至少在19世纪60年代就已经出现在上海等地的租界中，而且也对中国地方官府行为产生了一定的影响，但其成为中国正式的官方行为，则始于20世纪初。"1902年天津卫生总局成立，该机构是袁世凯以直隶总督的身份，从八国联军占领天津后建立的都统衙门的手中接收而来。"②清末新政时，设置了管理公共卫生的行政机构，并颁布了相关卫生法规。1905年9月，光绪谕旨"巡警关系紧要，迭经谕令京师及各省一体举办，自应专设衙门，俾资统率，着即设巡警部"③。巡警部分设五司十六科，警保司设有卫生科。1906年时，巡警部改为民政部，卫生科亦升格为卫生司，下设保健科、检疫科和方术科，制度性的卫生行政就此起步。民国建立后，国民政府更是仿效西方模式建立了新的医疗卫生体制，卫生的观念更为流行。一时之间，以卫生和文明的名义实施对身体上的约束蔚然成风。

很多化妆品也搭乘"卫生"之风进行发售，"洗发皂、洗发粉、洗发液主要用于洗涤头发上的污垢，是头发卫生的必需品，非独仅供香妆而已"④。广生行所发售的花露水，宣扬"制法精美，有益卫生"⑤。先施公司虎牌化妆品也声称，"由港厂运到大批香水、肥皂抵沪，此肥皂炼制法及香味均美，沐浴尤卫生适用"⑥。永和实业公司也表示，"所制造月里嫦娥牌牙粉、嫦娥霜等……务合于日用卫生及人民之需要"⑦。"口张齿露，牙如黄朽，一望而知，按牙患大都由空气中之微菌侵入口

---

① 齐秋生：《走向现代的都市女性形象——从〈良友〉画报看20世纪30年代的上海都市女性》，硕士学位论文，暨南大学，2004年。

② 余新忠：《晚清的卫生行政与近代身体的形成——以卫生防疫为中心》，《清史研究》2011年第3期。

③ 于东：《巡警部设置时间考》，《史学月刊》1984年第6期。

④ 赵则优：《洗发皂》，《工业中心》1936年第5卷第9期，第457页。

⑤ 《介绍国货》，《申报》1917年6月12日第11版。

⑥ 《香港厂制香水肥皂运沪》，《申报》1923年3月28日第17版。

⑦ 《永和实业公司派员赴德考察》，《申报》1923年4月27日第17版。

腔所致，为卫生计，当用能杀口菌之洁齿品"①，固龄玉牙膏如此宣传。
中英大药房所制仙鹤牌牙粉，"用以刷牙，颇合卫生"②。中西大药房戈
登路支店，宣扬"全部家用良药、化妆香品……特聘卫生署注册药剂
师担任配方事宜"③。坚尔齿牙膏厂出品壳牌坚尔齿牙膏后，特在南京
路大新公司铺面，将壳牌坚尔齿牙膏制造程序及口腔卫生公开展览。对
于妇女早期使用的画眉之法，因其"每逢净面后以巾拭窗槛上，或桌
底垢尘涂之"④，而"不合卫生，见者亦觉不雅观"⑤，而被反对。对于
香粉、香水、洗脸皂等化妆品，要求"须求其不损伤皮肤，而适合乎
卫生为原则"⑥。"针对牙膏金属软管，含有锡锌及铅等多种金属，使软
管制造，未合标准，牙膏粘附铅毒有害卫生的情况，要求卫生当局仿饮
食品成药例，予以化验，凡不合卫生标准者，一概禁止，而合予标准
者，则给予证明书。"⑦

　　而对女性美的要求，也往往包括了卫生要求。牙齿、指甲、毛发之
美，不全在乎修饰，也重于清洁。如培根生发香水就宣传，"此香水根
据医学原理，几经研究而制成，为研究头发卫生与美观者所必备……常
使发色光泽，芬芳馥郁永留发际"⑧；珂路辫蓝腰香皂也宣称，"不仅能
使肌肤彻底之清洁，且能保持柔软皮肤之美观"⑨。良好的生活习惯也
是当时舆论所推崇的，"每晚临睡以前，必用肥皂洗面，次用净肤膏擦
面，此膏有挥发性，可使汗毛孔展舒，去净孔内污屑，再擦润肤膏，这
是睡前的卫生，并不是求美观"⑩。并且"离开美的观念，单就卫生方
面说，以适宜的药品来保护皮肤，也是必要而不可缺的"⑪。

---

① 《牙齿的美众目注意》，《申报》1931 年 1 月 22 日第 13 版。
② 《新制之花露水等化妆品》，《申报》1923 年 5 月 4 日第 17 版。
③ 《戈登路支店营业》，《申报》1939 年 1 月 5 日第 11 版。
④ 《画眉新语》，《申报》1927 年 5 月 6 日第 16 版。
⑤ 《画眉新语》，《申报》1927 年 5 月 6 日第 16 版。
⑥ 《述许㷍女士提倡国货之根本办法》，《申报》1937 年 2 月 3 日第 19 版。
⑦ 《工商辅导处调查化妆品工业概况提出五点认为应加以改良》，《申报》1947 年 7 月 14
日第 6 版。
⑧ 《培根生发香水》，《申报》1931 年 8 月 24 日第 14 版。
⑨ 《珂路辫蓝腰香皂》，《申报》1930 年 6 月 14 日第 17 版。
⑩ 《美国妇女生活杂谈（上）》，《申报》1931 年 7 月 27 日第 13 版。
⑪ 石霜湖：《生活的"真""善""美"与妇女化妆上对于美容品应有的认识》，《艺风》
1936 年第 4 卷第 4 期，第 59 页。

（二）对"健康与美"的宣传

"身体的健康也是需要受到重视的，孱弱怠惰的女性形象，越来越受到批判，代之以健康美的流行，健康的身体是美的首要原则。健康是一切生物生存的共同法则，在肉体美中自然占据重要的地位，人生应以健康为第一乐事，这是大众所承认的。"① 女性生活以健而美为第一乐事的宣传比比皆是。那么，什么是健康美呢？"美，不是专讲面貌就算数的，全身平均发达，由健康体格发生的美，总是真美"②，对于女性来说，"真正的美观，还是在健康的身体和丰满的肌肉"③。"妇女生活，即是健美生活……健美的生活才是真正的妇女生活④"。

20 世纪 20 年代开启的"女性与家庭"问题的讨论，更是一度将女性的健康与健全国民联系在一起，"女子为国民之母，欲列其国势于优等，必先跻其人种于优等，种族进步之权基于妇女，吾愿为人母妻者，俱以体健貌美为万国先"⑤。"无论我国的女子，怎样学时髦，穿高跟鞋，但总有弱不禁风的缺点。病态美是一向给我们独占有的称号，林黛玉式的女子是我们的耻辱，现代人如果没有刚强的体格，便不会有远大的目光和伟大的希望。"⑥"健全心灵和健康肉体是人类最大的希望，是人生之至实。"⑦"女子臀部大，子宫发育健全，骨骼发达完备，几能生出健康的小国民来，所以，女子要凸出胸臀，应该由卫生主管机关起来提倡。"⑧ 这种为了国家长存而改善女性的病弱体质，加强女性身体健康，为国家生产健全国民的论说，一直延续至抗日战争前。

很多化妆品在做广告之时，往往会打上有益健康的标签。有的宣传比较含蓄，主要突出化妆品有益健康的功效，如牙粉的主要功能就是要

① 采石：《自由谈：美容概论》，《太平洋》1947 年第 1 卷第 12 期，第 B2 页。

② 孤峯：《健康的美》，《生活》1928 年第 4 卷第 2 期，第 17 页。

③ 薇：《摩登妇女的装饰》，《玲珑》1933 年第 3 卷第 30 期，第 1593 页。

④ 淑英、有生：《妇女讲座：摩登讲座：健康美与病态美》，《春色》1937 年第 3 卷第 12 期，第 16 页。

⑤ 许家惺编：《最新女子修身教科书》，1906 年，转引自罗苏文《女性与近代中国社会》，上海人民出版社 1996 年版，第 148 页。

⑥ 陈珍玲、佩方：《妇女：新女性的两大训练》，《玲珑》1932 年第 2 卷第 76 期，第 1203 页。

⑦ 韦茵：《美与健：女性健康美》，《紫罗兰》1943 年第 9 期，第 17 页。

⑧ 淑英、有生：《妇女讲座：摩登讲座：病态与健康美》，《春色》1937 年第 3 卷第 12 期，第 16 页。

有去垢的功效，而对于牙齿则没有磨损或化学作用，同时要具有消毒性，以对付腐败的食物粒子，又绝对不可以有不快的味道。牙膏、牙粉、洗牙水等品，为牙齿的保护用剂。又如"不洁的皮肤常为病菌滋生的场所，而我们的手在夏日和皮肤有更多接触的机会，这样皮肤上的病菌就很容易感染到口腔里，引发各种肠道传染病；而康健的皮肤可以辅助肺脏呼吸的不足，倘使皮肤上粘附着污秽的时候，它的呼吸作用当然要减，这样虽然没有窒息之虞，可是不快之感总是不免的"①。洗粉、浴盐、痱子粉、花露水等即是"为了防止疾病，增进健康而设"②。

而有些宣传则更为直接，如将雪花膏与宫粉和水粉相对比，突出其无副作用，更有利于女性健康与美观的优点。"宫粉与水粉也，惟妇女涂面之粉，多属铅质，故曰铅华。须知铅性最敛，若久搽之能令皮肤糙涩、腠理、收缩致滞排泄之气，故好傅粉者色多萎黄，但雪花膏全无杂质类，不黏、不腻、无渍、无痕，诚修容清洁妙品。"③ 又如，将药皂与皮肤美和健康联系在一起，"无论男女，皮肤清洁无染瑕点、疮疖之患，可表现其皮肤之美观与身体之健康。君欲享此清福？惟常用中华卫生药皂洗涤皮肤，不独能杀菌消毒扫除各种皮肤病，并可保护皮肤美之永久"④。

而无论采取何种宣传方式，均是为了将化妆品与"健而美"的生活方式联系在一起，为化妆品塑造正面的品牌文化。

（三）对"身体与美"的宣传

如果说对"卫生与美""健康与美"的宣传，侧重于整体上的要求的话，那么"身体与美"则相对更为具体。女人身体的每一个部分都成了宣传的对象，从头发、眉毛、眼睛到嘴巴、牙齿、指甲，从手臂、胸部到大腿、趾甲，再从皮肤到气味，无一遗漏。

广告上对于身体美的要求比比皆是，"山般的眉，秋水般的眼，不肥不瘦的脸，两颊红红地，是真美丽"⑤，"青年的妇女要美姿，首不肥

---

① 《夏日皮肤清洁和康健的关系》，《申报》1924 年 7 月 11 日第 17 版。

② 《各业电请纠正营业税》，《申报》1931 年 4 月 19 日第 16 版。

③ 《双妹嚜雪花膏广生行监制》，《申报》1914 年 7 月 1 日第 16 版。

④ 《欲使皮肤美请用中华卫生皂》，《申报》1932 年 9 月 30 日第 10 版。

⑤ 《剧场消息》，《申报》1928 年 10 月 1 日第 26 版。

不瘦，以能合美的要素为合格"①，"女子的美是脂肪美……脂美的特征是，使得肉体丰满，因之皮肤柔软滑泽，肌理细腻，一看就可以知道是女性的美……讲到容貌，也是这样，女子是丰颊，圆头，眼睛张开来好似铜铃的样子，嘴唇很红，表示微笑的状态，这都是从脂肪上来的美丽，并且他的肌肤，好似白玉，胸前有两个乳房，很是膨胀丰满，是半球状样子，臀部很饱满，现出圆状，这也都是脂肪美的表示"②。曾有文字详细地罗列出典型的女性之美的各项标准，即"九四标准"，那就是"四黑（头发、睫毛、眉毛、瞳子）、四白（皮肤、眼白、牙齿、腿）、四红（舌头、嘴唇、齿龈、两颊）、四圆（头、颈、手臂、足踝）、四长（背、指、臂、腿）、四宽（额、眼、肩、臀）、四窄（眉毛、鼻、唇、腰）、四小（耳、口、手、脚）、四丰满（颊、腿、臀、乳）"③，但即便如此挑剔，时人仍认为"定下这样的九四标准，只是一种大体上的理想中的美点，还有更多的美的条件，是被遗忘了的"④。

广告不断地向女性强调，美是一种资源，是女性必须拥有的资本。如若拥有美貌，你会得到更多关注。如《她》一文中，记载一位身材婀娜的女生转校过来后，男生频频献殷勤，"她学脚踏车，必须男同学替她扶车子的。因此，一些拜倒在她石榴裙下的男同学，不但时时争去替她扶车子，并且每当晚饭后的时候，总是预先的到那脚踏车行去把那架女人坐的脚踏车租来"⑤。《女人女人（一）》一文则记录一位被评为"校园皇后"的丁小姐，即使毕业时，"从车窗里袭的笑语中，还隐约听得他们（男同学）对于自己的崇尊的赞美"⑥。即便如摄影师，也专爱选择美丽女子，"摄些种种美丽的女郎来获得他们经济上的利益，他们的目的并不在研究摄影的艺术，而是为个人物质上的利益而已"⑦。

相反地，若没有美貌，则可能会有不利影响。《胖小姐的悲哀》一文就记录了一位中学毕业、寂寞居家的 X 小姐的求职经历。其求职失败竟是"像女士的程度，确实不差，不过身段肥胖了，所以不及格。

① 《明星格》，《申报》1926 年 3 月 27 日第 11 版。
② 庄启元：《男性美与女性美》，《性杂志》1927 年第 2 期，第 1 页。
③ 《女性美的"九四"标准》，《申报》1939 年 1 月 2 日第 17 版。
④ 《女性美的"九四"标准》，《申报》1939 年 1 月 2 日第 17 版。
⑤ 《她》，《申报》1931 年 9 月 17 日第 22 版。
⑥ 《女人女人（一）》，《申报》1931 年 7 月 27 日第 13 版。
⑦ 《中公摄影研究会》，《申报》1931 年 5 月 24 日第 21 版。

这是本公司营业所关,不得不从严去取"①。本公司已选取的职员,"都是丰姿绰约,身材苗条的摩登小姐"②。又如"有女行于通衢,路人视线,必先集其面,美则目逆而送之,丑则掉首而他顾,其受人之钦羡与唾弃,悉在于斯"③。

"广告塑造出的女性一定是美的,容颜娇媚,肌肤软柔、肤色白皙,口齿清香,配以红唇,是以女子无不以美为宝。"④ 广告之所以不断宣传美的重要性,一来是为了推销化妆品,二来也是报商为了报纸的销售量故意而为之。当时读报的女子多有一定识字水平,且经济能力能够承担,她们也多注重容貌,此类女性抱着侥幸的心理也愿意一试,而广告对化妆品造就"美"的宣传,又看似给她们指出了一条通向美丽的大路。

三 广告对化妆品造就"美"的宣传

近代进入消费市场的化妆品主要分为两类,一类是以粉、黛、脂、香四品为代表的传统化妆品,早在鸦片战争之前就已存在。另一类则是根据近代化工知识开发的花露水、美颜水、牙粉、发油等近代化妆品。化妆品厂商结合社会文化,以广告为介质,一步步完成化妆品的宣传与推广。

(一)化妆品有益卫生与健康

近代女性早期对于"美"的理解,多侧重于卫生和健康的层面,并且卫生和健康也被视为一种文明象征。故早期的化妆品普遍将"去烟容"作为一大宣传功效。

鸦片的危害,早在清朝早期就已经显现,特别是 19 世纪中叶后,鸦片的大量涌入,既损害了中国国民身体健康,又造成大量白银外流,同时引发诸多社会问题。因而,国内禁烟的呼声此起彼伏。至 20 世纪初时,国际上也掀起禁烟热潮,1909 年,中、美、英、法、德、俄、日、意、荷等 13 国的 41 位代表在上海召开万国禁烟大会。会议通过了9 项决议案,规定除药用鸦片烟外,在会各国,均将鸦片视为禁物。虽然此议案对任何国家都没有实际的约束力,但仍在道义上支持了中国的

---

① 《胖小姐的悲哀》,《申报》1933 年 5 月 24 日第 13 版。
② 《胖小姐的悲哀》,《申报》1933 年 5 月 24 日第 13 版。
③ 《选择化妆品》,《家庭》1940 年第 8 卷第 1 期,第 121 页。
④ 《一枝红艳露凝香》,《申报》1928 年 7 月 4 日第 20 版。

禁烟运动。

　　借此良机，清廷相继出台律令，禁止鸦片。国民也深感鸦片危害，决议禁绝。然长期吸食鸦片留下的烟容、烟斑却不容易消散，不仅影响美观，更影响禁烟的决心。故去烟容，也就成为化妆品的一个宣传点。如新到东洋兰花香油肥皂，"专治一切油腻，并脸上烟色、黑气，而奇香触鼻，以之送亲友亦觉玲珑可爱，擦之立可皮肤润滑"①。诚德堂神仙散，"治面上油光、黑气或因吸烟色酒之害，面貌气色不开，宜用此散早晚本调搽擦，容貌光彩白嫩，真有转老还童之功妙也"②。又如"今得沈制镜面散，依法施治不二月，居然扫除斑癣、化去烟容，于无形造我美颜玉肤，至今半载，面上娇艳胜矣③；西洋香蜡梅油肥皂，"用西洋香蜡梅花汁所制，加之除垢香料等物，能退面上烟色、黑气，滋润皮肤功效甚大，式样可爱"④。此类广告，接连不断出现在各类报刊上。

　　化妆品也常常强调有益卫生与健康的功效，19 世纪七八十年代，首批化妆品广告出现时，强调的就是产品的卫生与健康作用。如东洋鹅油五彩弹子肥皂，"届此朔风初起，人面干燥，此系东洋新制，香润异常，不特可以除垢，并可泽润肌肤"⑤；秘制擦牙粉，"专治虚火牙痛、牙虫口臭，吸烟熏黄，每日擦之无不齿白坚固、味清"⑥；日本极品名香，"京都鸠居堂本铺精制各种奇式异样上品名香，其香味透远，辟瘟去邪，比众不同"⑦；百花润肤香胰"此皂善治面上烟瘾、墨色、兼消诸般滞气，不特芬芳袭人，润肤涤垢，诚常需要品"⑧。

　　20 世纪后，健康与美的联系更加紧密，夏士莲雪花宣传"涤洁皮孔，促起健康循环，增进肌肤组织，使容色鲜妍悦目"⑨。蓝腰香皂"质料优良，香气馥郁，其功用不仅能使肌肤彻底之清洁，且能保持柔

---

① 《东洋五彩香肥皂》，《申报》1884 年 3 月 8 日第 6 版。
② 《诚德堂》，《申报》1884 年 3 月 20 日第 5 版。
③ 《沈制镜面散功同造化》，《申报》1910 年 4 月 3 日第 9 版。
④ 《新到西洋香腊梅油肥皂》，《申报》1886 年 4 月 5 日第 5 版。
⑤ 《东洋鹅油五彩弹子肥皂》，《申报》1885 年 12 月 17 日第 5 版。
⑥ 《异法秘制擦牙粉》，《申报》1885 年 4 月 26 日第 5 版。
⑦ 《新到日本极品名香出售》，《申报》1885 年 10 月 9 日第 5 版。
⑧ 《百花润肤香胰》，《申报》1886 年 4 月 16 日第 4 版。
⑨ 《商标夏士莲雪花》，《申报》1928 年 11 月 18 日第 18 版。

软皮肤之美观"①；珂路莕蓝腰香皂，"组织细巧香气馥郁，能使面貌美丽如芙蓉，又能增进皮肤之健康，洁白如美玉"②；"礼和卫生浴粉，洁肤润肌，除晦涤垢，提神醒脑，保健强身，防病避毒，香沁肺腑"③；"五洲花露水，辟秽防疫，洁肤卫生，香韵馥郁，夏令隽品"④；这些广告词巧妙地突出了商品的卫生、有助身体健康的功效。

故此，我们可知早期的化妆品从文明的程度进行宣传，更多的是注重卫生与健康，且这种宣传一直持续到 20 世纪 40 年代。

（二）美，是装扮出来的

化妆品的品牌传播，也离不开近代上海印刷业的发展，近代上海在印刷业方面，一直保持着绝对优势，"1894 年，全国 76 种近代报刊中，上海占 32 种，占 42%，1911 年又增加 78 种，合计达 110 种之多。1936 年，上海市政府统计，上海经登记正式发行的各种杂志刊物已达 320 种。而据祝均宙统计，20—30 年代上海仅小报即在千种以上"⑤。而至 1945 年时，"上海共计出版了近万种各类大小报纸"⑥。

这些数以万计的报刊，无法计数的化妆品广告，不断向女性表述：美，是装扮出来的。"妇女的容色是生命的一部分，维持这生命的是化妆、饮食、睡眠。既有一定时间，妇女的化妆也需分出一定的时间来。"⑦"人要衣饰、佛要金装，三分人才七分装扮，这都是教我们修饰的金玉良言，不仅是男士们爱漂亮，蜜丝们爱摩登，涂脂抹粉，谁也免不了哟！"⑧"你该知道怎样造成你的美丽？用美丽来证明你赋有着宝贵的青春！小姐，你还是多么年青呵！这里我想告诉你一个参考，来造成你的美丽——皇后们的美容方法。"⑨

在宣传中，化妆被塑造为增加美丽的一种方法。"化妆就是把生成

① 《珂路莕蓝腰香皂》，《申报》1930 年 6 月 14 日第 17 版。
② 《珂路莕蓝腰香皂》《申报》1930 年 7 月 21 日第 11 版。
③ 《礼和卫生浴粉》，《申报》1931 年 6 月 26 日第 11 版。
④ 《五洲花露水》，《申报》1932 年 6 月 7 日第 7 版。
⑤ 参见忻平《从上海发现历史——现代化进程中的上海人及其社会生活（1927—1937）》，上海大学出版社 2009 年版，第 167 页。
⑥ 傅才武：《近代化进程中的汉口文化娱乐业（1861—1949）》，湖北教育出版社 2005 年版，第 89 页。
⑦ 徐剑我：《化妆为妇人的生命》，《家庭》（上海）1922 年第 8 期，第 1 页。
⑧ 何书筠：《美容的总论》，《春色》1935 年第 10 期，第 2 页。
⑨ 穆因：《皇后们的美容方法》，《春色》1935 年第 10 期，第 16 页。

的美保持着罢了"①，"美容是在迎合本人肤色的条件，运用化妆品色彩的调和，以增加天然之美丽。换句话说，美容是一种技术的致美手段"②，"梦想不到的美，今用三种化妆品可以达到目的。妇女求美，最为热烈，梦寐求之而不能得者，今有三种美颜妙品，定可如愿以偿"③。

除去正面的宣传外，广告还从侧面向女性灌输男性喜爱的正是装扮得体的女性。有直白的，如"今之爱美仕女，欲使己之姿态动人，俾可夸耀于众，令异性乐与为伍者，则首重面部之化妆得宜"④。"倾国倾城是古书上形容美貌绝顶之名词，大概人之好色出自天性，古今中外莫不皆然。譬如图中之少女，能引吸如许男子之瞻仰，必其美貌之出众也。"⑤ "欲得他人之羡慕，宜增进容貌之美。"⑥ 也有含蓄的，如"现代的妇女们，不论东西各国，在肉体上，应当具备的修饰要件是烫头发，画眉毛，涂嘴唇，染指甲等认为必不可少的"⑦。"女性的魔力真伟大，她的一举一动能左右男子的快乐和痛苦，一个美丽的摩登妇女到处足以吸引异性追逐，能够造成许多男子的自杀或猛力的竞争。"⑧ 有的广告，图画里绘着一个年轻女子，在问自己：汤姆为什么不和我跳舞？或者，我为什么不吸引男性？这种问题说不定正是一部分女子所急欲求得解答的，广告便告诉她，是因为"口红的颜色不够鲜艳、香水的气味不够芬芳"⑨，就在这一问一答之间，化妆品的作用深入了女性内心。

正是借助报刊的宣传，化妆品厂商在化妆和美之间建立起联系，"只要稍微留意，便到处发觉装饰化妆与美的问题，而且同时觉着这是一个重大的问题，对于经济、时间、体育、生理、伦理、劳动上、性恋上……都有重大的关系"⑩。而种类繁多、功能各异的化妆品，又为追求美的女性提供了"变美"的可能。

---

① 徐剑我：《化妆为妇人的生命》，《家庭》（上海）1922 年第 8 期，第 1 页。
② 《美容和化妆》，《康乐世界》1940 年第 2 卷第 11 期，第 14 页。
③ 《迪安》，《申报》1930 年 10 月 8 日第 11 版。
④ 《选择化妆品》，《家庭》1940 年第 8 卷第 1 期，第 121 页。
⑤ 《面有白嫩去斑》，《申报》1934 年 12 月 23 日第 7 版。
⑥ 《欲得他人之羡慕宜增进容貌之美》，《申报》1933 年 2 月 15 日第 8 版。
⑦ 《摩登妇女的修饰要诀（上）》，《申报》1933 年 8 月 14 日第 13 版。
⑧ 《女性的魔力》，《申报》1933 年 6 月 6 日第 17 版。
⑨ 罗曼：《妇女们的化妆》，《家庭与妇女》1940 年第 3 卷第 6 期，第 248 页。
⑩ 颜筠：《装饰化妆与美》，《妇女杂志》（上海），1925 年第 11 卷第 1 期，第 286 页。

(三) 化妆品造就 "美"

广告既然已在化妆与美之间建立起了联系，那么下一步则为更直接的宣传：化妆品具有化媸为妍的神奇功效，"女士们最爱护伊们的容貌，正如麋鹿爱护它们的角一样，伊们就为了爱护伊们的容貌起见，决不能听其自然，必须乞灵于一般美容品"①。"女子皮肤是最细腻的组织，倘要保持她的美丽，应常拿油来润泽她，一个女子都应使皮肤像蔷薇花瓣般鲜艳，脸庞儿像苹果般姣好，若没有这种姿态，就是不敷昂贵化妆品的缘故。"②

民国时期的上海，已经出现了大量的功能各异的化妆品，如旁氏白玉霜、润肤香洋蜜、西蒙香粉蜜、固齿擦牙粉、无敌牙粉、李施德林牙膏、黑人牙膏、司丹康美发霜、巴黎素兰霜、曲线安琪儿、力士香皂、嫦娥香皂、公主香皂、双妹花露水、三星老牌花露水、生发香水、施克勒洗浴香水、古龙香水等。中外混合，琳琅满目。

种类齐全的化妆品，无一不向女性"诉说"着本产品对于变美的重要性。单单从护肤类来讲，从早期嫩面香水粉、嫩面香粉、洋蜜、嫩面散，到后期的雪花膏、白玉霜、香粉蜜等，种种宣传无一能离开对功效的鼓吹。早期的宣传，如嫩面香水粉，"凡人面有滞色或起油光，将此水粉照法搽之，立能滞退，色鲜芳香可喜，妇女装饰更为相宜"③。嫩面香粉水，"此水善除面色暗晦，能令容貌光昌，闺阁用之最为合宜，每晚临睡时，将此水涂匀面上，渐觉皮面幼嫩，艳丽非常"④。奇妙玉蓉嫩面散，"专治男女面上酒刺、黑痣、汗班、烟色、黑气油光等患，所妙者奇香扑鼻，宜每日早晚洗面常擦，自然娇嫩百般，润颜清秀，令人可爱"⑤。塔牌嫩面霜，"销行数载，环球同胞，咸称曰保肤之元勋，色质香润，爽而不腻，有嗜好者搽之，烟容立退，妇女界搽之更增美丽，凡搽此塔牌嫩面霜者无不立时嫩颜生春，种种优点，不胜枚举"⑥。可见，早期的宣传较为笼统模糊。

---

① 《香闺珍品无敌牌碟霜》，《申报》1931 年 9 月 16 日第 15 版。
② 《女子化妆美与健美的论战》，《康乐世界》1939 年第 1 卷第 7 期，第 31 页。
③ 《货真价实童叟无欺上海大马路老德记起首药房》，《申报》1882 年 10 月 29 日第 7 版。
④ 《上海屈臣氏嫩面香粉水》，《申报》1892 年 9 月 28 日第 8 版。
⑤ 《奇妙玉蓉嫩面散》，《申报》1894 年 6 月 26 日第 10 版。
⑥ 《嫩面霜大贱卖卅天》，《申报》1927 年 10 月 19 日第 10 版。

如果说早期的宣传抓不住重点，并且有千篇一律之嫌，那么后期的广告则更易抓住人心。或像香笛双颊，"诸君欲使皮肤润泽，舍雪花膏其谁乎"① 这般简单明了。或像"双妹牌雪花膏，润泽颜容，四时合用，冬日涂之，可保无爆拆之虞，若洗面后常涂之，能使容颜娇嫩转媸为妍"②，"旁氏白玉霜，最精良的美颜品。凡于整容时，敷粉之前先搽此霜，则娇艳天然，历数时而不变，若每日敷用，能使肌肤柔软光滑可爱，实美国新发明中之娇容化装品"③，直指润肤功用。抑或做防伪说明，如旁氏白玉霜，"乃最精良之美颜品，凡于整容时敷粉之前先搽此霜，则娇艳天然历数时而不变。若每日敷用，能使肌肤柔软光滑可爱，实美国新发明中之娇容化装品也，总经理上海怡昌洋行各处均有出售，谨防冒白玉霜"④。双妹老牌雪花膏，"注册商标，广生行监制，此膏全系上等原料制成，且照科学原理配合，既香气之幽雅，复质纯面不腻，能使面部肌肤转粗为细"⑤。然"近有无耻之徒，仿效本行雪花膏形式，希图影射，以猎非利。虽经数次禀官罚禁，仍恐死灰复燃。兹为杜渐起见，改用白磁色之玻璃瓶装载，使彼辈仿效较难，赐顾诸君，尚希认明为祷，广生行谨白"⑥。表面上是告诉读者从哪里可以买到正品，并且如何进行鉴别，但实际上却是在夸耀自身产品。试想，如果不是因为产品好，又怎会有人仿冒？

对于身体其他部位美的宣传，同样比比皆是。从头发到指甲、由方法到成效，毫无遗漏。如护发类，"君欲终日发光洁整齐当用，司丹康美发霜，不问中分、旁分或倒梳，于梳后上此霜少许，则可终日清洁光滑，与清晨照镜时，无异此霜能使干硬之发服贴，洗发后用之亦可服贴，女子卷发用之必能终日不散乱，美发霜色淡红不油腻、不沾污，擦后立即消灭"⑦。"棕榄洗发水，系用棕果及橄榄二油配制，香气清雅皂沫浓厚，能使头皮清洁爽适，头发柔润丰美，常以洗发可保头发天然之

---

① 《诸君欲使皮肤润泽舍雪花膏其谁乎》，《申报》1916 年 11 月 25 日第 12 版。
② 《双妹牌雪花膏》，《申报》1917 年 11 月 23 日第 4 版。
③ 《旁氏白玉霜》，《申报》1919 年 9 月 18 日第 16 版。
④ 《旁氏白玉霜》，《申报》1919 年 9 月 26 日第 20 版。
⑤ 《雪花膏完全国货装品中首屈一指》，《申报》1920 年 11 月 25 日第 16 版。
⑥ 《提防假冒》，《申报》1923 年 3 月 8 日第 16 版。
⑦ 《司丹康美发霜》，《申报》1924 年 12 月 25 日第 9 版。

美丽，永免头屑、脱发之患。"① "张女士容貌既美，自从用了孔雀化工社的孔雀髓美发浆以后，更是如花如玉，秀色可餐了。"②

又如美甲类化妆品，像蔻丹产品，"欲求美观而修整，则指甲必须闪耀光华，此凡领袖时髦者，之所知也。彼等必用蔻丹修指用品者，以其耐久可靠，且为著名真品。既不拆裂，复不剥落，各种时新色泽俱备，其色经久不褪"③。美国蔻丹修指用品公司，"专门研究修指方法，发明蔻丹修指用品 20 余种。中以蔻丹去指膜水、光泽水、洗指甲水为尤着，能去指甲上之膜皮，使之光滑整齐，清洁无比。再用蔻丹光泽粉，轻轻横磨，则指甲美润如珠，红白分明。从此纤纤玉手尖尖春笋，无往而不使人爱慕矣。凡中国闺秀名媛，请试用之"④。

其他护齿类、沐浴类、芬芳类等化妆品的宣传，也是层出不穷。此外，从整体上教导如何化妆以及化妆品的常识，也常常见诸报端。像"学习者如何用刷子刷粉，用软而易曲的毛刷，轻轻将粉刷上，对于曲线和眼鼻旁要加以特别注意：涂脂不可太低，太低只能增加你的年龄和皱纹，位置合宜却能增你上部的吸引力，最好是在眼下抹成不着迹的圆圈"⑤。"化妆品的使用位置很重要，你应当细细的审视你的面容，并且试验试验那（哪）一种地位最好。不过不要单注意了正面而忘记了侧面。假使你自己不能决定，你可以请教你的丈夫或旁人，旁观的总比主观的清楚一些。"⑥ 还有，"化妆，切勿徒追随流行，不可只以依样葫芦为能事，需发见自己的优处与缺点，优处则发挥之，缺点则隐蔽之，这是化妆的第一秘诀"⑦。

通过层层铺垫、环环相扣的宣传，化妆品厂商将广告对化妆品的造势，转换成化妆品的"品牌文化"，不仅使化妆品造就"美"的这一观点广泛传布，更增加了化妆品的销量。

---

① 《七夕》，《申报》1931 年 8 月 19 日第 15 版。
② 《三分容貌七分装》，《申报》1928 年 7 月 6 日第 20 版。
③ 《维克司药膏》，《申报》1934 年 3 月 6 日第 15 版。
④ CUTEX，《申报》1928 年 9 月 2 日第 23 版。
⑤ 《初秋化妆的秘诀：贡献给都会女人们》，《大观园·都会》1939 年第 1 期，第 4 页。
⑥ 《面部化妆法》，《新家庭》1932 年第 1 卷第 9 期，第 84 页。
⑦ 斐然：《化妆十训》，《玲珑》1935 年第 5 卷第 46 期，第 3995 页。

第二节　化妆品广告对女性形象的不断建构

发油、擦牙粉、香皂、花露水、雪花膏、香水等，每一类化妆品的产生，第一要务就是要找到合适的消费者，进而利用广告进行宣传。而以消费者为对象所制作的广告，亦需积极将流行的事物纳入。女性对于时代变化是敏感的，其姿态也往往成为时代的象征，作为与女性密切相关的化妆品行业，在进行广告宣传时，往往会选择以女性为主题。

化妆品企业不但形塑了女性美与消费品位的关系，更建立了女性理想生活的指标，透过融合中、西文化的广告宣传，讲述女性生活的"现代体验"。

1872 年 4 月 30 日，美查联合 3 名英国人，合股在上海创设《申报》，开辟有新闻、评论、副刊和广告等项，以盈利为主要目的。到1949 年 5 月 27 日止，共出版 27000 余期，出刊时间长达 77 年，历经晚清、北洋政府、国民政府三个时代。《申报》完整地记录了国内外时事、法令法规、社会风俗，以及消费面貌和生活情况等。发行之初，每日仅有 600 余份，后因其对战事报道的真实性，销量开始猛增，20 世纪 30 年代时，已达到每日销售几十万份，求登广告之人也几乎要踏破门槛。这足以证明，已然有相当多的上海人民有阅报习惯和消费能力。报纸阅读的盛行，对于商品消费行为颇有影响。

一　化妆品广告之内容分析

近代广告表现形式，与政治、产业发展以及传播媒体的特质相关。在《申报》的化妆品广告中，存在广告主将他们心目中理想的"女性美的形象"引入广告的现象，无论是文案的设计，还是插图的选择，都可以看出广告主的精心安排。化妆品广告宣传不但有利于产品销售，更可透过文字修辞，对阅读人购买行为、生活方式产生影响。

（一）"西方"与"贵族"成为广告宣传策略

《申报》开创之初，刊登的化妆品广告甚少，刊登于 1880 年 8 月15 日的"新到顶真花露出售"是当时篇幅较大、较引人注目的一则化妆品广告。这则广告是则纯文字广告，文案为"褒南秘制格里斯得花露，此露极宜用于手面皮肤，能使容颜光艳，若皮肤粗糙及寒天开裂，

搽之顿觉滋润、清凉，亦能除雀瘢、汗斑、日晒面赤及蚊虫叮块，搽之
即平静，修面后搽之，容颜润泽，若小儿热天为汗伤肌肤，用露滴于水
中拭之即安逸，若以之早晚抹发，则发坚而不脱，且能生新发，真良品
也。此乃美国宾西顿城褒南所制，只此一家，并无分出，凡赐顾者，须
认明褒南印记，庶不致误"①。

透过文案，我们可以归纳出两大重点：一是此花露是多功能的，不
但能搽面，使容颜光艳，还可以抹发，使发坚而不脱，并生新发；二是
此花露产自美国，是洋货。1880 年，依据近代化工知识开发的近代国
产化妆品还不曾出现，市面上仅有以粉、黛、脂、香四品为代表的传统
化妆品。由于近代化妆品数量少，且价格昂贵，故被视为奢侈品。本则
广告在说明花露的众多功效后，进一步凸显其美国制造，中国唯有上海
新同孚洋行发售，似更匹配其"西方"的特性。

中西大药房所售各项化妆品，宣称是"最名贵之化妆香品"，文案
显示"本药房专运英、美、法三国最著名化妆各品，系泰西贵族名媛
平日所最欢迎者，经制造家历久研究，于人身大有卫生之益，不独修饰
已。香水，则芬芳馥郁数日不散；香皂，则润燥涤垢肌肤光泽；香油，
则头皮清润发光可鉴；香粉，则黄糙去而华彩现，久用如玉之晶莹，出
之天然，与市上所售之粗劣品不可同日而语，判若天渊"②。不仅突出
产自西方，为泰西贵族名媛所钟爱，而且除去修饰作用，强调产品改善
人体卫生的效果。

除了文案直白地和"西方"联系在一起外，有些广告还借用了
"西方"的意象，使用英文和西方女性形象。以下图"花颜水"广告为
例，不但广告图片选用穿着西式服装，卷发、身材高大的西方女性，商
品名称更是被翻译成西文，一并出现。文案则陈述产品特性，"皮肤能
令人之外貌，最易变迁，虽然生成美丽娇容，若任皮肤自成粗陋，非特
不得维持原有之美，且不能发挥天性之美，皮肤之关系于美丑也如此
也，常闻世间自叹其容貌丑陋者实属不稀，此又人生最大之遗憾。兹有
日本皮肤科大医小岛先生，多年研究自出心裁，发明一种良药，精制而
成美容药水，名曰美容药料花颜水，仅以数滴滴入洗脸水中，或注入大

---

① 《新到顶真花露出售》，《申报》1880 年 8 月 15 日第 5 版。
② 《最名贵之化妆香品》，《申报》1914 年 2 月 9 日第 8 版。

约数倍之清水，该盆内之水即逢药水而变色如乳，馨香馥郁触鼻，虽鲜花如玫瑰亦退一步且合卫生。专治皮肤所发小疮如面疱、雀斑、粉刺、酒刺、汗疹、顽癣、烟气、红点、晦色、油光、瘰疬等诸种讨厌之物，凡老幼男女皆可使用此美容药料花颜水，均得转丑成美，美容药料花颜水特色，最能完全皮肤乃成色艳，使姿容倍极光耀，足称最上妙品"①。"生发药水"广告也类似，广告图像是卷发的一位西方女性，商品名称以中文和英文一并出现，文案更以西方谚语开头，"西谚云：一两免病药，较一磅治病药，更为可贵，故预防秃顶之法，较医治秃顶之法亦更易，凡欲免发脱落者，须用泰客生发药水，常擦发根，自有生长及强固之力，诚善品也"②。

图 5-21 花颜水广告

资料来源：《申报》1914 年 4 月 14 日第 11 版。

这些广告文案将化妆品与西方之间连接起来，目的是塑造来自西方的时髦感，同时早期化妆品也强调其使用对象以"贵族"为主。花颜

---

① 《花颜水》，《申报》1914 年 4 月 14 日第 11 版。
② 《生发药水》，《申报》1915 年 12 月 4 日第 16 版。

水"使绅士淑女整齐姿容发挥光耀，独一无二之灵水也"①。双美人牌洗脸粉，"贵绅淑女如欲发挥自己天然之美者，须应购用这个双美人洗脸粉，目下在中华绅淑各位好用称赞的，就是这个洗脸粉"②，并且本粉"用法极容易也，临用之时，从盒内或包内倒出适合之量，接到手心里，沾一点温水或凉水拧糊溶解，变成粘泥似的就擦一擦可也，凡脸上头发身体各部，用本粉洗濯去垢增泽，真转丑成美，其效验如神"③。洗浴香，"系西国贵妇人所用，浴时约投半方，香袭肌理，能退瑕点，使肤若羊脂"④。无敌牌擦面牙粉，"各地洋货店及香粉铺如备此种牙粉，必受一般贵妇人之欢迎"⑤。

图5-22 生发药水广告

资料来源：《申报》1915年12月4日第16版。

早期的化妆品广告，在内容上多强调其产品来自西方，或被西方所认可，带着贵族气息。这是早期宣传的重要策略。

（二）"摩登"成为广告宣传策略

摩登一词，是英文 modern 的音译词，摩登女郎的出现，是晚清以

---

① 《花颜水》，《申报》1913年4月3日第12版。
② 《妆台绝品》，《申报》1913年12月11日第16版。
③ 《妆台绝品》，《申报》1913年12月11日第16版。
④ 《夏令家用必需之品》，《申报》1911年7月9日第13版。
⑤ 《无敌牌擦面牙粉》，《申报》1918年4月10日第14版。

来妇女解放运动与上海租界的消费文化高度融合的结果。"在租界化的上海，娱乐空间发达，女性社交形式多样化，流行西方的审美时尚，对现代美感的女性身体，有着迫切的追求，催生了大批摩登女郎。"①1930 年以降，"摩登"二字当为时髦的代名词。

那么，什么是摩登女性的形象呢？在样貌上，她们往往卷发、涂抹口红、穿着高跟鞋，配着紧身服装。往往在刊物上看到，在一位烫着发，涂着唇膏，穿着长旗袍，赤着脚，套着银色高跟鞋的女子的照片旁边，介绍说："这是位摩登女性××小姐"②。她们上山、游泳、骑车、跳舞、叫车兜风，生活多样化、时尚化。

30 年代的化妆品广告也往往围绕着摩登女形象展开，首先，在文案的设计上，处处透露出此品乃是摩登女选择的暗示。三星牌香雪宣传文为"质料纯洁，功能除雀去斑，易丑为妍，摩登女郎，人人必备"③。面友声称是摩登化的美颜妙品，"摩登女子无不爱用面友，因其与普通之雪花霜膏等完全不同，搽时不必用霜膏打底子，又不必再敷粉，皮色自然白嫩光滑。面友内含药剂，专为除雀斑、缩毛孔、免皱纹，一经试用，当知其妙"④。蔻丹更是声明其为摩登女郎不可不备之品，"玉指纤纤，惹人爱怜，若用蔻丹，更觉艳美，摩登女郎，不可不备"⑤。暗示选择了此品，自己也就能像摩登女郎般时尚。

其次，借用摩登女郎的样貌进行宣传。1932 年 1 月 10 日的一则"四七一一白玉霜"广告，就是以摩登女郎的生活情境建构的。广告画显示在寒风瑟瑟、漫天飞雪的冬季里，一名打扮时尚的女性行走在皑皑白雪中。大标题写着"四七一一白玉霜冬令保肤妙品"，文案是"四七一一白玉霜，细腻纯净，滋润芬芳，冬令常用，可保细嫩肌肤，光滑可爱，永无干糙粗裂之患。每晨净面整容之后，搽四七一一白玉霜少许，皮色立刻白嫩，再扑四七一一香粉，则容貌之秀丽，更为动人"⑥。整幅广告描绘了一个摩登女郎的样貌：因为使用了四七一一白玉霜，即便

---

① 李永东：《租界文化语境下的中国近现代文学》，人民出版社 2013 年版，第 205 页。

② 《摩登的解释：怎样才配称摩登小姐》，《妇女生活》（上海）1932 年第 1 卷第 13 期，第 299 页。

③ 《三星牌出品竹枝词》，《申报》1931 年 10 月 26 日第 12 版。

④ 《摩登化之美颜妙品》，《申报》1932 年 1 月 7 日第 8 版。

⑤ 《蔻丹》，《申报》1933 年 5 月 7 日第 19 版。

⑥ 《冬令保肤妙品》，《申报》1932 年 1 月 10 日第 4 版。

是在白雪茫茫的冬季，女性也可以外出活动。此广告含义有二：一是广告刻画的女性是独立的，积极的，也是摩登的；二是使用四七一一白玉霜，可以使女性无所畏惧地享受户外生活。

以摩登女性享受户外生活为主题的，还有旁氏白玉霜广告。一名女性在出门前正在认真敷粉，出门后身旁的男性不禁感叹脸皮被风吹得很痛，而此时女性却表示，"因为搽了旁氏白玉霜，所以不怕风吹日晒"，并建议男士"以后出去也要搽旁氏白玉霜，就可免去这种不快的感觉了"①。广告右侧标注"旁氏白玉霜，细腻滋润，色白香浓，常搽可免皮肤干糙拆裂或因日晒风吹变色，能保肌肤白嫩，容貌都丽，再来敷旁氏嫩面香粉前，先搽此霜，粉可长在，色更鲜艳，两手常搽此霜，必可光滑白嫩"②。

图 5-23 "四七一一"白玉霜广告

资料来源：《申报》1932 年 1 月 10 日第 4 版。

---

① 《旁氏白玉霜》，《申报》1934 年 10 月 10 日第 21 版。
② 《旁氏白玉霜》，《申报》1934 年 10 月 10 日第 21 版。

图 5 - 24　旁氏白玉霜广告

资料来源:《申报》1934 年 10 月 10 日第 21 版。

　　蔻丹广告则展示了处于交际场合的女性形象,如该广告(图 5 - 25)图片左上方显示一位女性正在精心养护自己的左手,右方显示一对正在跳舞的男女,文案设计为"交际秘宝,要知置手于对方肩上,举行跳舞时,有无数目光注意君之手指,设手指之膜皮不除,修饰欠佳,则贻议大雅,其羞如何,不忍不忍,有秘诀在此,若费数分钟,以蔻丹修指,则指甲必能光润清洁,而彩色焕发矣。蔻丹确为交际之秘宝,交友之资产,何不向著名化妆品惠购试用乎"①。可滴香水广告也属这般,标题是"法国老牌可滴香水",文案设计为"交际家人人乐用,可滴香水在法国社交上已被视为必需之品,男女无不采用,盖惟此

────────────

① 《蔻丹》,《申报》1932 年 6 月 12 日第 12 版。

种高尚之香气，始能令人闻之怡悦和解空气中一切恶味，人未至而香先扑鼻，诚本品之谓矣"①。

图 5 – 25　蔻丹广告

资料来源：《申报》1932 年 6 月 12 日第 12 版。

图 5 – 26　可滴香水广告

资料来源：《申报》1937 年 3 月 16 日第 10 版。

---

① 《法国老牌可滴香水》，《申报》1937 年 3 月 16 日第 10 版。

比较并综合归纳以上广告的信息，可以得知广告传递情境式使用化妆品的重要性，不同类型的场合，需要使用不同的化妆品，从而达到摩登的目标。而化妆品广告，也都是围绕着这些摩登美女、洋溢活力的生活情境描绘的。

（三）"多功能"与"价廉"的宣传策略

然而，随着"七七事变"的爆发，全面抗战开始，特别是"八·一三"事变后，战火烧到上海本土，战争阴影笼罩着上海人民的生活。在举国上下进行抗日战争之际，化妆品行业也不得不重新调整营业，寻求适合战争时期的广告诉求，"多功能"与"价廉"便成了新诉求。

战争时期，妇女虽然不断被动员，"鼓励丈夫子弟应征兵役，自己担负他们一切的工作。劝邻居、同学等献金献银、慰劳、缝纫、织布、耕种田地，增加战时生产；还要参加抗日自卫军，担任侦探，放哨……武装保卫自己的家乡"①。然"留存在孤岛的上海妇女，也许战事的西移，她们认为是与本身不复相关的吧，因而她们依旧是像平日一样的过生活，打牌、看戏、跳舞，好出风头，这些占据了她们的全部，同时更满不在乎地服用着仇货，使仇货的入超飞跃地增加，抗战在她们看来是一部份人的事"②。这虽然不免有夸大之嫌，但是也可看出此时的化妆品仍有市场需求。

虽然化妆品仍有市场，但是战事的持续，工厂被毁以及物资的短缺，反映到化妆品的生产制造上，便是多功能化妆品的诞生，即仅用一种产品就可以解决女性多项美容问题。如"八抵一"香品和"四合一"洗面粉即是。化妆品名取"八抵一"或"四合一"，即暗示出一物可多用。"八抵一"香品大字标题是"禁止化妆品进口以后之大贡献：美容法宝。华侨发明，中国制造"，下侧文案写着"化学专家李星洲博士，在美攻习时与其同窗潜究数月，并根据药典发明此粉，因功效灵验，为某著名化妆品厂所闻，愿出美金一万元购此奇方，足证此粉确具功效。用法简便，不受拘束，水搽干扑，搽后洗去，或不洗去，皆可。搽后洗去仍现白嫩，而不浮出粉迹，光滑洁白，如以香皂洗擦后，再搽雪花膏一样，搽后不洗游泳、打球，不为汗水混污，细腻不带粘性，爽快而无

① 《战时妇女的任务》，《申报》1938 年 9 月 25 日第 4 版。
② 《纪念三八节》，《申报》1939 年 3 月 8 日第 15 版。

刺激，无紧绷之弊，干扑亦能光滑细白而美嫩，比价值四五元一盒之舶来香粉，更为佳妙。香味文雅，并且洗不去能持久。任何化妆品功效不外去垢、吸汗、光滑、润肤、白嫩、平皱、除斑、化黑，得此一种皆可奏效。蓝盒装，搽面容用，红盒装，搽手腿用"[1]。如此冗长的文案，无非是为了突出其以一抵八的功效。

"四合一"洗面粉，自诩"为新发明之美容剂，可以一物四用，既可洗面，又可作水粉、扑粉或爽身粉用之，其功效之伟大，实非人所意料，如试用一次，皮肤立刻清洁、光滑、细腻、白嫩，天气愈热功效愈大，因其能吸收汗水，避免鼻上走油，兼能缩小毛孔，防除雀斑，粉刺与面瘰"[2]。

图 5 - 27 "八抵一"香粉广告

资料来源:《申报》1939 年 7 月 12 日第 7 版。

---

① 《禁止化妆品进口以后之大贡献美容法宝》,《申报》1939 年 7 月 12 日第 7 版。
② 《四合一洗面粉》,《申报》1939 年 7 月 19 日第 9 版。

图 5－28　"四合一"洗面粉广告

资料来源:《申报》1939 年 7 月 19 日第 9 版。

事实上,战争带来的原料供应压力,使化妆品生产也越来越难,多功能化妆品的产生,乃是不得不采用的决定。而且消费者在选择产品时,也不得不将价格因素考虑在内,价廉也就成了广告的另一宣传点。

1943 年 7 月 25 日的"力士牙粉"广告,以两位妇女的对话为主要文案:一位女士抱怨说"牙膏价贵,现在简直要把每天洁齿费用亦打入每月开支预算内"[①];另一位女士则眉开眼笑地介绍说,"你何不采用力士牙粉,其香味与洁齿效能同上等牙膏无异,而售价却便宜得多"[②]。"发宝"广告打出"三不"文案,即"不肯损失荣誉、不用劣等原料、不卖过高价格"[③]。"爱文牙膏"广告宣称"系用最上等之原料制成,并用科学锡管装盛,故泡沫特多,可以深入齿缝,而气味芬芳,用后满口凉爽,并因使用较省,一管可用多时"[④],且"较任何牙膏省一半,因为泡沫特多,所以使用较省,因为用料精优,所以洁齿特灵"[⑤]。

① 《力士牙粉》,《申报》1943 年 8 月 3 日第 2 版。
② 《力士牙粉》,《申报》1943 年 8 月 3 日第 2 版。
③ 《发宝》,《申报》1943 年 9 月 11 日第 2 版。
④ 《爱文牙膏》,《申报》1944 年 5 月 9 日第 3 版。
⑤ 《爱文牙膏》,《申报》1944 年 7 月 9 日第 1 版。

以上文案，突出的均是物美价廉。而战争时期人们所追求的美丽，也希望可以通过简单、便捷的方式获得。美奇化妆品和屈臣氏化妆品，向女性提供的美容方法，均是去除了化妆的烦琐步骤，通过简便、易操作的途径，即可完成。依据美奇化妆品广告，"变美"只需简单的三个步骤，"第一步使用美奇胭脂，色泽娇艳，最为男子心爱；第二步使用美奇香粉，能使肌肤温柔妩媚，精美细腻，无与伦比；第三步再采用美奇唇膏，予两唇以鲜艳之色泽，且能终日不褪"。并且"世界数百万精明爱美妇女，莫不一致承认施用美奇三种化妆品，确是妇女之美容快捷方式，能使容颜光润鲜艳，樱唇温柔诱人。请用真正美奇之化妆品，必可称心满意"①。同样地，依据屈臣氏化妆品广告，"永驻青春"也仅需要三步，"先搽佛尼斯洁肤霜以洁肤——本品能除肤孔尘垢，以防止粉滞及粗糙之患；次搽阿典那润肤水以润肤——本品能促进血液之循环，令肌理细腻和润，清凉舒适；末用惟尔佛美容霜以养肤——别种霜类徒多夸耀，惟有惟尔佛美容霜，确能柔润肌肤，滑而不腻，玉容如须添娇，可再敷以较浓之橙光润肤霜"②。

图5－29 美奇化妆品广告

资料来源：《申报》1939年7月27日第11版。

---

① 《美容捷径》，《申报》1939年7月27日第11版。
② 《如何永驻青春》，《申报》1939年8月21日第7版。

图 5－30　屈臣氏药房广告

资料来源:《申报》1939 年 8 月 21 日第 7 版。

战争时期,无论是化妆品的销售市场,还是广告宣传,都不可避免地受到了战事影响。即使想要在广告上维持女性美的形象,也要以协助国家进行战事为前提,以节约观念为先导,故所塑造出来的女性形象,也是有别于其他时期的。此时期化妆品广告的文案设计,也不可避免受到了这一思想的影响。

二　化妆品广告模特的变迁

在广告创作过程中,产品和企业是主体,报纸广告更注重商品本身的展示和宣传,为了展示产品,除了利用文案宣传外,图片也往往会起到不可思议的作用。结合化妆品使用群体的特殊性,广告画师为了吸引消费者的注意力,大量绘制美女图像,这些美女图像不仅是一种商业营销模式,而且反映出同时代的社会文化与女性心态,广告画中的美女模特也是创造者的刻意选择。

(一)"吉布森女孩形象"

早期的化妆品多为舶来品,故在广告图片的选择上,也多是搭配外

国女郎的形象。法国保牙药水选择了一位法国贵族女孩作为模本。女孩
长相甜美、高挑有型,柔软的大波浪头发分布在脸的四周,穿着奢华的
裙装,站立在西式的梳妆台前露出自信的微笑。女孩的形象颇有几分
"吉布森女孩"① 的感觉。女孩的气质,正符合保牙药水来自时尚之都
巴黎的"高雅",合乎 1880 年和 1884 年其在比利时和英国斩获金牌的
"尊贵"。其微微一笑,也恰印证了保牙药水"齿牙坚固且白,不至生
痛致溃,并能保牙龈,使之不溃"② 的健康功效。

图5-31 查尔斯·达纳·吉布森设计出的"吉布森女孩"形象

资料来源:百度图片。

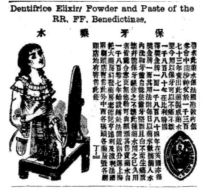

图5-32 保牙药水广告

资料来源:《申报》,1888 年 5 月 27 日第 7 版。

---

① 19 世纪末 20 世纪初,"吉布森女孩"的形象成为流行的女性形象。这些由插图画家
查尔斯·达纳·吉布森设计出的女孩,秀发如云,轮廓分明,个子高挑又丰乳肥臀,且拥有自
信的贵族气质,是公认的美国理想女性形象。

② 《保牙药水》,《申报》1888 年 5 月 27 日第 7 版。

图 5-33　美颜水广告

资料来源：《申报》1913 年 6 月 7 日第 7 版。

　　1913 年日本大阪桃谷顺天馆的美颜水，描绘了一对绅士和淑女：绅士衣着入时，手插口袋，风度翩翩；淑女身穿日本传统和服，手拿折扇，梳西式屋檐发型，浓眉和神态复制了吉布森女孩。配上“美颜水使绅士淑女整齐姿容发挥光耀”[①] 的广告词，向大家传递出此品具有卓越的美容效果。不仅在出现面疱、小疮、皮裂、烟气等问题时可以选用，并且能使“颜色增艳美、皮肤生光泽”，还可“融化白粉，颇易擦敷”[②]，是款促进卫生、健康的化妆品。

　　19 世纪末 20 世纪初，是西式化妆品在中国市场的开发期，对于上海民众来说，则处于对各类化妆品的观望期，所以此时期化妆品广告，多是借宣传“卫生”“健康”，来吸引消费者。采用的图片中的女性也往往倾向于选择成熟的形象，故吉布森女孩作为一种标准的女性美的形象，被复制和加工后，用于大量的化妆品广告画中。

　　（二）东方古典女性形象

　　20 世纪初至 20 世纪 20 年代左右，化妆品企业进入到与中国市场

———————————

① 《美颜水》，《申报》1913 年 6 月 7 日第 7 版。

② 《美颜水》，《申报》1913 年 6 月 7 日第 7 版。

的磨合时期。所以在广告的设计上，转向中国本土，开始设计出符合本地消费者审美的广告，东方古典女子形象便被引入化妆品广告。

化妆品的主要消费者是女性，但当时接受教育的女性数量有限，采用典故中的女子形象，一来引用典故，可以引起中国人的好感；二来，可以帮助并无多少文化基础的女性，更加便捷地了解产品的功效，方便推销。

近代的化妆品分涂抹和口服两类，威古龙丸属于后者，其广告选用了"张敞画眉"的典故。张敞，汉宣帝时京兆尹，与妻子感情甚好，因妻子幼时受伤，眉角有伤疤，故他每日要替妻子画完眉后，才入府办公事。故而后世将画眉看作夫妻间感情良好的表征。威古龙丸广告，即描绘了此种闺房之乐：风度翩翩的丈夫手执眉笔，正在为年轻貌美的娇妻描眉。广告中，妻子以正面示人，她衣着华丽，年轻貌美，温婉可人；丈夫虽只能看到侧脸，但也是君子风范，仪表堂堂。整幅广告，几乎不用文字，就将要表达的思想展露无遗。广告利用典故，突显的是夫妻间的恩爱。而这在传统社会内，极具诱惑力。女性因其人格的不独立，拥有丈夫的疼爱，幸福的家庭，尤为重要。这则广告对于她们来说，具有强烈的吸引力，仿佛食用了威古龙丸即可身健貌美、家庭温馨。

图 5-34 威古龙丸广告

资料来源：《申报》1919 年 12 月 15 日第 19 版。

图 5 – 35　棕榄香皂广告

资料来源:《申报》1920 年 12 月 17 日第 15 版。

　　棕榄香皂广告则选取了"西施浣纱"的典故。西施,春秋末年越国美女,天生丽质,相貌过人,一直被视为美的化身和代名词。相传,她曾在若耶溪浣纱,清澈的溪水映照出俊俏的身影,连鱼儿看见她的倒影,也会忘记游水,渐渐地沉到河底。故后世用沉鱼来形容她的美丽。在棕榄香皂的广告画中,春意盎然,垂柳随风摇曳,涓涓流水,西施跪坐于河岸边浣纱,在其画面顶端,画着棕榄香皂的标志,单以图画即可得知想要表达的是:使用了棕榄香皂,就可像西施一样,拥有美丽容颜。广告词为"谁为千古第一美人,人人皆曰,江滨浣纱之西施也,然西施习修饰,学歌舞,三年之久……则虽天然丽质,亦待修饰而后显,故近世美人,无不以上等化妆品为镜台之蜜友。棕榄香皂,即其一也,此皂含棕榄二果之油,功能美容润肤,去垢泽肌,请一试用,异日容光焕发"[1]。与图片正相呼应。以获得西施般的容颜来诱使女性购买,使消费者与棕榄香皂间形成文化上的互动,也是推销中的一计良策。

　　依据典故设计的广告画,利用的是人们的传统文化情结,迎合了当时中国百姓的文化审美情趣,为化妆品扩张市场提供了便利。

────────────

　　① 《谁为千古第一美人》,《申报》1920 年 12 月 17 日第 15 版。

（三）新女性形象

中国社会对女性的态度一向保守，女性被要求不在公共场合露面，更不用提作为广告画的范本了。想要寻找一位芳华绝代的女子做模特，绝非易事，故早期"双妹"牌化妆品，也是不得已请两位长相俊秀的男生做模特。

随着清末革命运动和女子解放运动的发展，部分接受新式教育的女性，独立交友、出行，并要求获得应有的社会地位和权利。20 年代也是化妆品快速扩张的时代，因而更加注重与新兴事物的融合，故在 20 年代的广告画中便出现了此类新女性形象。这类女性往往象征着健康、时尚。

1923 年先施有限公司的虎牌花露水广告，描述了一位踏青中的少女。女子上身穿窄而修长的高领衫裙，喇叭管袖子露出一大截玉腕，下穿黑色长裙，上有精美的刺绣。一头烫发，配以流行的垂丝刘海，脚蹬高跟鞋，一幅人若桃花、小家碧玉的东方美人形象，跃然纸上。该妙龄少女站立在一片绿野中，脚下绿草茂盛，身后一棵刚刚长成的小树，远处青山依稀可见，手拿一束鲜花放在鼻前轻嗅，整个画面春意盎然。几句简短的广告词"春光明媚之天，用虎牌花露水，香远清溢，心旷神怡"与整张画面完美结合。健康和时尚的气息尽显。

新女性，大多受过教育，除了穿着时髦外，思想也相对解放，她们要求具有与男子同等的地位，并希望能按照自己的意愿选择职业和生活方式，争取财产上的平等及婚姻自由。1929 年双妹老牌化妆香品广告，即抓住了婚姻自由的话题。广告中的女子，无论是穿着还是行为，在当时都属前卫。女子身上的旗袍，质料精良，做工细致，细节考究。对比最初旗袍式样，长度缩短，短至膝盖以上，并且袖短露肘，腰身收紧，使美好身体线条尽显无遗。而且选择了当时流行的高领，领子越高代表越时髦。搭配上利落的短发装束，更是迎合了当时的风尚。再看女子的行为，也可谓摩登至极。女子行为"大胆"，右手挽一男士，动作亲昵，男子也是西装革履，风度翩翩。画面右上角，小丘比特正将"爱神之箭"射向两人。表明这是一对自由恋爱的男女，与奉行"父母之命，媒妁之言"的传统婚姻截然相反。二人手里拿着双妹化妆香品，正满脸爱意地望着对方，两人的衣服上还印有双妹牌"虚拟代言人"图标。

此则广告，用意有二。一方面暗示，使用双妹牌化妆香品，可如图中女子一般，容貌娇嫩，成为爱神的目标，获得甜美的爱情；另一方面，也暗示即便摩登如此女子，也是乐于使用双妹牌化妆香品的，那么你有什么理由不用呢。

图 5 - 36　虎牌花露水广告

资料来源：《申报》，1923 年 4 月 15 日第 9 版。

图 5 - 37　双妹老牌化妆香品广告

资料来源：《申报》，1929 年 11 月 27 日第 14 版。

（四）家庭女性形象

20 世纪 20 年代后，《申报》化妆品广告中，还出现大量以家庭妇女为主角的广告画。相比与以往采用的年轻女性来说，这些家庭妇女多以母亲或者妻子的形象出现。

初期的家庭妇女形象，多衣着华丽，以贵妇的形象出现，无需为生活担忧，广告中陪伴她们的孩童或丈夫也是衣着光鲜，整幅画面往往充满美感上的魅力。

棕榄玉容霜广告和双妹老牌兰花粉广告就属此类，在棕榄玉容霜广告中，一位穿着毛绒大衣、头戴冬帽的富家小公子，一只手牵着一头雕刻精美的玩具小象，另一只手指向坐在妈妈梳妆台前的姐姐说着什么，姐姐同样衣着华美，正跪坐在梳妆台前的凳子上涂抹着化妆品，窗户外年轻貌美的妈妈微笑着注视着这一对儿女，一家人和谐、温馨。而右侧的文字对姐弟俩的对话进行了还原。"弟弟说：姊姊，你怎么拿母亲心爱的玉容霜，背地里胡美，被他（她）看见了，又要怪你多手多脚了。姐姐说：弟弟，不要紧的，母亲常说，搽了棕榄玉容霜，可使皮肤滋润，娇嫩可爱，冬天更应时常擦擦。弟弟：你看母亲回来了，他（她）在那里笑呢。"[①] 图片中姐弟的穿着，家里的西式妆饰，都显示这个家庭非富即贵。

双妹牌兰花粉广告描绘的也是一个殷实家庭。妻子身穿流行的西式裙装，绣着精美纹饰，脚穿尖头高底上等皮鞋一双，装扮时髦。丈夫也是西装革履。卧室装潢雅致、大方，而无论是窗帘的式样，还是其选用的新式沙发，都再次证明了这是个生活富裕的家庭。

这则广告中的夫妻恩爱有加，图画中的丈夫坐在卧室的西式沙发上，妻子则坐于丈夫腿上，而这在男尊女卑的传统社会是绝对不会发生的。可即便有富足的物质生活，丈夫的疼爱，可是年轻的妻子看起来并无一丝笑容，还是显得闷闷不乐，而年轻的丈夫正温柔地与其交谈，似在宽慰妻子，疼爱之情充斥整幅画面。图画左侧的文字为"虽有西子之容，若蒙不洁，则人皆掩鼻而过之，何有之美，若用双妹老牌兰花粉，擦其身体，如天然肉色无异，则身虽有臭狐，亦能辟除，变为芬馥，大有美人去后留香之妙矣"[②]。我们可以获悉，原来妻子是因为身体有异味，故闷闷不乐，而温柔的丈夫正在向其介绍兰花粉。

---

① 《棕榄玉容霜》，《申报》1924 年 12 月 7 日第 9 版。
② 《闺阁美谈》，《申报》1927 年 6 月 12 日第 14 版。

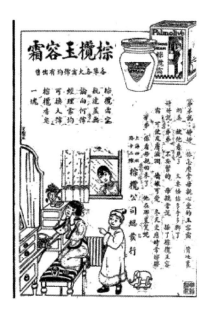

图 5 – 38　棕榄玉容霜广告

资料来源：《棕榄玉容霜》，《申报》1924 年 12 月 7 日第 9 版。

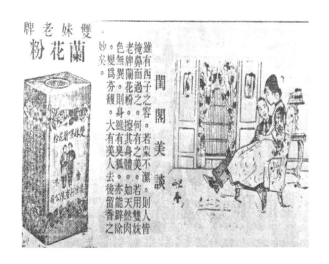

图 5 – 39　双妹老牌兰花粉广告

资料来源：《双妹老牌兰花粉》，《申报》1927 年 6 月 12 日第 14 版。

很显然，这幅广告画和上幅一样，针对的都是城市上流阶层中的家庭主妇。20 世纪 20 年代，众多妇女杂志就“女性与家庭”的问题展开讨论。至20年代中期，"小家庭讨论的展开，女性在家庭中应负的责任引人注目，要求新家庭内男女平等，但这种男女平等，不是别的，而是在家庭中女人和男人平等地负起责任，从分担家庭责任的基础，即爱情、儿童教育、生活和社交等方面平等。从而，女性的概念用男女平等的逻辑，成为重新规划家庭领域的主体，女性也以此得以正式进入家庭观念的轨道"①。

此类化妆品广告主要是强调家庭关系。正因为如此，一位悉心照顾孩子的母亲，或者一位惦念出差丈夫的妻子，在当时肯定会博得不少好感。

图5-40 无敌牌蝶霜广告

采用虚拟的人物，表达出妻子对出差丈夫的不舍和担心。在丈夫临走前，妻子特意将无敌牌蝶霜送上，只因蝶霜有保护肌肤免受风日侵蚀，并可治愈蚊虫叮咬的功效。

资料来源：《蝶霜》，《申报》1931年10月15日第11版。

（五）裸露女性形象

化妆品发展到20世纪30年代，已经拥有了一定的消费群体，因而，这时期要做的就是巩固成果，设法继续保持已有的消费者，并吸引

———————

① ［韩］林春城、王光东主编：《新世纪韩国的中国现当代文学研究》，复旦大学出版社2013年版，第244页。

潜在消费者。而广告发展至 30 年代，也已基本成熟，商业色彩也越来越浓，为了博人眼球，裸露的女性形象不断出现。

美国所产"蓝腰香皂"广告，最先在《申报》上采用裸女形象。以女子在浴缸中洗澡为预设场景，以托腮凝思、裸露背部为视觉造型，浴缸旁斜放着一块巨大的蓝腰香皂。图下配文"日用蓝腰香皂之效果，体生芬芳馥郁之气、面现红润可爱之色"①。

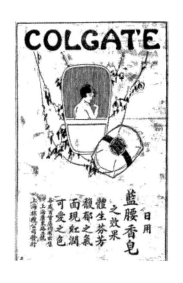

图 5 - 41 蓝腰香皂广告

资料来源：《蓝腰香皂》，《申报》1929 年 11 月 7 日第 18 版。

此图选用裸女为主角，一方面当然是通过彰显女性的性魅力，获得关注。另一方面，也和所宣传的物品相关，香皂本为洗澡所需之物，故采用洗澡中的裸女也不为过，且仅仅以裸背出镜。况且当时的女性对性感的表现也并非完全排斥，故此种广告并未遭到制止。

随后，出现了更为大胆的设计。1936 年，五洲大药房采用全裸的女性玉体为其名下爽身粉做广告。整幅广告画中，女子的裸体形象占据了三分之二的画面，一名女子浴后正在擦爽身粉，而其脚旁放置着的正是五洲牌爽身粉的盒子。虽然此女子的样貌并非真人，采用的也是对女

① *Colgate*，《申报》1929 年 11 月 7 日第 18 版。

性身体曲线的简单勾勒，但其饱满的女性特征，还是显示了无限的诱惑感。

性诉求的策略进入广告设计中，出于以下原因。此时正是上海步入繁华时期，大众对各方面的时髦东西都感兴趣，而且频频接受西方观念。加上当时电影业日盛，欧美电影中的女明星的挑逗动作也影响到当时的风气。但是，这与化妆品所宣传的健康美不符，且终是不能被主流思想所容忍的，因此，这类广告虽能一时引人注意，但最终消失匿迹。

（六）女明星形象

电影自 1896 年传入中国后，就以上海为基地发展壮大起来，至 20世纪 30 年代，发展至高峰，许多电影明星也因此成为"大众情人"。为了体现化妆品高贵典雅的品牌形象，广告界理所当然也将目光转向了具有影响力和感染力的电影明星。

选用电影明星做广告，可以增强产品的知名度。亦可以将大众对明星的喜爱，转移到对其所宣传的产品的喜爱中来。再者，选择电影明星做广告，还可以提升产品的品牌价值。遂在 30 年代，出现了明星代言化妆品的热潮。

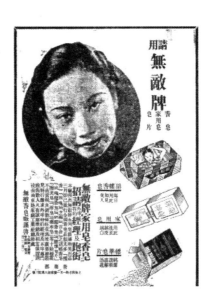

图 5 – 42　无敌牌香皂广告

资料来源：《无敌牌香皂》，《申报》1935 年 8 月 12 日第 18 版。

图 5 - 43　力士香皂广告

资料来源:《力士香皂》,《申报》1935 年 4 月 15 日第 9 版。

胡蝶,近代著名的电影演员,横跨中国默片时代和有声片时代。无敌香皂厂就曾选择胡蝶为其"无敌牌香皂"做广告。无敌香皂厂,1934 年由镇海人翁荣炳在上海创办,是与家庭工业社合办的两合公司,翁荣炳任经理。无敌,取其"天下无敌"之意,而在上海话中,"无敌"与"胡蝶"谐音,且胡蝶在 1933 年《明星日报》组织观众评选电影皇后的活动中,以 21334 票夺得影后桂冠,成为中国第一位"电影皇后",在电影界也是"无敌"。故无敌选择胡蝶,可谓是一片良苦用心。

力士香皂,从开始在《申报》上做广告起,就一直偏爱选用年轻漂亮的女明星来做证言式广告。胡蝶、阮玲玉、王人美、黎莉莉、陈玉梅、陈燕燕等人们喜爱的女明星,都曾为其做过广告。图 5 - 43 所示为陈玉梅所做力士广告画,广告中,不仅有陈玉梅的肖像,并且写着陈玉梅对力士香皂的评价:"力士香皂,香浓质细,价目低廉,为香皂中之最经济实用者"①。而陈玉梅,也素有"节俭明星"的称号。据说她拍戏时,身为老板兼丈夫的邵醉翁舍不得用名贵的布料为她制作戏装,所

---

① 《中外明星十九爱用力士香皂》,《申报》1935 年 8 月 27 日第 8 版。

以她总是穿一些旧戏服，但因为演技出众，非但没有演砸，反而频频获得露脸机会和称赞。这正合乎力士标榜的"品质既高，价格尤廉"。故选用陈玉梅，也可说是一箭双雕，既表明了明星喜用，品质高端，又凸显了价格低廉。

除了选择耳熟能详的中国明星外，许多化妆品企业也会起用外国明星为化妆品代言，如蜜丝佛陀就是请好莱坞明星海佛伦和葛洛丽·史德华为其做广告。采用外国明星代言，无非是为了突出自身的洋派作风，希望以高品质和舶来性打动消费者。

图 5－44　蜜丝佛陀广告

资料来源：《蜜丝佛陀》，《申报》1936 年 7 月 12 日第 16 版。

而到了抗战时期，因化妆品的广告修辞多与战事联系在一起，不再强调化妆品服务于个人欲望，广告设计也多简单明了，不再选用特定的女性作为模特，故此时期的美女图片广告呈弱化之趋势，在此不再讨论。

通过以上分析，我们可发现化妆品广告图片的主角，从"吉布森女孩"、东方古典女性、新女性、家庭女性、裸露女性，到女明星的转变，可以说是与时代相呼应的。而考察多样化的女性形象，不仅可以探索化妆品在近代中国的销售过程，同时亦可结合当时的社会文化，探究女性美的建构过程。

三　化妆品广告对女性形象的社会建构

道格拉斯·凯尔纳说过"广告商所关注的不仅仅是出售产品，还关心兜售与其产品相连的生活方式及社会所欲求的身份，或者说，广告使用消费者所认同的社会建构，来引诱他们使用其产品"①。杰里·顾迪斯也曾说，"广告并非总是反映出人们是怎样行动的，倒是人们的梦想总出现在广告里"。也就是说，广告商不仅出售产品，还出售他们的价值观，通过广告引导人们去认同他们所出售的价值观、生活方式和行为模式。化妆品广告引诱着女性使用化妆品，并且接受化妆品所塑造出的"美"，本身就是对女性形象的建构过程。

（一）近代身体美的文化之形成

鸦片战争之前，中国人普遍信奉"身体发肤，受之父母，不敢毁伤，孝之始也"。认为身体四肢、头发皮肤，都是父母赋予的，不可以伤害，否则便是不孝。当时对于女性美的讨论，也多侧重于德行方面。关于妇容，也主要指出入端庄持礼，不可轻浮。

鸦片战争后，女性美的意识发生改变，逐步转向身体美。历次战争的失败，带来的是通商口岸越开越多，西洋文化被引进。伴随着留学生的回国、与洋人打交道的频繁，出现了要求服饰等变革的呼声。"一些新型知识分子，甚至把女子服饰变革和女子解放联系起来，认为传统服饰是束缚妇女的锁链，主张予以改革。"② 于是，留洋女学生、上层阶层女眷首先开始着洋装、蓄西式发型。西式雪花膏、香皂、香水等化妆品，也成为女子争相使用的对象。报纸的宣传，也频频将化妆品与"卫生""健康"等观念联系在一起，人们相信通过服饰、发型以及化妆等手段，可以使自己看起来更文明。

近代卫生观念的演进，与清末新政相关。清末新政时，设置了管理公共卫生的行政机构，并颁布了相关卫生法规。民国建立后，国民政府更是仿效西方模式建立了新的医疗卫生体制。卫生的观念，一时间更为

① 王春梅：《被肢解的女性——广告中的女性形象解读》，《江西社会科学》2005 年第 4 期。

② 时影：《民国时尚》，团结出版社 2005 年版，第 52 页。

流行，身体的卫生与健康成为衡量美人的首要条件。"帘卷西风，人比黄花瘦""侍儿扶起娇无力"的病弱美，越来越受到批判。特别是到了20 世纪二三十年代，健康美的言论更是不绝于耳。"以'多愁善病'为美丽是不能再立足了，妇女们肩负的责任重大，岂可再盲从了以前可笑的话，使身体不能强健，我中华二万万的女同胞，都应该负起责任来和男子一同为国家和民族奋战！"① "我们须知所谓真正的女性美是必须建筑在健康上面，在一位病弱的女子身上，断不会找出什么美来。"② "健康美，关乎民族存亡，而且健康是美丽的辅助剂，是本身独立生活的基础。"③

这种为了国家长存，而要求改善女性的病弱体质，加强女性身体健康，为国家生育健全国民的论说，可谓是 20 年代"女性与家庭"问题讨论的延续，而这种对"母职"的要求，一直延续至抗战前。

就这样，近代的化妆品在冠上"卫生""健康"的标签后，开始了发售。以广告为介质进行的宣传革新，也大大促进了近代化妆品相关产业的发展。19 世纪七八十年代，发水、肥皂、花露水等广告首先出现，强调产品的卫生作用。"（老德记傅发水）妇女发上所用之油胶等物，所有之美处，此水兼而有之，且无其黏污诸弊，用之头皮亦甚爽快，发更易于生长，头屑全无。"④ "凡有人皮肤有疼痒等事，或易受天气侵蚀者，用皮而士之透明肥皂，便可立效。即有人皮肤发皱、发黑俱可以免，又可使皮肤光嫩如绒，又可使肌肤爽快、颜色光洁。且此肥皂发香，妆台上日日用之，大是奇宝。"⑤ "香水一物，出自泰西，内可以适身心，外可以去秽臭，故香水之流行，由近而远。"⑥ 这些广告词巧妙地突出了商品有助身体卫生、健康的功效。

20 世纪起，玉容散、雪花膏、美颜水、香水、香皂、口红等化妆品也纷纷出现。翻阅此时期的广告，便会察觉，化妆品企业在宣传其卫生、健康功效的时候，也加入了对其美容的宣传。"凡老幼男女皆可使

---

① 《妇女的健康》，《晨报副刊》1924 年 7 月 22 日。

② 《女性美与健康》，《玲珑》1933 年第 3 卷第 36 期，第 1934 页。

③ 《妇女的健康》，《妇女杂志》（上海）1930 年第 16 卷第 6 期，第 10 页。

④ 《老德记傅发水》，《申报》1878 年 12 月 10 日第 8 版。

⑤ 《皮而士公司肥皂牙粉香水》，《申报》1879 年 6 月 8 日第 6 版。

⑥ 《褒南妙制百花露》，《申报》1881 年 10 月 1 日第 5 版。

用此花颜水，均得转丑成美，花颜水特色，最能完全皮肤，乃成色艳，使姿容倍极光耀，足称最上妙品。"①"奥林杏花水，为妇女梳妆时所不可少之品，使皮肤光润舒爽，擦粉保其不脱去。"②"搽十六岁小姑娘，不论粗糙或黄黑之皮肤，能立时改变为细腻光润之态，而成柔滑洁白之肌，香艳无比。"③

化妆品企业通过广告为女性传达出：美，是可以后天装扮出来的，而化妆品正是为了满足女性的美丽需要而设计的，通过使用正确的化妆品，人人都可以成为美人。为了固化"美，是可以通过后天化妆出来的"，化妆品企业在市场营销的过程中，将它们心目中的理想女性形象打入广告中，指引女性达到所谓的"标准美"。

（二）化妆品广告对女性形象的建构过程

首先，无论是广告的内容或图片的选择，我们可以发现，它们都是为了打造美丽的女子，选择的也都是漂亮的女性形象。这些女性，都拥有细长的眉毛、白皙的皮肤、樱桃朱唇，气质娇柔，仪态娴雅。广告图片具有很强的观赏性。"若容颜娇艳，肌肉软柔，我见犹怜，谁人不断肠？"④ 当时女性的活动空间也多被圈于家庭内，即便是广告中的女性角色依然多是家庭角色的延伸。"在这些广告中，女性主要负责貌美如花，在这种广告的包围中，女性首先被建构为美的承担者，美是女性的首要任务。"⑤"仿佛不美的女人是社会的一种灾难，是女人的最大不幸。"⑥

其次，化妆品广告引诱着女性使用化妆品，接受化妆品所塑造出的美的标准。在广告的王国里，女性被各类化妆品簇拥着，梦想着达到它们认定的"美"。"人之皮肤感触最灵，如风吹则燥，日曝则痛，受猛物刺激则炎，敷油类滋润则柔，是则可知，皮肤之美恶与化妆品之优劣

---

① 《花颜水》，《申报》1913 年 6 月 26 日第 9 版。

② 《奥林杏花水》，《申报》1925 年 4 月 30 日第 12 版。

③ 《秋风一起皮肤燥惟有及早搽用此十六岁小姑娘》，《申报》1931 年 10 月 12 日第 8 版。

④ 《双妹老牌茉莉霜》，《申报》1926 年 10 月 17 日第 14 版。

⑤ ［法］波伏娃：《〈第二性〉导读》，王向贤导读，天津人民出版社 2010 年版，第 53 页。

⑥ 李长之：《论女人与美》，《论语》（半月刊）1934 年第 36 期。

大有关系。"① 仿佛使用了广告中所推销的化妆品，就会像广告中的女性一般美丽。并且针对身体的不同部位，都可以找到修饰的化妆品，生发药、生发油、护发霜、美发霜等确保头发乌黑发亮；牙膏、牙粉保护牙齿洁白健康；玉容散、美颜水、雪花膏、美容散、白玉霜等护理脸部；爽身粉、香粉则负责身体润滑；而蔻丹，可以使嫩甲生色；此外，各类花露水、香水则确保香气环绕。

对于理想的"女性美"的建构，化妆品厂商结合化妆品的扩张过程，通过四个阶段来进行。第一阶段：19世纪末20世纪初，此时是化妆品厂商对中国市场的开发期。文案和图片强调的是化妆品有益卫生、健康，将卫生、健康的观念植入女性脑中。第二阶段：20世纪初期至20世纪20年代，为化妆品与中国市场的磨合期。此时期化妆品广告通过宣传，建立起健康和美人之间的紧密联系。第三阶段：20世纪20年代至30年代，这一时期是化妆品市场的快速扩张期。以健康的女性形象，强调化妆是保证美的必需品。第四阶段：战争时期，属于化妆品市场的收缩期，注重以化妆品企业的品牌形象，来强调化妆所带来的美。

综上，我们得知，近代女性美的建构，是以时代背景为中心，以卫生、健康与美的文化形成为依据，以化妆品在近代的发展为支撑，以广告画中的女性形象为传播媒介而完成的。"近代女性美的构建，不仅促使了女性接受化妆品，推动了化妆品企业的发展，并且见证了美的理念和理想，从个人化、私人化的领域向公开化、公共化的方向转变。"②

第三节 经济民族主义的成功典范

《申报》广告如同近代上海的一张全景式、开放型地图，涵盖近代上海社会的方方面面。广告话语紧密围绕着当时的社会生活，引领人们社会交际、品味美食、出入游乐场所、旅游观光、进行体育运动、美容保养……广告不仅体现了形形色色的民众生活，也将上海人民与消费文

---

① 《商标夏士莲雪花》，《申报》1911年8月20日第24版。
② ［美］杰弗瑞·琼斯：《美丽战争——化妆品巨头全球争霸史》，王苗、顾洁译，清华大学出版社2014年版，"评论"。

化紧密联系在了一起。

"近代上海同时激荡着'世俗化的消费主义意识形态'与'民族主义的消费文化'两种消费观，前者表现为简单时尚的消费观念，后者则更多的考虑到产品的国别。实际上，葛凯的研究已经表明，20世纪初期中国正在兴起的消费文化是与民族主义相伴随的，它既界定了近代中国的民族主义，又帮助传播了这种民族主义，而把中国看作是有着自己的'国货'与'民族国家'这样一个概念的形成，反过来又影响了中国消费主义的内涵和形态"①。

1917年，陈蝶仙在制盐废弃的苦卤中提炼出制作牙粉的基本原料碳酸镁，试制牙粉成功，定名"无敌牙粉"，在农商部登记立案。1919年五四运动爆发，借着国民抵制日货热情高涨之机，无敌牙粉销路大增。几年后，销量甚至赶超无制造样本的"金刚石"与"狮子"牌牙粉，致有时人所称"蝴蝶咬碎金刚石"。

一　金刚石、狮子牌牙粉：陈蝶仙的日本样本

海禁大开以来，洋货充斥中国市场，洋商们熟知报刊广告的力量，因此"显其故技"，在报刊上登载广告，抢先占有中国市场，尤其日用品广告，如"老刀"牌香烟，"人丹""味之素""金刚石"牌牙粉等，对此，《申报》报道称"进口的是舶来品，出口的是中国币"②。

日本的金刚石牙粉，外货畅销中国的日用品之一，据法租界洋泾滨第17号日本商人平尾赞平经理禀称，"创制的金刚石牙粉（DIAMON），前于明治三十二年（1899年）就输入中国行销，并于明治三十六年（1903年）12月2日呈请日本政府特许局注册一面报请上海海关注册，奉给15954号起至15956号为止，三号商标在案"③。可知，早在1899年，金刚石牙粉即进入中国市场，并于1903年完成在上海海关的注册。

1906年，日商小林洋行在上海设立分行，行销自作各货，狮子牌牙粉即在此列。

（一）日本牙粉的"独占鳌头"

牙粉属于较早传入中国的一类化妆品。早在清同治十一年

---

①　陈惠芬：《现代性的姿容——性别视角下的上海都市文化》，南开大学出版社2013年版，第130页。

②　杜艳艳、陈培爱：《中国近代广告史研究》，厦门大学出版社2013年版，第22页。

③　《禁止假冒日本之金刚石牙粉》，《申报》1915年8月13日第10版。

（1872），由传教士林乐知主笔的《上海新报》就已经出现牙粉出售广告，"今本行有老能顶好阿敦牙粉出售，其粉能令牙坚固，又保牙仁，去牙垢，漂白如玉"①。

图 5－45　出售头油、牙粉广告

资料来源：《头油牙粉等出售》，《上海新报》1872 年 9 月 13 日第 3 版。

　　清同治十三年（1874），《申报》上也开始出现售卖牙粉广告。1 月 22 日刊登拍卖东洋牙粉广告，"于初五日 11 点钟在本行内拍卖貂皮、獭皮、狐皮、虎皮、狼皮数百张，东洋牙粉 5 箱，乌木烟杆 7000 支，如买客合买者，早来面拍"②。

　　此后出售牙粉广告更是不断现于报端。如清光绪四年（1878），刊登新到东洋牙粉，"货寓大东门内恒泰永缎庄另小东门内叶正大代售"③。清光绪五年（1879），皮而士公司出售牙粉。清光绪八年（1882），老德记起首药房出售玫瑰牙粉，"凡牙齿不洁，日后必易朽腐，非特傍观不雅，自己食物亦多未便，此粉搽之立能洁白芳香，永不

---

① 《头油牙粉等出售》，《上海新报》1872 年 9 月 13 日第 3 版。
② 《拍卖》，《申报》1874 年 1 月 22 日第 4 版。
③ 《东洋新到各货》，《申报》1878 年 10 月 14 日第 7 版。

蛀坏"①。清光绪九年（1883），屈臣氏发行固齿擦牙粉。清光绪十年（1884），丰和新行推出清香固齿擦牙粉，"用之永无虫疾牙痛之患，兼去口中气味"② 等，在此不再——赘述。

大清朝廷經為代理拍賣寶職事
又 奉
英皇后未多里阿代國家
經理拍賣職事
奉

拍賣啟者於初五日
行內一拍賣會在本
十二月初四日
如來面拍可也
早日賣
木煙桿七千支
洋蠟番合可買者
狼牙粉五箱
獺皮數百張烏東
獅皮狐皮貂皮虎皮
十二義泰洋行啟

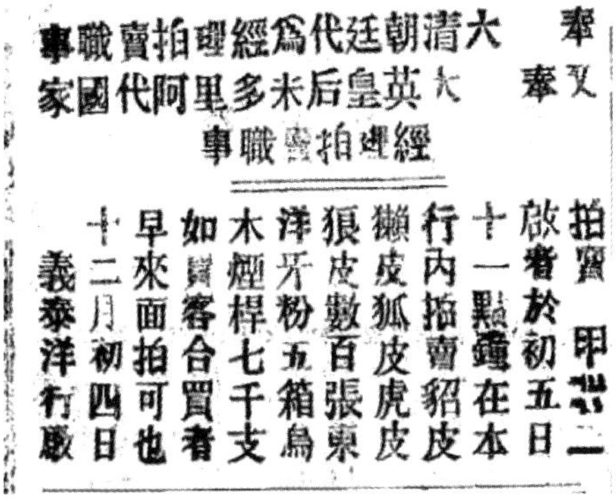

图 5-46　出售东洋牙粉广告

资料来源：《拍卖》，《申报》1874 年 1 月 22 日第 4 版。

至光绪三十二年（1906），金刚石牙粉在《大公报》上首次打出广告，"此粉精细，味香温良气爽，用此粉摩擦，不独齿根坚固、杀虫除臭外，且可延年益寿，于卫生大有裨益者也"。

光绪三十三年（1907），狮子牌牙粉广告，也出现在《大公报》上，"此粉质味纯良，用之能免一切牙患，且含有花香馥郁，凡口中粘液恶味皆可涤除，芳洁清凉，卫生保寿，诚修身者不可一日无之佳品也"③。

宣统元年（1909），《申报》上开始出现售卖狮子牌牙粉的广告，"本行在日本东京开设已数十年矣，所制狮子老牌牙粉以及香粉，并各色香水、香油等，悉依最新科学制造尽善尽美，并延专门名家充膺顾问随时指点，不惜重资精益求精，所出各货新奇无比，与别家大不相同"④。

宣统二年（1910），《申报》上出现金刚石牌牙粉广告，"（8 月）24 日 10 点钟，在北四川路 73 号拍卖金刚石牌牙粉 140 打"⑤。

---

① 《货真价实上海大马路老德记起首药房童叟无欺》，《申报》1882 年 7 月 30 日第 5 版。
② 《有灵则名》，《申报》1884 年 3 月 23 日第 5 版。
③ 《狮子牌牙粉》，《大公报》1907 年 4 月 23 日。
④ 《狮子老牌牙粉》，《申报》1909 年 4 月 13 日第 8 版。
⑤ 《新谷洋行礼拜日拍卖》，《申报》1910 年 8 月 27 日第 8 版。

此后，金刚石与狮子牌牙粉一路发展势头猛劲，逐渐压倒英、法等国西洋货，发展成为当时在中国最为流行的国外牙粉。有报道称"据海关关册统计，仅每年销往我国城乡各地的日货金刚石和狮子两个品牌的牙粉，日商就已经获利200万银元以上"[1]。早期中国牙粉市场虽然品类众多，但良莠不齐，至最后形成日货金刚石和狮子牌牙粉"独大"之势。

（二）金刚石、狮子牌牙粉的营销

金刚石与狮子牌牙粉当时到底有多流行？曾有报道记载"在几年前，流行我国社会上的牙粉，不都是金刚石、狮子牌等日货吗？当时尤其是金刚石牙粉，差不多乡愚妇孺咸知，于此可知其流传我国历史之悠久与普遍了！"[2]金刚石和狮子牌牙粉之所以流行，除去其价格便宜、销售灵活外，其商业宣传所发挥的作用不容否认。

在金刚石和狮子牌牙粉进入中国市场后，日商就不遗余力地进行广告宣传。狮子牌牙粉从卫生的角度进行宣传，"世界上的人本是精气血肉长成的身体，不似金石的坚固，既然不像金石那么结实，故此，我说人就该讲究卫生的学问。什么是卫生？就是保护牙齿。牙齿是人之一身紧要关口，此处不保养好了，恐怕周身的病即因之而生，所以要上好的牙粉，每日刷洗就可以涤除诸病"[3]。还夸耀此牙粉"曾于各国博览会得多次赏牌，复经内务省卫生试验所考验奖以有功卫生之凭证"[4]。偷换"卫生"的概念，将卫生等同于保护牙齿，抢占牙粉销售的先机。

此后，又将牙粉的使用与身体的健康联系在一起。"牙为肠胃关系，百病由此而生，必须选擦牙粉，始免牙疼病弱，你身子怎么不结实呢？我有个结实的秘法子告诉你，牙齿不是周身很要紧的关口么，百病因此而生。"[5]并进一步说，"我从小的时候儿，每天早晚两回用狮子牙粉，所以牙没有一点毛病，吃什么都香，因此身体也很结实，连容貌儿都显着光润，这实在造化极了。我劝你快用这个秘法子"[6]。此为借助

---

① 左旭初：《百年上海民族工业品牌》，上海文化出版社2013年版，第146页。
② 《提倡国货的根本办法》，《申报》1934年11月15日第13版。
③ 《狮子老牌牙粉》，《大公报》1907年10月2日。
④ 《狮子老牌牙粉》，《大公报》1907年10月5日。
⑤ 《狮子老牌牙粉》，《大公报》1909年8月1日。
⑥ 《狮子老牌牙粉》，《大公报》1909年8月1日。

中国传统观念，论证牙齿的健康是保证身体健康的一大秘诀，而狮子牌牙粉又是保证牙齿健康的绝佳选择。

并且此后不断强调牙齿对身体健康的功效，"就寝前使用狮子牙粉，能杀夜间繁殖之龋齿之微菌，且得安眠，常使用狮子牙粉能清洁爽快口中，又得健康身体也"①。

最好的商标都是图像化的，狮子牌牙粉也选择狮子作为商标的图案。狮子素有"森林之王"之称，选择此商标就给人其产品出类拔萃、傲视群雄之感。狮子牌牙粉，更是不断强化此种感觉。"狮子即百兽之王，此狮子牌牙粉即牙粉之王也"②。配图也由一只卧着的狮子渐变为一只威风凛凛的雄狮。

图 5-47 狮子老牌牙粉广告

资料来源：《大公报》，1907 年 10 月 2 日。

---

① 《狮子牌牙粉》，《申报》1913 年 9 月 3 日第 5 版。
② 《狮子老牌牙粉》，《大公报》1908 年 1 月 1 日第 3 版。

图 5 - 48　狮子老牌牙粉广告

资料来源：《申报》，1909 年 9 月 10 日第 22 版。

狮子牌牙粉通过不断打广告来扩大其影响力。1911 年，《申报》就报道，"狮子牌牙粉的告白，触目皆是"①。金刚石牙粉也不例外，"仁丹、金刚石牙粉、派律脱、紫金山等大字招纸，遍贴通衢，几无余隙。噫，枫泾一小镇耳，吾不得不叹服若辈之经营商业也"②。在 20 世纪头 10 年，通过不断打广告，日货金刚石和狮子牌牙粉，对于中国人已是耳熟能详。

二　无敌牙粉：对洋化妆品的推崇与仿制

日本牙粉的成功给了陈蝶仙很深的刺激。陈蝶仙，原名寿嵩，字昆叔，后改名栩，字栩园，号蝶仙，别署天虚我生，一直对现代科学技术抱着比较乐观的态度，1917 年提炼碳酸镁成功，同年制成牙粉，定名"无敌牙粉"，1918 年创办家庭工业社进行生产制造。

（一）"无敌牌"牙粉之创建

无敌牌牙粉，是陈蝶仙鉴于利权外溢，怀着实业救国的决心而设。"其初创之时，制做的所谓国货牙粉，其实仅是配料加工，其原料如炭酸镁、滑石粉、薄荷、香精等，无一不购自外国，其中主要的也是用量

---

① 《忽发奇想》，《申报》1911 年 9 月 2 日第 33 版。

② 《自由谈话会》，《申报》1914 年 4 月 10 日第 14 版。

最大的原料碳酸镁，就是从西药房以高价购买而得。"① 故为了发展，解决原料难题便成了需要解决的首要问题。

中国以前所用牙粉，均系碳酸石炭制成，但是碳酸石炭质粗体重，纯粹是磨砺作用，用之擦牙，使用长久，必有销蚀牙齿的弊病。而若以碳酸镁擦牙，则"能将腐蚀的乳酸，随时除灭，而无损于牙"②，故采用碳酸镁才是良选。"碳酸镁制法，本由矿产物提炼而成，系用硫酸化苦土石，再加碳酸钠使之凝结，除去碳酸钠而成。但其中因含碳酸钙（石炭），欲除净之，大费手续。"③ 后鉴于西人制碳酸镁，选用硫酸镁，受此启发，陈蝶仙重开制碳酸镁之法。"因碳酸镁是矿泉所制的舍利盐，味极苦，中国海水制盐，味亦苦，故用此，再加入碳酸钠进行化合，而排出沉淀，味遂鲜，此排除之物即是炭酸镁。"④ 于是，"向盐厂收买其堆盐沥下的苦卤，使与碳酸钠化合，碳酸与镁化合而生沉淀，加以多量的水，而碳酸钠不能溶解于水，得随滤遇水而去，则炭酸镁形成"⑤。

牙粉另一重要原料滑石粉，又名硅酸苦土，产自奉天省海城县，采而制硒酸镁，以"助长牙面之硒质"⑥。只是因滑石矿不佳，含铁甚多，需直至矿心，才得纯粹之质，故"陈蝶仙设滑石粉之电磨厂于上海营口东头永世街，用自造的磨机，以风扇轮遇筛，色白质细，较之世界著名之法国货，尤白净而纯"⑦。

至于薄荷，江苏太仓所产薄荷较多，故以此试行蒸馏，得混合物，于是"设厂于太仓之南门街，自制复式瓶锅，收买生业，蒸馏成油，行复蒸馏法，提净所含杂质，运至上海总厂，行冷却法，使油脑分离，每七分中，得脑三分，净油四分，足敷无敌牌牙粉之用"⑧。香精，则以滇川所产之真麝，香力较长，"试取未经制炼之原麝，取当门子，以

---

① 文史资料选辑编辑部：《文史资料选辑》第 27 卷第 70—80 辑，中国文史出版社 2000 年版，第 189 页。

② 《上海化妆品之调查》，1931 年，上海档案馆馆藏，档案号：Q242—1—829。

③ 《上海化妆品之调查》，1931 年，上海档案馆馆藏，档案号：Q242—1—829。

④ 《上海化妆品之调查》，1931 年，上海档案馆馆藏，档案号：Q242—1—829。

⑤ 《上海化妆品之调查》，1931 年，上海档案馆馆藏，档案号：Q242—1—829。

⑥ 《上海化妆品之调查》，1931 年，上海档案馆馆藏，档案号：Q242—1—829。

⑦ 《上海化妆品之调查》，1931 年，上海档案馆馆藏，档案号：Q242—1—829。

⑧ 《上海化妆品之调查》，1931 年，上海档案馆馆藏，档案号：Q242—1—829。

98℃无臭酒精,提出香分,加以安母尼亚,蒸发结晶,复研成粉,配以水片及乳香末,耐久力乃胜过人造麝香"①。

原料难题虽然得到解决,然而无敌牙粉创设之初,正是金刚石、狮子牙粉流行于国内之时。打开销售市场,成为第二步需要解决的问题。

无敌牌牙粉在最初销售之时,"因其色白非红,质软而轻,香味亦与金刚、狮子不同,且以袋面印刷,故多被拒绝"②。为宣传营销,陈蝶仙便将数百包牙粉无偿赠予各处小店,嘱为试销,而小店主人因"既无偿取得,为贪己利,亦竟劝人试买,卖得之钱,全属己有,固乐而代为之也"③。几个月之后,陈蝶仙再"复往各店,请以半价试销"④。如此一来,买主方面"一经试用,无不满意,复向购取,莫不指名之曰无敌牌牙粉,口碑载道"⑤,故"无敌牌牙粉慢慢有了名声,最后全国皆知"⑥。

拥有了市场后,保证产品供应便成为下一步规划。无敌牙粉,以128000包为一批,1日之工,以出2批为常额,雇员以女工为主,为保证出产量,所雇女工,均以半日为原则。究其原因,"盖以妇女为全日工,虑有旷其家庭中固有工作耳!且半日工制便利甚多,容纳名额,可以一倍,遇有急需,得开双班,可出四批,若开夜工,则一日之量,可以产出100万包之多,有事请假,则无患缺额"⑦。并且"长年工外,尚有额外备补之临时工,亦为半日工制"⑧。雇佣半日工,实则为保障

① 《上海化妆品之调查》,1931 年,上海档案馆藏,档案号:Q242—1—829。

② 毛仿梅:《家庭工业社之历史》,载上海晨报社编《上海市之国货事业》,1933 年,第26—27 页。

③ 毛仿梅:《家庭工业社之历史》,载上海晨报社编《上海市之国货事业》,1933 年,第26—27 页。

④ 毛仿梅:《家庭工业社之历史》,载上海晨报社编《上海市之国货事业》,1933 年,第26—27 页。

⑤ 毛仿梅:《家庭工业社之历史》,载上海晨报社编《上海市之国货事业》,1933 年,第26—27 页。

⑥ 毛仿梅:《家庭工业社之历史》,载上海晨报社编《上海市之国货事业》,1933 年,第26—27 页。

⑦ 《上海商业储蓄银行有关化妆品业调查资料》,1933 年,上海市档案馆藏,档案号Q275—1—1944。

⑧ 《上海商业储蓄银行有关化妆品业调查资料》,1933 年,上海市档案馆藏,档案号Q275—1—1944。

出产量之一大利器。"故在工潮澎湃时，亦得稳渡太平。"①

通过陈蝶仙先生的苦心经营，无敌牌牙粉得以逐渐发展起来。

（二）打造日货牙粉"替代品"

19世纪末20世纪初，实业风潮风行全国，许多知识分子投身其中，陈蝶仙本着防止利源外流的目的，决心将无敌牌牙粉打造成完完全全的国货，成为名副其实的日货牙粉替代品。

陈蝶仙重视原料的国产性，也屡次申明产品不用日货。1919年5月25日，在《申报》上特别刊载《家庭工业社复爱国诸君函》，对牙粉有无用日本材料一议，对原料、装潢部分分别给出了解答。原料部分：碳酸镁部分除自制外，亦登报广收国内制品，向美商定货，以资补助，并无需用日货；滑石粉系奉天产；硼酸向来采用西方产品；薄荷脑采用太仓耀华厂所制之25℃薄荷油；各种香料则完全为巴黎、荷兰、伦敦、印度等出品。装潢部分中玻璃纸系裕昌、威里等号出品；袋面纸向来采用裕昌、维昌等号产品；外匣纸板现在续制已改用中国粗藁，等安南纸板到达上海后，改用安南纸板；印花铁瓶系由上海商务印书馆彩印部承印，并自办机器赶于6月初装置完备，之后自雇工匠制作，以备便利；包扎用的白红线完全为中国产，至于招贴传单及糊盒用纸、常用信纸，向用瑞士出品，木箱系由顺兴昌包做。"故就本社出品而论，殊无必要日本材料之处，同为国民，岂无血性，决不贪图便利反取劣材，自失其品质优良之夙誉也。"②

6月4日，又登报答复救国恒心团，阐释印花铁瓶并非日货，"谨登报奉答，印花铁瓶本社已于（1919年）5月13号向商务印书馆彩印部定印一面，并托华锡自办机器，开铸钢模至斐伦路制罐工厂，现存之货尚系2月23号所定，当时因上海工价较昂三分之一，故不得不取材异地，自5月9日以后，本社职员会决议宁使价昂，故即向商务定印华铝锭机，纸板一端亦已向中美实业公司订办，所有定单合同俱在，尽可来社查阅"③。

9月2日，家庭工业社再发申明，不仅强调自用原料为国货，并向

① 《上海商业储蓄银行有关化妆品业调查资料》，1933年，上海市档案馆藏，档案号Q275—1—1944。

② 《家庭工业社复爱国诸君函》，《申报》1919年5月25日第12版。

③ 《救国恒心团鉴》，《申报》1919年6月4日第9版。

各界批发各种牙粉原料,"炭酸镁,本社自造之炭酸镁屡承各埠来函订购,向因每日产量有限,只敷自用,不克分售为歉,旋经扩充除原设南北两厂外,已添设分厂5处,现在出货颇多,而美国定货亦复大批运到,故除自用外,堪以供给社会需要,特定廉价批发,每磅大洋2角2分5厘,可装3钱重之擦牙粉40包,但系整块原料,以便证明非外国货冒充;滑石粉,系由营口分社自辟矿山选用特等石料运申,托由恒茂、瑞泰两厂代磨成粉,向亦仅供自用,现因需要者众,特行添运大批石料来申,一面并在营口添设厂屋,自备电气磨机日夜开工碾磨,可遏缺乏之虞,特定廉价批发每磅大洋3分,可装小包擦面粉120包;炭酸钙,本社因制纯炭酸镁,专为本牌擦面牙粉之用,须将所含炭酸钙分析提净,故此副产材料亦多,除供自制普通牙粉外,特定廉价批发每磅大洋5角,次等着每磅大洋3角,可装5钱重之纸袋牙粉24包"①。此举因为"鉴于国内工业近来纷纷继起者,厥惟牙粉一类,良以购用现成粉料一拌即成,洵称简易,特惜所用原料大都购自外来,本社有鉴于此,特尽绵薄,拟塞卮漏于万一,并且勘定基地建设总厂,自造沙滤水台并雇机匠,铸造蒸汽锅炉,完全利用汽机发动,期于阴历年内完工,预算制出纯炭酸镁及滑石粉,足供全国需要"②。

正是通过陈蝶仙与家庭工业社的不断努力,无敌牌擦面牙粉被打造为彻彻底底的日货牙粉替代品。

三 大卖"国货"

无敌牌牙粉创办之时,正值"五四"前夕,正逢全国人民抵制日货高峰时期,无敌牌牙粉适逢其会,随着抵制日货运动的进行,其销量与家庭工业社的规模亦随之扩大。

(一) 为无敌牌牙粉除障开路

无敌牌牙粉自创立以来,就围绕着爱国进行。陈蝶仙从一开始就尽量使无敌牌牙粉充满爱国的意味,这也是其营销的手段之一。在定名牙粉名称时,选用"无敌",一方面是因为他自号"蝶仙",在上海方言中"无敌"与"蝴蝶"谐音,故以此定名;另一方面,则寓"天下无敌"之意。

---

① 《家庭工业社批发各种牙粉原料》,《申报》1919 年 9 月 11 日第 15 版。
② 《家庭工业社批发各种牙粉原料》,《申报》1919 年 9 月 11 日第 15 版。

图 5 – 49　无敌擦面牙粉图案

注：左边为产品正面，右边为产品反面。

资料来源：左旭初：《百年上海民族工业品牌》，上海文艺出版社 2013 年版，第 147 页。

无敌牌牙粉的商标设计同样富有爱国内涵，威力胜似炸弹。无敌牌牙粉是用纸袋包装的，包装袋商标由两幅图案构成，正面中间"无敌牌擦面牙粉"，旁边注"天虚我生发明"，左下角是盛开的玫瑰花，右下角一只彩色的大蝴蝶，正下方"中华国产"四字，凸显国货性质。反面是网球拍、网球各一。"大球拍象征了中国，小网球比拟了日本，因日本国旗上饰以太阳，形如圆球。以球拍击球，寓意国货无敌战胜日货，联想大中国打败小日本。"① 这些图案的设计，可谓"用心良苦"！无敌牌牙粉纸袋的背面，还有"擦面牙粉之功用"和"本社牌号及商标式样，均经呈请注册，奉农商部第 1012 号批令，准予立案"等文字说明。

无敌牌牙粉推广时，也常常将"无敌牙粉"与"爱国"联系在一起。如将无敌牌牙粉创建成功的原因，推演为人民的爱国行为，言"擦面牙粉之发明，系仆去年偶载于家庭常识中，经读者试用见效，纷纷来函。谓其功用确著，惟惜原料昂贵，购自药房非原磅不可，既嫌其多，配置手续亦后，爰有忿惠鄙人设厂自造，并愿附股认销者，仆以鉴

---

① 陆茂清：《陈枿"无敌"牙粉创意》，《人民政协报》2014 年 6 月 5 日。

于股份公司往往不得良好结果，预期为少数人垄断其利，何若公诸大众，藉得收群策进行之效，是用创为家庭工业会社办法，揭刊广告于本年阴正月初五六及初十本报自由谈中，一面制备装潢原料两月于兹，幸得各地同志赞成斯举，认订支社至 150 余家，定货达 200000 包以上，足证爱用国货之心人人皆具"①。在介绍无敌牌牙粉的适用群体时，还特意强调军营警署成员，因"军营警署大都注重卫生，爱用国货，如在机关内之员役备有此种牙粉以供同人需要，可免利权外溢，必受同人之欢迎"②。并宣传购买无敌牌牙粉，也是支持国货的表现，"兹将各埠已设支社详细地址，及经理人名闻列于后，以便爱用国货诸君就近批购"③。

"国货"性质与"高品质"更是常常见于报刊广告用语。像"天虚我生发明的无敌牌擦面牙粉，不但品质装潢驾乎舶来品之上，而功用尤在擦面能除一切油光、暗晦、烟容、酒滞及免发生面疱、粉刺、雀斑、热瘰，如浴后用以扑身，可免生痱子、汗斑、癣疥、疮疖等患，若用洋蜜调以敷面，则与雪花膏无异。故自出品以来未及一月，已风行全国，倍受欢迎。吾甬凤闻文明爱国士绅类皆喜用国货，向以本产物品不甚精良为憾，今得此种尽善尽美之国货，似正不必取材异地，外溢利权"④。"无敌牌牙粉有四大功用：（一）齿牙各病，常用此粉，凡风火牙痛、蛀蚀等患，皆能免除，就是年深日久的焦黑牙齿，也能渐渐转白，因体质又细又轻，故没有磨损牙磁的；（二）面部各病，因其内中没铅质，可以不生雀斑粉刺，并不致于面皮发青，如患风火眼痛，用清水化粉如豆腐浆，用洁净的细布滤过，即用滤下的粉水洗眼，洗后闭目一刻，再用清水洗之，日洗三四次，洗数天后，眼病即退；（三）皮肤各病，浴身常擦此粉，可免皮肤各病，胜用肥皂或皂角；（四）用于器物，可将油渍吸去无痕，可擦金银器皿饰物，可擦玻璃，亦可用于白帆布鞋帽，用此粉调水刷之，则洁白如新。"⑤ "天虚我生新发明，家庭工业会社制，本牌牙粉原料均系本厂自制完全国产，各埠城乡村镇洋广货店大都

① 《从来未有之无敌牌擦面牙粉第四次出品报告》，《申报》1918 年 3 月 30 日第 14 版。
② 《无敌牌擦面牙粉》，《申报》1918 年 4 月 10 日第 14 版。
③ 《无敌牌擦面牙粉各埠已设支社地点》，《申报》1918 年 4 月 11 日第 14 版。
④ 《宁波爱国诸君鉴》，《申报》1918 年 5 月 5 日第 14 版。
⑤ 《无敌牌牙粉之四大功用》，《申报》1918 年 9 月 15 日第 14 版。

均有出售。"①

通过一步步的"国货营销",陈蝶仙先生为无敌牌牙粉打通了在中国的销售道路。

（二）"蝴蝶咬碎金刚石"

1918 年家庭工业社创设之时,为股份有限公司,资本仅 1 万余元,专制牙粉,以家庭子女为工人,故称家庭工业社。"三四月间牙粉的销量也仅是 40 余万袋,然发展势头十足,4 月起,不仅招请各地分销处,同时将牙粉提供给各地托盘叫卖者。"② "6 月时,家庭工业社除在上海、苏州、南京、北京、西安、香港等地,设有百余处支社外,还在吕宋、怡朗埠等处设立了支社。"③

至 8 月时,销量已达 120 万袋以上,每日出品就达到 2 万袋,犹有供不应求之势,且自设锅炉,装置蒸汽烘房及冷热水龙头化合洗涤等槽,采办苦卤自行制造碳酸镁。雇佣女工达到 160 余人,均是左右邻里,每月薪水需开支 450 元,是销售 6000 袋牙粉的数量,故一日即敷开支。房屋也扩充,系静修路 24、25、26 号门牌。"试办 5 个月期内,盈余已得 1000 余元,且支社也增至 300 余家,销路如春潮之涨,尤有蒸蒸日上之势。"④

10 月 1 日,陈蝶仙先生因家庭工业社事务繁忙,特意启事,辞去《自由谈》编辑一职,"天虚我生启事,栩因家庭工业社事务日繁不及兼理笔政,已将自由谈编辑一役辞去⑤。

由此可知,家庭工业社的规模和销量,都处于不断扩大之中。为了奖励无敌牌牙粉所做的贡献,1919 年 2 月,农商部准其免除杂税,"家庭工业社仿照俄国牙粉式所制无敌牌牙粉 7 种,行销颇为发达,现奉农商部第 66 号批令,准其免征杂税,但在上海经过第一关完纳正税一道,给领运单出运,除崇文门落地税外,其余经过各关津一切税厘,概予豁免"⑥。为无敌牌牙粉的销行,再添一优势。

---

① 《无敌牌擦面牙粉》,《申报》1920 年 2 月 27 日第 16 版。
② 《各地托盘叫卖者已均有出售》,《申报》1918 年 4 月 18 日第 14 版。
③ 李晓军:《牙医史话——中国口腔卫生文史概览》,浙江大学出版社 2014 年版,第 291 页。
④ 《家庭工业会成立会记事》,《申报》1918 年 8 月 3 日第 10 版。
⑤ 《五分钟》,《申报》1918 年 10 月 1 日第 14 版。
⑥ 《无敌牌牙粉准免税厘》,《申报》1919 年 2 月 4 日第 11 版。

家庭工业社也一再扩充股份，1919 年 "阴历二月初一日议决，增加股本洋 15000 元，然 2 月底截至检查认股书函，共有 19300 元计，溢出原议额 4300 元"①。无法，只得再次增股，"2 月 21 日股东会决议，增加第三次股本洋 5 万元，仍以每 100 元为 1 股，限于阴历四月底截收"②。

无敌牌牙粉也一直扩充产品种类，特别是五四运动期间，全国各地爆发抵制洋货、使用国货的爱国运动，日货牙粉首当其冲，无敌牌趁势发展，并针对惯用日货金刚石及狮子牌牙粉的消费者，嫌无敌牌过于柔软，提出改良办法，另制一种普通牙粉以供社会所需，"系采用美国方法，香味以沙沙橙花为主，并入加波力酸为防止蛀虫牙痛之剂，定名为蝴蝶牌普通牙粉，但不适用于擦面及治皮肤诸病"③。

至 1921 年时，无敌牌牙粉已分出众多种类，可以满足不同消费水平的消费者，"纸袋每袋 3 分，重料每袋 2 分 4 厘，普通每袋 2 分，圆盒每盒 1 角 2 分，大圆盒每盒 1 角 6 分，镍盖小瓶每瓶 2 角 4 分，印花铁瓶每瓶 3 角，莎莎橙花每瓶 3 角，大号铁瓶每瓶 4 角 5 分，特种铁瓶每瓶 5 角，新出铁匣每盒 3 角，黑牙散每袋 3 分"④。

无敌牌牙粉处处透露出打倒日货牙粉的锐气，1924 年，金刚石牙粉为了挽救被无敌牌牙粉夺走的市场，推出大容量包，将容积增多为每包 75 格，计重 5 钱。针对此种情况，6 月，家庭工业社发布公告，"声明将新出之大大号无敌牌牙粉，容积加多为 100 格，重量加至 7 钱以上，并且所有批发零售价目，改照金刚石牙粉一律随市涨落，不与其他各品同例。其已发出之货，重不及七钱者，原料配法不同，如嫌其轻，尽可退换"⑤。12 月，再打出广告将日货牙粉称为劣货，"自无敌牌牙粉出，细腻芬芳，价廉物美，而劣货（日本之金刚石牙粉）乃销声匿迹，虽由国人爱国心所致，然优胜劣败，固不能逃出自然公例也"⑥。并不忘夸耀无敌牙粉品质精良，"确能歼灭虫菌，除去口臭，而使牙齿

---

① 《上海家庭工业社股份两合公司公告》，《申报》1919 年 4 月 2 日第 6 版。
② 《家庭工业社第三次增股声明》，《申报》1920 年 5 月 1 日第 5 版。
③ 《无敌牌擦面牙粉之副产品蝴蝶牌普通牙粉》，《申报》1919 年 6 月 1 日第 16 版。
④ 《无敌牌牙粉》，《申报》1921 年 6 月 5 日第 16 版。
⑤ 《无敌牌牙粉紧要启事》，《申报》1924 年 11 月 28 日第 8 版。
⑥ 《予之国货中三友》，《申报》1924 年 12 月 28 日第 15 版。

润白如玉，至其另一他种功用，则吾人皮肤上如遇有创伤，敷以无敌牌牙粉，出血立止，三两日后，结痂愈矣"①。

"1925 年底时，'无敌'牌牙粉的销售已从华东地区进入华南、华北各省，1927 年，无敌牌牙粉已建分厂 9 处，资本 50 万，而昔时之日货金刚石牙粉，为之绝迹。"②

四　消费主义与民族主义的调适

自从 19 世纪末 20 世纪初起，进口商品和消费需求的迅速增长，引起知识分子的恐慌。在 20 世纪前半期，遇有政治事件或外交事件发生时，国人往往以抵制外货运动来表达诉求，既以此打击外国的侵华势力，也宣示国民态度，从而使得消费主义与民族主义常常被绑在一起。

（一）消费主义与民族主义的共生

毋庸置疑的是，每次抵制外货运动的进行，对于国货产品来说，都是一次绝佳的反击机会。陈蝶仙先生一以贯之的选用"国货"作为宣传的主要口号，实则因为抵制外货运动，对于国货发展，还是行之有效的。

1919 年五四运动发生后，广生行本已销行极广的无敌牌牙粉，"因各界提倡国货，牙粉销量益加 4 倍，而戤牌仿造者亦纷纷继起"③。6 月，无敌牌牙粉又以销路增广，添设锅炉，制出足够多镁，并宣布"不论已、未设有分社支社或经理之处，均可向上海总社直接进货以取便利。如该地邮局可寄保险包裹者，只须寄下邮费若干，不必预付货价，家庭工业社即将货品寄上"④。7 月时，再次登报申明扩大产量，"蒙各处提倡行销日广，因各埠需要同时骤增，日夜工作尚有供不应求之憾，故筹备资本 100000 元，添设第四工场，增加女工人数满 600 外，并将本厂锅炉改造，产出镁最增多，更于阴历六月起，在英界卡德路设立第二制镁厂，于美界文监师路设立机器制罐厂，并与印刷所及制盒改订合同购添印切机器，加雇日夜人工……每日可出袋粉一批计 128000 袋，瓶盒粉约 400 打"⑤。华昌公司长沙分行还曾来沪与家庭工业社重

---

① 《予之国货中三友》，《申报》1924 年 12 月 28 日第 15 版。
② 《明坤潘雪艳将赴杭州演剧右为其近景》，《申报》1927 年 5 月 22 日第 19 版。
③ 《并纪各方面之提倡国货》，《申报》1919 年 5 月 30 日第 12 版。
④ 《无敌牌牙粉推广批发简章》，《申报》1919 年 6 月 13 日第 15 版。
⑤ 《无敌牌牙粉各部支分社及经理处鉴》，《申报》1919 年 7 月 10 日第 15 版。

新订立契约，"经售无敌牌牙粉，每月包缴 5000 元"①。

反观日货牙粉，处境不利，"5 月 11 日，商界抵制日货之行动较前尤形激昂，商界青年游行团约六七人各持'还我青岛'等布旗，自北塘列队进北门，经城中，出西门至国民大会出南门折回，经中区出北门，分途散归，沿途发布各种抵制日货，提倡国货传单，各处墙壁满贴日本货之仁丹、大学眼药清快丸、中将汤胃活、狮子牌、金刚石牙粉等商标广告尽行卸除，并劝各商号将日货商标从速自行卸去，以免受人指诘，各店之从事拆除者颇多"②。

足见，提倡国货运动给无敌牌牙粉创造出良好的发展环境，这也就解释了为何每次无敌牌牙粉被认为是"外货"时，家庭工业社总要力证自己的"国货"性质。1923 年无敌牌牙粉在福州被认定为"外货"，中华国货维持会特电致福州各公团，证明上海家庭工业社所制无敌牌牙粉及化妆品确为完全国货，电文如下："顷据会员上海家庭工业社经理陈楙园函称，福州近来检查劣货非常认真，惟往往以真正国货亦指为劣货，贻旁人之窃笑，灰志士之热心，殊深遗憾。敝社开办迄今，所出各种牙粉及其他化妆品均用无敌为商标，行销有年，遐迩皆知，其非劣货"③。

1928 年无敌牌各种货品被云南总商会调查员指为日货，销售颇受影响。总商会致电云南商会，力证无敌牌为国货产品，指出"家庭工业社各品具有显著商标，可资辨认，例如中文标贴，必用无敌牌及家庭工业社字样，而英文标贴，则用 Butterfly 及 Association For Domestic Industry 字样，或单用牌号、或兼用厂名，俱易辨识，未可蒙混，事关国货信用，影响甚大。且查家庭工业，系浙江杭县陈楙园，在沪集资创设，完全华股，自经该社无敌牌各种货品销售以后，旧时日本在华盛行之金刚石牙粉等，几于完全消减，抵制日货，厥功甚伟，该社各种出品，迭受各赛会各团体，颁给褒奖章，其为完全国货。兹将所刊该社历史附奉一册，予以证明传息讹传，而维国产"④。

再观购买日货的后果，"杨锦华，昨晚向日商盐冈洋行购买金刚石

---

① 《湖南畅销无敌牌牙粉》，《申报》1919 年 7 月 18 日第 11 版。
② 《无锡》，《申报》1919 年 5 月 14 日第 7 版。
③ 《国货维持会又为国货证明电》，《申报》1923 年 5 月 24 日第 14 版。
④ 《证明家庭工业社系国货》，《申报》1928 年 7 月 31 日第 14 版。

牙粉 5 包，被反日会查获，19 日将杨站木笼，游街示众"①。

可知，在民族主义面前，人们的消费也往往具有感情的色彩，此时消费主义与民族主义是共生的，消费文化民族化的进程也推动了无敌牌牙粉的迅速发展。但是我们也需要注意到，无敌牌牙粉的畅销却并非全然由于民族主义的缘故，也与其质量精良密不可分。

（二）消费主义与民族主义的"背离"

"虽然民族主义在特定时期能促进国货产品的发展，然国货运动终究强调的是自觉自愿，它并不能只依赖法律或关税这样的手段，来强制进行民族主义消费，它必须寻找新的办法来使大众参与进来"②，陈蝶仙便采用了以高品质和低价格来吸引消费者。

无敌牌牙粉除了"国货"这一优势外，还一再强调高品质，"此种牙粉，香味雅洁，用以擦牙，可免蛀蚀；有（用）以扑身，痱子不出；可治脚气，止痒收湿；可治腋臭，止痒收湿；能除衣上，所染油渍；凡此功效，均非虚说，但一试用，便知优劣"③。陈蝶仙还就无敌牌牙粉的功用，进行特别宣传，"（一）此粉色白质轻，用以擦牙绝无渣滓腻口之弊，气味清芬，系仿法国御用胰皂之香（内中并无胰皂质料，不过香味与之同耳），绝无花粉之气，并加去热防腐及除灭乳酸之剂，故能免除口臭及防止蛀蚀、牙痛、口腔发炎诸病。（二）此粉主要成分系盐精制成，含有驯良之碱性，功能除旧生新，清凉去火，如用少许置于掌心，注以多量之水调化，使成杏酪之状（水宜多用使粉化为流质），每早用以擦面，擦后仍即洗去（勿久留面上，致有粉痕），能除一切油光、暗晦、烟容、酒滞，并免发生面疱、粉刺、雀斑、顽癣、热瘰等患（如已发生上述各症者，宜将此粉少许用蜜水调和，每晚擦于面上，次早先用胰皂洗去，然后再行擦面，一星期间必效），夏日用以扑身，尤能吸收汗液免生痱子汗斑，浴时用以擦身尤妙。（三）此粉现经试用者报告，尤有奇特之效用如下。（1）用洋纱缝成小袋内盛此粉击于腋下，每日早午晚一换可除腋下之臭。（2）凡刀剪割伤、皮破血出即用此粉少许敷上，立能止血闭口，隔日即平复如原。（3）用软毛笔蘸此粉糁

---

① 《芜湖快信》，《申报》1929 年 3 月 22 日第 9 版。

② ［美］葛凯：《制造中国——消费文化与民族国家的创建》，黄振萍译，北京大学出版社 2007 年版，第 73 页。

③ 《无敌牌牙粉四月份添设支社》，《申报》1918 年 6 月 14 日第 14 版。

于脚丫，确能收湿止痒，去腐生新，能使臭气立时化灭。（4）此粉能去衣服上所染油渍，但用竹纸衬垫掺粉于纸上，以熨斗熨之，便将油渍吸去无痕。（5）如患雀斑用此粉擦至一二星期，能使皮内雀斑引出皮外，可用小箝拔去，出血结痂，痂落则雀斑已随之而去，愈后无痕。"①如此大篇幅的宣传，无非是为了显示无敌牌牙粉的品质优良。

此外，无敌牌牙粉还采用使用者现身说法的方式进行宣传，"鄙人素患脚湿气，发时步履维艰，今年更甚，以至溃烂，蒙友人张君颂武告余，谓无敌牌牙粉可以治此，余乃购试，不三日而竟已告痊，此粉诚有去腐生新之功，藉此寸笺以伸谢忱，专此即颂"②。以"病人"的口吻，"诉说"无敌牌牙粉治疗脚湿气的良好功效，更具信服性。

另外，价格低廉对消费者而言，也是一大吸引。发行之初，仅售"每袋3分，远近一律，批发1000袋，减收6折"③。开发出新产品价格仍是，"每袋仅洋3分，各地洋广货号大都有售，新装大小瓶粉现亦已经出售，小瓶容6包量，定价2角4分，大瓶容12包量，定价4角5分，均系赛洋铁致用五彩铜版印刷，装配镀镍底盖，形式极为美观（旧式玻瓶因易破碎已归淘汰）"④。至1924年时，仍是"定价每袋3分，始终未曾更改，只以铜元兑换高低，以致市价时有涨落"⑤。为便利用起见，还特制双包粉料定名为大无敌，其原料系纯碳酸镁，"其内容、体积、香味均加重一倍，定价每袋大洋4分5厘，每50袋一扎，只需单纯邮费2角，比用单包两袋便宜，过半批发价目比照单包加半，每箱可装1万双包，即其运费可廉一半"⑥。直至1927年，家庭工业社还在承诺，"独有我们无敌牌牙粉绝对不曾涨价"⑦，这目的，"便是要完成奋斗精神与舶来品一战，扫除他在北的一切潜势力"⑧。

除去民族主义的情感外，消费者也有自己的选择倾向，时人已经认识到质量精良对国货产品的重要性，"改造国家，须根本改造之，根本

---

① 《无敌牌牙粉之功用》，《申报》1918年9月1日第17版。
② 《无敌牌牙粉之功用》，《申报》1920年8月15日第9版。
③ 《无敌牌牙粉四月份添设支社》，《申报》1918年6月14日第14版。
④ 《无敌牌牙粉之功用》，《申报》1918年9月1日第17版。
⑤ 《最经济最优美大无敌牌双包擦面牙粉》，《申报》1924年11月21日第1版。
⑥ 《最经济最优美大无敌牌双包擦面牙粉》，《申报》1924年11月21日第1版。
⑦ 《你们不要忘了前敌的敌人》，《申报》1927年6月17日第8版。
⑧ 《你们不要忘了前敌的敌人》，《申报》1927年6月17日第8版。

者何？即提倡国货，国货精致，外货自然停滞，工厂愈多，国家自然富强……忆 10 年前，吾所用之铁锚牌毛巾、金刚石牌牙粉、卫生牙刷，无一非外货，苟购时非此等牌号即怅怅不乐，但自五四以后，痛外侮日盛，有动于中，于是割爱，绝之不同，乃一易而为三角牌毛巾、无敌牌擦面牙粉、双轮牌牙刷，无一而非国货。……至于各种价值之便宜，装潢之精巧，尤无待赘言，较之舶来品，实有过之无不及"①。时人也认识到无敌牌牙粉的成功，不单单是大打民族主义的广告这么简单，"无敌牌牙粉一项，就市上所见如加波力、黑牙散、薄荷、擦面牙粉等已有 20 余种，其他如牙膏、发胶、蚊虫香、花露水、香粉、雪花膏、果子露、白兰地等，亦不下数种，一瓶一盒之微亦不仰给予外界，时至今日分厂 9 处，资本 50 万，昔时之日货金刚石牙粉为之绝迹，可见欲求利权之不外溢，不在拒绝外货，而在提倡国货，欲国货之提倡，不在依牌仿造，而在自求精良，双妹、三星、无敌牌即牙粉之实例"②。

消费主义与民族主义也并非时刻保持"共生"的状态。如果从产品品质和价格上考虑，再加上意识形态上的思量，那么陈蝶仙所创无敌牌牙粉成功的原因，就变得清晰明了了。

---

① 《浙江金华叶君改用国货后之评论》，《申报》1924 年 12 月 29 日第 9 版。
② 《明坤潘雪艳将赴杭州演剧右为其近景》，《申报》1927 年 5 月 22 日第 19 版。

第六章 化妆品业与近代上海生活

近代化妆品的传入和流行，是上海都市文明和文化变迁影响的结果，同时，化妆品工业的发展，亦深刻地影响着上海社会，折射出上海都市社会在近代的变迁。妇女作为都市生活中的重要群体，她们生活和观念的变迁，也是社会文化变迁的缩影。健康与美丽不仅是女性的追求，也是社会大众的追求。女性，既是美的化身，又是对美最执着的追求者和追随者，化妆品业在上海的崛起，虽然褒贬不一，但化妆品厂商获得了丰厚的经济收入，相关产业亦受益不少，最重要的是它满足了女性的美丽要求，提高了人们的生活质量，化妆品工业与近代上海社会休戚相连。

第一节 化妆品业的多维角色

化妆品企业生产的商品，不仅满足了女性的美丽要求，同时也是身份和地位的体现。化妆品消费作为一种享受性消费，对于购买者来说，购买的不仅仅是一种物品，还包含着有象征性的"身份"，此类消费可以被理解为一种对外物所具有的强烈的获取欲望。在此种欲望的驱使下，化妆品行业对于女性所具有的意义也不相同。

一 化妆品之于都市女性：摩登的诱惑

在都市女性眼中，化妆品行业意味着摩登的诱惑，通过使用其所出产的商品，可将自己变得摩登，"都市小姐们作为全国妇女界的领导，她们地一举一动，是会影响到内地各处的女妇们，剪发、旗袍，不都是由于都市的热烈畅行，而风染到了内地？所以她们是时代的女性"[1]。

---

[1] 许难公：《写给都市小姐们》，《申报》1933年12月14日第13版。

她们和各种新鲜事物绑在一起，喜爱奢华，买化妆品时更重视牌子，喜爱西洋货。至于"普通的摊点，买东西的顾客，摩登女子虽有，而势力不大。大概是这整千累万的摊肆间，所出售的东西不配她的胃口吧。的确，每个摊头上的物品，有的古拙得像古董一般，有的简单得毫无花饰，因为十分之七八的东西，都是出之于人工手制。机制的物品不但不很多，并且不很精致，曹家渡、小沙渡、梵皇渡、徐家汇等处来的上海乡下人，采办这种东西，在习惯于都市生活的人看起来，每每觉得拙陋异常"①。她们对于化妆品，也是抱着奢侈的消费观念对待的。

（一）都市摩登女郎消耗

在都市里，典型的女性，大都是太太型、少奶奶型、小姐型的，"伊们具有十足妖媚的姿态，又十足具有了消费消闲的性好，伊们的最大本领，便是饰荣、打牌，和发脾气，至于都市的普通妇女，也大部分受着这种习气的熏陶"②。她们通常打扮时尚，被称为"摩登女郎"，"所谓摩登的妇女，哪一个不是粉面红颊！哪一个不赤唇卷发？她们都穿着舞女式的衣裳，踏着欧美式的高履，远望着似乎云裳里的嫦娥下界，轻飘窈窕和骄美的姿态，的确可以迷醉了许多的青年，舞厅里、戏场内，都可以作他们的谈恋爱、行社交的积聚所，这些都是摩登妇女的外面观"③。

"摩登女矜恃着青春，尽情地享乐，妖艳其服着，尽浮荡之能事，一天到晚坐汽车、看电影、跳舞……所谓坐的汽车，'来路货'也，看的电影，欧美产也，跳舞吃香槟酒，舶来品也，洋气十足，洋风凛凛，似乎不洋不足以摆其阔，不洋不足以显其荣，所以，洋货与摩登妇女，大有'相依为命'之势，洋货借（藉）摩登妇女为媒介，摩登妇女藉洋货以求荣，这好像是循环的哲理，连锁的比例。"④

"所谓一般都市的摩登妇女，尤其是上海的，她们生活的技能只是涂脂抹粉，上跳舞场跳交际舞，她们的生活像只为享乐而来的。"⑤"衣着与修饰越新奇越好，头发自然是烫了的，烫成野鸡窝固可，烫成巴斗

---

① 《佛诞节的静安寺路霖》，《申报》1930 年 5 月 8 日第 20 版。
② 《乡村的妇女》，《申报》1936 年 4 月 25 日第 16 版。
③ 《摩登的妇女》，《涪陵县政周刊》1932 年第 27 期第 17 页。
④ 《摩登妇女·觉悟吧!》，《申报》1934 年 8 月 2 日第 19 版。
⑤ 骆无涯：《一部写实的教育巨片》，《申报》1932 年 7 月 8 日第 17 版。

形也不妨，衣服在兴长的时候，可以长齐脚背，长得拖地，兴短的时候，可以短齐腹部，短齐乳房，手指甲与脚趾甲照例要涂着蔻丹，两个脸蛋儿的颜色也要跟着时代变化，流行红色的时候红得像血，流行黄色的时候又黄得像泥，脚上穿不穿袜子可以随意，腿上穿不穿短裤，人家也不干涉。总之，她们的服饰时时刻刻是向现代在追着的，不然，她们头上也不会顶着摩登两个字。"①

"上海共有 340 万居民，女子占一半有 170 万，除掉那些推粪车、卖小菜，住在曹家渡、杨树浦、浦东……一带草棚子里的贫穷农工妇女，自 10 岁至 50 岁的女人，无一不自动地购买化妆品。而那些太太、奶奶、小姐们，则每月所购更多于常人。"②

化妆品对于此类女子，好似是变摩登的法宝，"1933 年国货年时，中国的许多太太、奶奶、小姐，从 1 月到 10 月，消耗了外国的化妆品香水脂粉有 1398664 元，这笔费真是可观，可惜乡下女子，没福报效。这些都市里的太太、奶奶、小姐，她们要好看，要漂亮，去买外国货"③。"1934 年 6 个月内，妇女所耗的舶来脂粉用具，约值 97 万元，上海妇女用口脂香，在 6 个月内所耗舶来的留兰香糖约值 238000 元。其他尚未发表的种种，想来也是很可观的。而且，这些舶来的消耗品，大都消耗于上海一埠的贵族化的家庭及一般摩登女的身上。"④ "摩登妇女的消费，即以烫发一项而言，其数亦颇可观，每烫发一次多至十余元，少亦三四元，足供乡村贫民数月生活之资。"⑤ "上海摩登女子用于化妆品与理发等等之金钱，其数足敷购飞机若干架。"⑥

（二）追求精致

都市女子的化妆和美容亦日趋复杂，除传统的描眉、敷粉、搽脂外，西式化妆和美容的式样、方法、用品等逐渐为摩登女子广泛采用。"摩登女郎追求精致、时尚的妆饰，注重搭配。要使齿牙洁白，在日用牙膏之外，还会再用柠檬汁和食盐，每星期刷牙一次，在用唇膏的时

---

① 《摩登伽女》，《都会》1939 年第 4 期，第 51 页。
② 《谁在推销化装品?》，《申报》1934 年 8 月 26 日第 17 版。
③ 《中国的太太奶奶小姐》，《申报》1933 年 12 月 7 日第 13 版。
④ 白戈：《明年又叫做什么国货年呢?》，《申报》1934 年 8 月 30 日第 17 版。
⑤ 《黄山影展》，《申报》1934 年 12 月 27 日第 28 版。
⑥ 《修容费可惊》，《申报》1933 年 6 月 13 日第 9 版。

候，如果用深红的唇膏，可以使齿牙显得很洁白。"① "盥洗的时候，应该用适于毛孔大小的粗细毛巾，揩擦清楚，再涂上些美容露，或润肤剂。对于口红及胭脂的使用，亦应该特别注意，假使在脸上涂些深红色彩的胭脂，那非但不觉得美观，反而像猕狲臀部似的，使人厌恶，所以胭脂要涂得匀，用得淡。其次画眉不应该太挺直，致露凶相，亦不应该太下垂，则成愁容，最好能涂上一些眼彩油更佳。"②

对于化妆品的选择也很挑剔。在化妆品之中，香水占很重要的位置，制造香水，不仅仅是一种科学，也是一种艺术。两个香水制造家，采取同一的原料，也绝不会制作出同样的香水。"以素馨花香水言，必须在早晨摘取花朵，使花上仍旧留着早露，然后把花瓣放在盘里，盘底铺着蜡质，到了第二天，将花瓣弃去，另外加入新采的花瓣，每天照样的做去，经过一季的时间，然后从蜡里面，把花油提炼出来，要做成二磅的花油，需要二万五千磅的鲜花，所以这二磅花油的价值，就要美金七八百元了，所以这种油，往往是放在金属的盒子里面，并且像珠宝一样的被保存起来的。"③ "关于雪花的制造，因时代的进展，日新月异，许多爱好美容的男女，不但要选择它的质地细腻均匀，并且于香味的选择，也很精细。如百合香、玫瑰香、茉莉香等，都随各人自己所爱好的心理，而定其选择标准。"④

对于牙齿"多数人的理想，以为每日一次的局部刷牙，这样便已尽口腔卫生之能事，但是对于牙刷和牙粉、牙膏的选择，以及刷牙时的动作姿势，都是讲究口腔卫生者所必须注意的事！如若不加以注意，使用了劣等的牙粉、牙膏，是不但杀菌的功效极微，并且足以损及齿面的珐琅质……至于刷牙的动作手势，切忌横刷，因为这样的动作，是不能廓清牙龈龈缝中的污垢，所以每次刷牙，其动作的手势，必须上下直刷而略带一些螺旋的动作，尤其是白齿的上面，以及全部齿牙的表面，都须擦刷遍到，方能扫除污垢"⑤。

对于化妆品的使用也很有讲究，"要使脸儿白嫩红润，每晨醒来，

① 《美容珍屑》，《申报》1940 年 11 月 11 日第 14 版。
② 《美的三部曲》，《申报》1939 年 1 月 2 日第 18 版。
③ 维敏：《香水种种》，《申报》1940 年 11 月 11 日第 14 版。
④ 《日新月异的化妆品》，《申报》1933 年 10 月 13 日第 7 版。
⑤ 《口腔卫生与刷齿剂的选择》，《申报》1933 年 10 月 13 日第 7 版。

用双手擦面部五六十下，洗脸后面部涂以人乳，五分钟后洗去。每晚涂以鸡蛋白，十五分钟后洗去，临睡时擦面部五六十下，再涂以纯蜜水和上等宫粉，所用面粉须上等和不含铅的香粉，若依照上述的方法，按日不断地去实行，一年半载后就能见效。"①"瘦削面庞的人，敷胭脂于贴近鼻部与颧骨之间，脸庞圆形的人，须敷胭脂于颧骨上，不可敷近鼻部。凡额部突出的男女，若欲掩盖其形，则惟赖于化妆，化妆的时候，他处可均涂以粉，独额部则可勿涂，如此便觉平贴许多，吾则在粉中稍混以青色，亦能掩盖其形，此完全是光学上的原理，确有实效。"②

而将香水直接洒到皮肤上去，也是不妥当的。"因为有些人的皮肤是含有酸性的，香水一着皮肤，因为化学的作用，香味立刻就消减了，所以最好是把香水放在衣服上面，衣襟、袖口，都是很适宜的地方。切不要将香水涂在头发上，因为有些人的头发中的油质，并不能和香水中的油质混合起来，这与香水不能涂在皮毛上，是同一的原理。"③

都市女性也很爱创新，流行过一种新的洗头发方法，"洗法是面粉调羹，先放一点冷水将它搅拌匀和，然后再放热水，约冲一饭碗，使它成为极薄的糊状，稍有粘性为度，然后拿这种薄糊当做皂沫放在头发里，尽量揉搓，使得它无所不至，当然在洗前能用篦先篦去积垢更好。这样搓洗一顿以后，再用温度适宜的水冲洗，以头发里冲干净了为止。那时所有头垢都跟了薄糊冲下来，所以起初是白浆，冲下来就成了污水。虽然此种浆糊洗头法，不知何人所发明，但是却比肥皂功效有过之无不及"④。

"欧化的上海，很多摩登女郎们的化妆在风格上，也是塑造类似西方美的女性，眉毛细长但是形状各异，刷睫毛，用灰色、棕色甚至绿色调的眼影，使得眼窝有凹凸感，粉底腮红，使得颧骨骨感明显，明亮的红色朱唇，这些均使得原本平滑的东方脸庞，变得追求接近西方白色人种的轮廓鲜明。"⑤

都市女性爱打扮，化妆品中胭脂香粉的牌子都是指定的，在她们眼

---

① 《怎样使脸儿红润》，《申报》1939 年 1 月 2 日第 18 版。
② 《美的经验》，《申报》1939 年 1 月 2 日第 18 版。
③ 维敏：《香水种种》，《申报》1940 年 11 月 11 日第 14 版。
④ 《女人洗头方》，《海光》1946 年第 22 期，第 7 页。
⑤ 卞向阳：《百年时尚——海派时装变迁》，东华大学出版社 2014 年版，第 45 页。

中，化妆品是能够增益美丽的商品，也是能够增加摩登感的工具，化妆品对于她们，就是能够变得摩登的诱惑。

二　化妆品之于乡村女性：日用所需

"乡下女子，抚育小儿是尽责的，用钱是节省的，浪漫的行为是没有的"①，"她们，一个个都穿着朴素土布衣服，显着极端俭约的态度，伊们有着真正健美的体格，能一天到晚不停地操作、劳动，而没有都市小姐的病态美，伊们的皮肤都是黑黑的，更没有蔻丹、洋脂、洋粉、香水精等的装饰品。"②

（一）乡村女性生活

"上海市农村地区包括漕泾、杨思、法华、体桥、彭浦、江湾、吴淞、塘桥、高行、殷行、蒲松、陆行、真如十三区，但应该加上和外县接境的几个毗连区域，如大场、罗店、七宝和嘉定南汇县的一部分，这些地方虽然名义上属于外县管辖，但是实际上却和上海市有着密切不可分的联系。"③

"在农民中间，分着富农、贫农、雇农三种阶级，顾名思义，当然也能知道这三种农民生活的分别了，富农阶级里的妇女，生活比较优裕，能够不愁吃穿，住着比较宽大的瓦屋的住宅，家中常年雇用田工伙计，自己不必做着最笨重的工作，她们家里即使有着很富的产业，很多的田地房屋，但是生活依旧十分节俭，布衣粗食，毫无奢侈，而且躬自操作，烧茶煮饭缝制衣履等事，几乎每个女性都能自己动手。"④ 贫农妇女和雇农妇女的生活，更为辛苦。与都市女子华侈的生活相比，乡村女性的生活可以拿勤俭刻苦四个字来笼统地概括。日出而作，日落而息，是浦东⑤一般妇女的生活作息。她们每天在雄鸡报晓的时候，便起床了。起身以后，胡乱吃了一些东西，便到农田里去工作，除了做饭的时间之外，整个的一天，差不多完全在农田中度过。这种勤劳的精神，都会里的摩登女子，是根本不能够望其项背的。"至于在农暇的时候，她们日常的生活，说来也真够使一般只吃不做的少奶奶、小姐们惭愧

① 《乡妻》，《申报》1935 年 6 月 14 日第 14 版。

② 《乡村的妇女》，《申报》1936 年 4 月 25 日第 16 版。

③ 《上海近郊的农村妇女》，《上海妇女》1940 年第 4 卷第 2 期，第 11 页。

④ 《中国农村妇女》，《慈俭妇女》1941 年第 2 卷第 10 期，第 10 页。

⑤ 浦东，是泛称，指南汇、川沙、上海县属。

呀！原来她们也能充分地利用农暇的时间，从事于各种副业的操作，她们在农暇时的副业，大概有织布、摇袜、糊自来火盒、糊纸锭……数种。"①

浦东的妇女，日常的生活可以说是非常辛苦的。1 碗青菜，可以做 1 天的菜肴，1 件布衣，可以穿 3 年、4 年，和摩登女子的非大菜不吃，非绸缎不穿的情形，是绝对相反的。在工作方面，每天做上 12 小时，甚至 14 小时，亦不以为苦，这种刻苦的精神，实在是值得都会中的妇女们佩服的。

即便她们如此刻苦勤劳，但自从机器业打倒了手工业以后，妇女们以手工做出来的东西，便大受打击，竟渐渐在淘汰之中了。妇女们每天、每月、每年，勤劳刻苦之所得，远不能填饱自己的肚皮，加以农村经济破产的尖锐化，更使浦东的妇女，生活上受了重重的压迫。"她们一天到晚地工作着，而其辛苦的代价，仅仅是大洋 1 角，以至大洋 2 角而已！"② 这些钱勿说用来买化妆品了，甚至不能饱腹，所以她们必须勤俭，没有闲暇，也没有稍富裕的金钱，可以让她们作任何的浪费。

"我们看农村妇女生活状况的窘迫，职业的烦琐和重要，妆饰的朴素，风俗的固陋，一方面是敬重她们有生利的能力，非若贵妇人之专以献媚争妍为能事，光阴消于涂脂抹粉，供人玩赏。一方面又念阔太太、贵小姐们娇养安逸的生活，饱则哒哒，卧则吁吁的无忧无虑，和吃大菜、看电影、坐汽车、入贵族学校、受贵族教育的女学生，不免发生无限的感叹，真是天堂地狱之别！"③

（二）乡村妇女美容

乡村女性虽无多少闲钱，然仍渴望在节衣缩食的状况下，能够拥有一两件日用所需的化妆品，然其所拥有的化妆品，不属于奢侈品，而是更倾向于日用品。

化妆品厂商也深谙此类女性的美容要求，在各乡镇推出专门面向农

---

① 巴玲：《浦东的妇女：乡村妇女生活》，《新人周刊》1935 年第 1 卷第 37 期，第 15 页。

② 巴玲：《浦东的妇女：乡村妇女生活》，《新人周刊》1935 年第 1 卷第 37 期，第 15 页。

③ 江越：《浙江农村妇女生活状况之一般》，《三民半月刊》1930 年第 3 卷第 9 期，第 1 页。

村妇女的美容药粉与美容药膏。此种化妆品用于治疗雀斑、粉刺、黑气、油光等面部病症，与都市女性所用的化妆品有很大的不同，且美容药粉农村袋每袋 1 角，美容药膏农村瓶每瓶 6 角 5 分，相较于其他化妆品价格也便宜很多。

肥皂、牙粉等为日用必需。肥皂的制造，为一种油脂化学工业，在市场上占着极重要的地位。就市售商品而言，肥皂又可分为普通皂类和良质的香皂两种，"良性的香皂因不会损伤皮肤，可用于日常洗脸或澡浴，而普通皂类，即脂肪酸和碱类的化合物，因其中含碱类过多，可能损伤皮肤，故能应用于洗衣服之用，却不适合用以洗脸或澡浴"①。乡村妇女在购买时，多是购买用于洗衣的肥皂，甚至于为了经济考虑，很多会自造，只求实用，合乎经济条件。

"农村自造的肥皂只需牛油（或羊油）8 两，花生油（或棉籽油，菜籽油均可）2 两，松香 5 钱，清水 40 余两，烧碱 1 两 5 钱。先将烧碱置入大磁碗中，用水 6 两化开，历 2 小时后，方可应用。再将各油与松香一同加入锅中，用文火化用，此时锅中之油，同时加入清水 10 两，一并加热不要急火，俟牛油与松香等均已化开，用木棍搅拌数分钟，减去其热度，然后用磁碗中之碱液，取出一半，徐徐注入锅中，不绝搅拌，约煮半小时，锅中必起化学作用，而成糊状，用棒挑之成堆，然后再将下余之一半碱液，也徐徐加入，仍用力不绝搅拌，约又过半小时之久，锅内又变成稠糊状，遂将清水 30 两分为 2 次，或一次加入，此时火宜加大，俟锅内已沸，仍用文火煮之，约再煮半小时之久，锅内成清油状时，可将锅内之肥皂取出少许，滴于玻璃板上，须臾硬固，即告成功。把锅内肥皂，倾入木匣或盆内，静置凝固，即成肥皂。虽然会因为制造技术的优劣，和配合原料之适宜与否，而影响到制成品的品质，但其去垢之作用，则完全一致。"②

牙齿虽然是身体的一小部分，却是生活舒适的关键之一，"齿骨贯通于神经系统，牙齿有了疾患，可直接影响于智慧，况且人类一身的营养，也完全是牙齿的咀嚼，以输入胃肠各部，倘然牙齿发现腐坏，则咀嚼的工作减其效用，于是便妨碍肠胃的消化力，而致形成胃病，明以齿

---

① 《香皂选择法》，《中外论坛》1935 年第 3 期。
② 《农村自用肥皂之制造法》，《农业生产》1946 年第 1 卷第 4 期，第 10 页。

牙实司全体健康的钥匙"①。虽然一般农民也知道牙齿卫生的重要性，但是这种牙粉牙膏往往非常贵，长期使用很不经济，故也多自制。"仅需炭酸镁、炭酸钙（西药店出售）即可，将两项粉末研细，份量各一半，混合后加入少许冰片滑石，再加适量香料即成，其优良与市售无异。"②"若要制造芳香牙粉，需炭酸镁6两，沉淀酸钙、酸钾各12两，硼酸4钱，玫瑰油1钱，洋红少许，将以上各原料，研成粉末，随加洋红，徐徐研匀（如制白色者，可不必加入洋红），使成桃色，再加玫瑰油数滴即成，此种牙粉，芬芳扑鼻，气味清凉，对于牙磁，极有防腐之功。"③ 以上各法，极为简便，价亦甚廉，但此牙粉无多大芳香，只可擦牙，不可擦面。

因为缺少金钱，乡村女性往往发明一些经济适用的化妆方法，"她们每好用豆腐浆滴在洗脸水中洗脸，不但能使肌肤白嫩，而且久用此法还能保持到老不衰与无皱纹，其简单经济，殆无过于此"④。"如面容苍白者，每用苹果与荞麦装在瓶装的绍酒或烧酒之内，浸三五天以后，用纱布滤净其渣滓，晨起用棉花在脸上摩擦一遍，一二月后，面色自然会由苍白而变成红润。并且，乡村妇女每天在未修饰以前，总喜欢以丝瓜汁擦面，这样，衰老宽驰的皮肤上，会显示出柔滑细嫩的光彩来。"⑤

"蜂蜜，也是乡村妇女所认为不可缺的化妆品，尤其那些皮肤粗糙而发油光的女子，在每次洗脸以后，总得搽一二回，气候寒冷干燥的冬天，更可祛除种种冻疮与皮肤破裂诸病，而且蜂蜜的芬芳馥郁，较香粉水，简直有过之无不及。"⑥

在服饰以及装扮方面，乡村妇女的妆饰并不奇特和奢华，但也日益与城市时尚贴近。"在短发已经成为都市女性的日常发型时，乡村女性也大都剪发了，但是20岁左右的居多。面上的粉，是个个要涂得，但都市里画眉和口红，却不通行，着旗袍也不多。"⑦

---

① 《口腔卫生与刷齿剂的选择》，《申报》1933年10月13日第7版。
② 《农村卫生：牙粉简易自造法》，《农村副业》1936年第1卷第7期，第37页。
③ 胡志懿：《牙粉制造法》，《玲珑》1931年第1卷第36期，第1392页。
④ 君美：《乡村妇女的美容术》，《现代家庭》1939年第2卷第7期，第25页。
⑤ 君美：《乡村妇女的美容术》，《现代家庭》1939年第2卷第7期，第25页。
⑥ 君美：《乡村妇女的美容术》，《现代家庭》1939年第2卷第7期，第25页。
⑦ 翁玉华：《乡村妇女生活素描》，《女子月刊》1935年第3卷第2期，第3697页。

三 化妆品工业对女性的"消费"

女性在享受着化妆品带来的美丽的同时，亦承受着化妆品工业对女性的"消费"，"女性，特别是摩登女郎，她们与各种新鲜事物捆绑在一起，即便是会有所不便。穿了高跟鞋的脚，走起路来总有许多不便，而且二十多块钱一双的鞋子，让马路上的尘垢污了，也实在可惜，所以摩登女子的足和车子结了不解缘，久而久之，足部的功能是渐渐消灭了。同样，搽了蔻丹的手，自然也不能用来工作，手的作用，跟着也失掉了，玉指纤纤是特地为了戴金刚钻戒子而生的。这样看来，她们手的能力，也可想而知了。在摩登女子的目光里，女子的美丽，是要身体苗条，瘦是重要的，同时弱字也不得不附带在一起，由了瘦弱，摩登妇女和疾病便成了不可分离的伴侣，因了太爱修饰，妇女渐渐成了一种艳丽的（美而不健的）点缀品"①。

（一）美人的"标准"

人生之初，样貌不一，然偏爱美，却是天性使然。那么，女人之美，到底以何为标准？"中国文人笔下所描写的美人，往往用杏眼、柳眉、桃腮、樱口等比拟字样来形容美，千篇一律，毫无实际性。至于那些艺术高妙的文人，文章中描写女人之美，手段自然能高一等，但也多半属于抽象的描写，令人们读了还是摸不着边际。"②

近代以来，美人的标准虽多样化，但渐次具体化，如有人以"九三标准"来要求美人。"所谓九三标准，即三红（唇、颊、指甲）、三白（脸、齿、皮肤）、三黑（发、睫、眼睛）、三广（额、胸、鼻）、三长（舌、颈、汗毛）、三肥（乳、臀、足）、三瘦（眉、指、腰）、三小（嘴、手、肩）。"③

也有人从身材比例上衡量美人，认为标准美人条件，约如下述，"踝围八寸四分之一至八寸半，小腿围十三寸至十三寸半，膝围十五寸至十五寸半，腰围二十五寸至二十六寸，胸围三十三寸至三十三寸半，身长五尺六寸半，倘使美人身材较长，而与全身各部有相等比例者，则将更美"④。

---

① 李瑞琼：《摩登妇女之摩登病》，《玲珑》1933 年第 3 卷第 23 期，第 1088 页。
② 徐行：《中国的标准美人》，《茶话》1948 年第 20 期，第 67 页。
③ 《标准美人的标准》，《光芒》1934 年第 1 卷第 9 期，第 2 页。
④ 《标准美人的条件》，《国光影讯》1937 年第 1 期，第 3 页。

更有人从肌肤、容貌、身材、神采、态度等更为具体的方面，提出所谓的美人标准，"首先讲肌肤，肌肤以白而柔嫩润滑为上，白里藏红，俗语所谓纱纸包红丹，此标准肌肤也。其次讲容貌，肌肤是指全身言，容貌则单指五官与头面言。容貌以如何为好，则不外搭配匀称，就整个人头言之，自发至颈，件件配得合适，恰到好处，此标准容貌也。再次，讲身材，身材指整个身言之，总以匀称为主"①。至于神采和态度，也分别有相应的标准。

可知，美人的标准有两种，一种是从身体各部分来看的，另一种是综合全身的。"解剖出来的美，先看她肌肉，再看她毛发、眼睛和眉毛，肌肉是全身各部分最最紧要的，第一要颜色洁白，肌肉光润白净；第二要机理匀净，还要细腻，凡是肌肉匀净细腻的，总是很好看。毛发也是一个美人的重要标准，头发须要细长，还要浓密，颜色需要漆黑，这也是古今中外一致承认的，算做一种美人的标准。再其次来，女子的眼睛和眉毛，也是很重要的，眼睛要大小适中，要黑白分明，要有光彩。睫毛要黑，眉毛要短而柔，要浓淡适中，要细长似弓。再次下来，女子的鼻，鼻居颜面的中心，大小要和颜面相称，鼻尖要圆，鼻孔要小。再次是人中和嘴，人中要垂直，长短大小要和全部颜面相称，嘴要小，嘴唇要红，牙齿要白，还要排列整齐。"②"综合美，那是一定要综合全身，最最主要的，尤其是曲线美，第一是乳房的膨胀，第二是腰力的弯曲，这两个地方，是人身全体综合美的最最重要地方，就是肉体美的所在，也就是曲线美的所在。"③

美人的标准越具体，也就意味着对女人的要求就越高，而当女性无法通过天生或者自然的途径达成，往往需要依靠化妆的手段。如"觉得眼睛太小时，可以用一支软的画眉笔，在眼腔的周围画一圈，这会使得眼睛显得大而黑；对自己的嘴巴不满意时，不妨试下口红，涂口红是烘托陪衬法之一，因为皙白的面部，涂上少量的口红，将更见得你的娇艳，譬如小的不妨多抹些使变大，大的少抹些变得小"④。又如"手部之毛过浓，颇有碍女性美，故可用脱毛剂将其脱去，但切勿剃去，因为

---

① 金夷：《男女问题：标准美人》，《人道》1948 年第 16 期，第 12 页。
② 陈美芳：《美人鉴赏之标准》，《性杂志》1927 年第 1 期，第 1 页。
③ 陈美芳：《美人鉴赏之标准》，《性杂志》1927 年第 1 期，第 1 页。
④ 《化妆座谈：美容的总论》，《春色》1935 年第 10 卷，第 2 页。

一经剃去，则反易变粗，终于不可收拾"①。"譬如你的脸，你觉得太狭长了一些，那你应当把胭脂的地位向内迁移一些，你的脸就可以见得阔一些了，反之，若是脸太横阔，应当向里搬一些。"②

化妆品工业通过对女性标准"美"的宣传，"使女性往往产生如下心理，好似穿着时髦的服装、高跟鞋、丝袜、卷卷的头发，夹着美丽的皮包，时常游戏场、电影院、公园等处走走，口里谈谈自由恋爱、社交公开，这样的摩登，正是所谓一般妇女所羡慕的，所希望的，这就是真正的摩登了。其实错了，完全错了，这不过是皮毛虚荣罢了，简直是退化和萎靡，真正的摩登是关于精神上的，学术上的，思想上的，绝不是驱逐于物质上的时髦，但一般妇女把皮毛的摩登，深印在脑海里"③。

"化妆后的所谓美人，她们不希图从学问上、能力上、事业上筑好基础，而终不免注重表面的修饰，甚至以妆饰为惟一的生命，那惟有做男子的玩具，做物品的奴隶而已。"④ 她们看似是在使用化妆品，实则无意中已被化妆品工业所"裹挟"。

（二）化妆品的各项消耗

"化妆品商人专从女子毛孔上宣传来骗人，说得天花乱坠，以达他的生财大道。西洋有一句极普遍的话语，大意是说：女人可以不要吃饭，可以不要生命，可以不要所有的一切，但是在她的身上，永远不能少掉一只粉盒子。或在我国，也可以适用。"⑤

"有人说女性为装饰化妆，所费的经济要占全生活费十之一二，所费的时间要占全时间百之七八，这女性所以有装饰化妆的问题产生。女性为装饰化妆所费的经济和时间，亦岂仅若是？那不过乡间的妇女罢。城市商埠的妇女为装饰化妆所费的经济和时间，总要倍于乡间妇女所费的，而太太式、小姐式的妇女对于装饰化妆所费的经济和时间，将占全生活费的半数以上，全时间十之三四呢，不常常见闻着一位很有家产，或很能赚钱的阔气老爷，不能养活一位太太的舒服么！"⑥

---

① 《手部怎样化妆》，《立言画刊》1943 年第 243 期，第 22 页。
② 《面部化妆法》，《新家庭》1932 年第 1 卷第 9 期，第 84 页。
③ 《摩登妇女与贤妻良母》，《妇女家庭》1939 年第 1 卷第 4 期，第 10 页。
④ 《社言：女子的修饰与人格》，《兴华》1930 年第 27 卷第 13 期，第 5 页。
⑤ 胡思源：《妇女与化妆品》，《益世报》1935 年 3 月 28 日第 11 版。
⑥ 颜筠：《装饰化妆与美》，《妇女杂志》1925 年第 11 卷第 1 期，第 286 页。

女性为了追求美丽，往往花费大量的时间和金钱用于化妆品的消费，推销家也往往推销化妆的"美"，"女子皮肤是最细腻的组织，倘要保持她的美丽，应常拿油来润泽她，一个女子都应使皮肤像蔷薇花瓣般鲜艳，脸庞儿像苹果般姣好，若没有这种姿态，就是不敷高贵化妆品的缘故"①。

而近代女子的化妆方法，往往也具有盲目性和跟风性，常常是花费虽多，但效果不佳。如"当倒竖的眉式流行时，一般仕女将眉毛通通拔掉，再重新画上。这样，且不论丧失了眉毛在生理上的功用，就是从美的方面讲，无论如何，眉的地方，应该有一点点东西突出，才能配衬的起下面的睫毛和眼睛。有许多人把眉毛拔下去半截，前半截有毛，后半截却平白地画上一条黑纹，使人一看便看出一半有毛，一半全是黑炭，实在不很舒服。不化装，还不失为保留自然，化装而不美，何必多此一举呢"②。

一些画报、年画也经常以美女、"皇后"、高才生等为噱头，借着对美女的消费，来提升知名度，"有好多女子，似乎不把自己的尊荣刊在画报上面，不足以表示时髦，不足以抬高身价的了！"③

而且毋庸否认，"都市小姐们是全国妇女界的领导，她们底一举一动，是会影响到内地各处的妇女们，剪发、旗袍，都是由于都市的热烈倡行而风染到了内地，都市女性是时代的女型"④。在人们意识里，洋化、装扮时髦以及消闲，是都市女性的主要特征，那么，女人究竟是为了什么化妆的呢？无外乎美丽，而对于美的观念，第一紧要，是从人格上体现的，若没有高雅的人格，虽生成西施的花容月貌，也不过是性欲底下一个小小的美的消遣物。而这些所谓的美人、摩登妇女、校园皇后，所倾心而为的装饰化妆的美，是为引起他人的注意和兴趣，以图利益的，看似她们在消费化妆品，实则她们才是作为化妆品的"奴隶"而被消费。

---

① 如玮：《女子化妆美与健美的论战》，《康乐世界》1939 年第 1 卷第 7 期，第 31 页。

② 希白：《女人之书·容仪之部：甲·容集：容之二·眉》，《妇人画报》1936 年第 43 期，第 13 页。

③ 茶心：《画报与女学生》，《民国日报》（上海）1930 年 5 月 24 日第 4 张，第 1 版。

④ 《写给都市小姐们》，《申报》1933 年 12 月 14 日第 13 版。

第二节 社会现象之呈现平台

化妆品的使用，已远远超脱了护体功能，其在近代上海的流行，表明它已经成为使生活快乐之物亦是个性的象征。女性使用化妆品，不仅是为了满足生理需要，更重要的是满足心理上的需要。透过对化妆品工业的考察，我们可以了解到时代的变迁。

一 社交的发展：休闲与消费

休闲消费，不仅限于旅游、体育、娱乐等休闲活动，而且体现在人们日常的消费行为中。"它是一种能够体现人们个性、身份、地位、文化品位与生活态度的消费时尚，从人们的发型、穿戴，到身上的各种饰物，从人们消费的各种生活用品到居室中的家具摆设，甚至是人们日常消费的食品。"① 透过美容化妆品行业的发展，我们可以了解到近代民众的闲暇与消费，正因为人们日常闲暇时光的增多和消费文化的发展，才使得这一行业拥有广阔市场。

进入 20 世纪，上海市民的休闲生活可谓丰富多彩，并在 30 年代达到高潮，"戏院呈现不同风格的剧种：京剧、申曲、昆曲、评弹、滩簧、川剧、话剧等剧目为来自不同地域的人们提供不同的乡音，舞场里狂热的爵士音乐，恐怖的、侦探的、冒险的影片，在每一间影戏院发出惊人的巨吼；闲暇之余下馆子尝美食，五花八门的餐馆、饭店，食在上海就好比食遍全国……这一切，直引得人感慨，上海人是享不尽的福……上海人成日成夜只知道看戏、吃大菜、跳舞，兴高采烈，玩得不亦乐乎，什么忧愁思虑，一概都没有"②。

休闲生活的发展，大大增加了人们交际的机会和时间，而近代上海社会的转型与变革也为女性日常活动空间的扩展提供了契机。如女性若觉得做饭采买食材费时费事，可选择电气冰箱，"对于中馈操劳，可以减轻多多。此种冰箱之冷藏柜，冷度常在华氏 45℃，其中空气干

---

① 耿莉萍：《论休闲消费的特征、发展趋势与企业商机》，《商业经济与管理》2004 年第 3 期。

② 杨朕宇：《〈新闻报〉广告与近代上海休闲生活（1927—1937）》，复旦大学出版社 2011 年版，"绪论"。

燥，容积宽大，可供多量食品之储藏"①。为节约做饭时间，可选择打气炉、洋油炉等烹煮方便的器材。甚至可选择"磁铁文直牌"热水器，"形小，极便携带，功用甚广，可借电力开水、煮粥、炖肉、豆、药、咖啡暖茶、酒、牛乳，及一切流体，清洁方便快捷，远非炭炉、打气炉、洋油炉、火油灯等所能比拟"②。日常家务也有"效率高超，经久耐用"③ 的缝纫机和"既省力又省电"的洗衣机帮助。女性逐渐能从繁重的家务中解脱出来，家务劳动占用的时间愈少，妇女们休闲的时间就越长，而女性社会地位的提升，也使得这些休闲场所向女性打开了大门。

同时交通工具的发展又延长了人们休闲活动的"范围"。20 世纪30 年代时，上海地区可供选择的远行交通工具已包括汽车、轮船、飞机。便利的交通设施，还方便了时尚信息的传递和化妆品的运输。如有轨电车的通行就往往带动周边商业的发展，"1908 年 3 月，上海南京路通行有轨电车后，沿线陆续建立起英资开设的福利公司、惠罗公司、泰兴公司和汇司公司，侨资开设的先施公司、永安公司、新新公司和大新公司，此外还有协大祥、老介福、亨达利、恒源祥、张小泉等专业特色店铺"④。这些大公司，都是集商业及娱乐业于一身的场所。众多的娱乐休闲场所吸引女性纷至沓来。

而 1882 年电灯在上海的使用，更是使得人们玩乐的时间被"延长"，人们在夜晚有了更多的消遣时光。相较于早期上海民众的"保守消费"，20 世纪后的上海"及时行乐说"大行于世，"余观于上海，而知人生行乐之地固在目前也……古人求长生不死之术，令至今日而居上海，亦将以为神仙不啻矣。身非富人，依人作嫁，或为商伙，或为馆师，则碌碌终朝，当夕阳西匿，暝色未昏，亦将行此数者，以适一时之意，以解一日之烦"⑤，消费文化一度甚嚣尘上。

上海人户外活动的增多，必然会引起女性对外在形象的注意。相较于北方女性而言，上海女子肤色偏黄，这决定了她们更重视皮肤的白净

---

① 《主妇之福音》，《申报》1932 年 12 月 28 日第 12 版。
② 《电世界》，《申报》1924 年 9 月 23 日第 9 版。
③ 《中国缝纫机制造厂》，《申报》1944 年 3 月 9 日第 2 版。
④ 陈梁主编：《上海摩登上海往事》，上海锦绣文章出版社 2009 年版，第 105 页。
⑤ 《上海乐事解》，《申报》1877 年 10 月 13 日第 1 版。

度，因而对于美白类的化妆品有种特殊的情感。外加上海一年中的大部分时间属于和暖气候，因此女性在出门前，也会格外注意对皮肤的滋润，因而对于雪花膏、洋蜜、润肤乳等化妆品的需求更甚。

二　风俗的变迁：审美与伦理的紧张

由于所处的特殊地位，"中西文化往往在上海首先相撞击，激烈相冲突，然后是进而或相认同，或予排拒……西学东渐的过程，挟精神文化与物质文化而俱来，从中国历史事实看，对于外来物质文化的认同与接受，从来易于精神文化。物质文化体现为人们的生活状态和生活方式，包括道路、煤气灯、自来水、电灯、电话、火车、公园、公共卫生等等，都和传统方式迥异。上海人对之，初则惊，继则异，再继则羡，后继则效"①。精神文化则体现为人的思想、观念和伦理，更偏重于日积月累的沉淀和凝聚。

化妆品传入上海后，虽然受到了女性的追捧，本土的化妆品企业也相继建立，然而人们从思想上接受它，却有一个漫长的过程。

清时，女子所谓的美，虽是男性眼中的美，不免有女性自行雕琢以应男子要求的成分，然更为注重的却是自然生成的美。《杂事秘辛》就有关于此类美的详细记载，"芳气喷袭，肌理腻洁，拊不留手，规前方后，筑脂刻玉，胸乳菽发……血足荣肤，肤足饰肉，肉足冒骨，长短合度，自颠至底长七尺一寸，肩广一尺六寸，臀视肩广减三寸。自肩至指，长各二尺七寸，指去掌四寸，肖十竹萌削也。髀至足长三尺二寸，足长八寸，踁跗丰妍，底平指敛……不痔不疡，无黑子疮陷及口鼻腋私足诸过"。对于施粉，如若"使去粉饰而全露天真，还不知如何妩媚，使遇皮相之流，止谈妆饰之离奇，不及姿容之窈窕，是以人饰珠翠宝玉，非以珠翠宝玉饰人也"②。可知，仍是注重天然的美。

要求女子的活动空间也仅限于居室、家庭，丈夫将妻闭置闺中，终年不许出大门一步，家庭生活中好女子的标准一言以蔽之，即柔顺而已。日常生活中，敬重丈夫，事公姑，"新妇之倚以为天者，公姑丈夫三人而已，故侍三人，必须曲得其欢心，不可丝毫触恼。若公姑不喜，

---

① 唐振常：《市民意识与上海社会》，载苏智良主编《都市史学》，上海人民出版社2014年版，第301页。

② 陈东原：《中国妇女生活史》，上海文艺出版社1990年版，第222—223页。

丈夫不悦，则乡党谓之不贤，而奴婢皆得而欺凌我矣；从此说话没人听矣。故妇之善事公姑丈夫也，非止为贤与孝也，以远辱也"①。"女性形象被表现为私人领域奉献者、牺牲者，她们多因对丈夫、孩子的无私奉献、牺牲及良好的人际关系而受到关注、赞美和歌颂，她们的眼界只限于家庭范围内。"②

故当化妆品传入上海之时，因与女性居于内的传统生活方式相背离，因而近代审美与传统社会伦理发生了难以调和的冲突。这也就解释了为何最初选择使用化妆品的多是礼教所不齿的娼妓，"化妆品传入之初，惟娼妓公然儿（使用）化妆品，无所顾忌"③。

至20世纪30年代之时，虽然化妆品在上海的使用已属普遍，"凡属女流，几无不用之，盖年龄较长之妇女而欲与少艾争妍，自非恃化妆品不可，徒以女性美色之争，遂使一切妇女皆知化妆之技功矣"④。然而大众对于化妆品的使用者，仍多冷嘲热讽，认为其是为了满足某种特殊需要的"特种女人"，"那些舞女、明星、交际花、姨太太，各种各类的妓女，每月所购更多于常人"⑤，"她们之所以必须使用大量的化装品，完全在维持她们的'业务'，一个一身汗臭的舞女或妓女是不会招男客——玩弄者——的欢迎，自属一种绝对的事实……这样，事态的真相已经明了，大量化装品之使用在特种女人身上，其作用等于火车头行驰时所需的煤水，汽车所用的汽油一般，火车汽车之行驰虽日见旧损，而煤水汽油之消耗，与它本身的关系，却只是供人驱策的动力罢了。妓女式的女人之于化装品又何独不然呢？"⑥并且还进一步指出，"上海一地，除掉劳苦群众外，有的是失意的政客官僚，有的是阔人闲人，有的是小开遗少……有了这班宝贝集中在上海，于是无数的妓女式的女人遂卜昼卜夜的裹在化妆品里吃喝玩乐过着浪费生活的日子"⑦。

---

① 陈东原：《中国妇女生活史》，上海文艺出版社1990年版，第284页。
② 戴婷婷：《解析大众传媒对性别的刻板印象化表现——从广告中的性别表现谈起》，硕士学位论文，郑州大学，2005年。
③ 《惟有蝶霜可以帮助解决》，《申报》1931年1月11日第19版。
④ 《惟有蝶霜可以帮助解决》，《申报》1931年1月11日第19版。
⑤ 《谁在推销化装品?》，《申报》1934年8月26日第17版。
⑥ 《谁在推销化装品?》，《申报》1934年8月26日第17版。
⑦ 《谁在推销化装品?》，《申报》1934年8月26日第17版。

即便是闺秀名媛，若频繁出入交际场所，浓妆艳抹，也会被一并划入"妓女式生活"的女子一类。"上海同义公学校长陆景梅女士，颇负盛誉，然因出入交际场中，娇艳冠群，也被称为交际明星。"① 上海名医唐乃安之女唐瑛，长相漂亮，"化妆东西都捡好，所以打扮娇滴滴，面孔身段并皆妙"②，终日过着"花蝴蝶"般的交际花生活。即便其中英文兼优，能唱昆曲，还会演戏，然而人们提起唐瑛，仍是以"交际名媛"称呼。虽然此时的交际花，不是陈白露与赛金花之流，而是出身豪门的名媛，但当时人们对她们仍无多少好感，"一朵鼎鼎大名的交际花，惟其是富家女，所以能供她任意挥霍，极尽生活之奢华，惟其是交际花，于是乎实行社交公开，尽管自由的恋爱，故此她的一篇恋爱史中，奇情趣事，层出不穷，常有供人谈笑的资料"③。

对于整容的接受，则更为困难。1909 年美国面部女医师吉凌汉至上海，专治面部各病，"在沪开院两载，凡面麻医光，瘰瘰医平，烟容、酒滞、红痣、黑斑、雀斑、疙疸、皱纹、疮疤消减无迹，皮肤粗糙、面色苍老、黄黑，医之嫩白细腻而红白，医华人已数千人，效验大着。各省有不远千万里来者，门庭若市，应接不暇"④。开业之初，"官场及大商家、阔买办之少女、宠妾就请修治者不少。初时每人不过二三百金，后至千余金，吉凌汉乃大获利"⑤。然而美容市场毕竟有限，受"身体发肤，受之父母，不可毁伤"祖训的影响，下定决心整容和整得起容的女性只是少数，其社会影响亦有限。

变动期的社会，当政治、经济、文化出现调整时，旧的一套与原来社会结构相适应的伦理系统将出现松弛，而适应新的社会结构的新社会伦理观念也会孕育萌生。"特别是上海作为最早开放的通商口岸，通商活动和西方人带来的西洋器物和文明形式，开始影响人们的生活，新的生存环境和社会因素，使人们的生活方式也开始发生变化，接受这些变化的人多了，便形成了一些与传统大不相同的新风尚习俗。这些新的风尚习俗，由于大多与以往的传统礼俗和教化伦理相抵触，因而引起人们

---

①　《花容保障》，《申报》1929 年 3 月 6 日第 20 版。

②　《唐小姐国货联合第七组》，《申报》1939 年 12 月 30 日第 1 版。

③　《八小姐恋爱史》，《申报》1926 年 12 月 1 日第 19 版。

④　《大美国面部专科女医士吉凌汉广告》，《大公报》1911 年 1 月 11 日第 3 版。

⑤　《大美国面部专科女医士吉凌汉广告》，《大公报》1911 年 1 月 11 日第 3 版。

思想观念的混乱、冲突和困惑。"①

三 游艺民俗的转变：兴趣的西洋化

上海，五方杂处，来自全国各地的人集居于此。且上海近海通商，容易吸收各种思想和文化，也具有一种开拓进取的精神，对外来事物有很强的容纳性。"女性与家庭及家庭管理之间的关系被她们与现代性、闲暇及娱乐的关系所取代"②，女性走出家庭，开始一套新的生活方式。

舞场，就是女性新去处的典型代表。无论是"特别精装地板，光滑无比，特别延聘音乐队，声韵悠扬，特别加意烹调，美味可口，特别雇用仆役，招待周到，事事新颖"③的虹口益利西饭店跳舞场，还是"舞场宽敞，装设华丽，拣选舞女，风姿优秀"④的上海跑马厅爵禄饭店跳舞场，抑或是"建设布置，富丽堂皇，舞星如云，粉白黛绿，音乐悠扬，海上无匹"⑤的月宫饭店跳舞厅，都深受女性喜爱。另外，上海还开设有专门的跳舞厅，像静安寺路大沪跳舞厅，"内部陈设之美，音乐之优，有口皆碑"⑥，号称"全夜营业"的巴黎歌舞厅。以及刷新后的新世界跳舞场，"内部装潢华丽，顿成琉璃世界，四周火炉满室生春，聘请欧美舞女每晚奏演，各种跳舞，另备有雪肤玉貌之中西舞女数十人，以佐游客情趣，饮食精洁，侍候周到"⑦。甚至中国化学工业社还发明了专供跳舞时使用的跳舞扑粉。大东跳舞场还曾举行化妆跳舞大会，"Masquerade Ball（即野狐狸）风行欧美各国者久矣，沪地从未有举行之者，特应各界人士之督促，举行破天荒之化妆跳舞大会，形形色色，光怪陆离，各界来宾，均可化妆加入，以尽长夜之欢，其化妆能出神入化奇妙不可思议者，并分赠各种

---

① 李长莉：《晚清上海社会的变迁——生活与伦理的近代化》，天津人民出版社 2002 年版，第 14 页。

② 翟左扬：《大众传媒与上海"小资"形象建构》，载杨肸宇《〈新闻报〉广告与近代上海休闲生活（1927—1937）》，复旦大学出版社 2011 年版，第 187 页。

③ 《虹口益利西饭店大扩充开幕》，《申报》1926 年 12 月 22 日第 23 版。

④ 《上海跑马厅爵禄饭店跳舞场扩充地位重行开幕》，《申报》1928 年 1 月 14 日第 2 版。

⑤ 《月宫饭店常务董事会通告股东》，《申报》1930 年 9 月 19 日第 9 版。

⑥ 《大沪舞厅今日表演》，《申报》1932 年 6 月 1 日第 16 版。

⑦ 《新世界跳舞场大刷新》，《申报》1926 年 12 月 29 日第 2 版。

饮料玩具，以助雅兴"①。跳舞为一种社交艺术，已为一般士女所共认②。

　　跳舞的时间也不断延长，如果有足够的余暇与精力，不用等到晚上，下午即可去跳茶舞或餐舞。"跳舞差不多成为社会流行的一种新娱乐，每逢朋友问起今日作何消遣，总高声回答道跳舞，以为不曾踏进跳舞场便不算时髦呢。"③ 跳舞场中，"不但是摩登妇女，惨绿少年，而白发盈头、长袍马褂的老头儿也很多很多"④。甚至提一台留声机，选一空旷场地，便可翩翩起舞。

　　女性生活的西化，随着时间的推移，陆续由少数扩散到大众。以女性而言，过去强调女性应当皮肤白皙，谨言慎行，但随着风气的开放，女性也渐渐接受户外运动，远途旅行、近郊踏青、逛商店、晒日光、游泳、骑马等逐渐成为女性的新爱好。想要出国，可以坐飞机去伦敦，也可以去日本旅行。新婚夫妇婚礼完成后，也会选择蜜月旅行，到世界各地去看看。国内旅行更是随处可见，沪杭甬铁路开驰海宁观潮专车，三北公司宁兴轮直通普陀。

　　至于晒日光、逛公园、游泳、骑马等运动更是普遍。"春光明媚之时，仕女出游宴会而修妆。"⑤ "修饰出门，香飘四溢，登车游览，到处生色。"⑥ "清明最宜人，踏青好趁雨初晴，共醉杏花村，雪梨淡白柳深青，真佳景。"⑦ "时髦女子徒步旅行，而其鞋跟，将较现时（1927 年）最高者高出四分之一，或竟至八分之七。"⑧ "清华与沪江之游泳池，男女实行同游泳。"⑨ "注重体育，盖体制既强，血分必充，寄语爱美之妇女，从事化妆之余，更当对于体育三致意，否则化妆究属人工，人工终不免穷尽之时。"⑩

---

① 《大东跳舞场今日起举行化妆跳舞大会》，《申报》1928 年 11 月 4 日第 2 版。

② 《大东舞场社交舞竞赛引言》，《申报》1936 年 2 月 24 日第 19 版。

③ 《舞倦归来》，《申报》1928 年 2 月 26 日第 17 版。

④ 郁慕侠：《上海鳞爪续集》，格言丛辑社 1935 年版，第 26 页。

⑤ 《春光明媚》，《申报》1920 年 4 月 4 日第 17 版。

⑥ 《旁氏白玉霜》，《申报》1922 年 12 月 10 日增刊第 3 版。

⑦ 《清明最宜人》，《申报》1928 年 4 月 5 日第 9 版。

⑧ 《海外珍闻赵耘书》，《申报》1927 年 3 月 26 日第 13 版。

⑨ 《反正男女同游之辩论》，《申报》1929 年 6 月 28 日第 27 版。

⑩ 松涛：《点唇琐话》，《申报》1927 年 5 月 14 日第 16 版。

图 6 – 1   旁氏白玉霜广告

资料来源：《申报》，1928 年 1 月 14 日第 11 版。

　　另外，钢琴、提琴、长笛、风琴、大鼓之类的西洋乐器，也不再限于花柳界，富裕阶层家庭的女儿也拿来作为兴趣或教养来学习之，从学习之盛，就可明了一二。"兹有女教员两人同授英文、法文、德文、钢琴速记等科，无论男女学生，均可教授。"① "购风琴 50 元以上者，免收学费 30 元；购风琴自 16 至 38 元者，免学费 15 元。"② "凡本月内来学钢琴可减费，但须有钢琴兴趣者，有志士女幸勿交臂失之。"③ "提琴教授，单人学习每小时学费 1 元。"④ ……类似的广告不一而足。当时上海音乐研究会 "为沪上专授西洋音乐之著名会所，因鉴于每届开课后有额外要求入会研习者甚多，该会长仲子通为谋音乐教育普及起见，自本学期起，在教授时间上，如无冲突，不再限制学额，本学期科

---

① 《欲习英法德文字者鉴》，《申报》1915 年 7 月 27 日第 15 版。
② 《商务印书馆购买风琴者奉赠优待券》，《申报》1916 年 2 月 19 日第 1 版。
③ 《优待学钢琴》，《申报》1934 年 8 月 15 日第 21 版。
④ 《教育》，《申报》1926 年 1 月 15 日第 17 版。

目，分钢琴、提琴、歌唱、乐理四科，开课在迩，凡有志于西洋音乐者不论程度，可即日报名"① 由是可知，西洋乐器已经深受欢迎。开放的环境助长开放的心理，开放的心理也推进环境的开放，虽然西洋化的兴趣只是少数阶层的女性能享受到的娱乐，但是作为新的流行，也算是一种对于新风俗的憧憬和向往。

图 6－2　夏士莲雪花广告

资料来源：《申报》，1934 年 10 月 1 日第 19 版。

四　社会的变革：女性爱国

保家卫国，在古代似乎一直是对男性的要求，直至近代，随着女性解放运动的发展和国民意识的逐渐苏醒，女子们开始认识到自身的责任。特别是在国货运动发展时期，女性成为运动的关键。因为她们不仅

---

① 《各学校开学汇志》，《申报》1928 年 9 月 3 日第 24 版。

是参与者，而且是民族主义消费者的理想代表。但同时，她们也是国货运动发展的一大障碍，"当中国持续进口一些被国货运动指责为非必需品的时候，时髦女性消费者就被当作帝国主义侵略的代理人而遭到攻击，她们还被认为是导致国家毁灭的催化剂……支持国货运动的人认为，如果妇女消费者仍旧缺乏民族意识，那么，她们将在每次一个个硬币和一件件进口货的交易中，盲目地加速国家的毁灭"①。

民族危难时期，国货企业往往有意将其产品与国货联系在一起进行宣传，即便是一向被人视为非必需品的化妆品行业，也会通过所谓的"特色国货""爱国诸君"等语进行宣传。广生行宣扬，"甲子之役而后，列强知我国可欺，草菅我民命，侵掠我主权，层出不穷，无有尽期……如何可能慰我泉下之先烈同胞矣，本公司痛国家之将亡，悼同胞之惨死，特将原有各种精良化妆品，不惜重大牺牲，更发考求，精益求精，赶制各种化妆品，以应各界爱国同胞之需求"②。华盛公司"设在沪北宝山路天通庵北首，振兴实业，挽回利权起见，精研欧美化学，不惜工本特聘优等名技，拣选上等质料，采办最好各种花露香精，自制超等香皂，品质精良，实驾舶来品之上……爱国诸君请尝试"③。"购买孔雀牌牙粉，每包内附赠爱国券 1 张，积满 10 张可换牙膏、花露水等化妆香品。"④"凡在五卅纪念日到总厂批购或定购孔雀牌牙粉者，再打 9折，以为纪念爱国同胞之表示。"⑤ 这些宣传将国货化妆品的购用与爱国行为联系在一起。

民族矛盾越激烈，国货宣传就越频繁，对女性使用外货的批判声就越强烈。"说到我们的女界，女子的爱美心理，胜于男子，女子喜欢妆饰的对象，自然是为悦己者容，恰和青春时期的男子欲得少艾的钟情，而尽量的逞能献媚一样。你试着去分析一般摩登妇女，现代化的标准女性的心理，差不多总会有这样一个见解：国货，我所欲也，摩登，亦我所欲也，二者不可兼得，舍国货而取摩登者也。为了摩登，于是发必

① ［美］葛凯：《制造中国：消费文化与民族国家的创建》，黄振萍译，北京大学出版社 2007 年版，第 277 页。

② 《同胞注意》，《申报》1925 年 6 月 27 日第 10 版。

③ 《华盛公司启事》，《申报》1920 年 4 月 22 日第 1 版。

④ 《爱国券赠送民众》，《申报》1928 年 5 月 27 日第 2 版。

⑤ 《洋杂货本外埠批发大同行鉴》，《申报》1928 年 5 月 27 日第 2 版。

卷，唇必朱，鞋必高跟，服必西式，雪肤花貌之化装品必舶来，佳人固飘飘其欲仙，而一身一家一国的灵魂儿也就随之凌虚御风，叫唤不回了！"①"女子们喜欢漂亮，酷爱时髦，我们只要看各公司商店里的洋货全是妇女用品居多，衣料和化装品是最大宗，其余关于妇女方面的东西，尤不胜数说。假定妇女能猛然反悟个个用国货，洋货就几乎可以断路绝迹。女同胞同为国家民众之一，有应享之权利，有应尽之义务，换言之，妇女同有负起提倡国货，挽救国家之责任。否则，国家破亡，受压迫，做人奴隶，决无男女之分呵！"②

　　女性在此环境的渲染下，产生了只要我消费的是国货，无所谓必需品还是奢侈品，都是爱国的想法。"我们身为女子的，每人这样做去，只计算每人一盒粉，中国的妇女共有多少？就可知购买国货的影响够怎样的大？希望女同胞先由采用国产化妆品做起，再及于其他，因爱美为妇女的天性啊！"③"多数妇女也以使用国货为荣，不仅自己使用国货，并广劝家族亲友，切实购用国货。"④还有一些现身说法者，力证外货不如国货，如姚秀珍女士来函报告，"我们女子多喜于化妆，在国产化妆品没有发达之前，多喜用舶来品，但每年输出的金钱，实在惊人，并且舶来的化妆品，也一样没有多大的美容功效，在雀斑满面的我，天天展开了报纸，不知敷了无数的药品和雪花等，完全没有见效时，最后承张君介绍了贵社出品的面丽，搽数次后，所有面部的细瘰和难治的雀斑，竟渐渐的消没，皮肤转而白嫩，使我非常惊异"⑤。

　　除提倡国货外，妇女还展开了其他多种形式的爱国活动，像慰问伤兵、捐款资助、抗日宣传、参加战地服务等。妇女责任重大，为了国家社会着想，上海市妇女提倡国货会，"对于此次国难（"一·二八"事变），除由国货会捐助十九路军慰劳费 500 元，主为国阵亡将士遗族抚育费 400 元，取具收据存会外，并由会员杨郑慧琛、潘唐冠玉，各捐助伤病救护费 100 元，蒋张楚捐助伤兵救护费 50 元，唐女士又经募阵亡将士遗族抚育费计龚太太捐 100 元、傅太太捐 20 元、唐培英捐 11 元，

---

① 《愿妇女们唤起国魂！》，《申报》1934 年 2 月 1 日第 18 版。
② 《妇女与提倡国货》，《申报》1935 年 11 月 7 日第 15 版。
③ 《妇女国货年与化妆品》，《申报》1934 年 2 月 1 日第 18 版。
④ 《第二次收音国货话片演说词》，《申报》1928 年 7 月 11 日第 14 版。
⑤ 《事实胜雄辩，好评泉涌》，《申报》1941 年 2 月 5 日第 9 版。

闻该会经费尚有余存，如晨前方战事重复紧张，将有会员提议，移充救国捐"①。上海还建立有专门的妇女慰问团，"为慰问前敌将士起见，领受各界犒师物品，类别如次（一）钱币；（二）衣服如卫生衣裤、鞋袜等项；（三）用具如面巾、汗巾、面盆、热水壶之类；（四）食品如各种罐头、饼干、面包、面粉、米粮等；（五）书报如各种报纸、书籍，可供展示消遣，沪上各界乐意捐助者请将各种犒品，直接寄交（一）北四川路施高塔路 236 号青庄诚静怡夫人；（二）博物馆路 2 址号青年协会郑维夫人、傅光候夫人，本团还派有专员在外劝捐，祈各界妥为招待，并为预防假冒起见，请各界将所捐物品直接送到上列两地址"②。

不独男儿有爱国之精神，妇女亦具有爱国之思想，上海的妇女们，是热心爱国的，与全国妇女站在一条战线上保国安民。"我武装同志既为国牺牲，则我女界同胞，虽不能荷戈御侮，亦当本国家兴亡匹夫匹妇有责之义，自动节衣缩食，废除酬酢、脂粉、化装等费，量力筹集款项，制备军用物品，以应急需。"③

第三节　化妆品工业的新挑战

身体是一个多重意义的符号，隐藏在历史、政治、社会等各个领域。身体不但是文化观念的主要承载者，亦广泛参与生产、传播与消费活动。"意识形态也往往利用身体，来讲述自身的道德观念与身体秩序。身体的渴望和需求是内在人性的表达，因而具有充分的正当性，与此同时，跟身体有关的事务也被划归到私人领域，而对身体的管理变得更加伦理化与道德化，灵魂与身体的紧张关系，被改写成各式各样的文化冲突，身体因其天然的可视性与工具性，成为各种力量角逐的奇特空间。"④ "性别，是指后天的，是在社会文化适应过程中形成的男女角

---

① 《妇女提倡国货踊跃捐款》，《申报》1932 年 4 月 3 日第 6 版。
② 《上海妇女慰问团启事》，《申报》1927 年 3 月 27 日第 2 版。
③ 《慰劳愈为踊跃》，《申报》1932 年 2 月 11 日第 2 版。
④ 朱大可主编：《文化批判：文化哲学的理论与实践》，苏州古吴轩出版社有限公司 2011 年版，第 218—221 页。

色、性格、地位、行为特性等方面的差异"①，化妆品工业主要是面向女性进行推销，但蓬勃兴起的女性解放运动，却刚好击中了整个行业发展的核心。

一 广告商消费的女性"身体"

女性的身体往往具有一种强烈的美感力吸引着男子，"女子看男子，从脚到头，而男子看女子，则更为直接，从头到脚，倘若女子见了美少年，口里未必说出来，男子见了美丽的女子，必定津津乐道，因为这个缘故，女子对于美，所以特别的讲究"②。也因此缘故，女性身体常常被作为"消费品"而出现在化妆品广告画上。

（一）女性对美好身体的憧憬

化妆品广告主要针对的是购买和使用化妆品的女性，以及购买化妆品赠与女性使用的男性，故而此类广告往往会突出其对女性美好身体的塑造作用。

日本化妆品中山太阳堂在清末进入中国，最初是以一段纯文字广告，"二百万之妇人，无不爱惜俱乐部洗粉，俱乐部白粉之效果，百万之绅士，无不赞赏俱乐部牙粉之真价"，向消费者进行推销。然而纯文字的广告无法体现其效果和高级性，之后，俱乐部化妆品广告转换为以"女性身体形象"进行销售。

它以一位手里拿着"佳人牌牙粉"和"双美人洗脸粉"的身穿洋装贵妇形象来进行推销，用硕大的书法字强调，"凡愿杨贵妃国色者，请用双美人洗脸粉"③，"环球无二，佳人牙粉"④。用稍小字体，进一步阐释："双美人洗脸粉，见之欧美优等胰子，品质之佳不啻数倍，而其价之廉不可相比也"⑤，"佳人牙粉，每日用之保全牙齿之健康，除去口臭、口热，增食味之美，心气觉爽快"⑥。整篇广告，最先注意到的就是这位美貌的妇女，盘着高髻，项戴珠宝，眉黛青山，秋水剪瞳，朱唇微启，似乎在向人们诉说着"佳人牌牙粉"和"双美人洗脸粉"的功效。

---

① 马中红：《被广告的女性：女性形象传播的权力话语研究》，新华出版社2009年版，第205页。

② 《爱情是夫妇的基础》，《申报》1939年3月28日第11版。

③ 《双美人洗脸粉》，《申报》1913年6月21日第7版。

④ 《佳人牙粉》，《申报》1913年6月21日第7版。

⑤ 《双美人洗脸粉》，《申报》1913年6月21日第7版。

⑥ 《佳人牙粉》，《申报》1913年6月21日第7版。

图6-3 双美人洗脸粉、佳人牙粉广告

资料来源:《申报》,1913年6月21日第7版。

　　"花颜水"广告也以年轻漂亮的脸部来推销化妆品,整幅广告以不断变美的五张脸向消费者呼吁,"凡老幼男女皆可使用此花颜水,均得转丑成美,花颜水之特色,最能完全皮肤,乃成色使姿容倍极光耀,足称最上妙品"①。

图6-4 美容药料花颜水广告

资料来源:《申报》,1917年9月10日第13版。

―――――――――

① 《美容药料花颜水》,《申报》1917年9月10日第13版。

　　当窗弄青丝，对镜盘乌云，美人生涯，半在梳妆。中国是一个极为重视头发的国家，头发是妇女头部的重要装饰，能增加其仪容的俊美。以"止发脱，生新发"① 进行宣传的"瞻慕"理发品广告，表现的就是一位少女在使用瞻慕牌洗发品洗发后，打理一头秀发，正契合瞻慕"有补发根之资料，止发落之能力，生新发之神效，使发茎柔软，发色光润"② 的宣传功用。

　　芊芊玉手，自古艳称，虽由天赋，亦借人力。美国蔻丹修指用品公司，是一家专门研究修指方法的公司，其所发明的蔻丹产品，亦专用于修指，其广告也经常凸显出手指的柔美，以示用此妙品，"既增个人之美，复引他人之慕"③。

图 6 – 5　瞻慕牌绝妙理发品广告

资料来源：《申报》，1921 年 10 月 26 日第 12 版。

图 6 – 6　蔻丹广告

资料来源：《申报》，1924 年 9 月 7 日第 18 版。

　　此类广告中，"女人的身体形象往往大于商品本身，置于中心，往往需要透过女人的身体去看商品，并通过对女性身体的解读，回味商品

---

① 《瞻慕绝妙理发品》，《申报》1921 年 10 月 26 日第 12 版。
② 《瞻慕绝妙理发品》，《申报》1921 年 10 月 26 日第 12 版。
③ 《美蔻丹去指膜水》，《申报》1924 年 9 月 7 日第 18 版。

的品质"①。这类广告往往是以女性消费者为主体，女性透过广告画上虚构出来的女性身体，仿佛看到了使用产品后的自己，满足了她们追求时尚、美丽的心理。

（二）男性对女性身体的幻想

女性，不仅仅充当商品的推销者和消费者，而且更可能成为被观看的对象和诱惑者。很多广告通过对女性外在身体特征的表现，来满足男人幻想的心态，以此来销售商品。

20 世纪 20 年代后，便陆续出现了裸露或摆出感官肉欲姿态的女性身体广告。早期广生行化妆品公司的裸女广告，为了不那么强烈地挑战世俗，便选择了一个大家都耳熟能详的古代女子——杨贵妃，也是古代"四大美女"之一。相传，杨贵妃喜爱浓妆，夏日畏热，每有汗出，与面上的胭脂一并流下，红腻而多香，故称为"红汗"，即"扬眉动目踏花毡，红汗交流珠帽偏"。故其"双妹老牌花露水"广告图，就像中国早期的仕女图一样，展现的是出浴后的杨贵妃，身着一件半裸露的浴衣，身体轮廓尽现。配以左侧文字，"贵妃每当夏日辄香汗湀湀，而今明皇颠倒于石榴裙之下，虽至后人文人雅士犹津津乐咏之，不知当日贵妃之汗所以能香者皆用香水洗浴，即今之双妹老牌花露水是也"②，虽非全裸，但以娇媚的半裸体出现，半遮半掩，更惹人怜。

图 6-7　广生行双妹老牌花露水广告
资料来源：《申报》，1926 年 7 月 11 日第 14 版。

"因女性裸体的曲线美，是表现一种无上的变化和优美，使人能感到

---

① 陈晓兰：《性别·城市·异邦——文学主题的跨文化阐释》，复旦大学出版社 2014 年版，第 59 页。

② 《克荣画》，《申报》1926 年 7 月 11 日第 14 版。

青春的喜悦及无限的生命力"①，故裸女成为化妆品广告商青睐选择的模型之一。"以女性人体美的魅力、健美的肌肤，婀娜的裸腰，丰腴的臀部，表露适度性感，向外喷射出青春之火"②，来抓住人们的注意力。

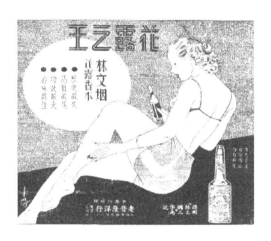

图6-8　林文烟花露香水广告

资料来源：《申报》，1937年7月22日第13版。

还有些广告商以"女人味"来宣传商品。如"所梳敦恃"和"旁氏白玉霜"就以妇女的家庭角色来进行包装。"所梳敦恃"展示了一位正在引导孩子刷牙的母亲形象，图片下显示"教子有方，习惯为第二天性，而良好之习惯，不可不在幼时养成之。童子早起，宜先以所梳敦恃爽牙水润泽牙刷，而活泼洗刷牙龈，务使齿间食屑荡然无存，然后再用所梳敦恃牙粉或牙膏刷牙，保能齿齿洁白，永无腐朽之患"③，图片与广告词相辅相成。

"旁氏白玉霜"广告，则塑造了一位正在与丈夫嬉闹的娇妻形象，一位天天擦抹旁氏白玉霜，将自己的皮肤保养的细嫩光洁的娇妻，娇嗔地问丈夫，我与花儿相比，谁美？正契合宋代张先的"含笑问檀郎，花强妾貌强"诗句。

---

① 《女性裸体画百法》，《申报》1935年10月1日第11版。
② 李巍：《设计家——女性形象广告》，浙江人民美术出版社1997年版，第6页。
③ 《教子有方》，《申报》1927年10月21日第15版。

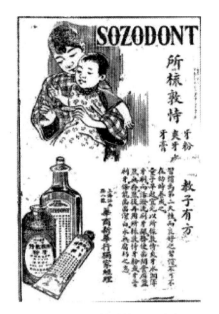

图 6 – 9　所梳敦悌香品广告

资料来源:《申报》, 1927 年 10 月 21 日第 15 版。

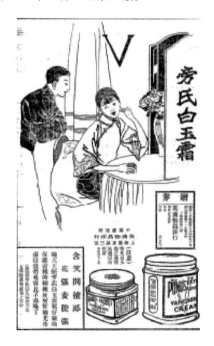

图 6 – 10　旁氏白玉霜广告

资料来源:《申报》, 1928 年 2 月 3 日第 18 版。

此类广告虽不同于以性幻想为策略的广告，但无论是娇妻还是贤母，都是从女性传统的社会身份出发。显而易见，这些广告还是画给男人们看的，广告中的女子或眉目传情，或温婉大方，或相夫教子，但无一例外，都是以满足男性对女性的要求为目的的。

二　女性的魅惑与迷茫

"妖艳的女人，美丽的装饰，裸露的肉体，这一切蜜糖般的现象，总给人无限的诱惑，会使你目眩，使你心惊，使你肉跳，使你魂荡。娼妓、舞女与明星，这些化妆品的最大消费群，一个个美艳、丰腴、曼妙、柔美……女人所有的诱惑性几乎被她们占尽了。女性每以富有诱惑为荣，男性投机，亦每以富有诱惑奖励女性，投其所好。"①

（一）女性的诱惑

青春易逝，风韵难存，设法留住美貌，是每个女人的心愿。特别是娼妓这类特殊的人群，需要依靠美貌生活，身体和样貌就是她们生存的全部资本。

女人的身体，本就充满了魅惑，而男士也往往以调戏甚至包养她们为乐。一位大胆的交际花就曾描写被搭讪的过程，"我因为梅大块头在浴室外偷窥着，所以，我就匆匆地洗好了澡，把身子拭干了后，即穿了一件淡蓝色的缎制长浴衣走出浴室。这时，梅大块头迎上来对我说：'刘小姐，你的皮肤像羊脂白玉一般的洁白，尤其是你底（的）一双大腿，好莱坞影星当中也找不出像你这样美丽的大腿呵！还有你胸前的一对……'，'你这个人怎么一些也没有规矩，人家在洗浴，你怎可以自说自话在偷看呢？'我不等他说完，就责问他了。'不，原因是你在洗浴，如果，换了其他的女子，则倒贴我两钿，我也是胃口缺缺的！''但偷看人家洗浴，这究竟是不应该的事情呀'，'如果这是犯法的，那么，我已经是木已成舟，此刻，我愿意受你的处罚'。梅大块头说得出，做得出，他竟走近我的身旁，把我的左手拉起来，放在他的面颊上说：'打我一下吧，算是罚我'。我看到梅大块头这样的完全一副小丑面貌，倒不由得引起我咯咯地笑了。笑停，梅大块头又说：'阿是舍勿得打我！'我把左手抽了回来说：'不要发嗲了，谁高兴打你这双胖得

---

① 《诱惑：附漫画》，《精华》1946年第23期，第12页。

像猪猡一样的脸，再打下去越发要胖得不成样了'……"①

从这篇记录中，不难发现，这位交际花对这个男性是极度反感的，所以连名字都不想去记忆，直接称呼为"梅大块头"，甚至出现了"偷窥""猪猡"这样的用词。而这个男子却是在极力向女子献媚，在他看来，女子的肉体实在太具魅惑力了。

即便是一些诗人、画家、雕塑家从美术的视角观察，人体之美，也全在肉体，而不在附属的装饰品。"尤其女性的美丽，不在伊们头际腕上的金珠宝钗，也不在伊们身上的锦绣衣裙，女性最珍贵的美丽，是在女性的本身，是在那全不顾惜丝毫物质饰掩的赤裸的肉体，我们无需在这里分析女性的肌肤是怎样的细致，四肢是怎样的柔腻，胸腹是怎样的滑嫩，乳房怎样的圆润，我们都得承认，在无论哪一件绘画或雕刻作品中，只有关于女性的裸体描写或塑像，蕴含着美的要素的极点，占据着艺术最高的位置，同时这些裸体的美术作品，也最容易吸引一般民众的鉴赏趣味。"②

"至于那些在坊间公卖或秘密售卖的裸体照片，绝没有美术成分的诱惑性，只能暴露出性的秽亵表示，与低级的趣味。"③ 但即便如此，也往往会被抢购一空。

拥有美貌的女子，往往也会受到更多的关注。徐来获封"东方标准美人"的称号时，其加冠典礼定于维也纳花园跳舞厅内举行，"维也纳花园跳舞厅包用三天，第一天预祝，第二天正式加冠，第三天庆祝大会。为了加冠典礼时一项节目，特别裁制 11 身新礼服，每身需费 70元，合计约 800 元之谱，加冠典礼的灯彩大会，特派专使到碪石去采办该镇最精致新巧的灯彩。标准美人所加之冠，由某银楼监制，用许多花朵扎成，又有银鼎 1 座，系各界庆祝美人盛典者，计重纹银 300 余两，价值 400 余金。预定送给徐来的花篮有 2000 只，其中多有每人送 100只的……且特聘周旋、白虹、曼杰 3 大歌星歌唱。徐来本人牺牲色相，

---

① 《一个交际花的大胆手记：（五）你的肉体实在太魅惑人了》，《海潮周报》1946 年第23 期，第 12 页。

② 张若谷：《电影的诱惑魅力：裸体的诱惑、眼睛的诱惑》，《星期文艺》1931 年第 18期，第 2 页。

③ 张若谷：《电影的诱惑魅力：裸体的诱惑、眼睛的诱惑》，《星期文艺》1931 年第 18期，第 2 页。

各舞星莫不尽态极妍，可算集妖冶、淫荡、麻醉、兴奋各剂素之大成。3 天的典礼盛会中，有显人、闻人、巨贾、名媛以及大文人、小绅士各色人物之活动，极醉生梦死忘世乐天之情态"①。

曾有人形容上海的时髦美女有"飞帽碰柱之容，踹屎撞车之貌，因为，在上海为了贪看美女，男士们帽子也被抛顶宫，别转头向前，可以碰上电线柱，一个不当心可以踹上大粪，至于魂灵儿飞去半天被'吉普'一下子断送的，自是意中"②。可见女子的吸引力之大。

（二）"花瓶"的生活

"美女子世界太多太多了，而且她们天然生得就美丽动人，再加以美容术和欧化的妆品修饰起来，男性们看了真要个个都动情呢。"③ 可是，多数美女空有美好的皮囊，外界对于她们的评价也是贬多于褒。

一般认为她们是物质的，"时代的罪恶赐予了她们一种恶劣的印象，她们因而也都拥护着理想的虚荣黄金之神，只要黄金之神对她们抛下一个微笑，她们整个的心灵便陶醉了，一切的陋恶全不顾了，甚至于连她个人的身体，都肯牺牲地供给黄金之神，当作一笑的敬礼……她们仍旧利用着她们所特有的美的魅力，向男性们欲底弱点上做诱惑的进展，她们常做些以为是玩弄男子，而其实是已被男子所玩弄的自作聪明的事，更有些知识浅薄的女性们，专喜欢以个人所特有的美的专权，去换一些物质上高贵生活的享受。顾名思义，因此，她们很少有美满的，而大多数都堕落到罪恶地深渊里了。这些，不能尽怪世上的男性太奸险，虽然男性把圈套设在虚荣的迷途，如果女性不去诚心地踏入，相信是不会中计的"④。

一般摩登而又终日无所事事的女子们，被称为"花瓶"。"因为她们的生活是浮嚣的，没有小学教员那般的清苦，没有辛勤主妇们那般的俭朴，她们每日在脑海中相盘旋的，只有立体式的洋房，流线形的汽车和那花天酒地的舞场，香艳袭人的脂粉，这些都是她们欲望的海灯，至于家庭一切琐屑的事，她们觉得是一种最耻辱的任务，是奴隶的生活，并且志高气昂地呼着我们时代的女子是不可以开倒车的，我们要享受时

---

① 《色情诱惑》，《电影新闻》1935 年第 1 卷第 8 期，第 4 页。
② 《上海美女》，《海光》1946 年第 5 期，第 8 页。
③ 高日昇：《敬告美女子》，《新天津画报》1939 年第 7 卷第 3 期，第 3 页。
④ 高日昇：《敬告美女子》，《新天津画报》1939 年第 7 卷第 3 期，第 3 页。

代的物质，像这样，它不是完全成了一种消耗无用的观赏品？尽量地供给别人玩弄、消遣，把'花瓶'两个字来解释她们，不也有点相像吗？"①

"即便是一些有知识、有能力、有工作的女性，人们也多是称呼她们为花瓶，《拾遗记》中载：越贡二美人于吴，吴处以椒华之房，贯细珠为帘幌，朝下以蔽景，夕卷以待月。窃窥者莫不惊心动魄，谓之活花瓶。花瓶，盖比作一种摆设品。"②

称呼妇女职业界中诸姑娘为花瓶，可以说罪在招用女职员的"醉翁之意不在酒"的老板经理们，"十余年来中国妇女职业地位之低落，而不为人所重视，这实在是一个最大的原因"③。"办公厅因为是个工作的场所，其平淡无味固然理所当然，当'聪明'的男子们感到办公厅的枯燥远非一只插上鲜花的花瓶，所可调剂的时候，便根据某种原因，无论花多少钱，也要弄一个女职员来点缀一下子。于是，聘请女职员的广告登出来了，应征者也鱼贯而来了，可是，最难堪的现象，便是大学毕业的落了空，而浓妆艳抹的却荣膺首选。明显地留下了一个教训，只要粉搽得厚，脂点得红，谋职业就有相当把握，谁不深深记着，同时努力向这经验指示的路径去充实自己呢，至于大幸被录用的，就以为自己的策略高明而沾沾自喜，怎料到工作原来吃不消或是终日闲坐，因而花瓶这美名便不胫而走了。"④

"一个机关里有了几位千娇百媚的女职员们，不亚如有了几朵鲜艳的花，女士职员们大多数是合乎花瓶的性情，那些举止轻佻，巴结上司，用媚笑来换取胭脂的，她们不管是外国花瓶也罢，本国花瓶也罢，总而言之，都是自取其辱而已。"⑤

"虽然有些男子似乎想讨好娘儿们，也在声嘶力竭的提倡女子职业，渐渐是有了一点成绩了，商店里、机关上、学校中，都有一些女子参加在内，这当然是可喜的想象，不是吗？被男子压迫几千年以来，在今日，已有了解放的先阵了。可是结果呢？女子还是被利用着。商店

① 《谈谈所谓"花瓶"》，《首都民铎》1936 年第 37 期，第 10 页。
② 《花瓶小考》，《桃色》1936 年创刊号，第 96 页。
③ 《洗雪花瓶的耻辱》，《电声》（上海）1940 年第 9 卷第 11 期，第 1 页。
④ 《打倒"花瓶"》，《新女性》1945 年第 1 卷第 2 期，第 4 页。
⑤ 致和：《闲话花瓶》，《新天津画报》1943 年第 11 卷第 30 期，第 1 页。

里，要想发达营业，于是雇几个女店员来做一下活招牌，果然门庭若市，财源茂盛，于是，每一家商店，都有几个女职员。在上海，顶括括的说出来人人晓得的'康克令女郎''面包西施多多爱''先施皇后'等，也就是女子职业提倡下的产物。在机关里，几位大人先生，于抽雪茄、剔牙齿之余，坐在办公室，无聊不过，于是也借了'提倡女子职业'的招牌，聘请了几位美丽的女职员，来一解寂寞。"①

三　妇女是被解放还是被奴役？

"做女子的确是十分困难！坐守在家里不出外谋事，别人要说她是寄生虫，传种机器的恶语，出外谋事了，别人也会说她是花瓶，给男性玩弄的东西。"② 就连林语堂先生在中西女塾的一次公开演讲中，也难免发出消极言论，认为出嫁是女子最好、最相宜、最称心的职业。社会给予女性的选择是少的，女性的内心也往往是迷茫的，那这些看似向妇女开放的空间，究竟意味着妇女的解放还是变相被奴役呢？

（一）变相的奴役

女人天生是爱美的，加上"女为悦己者容"，使得珠围翠绕、香气扑鼻、沉醉在粉红色的美梦中的妇女们，比比皆是。她们最重要的工作，便是化妆术的争奇与斗艳，"人工美代替了自然美的现代，黄黄的脸肤已不容许再出现在交际场所，甚至自己的私室里了，那是多么煞风景的事呢"③。以至于很多女子，自幼至壮，无时无刻，莫不注重自己面部的美、身段的美，终是沦为玩物。

如"娼妓之从事于装饰化妆的美，是为引起对手方的快感作用，她自己并没甚快感，这是专勾对手方的性欲发动，以便于自图利益的，是谓奴隶性的装饰化妆的美，关于这种作用，若稍略推论，现代女性可入这部的，不在少数"④。"女子敷用化妆品，容颜娇媚，虽也是服务社会之女子，但口含珠丹、足蹑高履，发卷如云，衣服华丽，至办公处仅签名具到而已，既不处理事务，而月领厚薪，不能尽本职，反为世人所讪笑。国事不明，无异于土木之人，甘为玩物。花瓶之名，既为女界之大辱，则当力以除之。然有多数的女子，终日装饰，如花似玉，出入于影

---

① 蕙若：《谈花瓶》，《十日谈》1934 年第 31 期，第 6 页。
② 何须：《替花瓶伸冤》，《十日谈》1934 年第 33 期，第 4 页。
③ 陈子善编选：《脂粉的城市》，浙江文艺出版社 2004 年版，第 94 页。
④ 颜筠：《装饰化妆与美》，《妇女杂志》1925 年第 11 卷第 1 期，第 286 页。

戏院、跳舞场、大菜馆，卑污下贱，欲求花瓶之名而不得者多矣。"①

　　一个商店或公司之所以聘请女职员，"本意并不是提倡女子业职！他们的本意实在是广招徕的，用女人去做广告的材料是资本主义社会的特质。因此，她们为着迎合老板跟顾客的心理，只有把自己打扮得红红绿绿了，不（然），她们的职位就随时都有被裁撤的危险的，因为找寻职业的女子多着呢"②。

　　"那些投身于职业界的女子，既然要反抗男子的压迫，那么，她们在进了职业界后，尽可丢掉了她们须臾不离的脂粉、口红、蔻丹这一类的化装品，和一切足以引起男子们玩弄的服饰等等，她们不但不抛弃这些，而更加使用这些，以引起男子们的注意，于是他们鉴赏、玩弄、侮辱，这一切，都使她们非常为难……还有一种女子，她们并不晓得要求解放的事，她们只为了生活问题，而投身职业界，她们当然不会丢弃了胭脂花粉的，那么她们遭受男子们的玩弄和侮辱，实在有点'受宠若惊'的。如果她们要反抗男子们的玩弄，也就应该立刻觉悟起来。更有一种，是故意的给男子们玩弄，而去投入职业界，用浓妆艳服以接欢于男子，那当然是性的买卖的一型。"③

　　但无论是哪种女子，都是被奴役的对象。也有人认为，"美与媚是有着根本不同的，近代女子是媚非美。美，外观之善也，人之容貌妍者，谓之美。媚，妩媚也，以姿取悦于人，谓之媚。由两字的字面讲解看来，美是天然的，凡是真美的女子，不用脂粉，生来的有一种清秀恬静的美，她的姿态是安稳的，她的容貌是秀丽的，她的美是清高的。至于媚，乃是人工的，不问本来的面貌如何，专事人工修饰，终日浓妆艳抹，故意做出婀娜娇弱扭捏状态，眉目间流露着轻佻浮躁，自己以为娇态百出，妩媚宜人，殊不知这种做作的美，虽然易于引人动情，但是人们对你会怀着一种卑视的观念，所以媚是鄙陋的"④。

　　近代化妆品工业为男性塑造了理想中的女性形象，女性便模仿这一形象塑造了自己。对于化妆问题，"人若生而为女人，那的确是非美不可的，否则尽可以不生……只因美，大家都认为是女人们的第二生命，

　　① 忠静：《花瓶与侮辱女性》，《福湘旬刊》1934 年第 58 期，第 2 页。
　　② 何须：《替花瓶伸冤》，《十日谈》1934 年第 33 期，第 4 页。
　　③ 蕙若：《谈花瓶》，《十日谈》1934 年第 31 期，第 6 页。
　　④ 《美与媚》，《立言画刊》1939 年第 35 期，第 34 页。

所以她们也就常不惜以生命去为美争光"①，甚至宣称"不事修饰是女性没有修养，不懂礼貌的表现"②。上海女性在潜移默化中很容易接受这样的观点：保持良好的形象与容貌，既是获取美丽与自信的过程，也是女性的家庭职能和义务之一。"这些女性固然是美丽的，摩登的，但是由于女性并不真正自己决定自己的形象和变化，在她们那独立的、自成一格的形象和够酷的装扮背后，是时代更为有力而遮蔽的想像和要求。"③

（二）传统到现代的跨越

面对新的挑战，化妆品厂商也不甘示弱，纷纷予以回击，他们声称"近代女性并没有仅仅成为一种附着在一个父系社会的男性的观照物，而是在符合男性目光的基础上也得到了自我满足、自我取悦，这本身是传统到现代的一种跨越"④。

"况且爱美是人的天性，女子爱美的心更重，好妆饰，好整齐，原是女子的天性，也是一种美德，本不应当訾议。"⑤"美，总是为人们所爱的，在街上发现一位美貌的姑娘，许多人的视线，就不约而同集中在她的身上。女子并不是不应搽脂粉，有时薄施脂粉，更可显出她们的美丽。"⑥"由自己的爱美心而又顾到卫生的装饰，总是文明的进步。"⑦。

"并且年青漂亮的女性不一定不能够担负较重要的工作，年长貌寝的也并非早已落在时代尾巴而不可以工作。"⑧还有人说，"打扮的红红绿绿的女职员，她们是自愿给男性玩弄的表征，这是更加冤枉的了！一个有勇气去谋事的女子，绝不会有自愿给男性玩弄的心理"⑨。并且"顾客中不乏爱找麻烦、脾气暴躁的人，女店员也是仍然表现她的柔，顾客也就马上变成柔的，那么，就可以把麻烦和冲突减去了好多。店铺

---

① 曙山：《论美人》，《论语》1934年第41期，第19页。

② 以仁：《妻的新生活》，《论语》1935年第64期，第18页。

③ 李子云、陈惠芬：《谁决定了时代美女？——关于百年中国女性形象之变迁》，《中国文化研究》2001年第3期。

④ 杨朕宇：《〈新闻报〉广告与近代上海休闲生活（1927—1937）》，复旦大学出版社2011年版，第187页。

⑤ 炎：《社言：女子的妆饰与人格问题》，《兴华》1931年第28卷第1期，第4页。

⑥ 《人类的爱美与女子的装饰》，《唯美》1935年第4期，第5页。

⑦ 蔡文星：《妆饰问题》，《生活》（上海1925年）1929年第4卷第50期，第575页。

⑧ 《打倒"花瓶"》，《新女性》1945年第1卷第2期，第4页。

⑨ 何须：《替花瓶伸冤》，《十日谈》1934年第33期，第4页。

的宗旨是在和气的生财之中，更要给人一种好印象，希望顾客待下回再来，或是明天还来，女店员除去卖货之外，要是达到这个目的的。顾客因为有了女店员给的暗示，所以就时常的跑去照顾。跑去以后，还舍不得马上就走，东瞧瞧，西看看，借着原故，打算给女店员延长一会儿说话的机会。这样，女店员尽了职，店铺得了利益，顾客完了心愿，各得其所，然后再交易而退。这样的女店员，是不能说她们是花瓶式的女店员"①。

此外，"外出的人从事装饰化妆的美，是为引起对手方的快感，从对手方的快感，每可得到反给自己的快感，这是他我一致的快感，是谓人间性的装饰化妆的美，这种人间性的装饰化妆的美，很能把人类化做美的人类，可爱的人类。还有，如某甲之从事于某种装饰化妆的美，某种的装饰化妆，一般人们是否以为美，是否能够引起对手方的快感，某甲不以为意的，某甲之所以从事于某种的装饰化妆，是某甲自己觉着某种的装饰化妆很美，对于自己很能发生快感，这是自我的快感，是谓个性的装饰化妆的美。这种个性的装饰化妆的美，很能把人类的个性美发展出来，复能造成人类的艺术美。这两种都是从人格出发的装饰化妆的美，我们当然是应该赞美的"②。

美，是一种进步，妆饰也无须受到质疑，只是在这近代的社会，"不多数的人们，都生活在重重压迫之下，尤其是女子方面所受的压力更加一层"③。

---

① 《花瓶式的女店员》，《华北商工》1944 年第 2 卷第 4 期，第 13 页。
② 颜筠：《装饰化妆与美》，《妇女杂志》1925 年第 11 卷第 1 期，第 286 页。
③ 《人类的爱美与女子的装饰》，《唯美》1935 年第 4 期，第 5 页。

结语：近代化妆品业变迁的逻辑与特点

从 1843 年上海开埠至 1949 年新中国成立的一个多世纪里，被称为"美丽经济"的中国化妆品工业，经历了从小到大、由弱变强，从简单到初具规模这一演变历程，"当人们尝试诠释人类追求美丽的动机时，尽管总能找到一些原始的生物学意义上的根源，但是全世界审美观的历史沿革和文化上的变化历程，同时有力地证明，美容文化仍然主要是人工创建的一种意识形态"[①]。在上海，近代化妆品最早是以"舶来品"的姿态出现在女性面前，并最终完成与中国已有物质文化的相融，这种"相融"的过程，一方面与当时上海的城市发展及社会变迁等因素紧密相连；另一方面，化妆品厂商成功地利用了女性的爱美心理，创造出一套令时人无可抗拒的消费文化。

一　为美丽创建市场

中国女性从何时开始使用化妆品，是个有待考究的问题。但是，不可否认的是早在四千年前，女性已然懂得了美，懂得了化妆，但是却未能形成统一的美容市场。至于舶来化妆品的传入，可追溯到 1870 年，输入上海的美国纽约化妆品牌子林文烟，是最早进入中国的欧美化妆品，其后白玉霜、白梅霜、花颜水、粉霜、粉底霜等产品陆续出现。1903 年，广生行上海发行所的建立，开创中国本土近代化妆品业的先河。此后，在方液仙、陈栩园、黄藻、林泽彤等人的创业精神和大众化密集生产的影响下，本土化妆品企业迅速发展。

回顾上海化妆品业的发展历程，我们可以发现一条以市场为导向的产业演化路径。究其原因，近代化妆品工业属于技术简单、资本要求不高的行业，这就在一定程度上降低了从业的门槛。并且我国女性有对美

---

① ［美］杰弗瑞·琼斯：《美丽战争：化妆品巨头全球争霸史》，王苗、顾洁译，清华大学出版社 2014 年版，第 286 页。

容的需求，这就决定了这个行业有着广阔的销售市场。而且我国传统脂粉业拥有数千年的历史，数以万计的用料、配方和工艺，为近代化妆品业的革新创造了条件。回首历史，"我们会发现近代上海投资于化妆品行业的多是民营企业，而民营企业的参与程度在某种意义上是一个行业市场化程度的标杆"①。由此可知，近代上海化妆品工业受市场激励的程度是很大的。

20 世纪初的上海人民，目睹了创新与毁灭相伴而生的创业历程。具有悠久历史沿革的传统产品及其市场被彻底摧毁。在这个世纪之初，女性还在使用粉、黛、脂、香等传统的化妆品，但是到了这个世纪的前半叶，冯福田、方液仙、陈栩园和他们的继承者们，已经将一门工艺转变为一个成熟的产业。他们精心打造了很多化妆品牌，不断地向人们灌输产品所蕴含的高端品位，从而使之走向城镇和乡村等更为广阔的市场中。

虽然这些创业者和他们的继承者在背景、学识、创业动机以及对美的理解上各不相同，他们中的很多人甚至是从小药房、香品店、化妆品小店发家的，但是正是这些人捕捉到商机，在创造新产品、创造新品牌、包装宣传商品等方面，做出相应的判断，才使得无数的消费者群体进入到美容的世界，使得化妆品业得以流行。

打造化妆品市场的另一个关键是创建经销渠道，近代摄影和媒体的发展，加速了美丽信息的传播，使得女性对美的追求，可以真切地转化为对化妆品的消费。化妆品广告界成功地塑造出一类被时尚气氛包围的"时髦"女子形象。她们对于化妆一道，最有心得。头抹司丹康（发蜡）、脸搽雪花膏、眉毛要浓黑、嘴唇要大红、手指要纤细、出门喷香水，至于洗发用的洗发香水、刷牙用的擦牙面粉以及洗浴用的香皂，更是一样也不能少。"时髦"女子成了美丽的象征。而使用化妆品，能确保美丽的说法也越来越深入人心，"凡化妆品之能使皮肤暗涩变为娇嫩者，其必为精于体功与药物两种科学之特别名家所制，滋养肌肤，常擦易增美丽的是化妆妙品"，"观彼美人兮如凝脂者，无他，赖科学之化

---

① 关云平：《中国汽车工业的早期发展（1920—1978 年）》，博士学位论文，华中师范大学，2014 年，第 157 页。

妆品耳"①。时髦的女子最美，成为一种时尚观念，引诱着有此期望的女性购买化妆品。

然而每位妇女所需要和所能支付得起化妆品却并不是一样的，"人们通过消费化妆品显示经济地位、社会地位、文化地位等方面的差别，以及表达风格、品味、流行等象征意义的满足，在消费文化的引导下，人们对物品的符号性追求已经远远地超过了对物品本身的功能性需求，消费的核心在于商品的符号价值"②。此时作为消费者的上海女性对于化妆品的消费，已然具有了时代性、时尚性和个体性的差异，化妆品成为显示女性消费水平和审美情趣的一个侧面。

化妆品制造商也依据女性的个性化美容观，生产出不同种类的产品。1938 年享乐化妆品公司就曾为市场生产出两款新唇膏，一款适合"倾向于涂浅色指甲油、穿精致素净的衣服和戴小串珍珠的女孩"，另一款则适合"喜爱刺激性的服装，在衣服上别一个像茶碟那么大的假钻石胸针，喜欢有那么一点点让人震惊的女孩"。一款唇膏的效果"柔和无光泽"，而另一款则"使嘴唇闪闪发光"。正如《小姐》杂志所说的，"这两种类别既是事实，同样也和心情有关，我们留给你去决定你愿意是哪一种"。

女性作为弱者，被迫从流行的社会生活方式中获取庇护，容易随波逐流，即追求"一般化"与"平均化"。但女性为了凸显自我，在紧跟潮流的同时，亦须张扬个性或"非凡性"，而追求时尚成为女性实现上述悖论性满足的最佳途径。

围绕着这个行业的发展来说，企业创办者和生产制造商在创办化妆品品牌方面起了重要作用，企业宣传者和传播人士在选择和扩展市场的过程中担任了重要角色，而女性对整个行业的认同，则意味着这个行业达到了相对成熟的阶段。正是在各方的协同下，近代的化妆品工业拥有了自己的产业演化路径。

二 近代化妆品业的发展特点

素有"美丽经济"之称的化妆品行业，其发展的关键，就在于能

---

① 《夏士莲雪花》，《申报》1913 年 7 月 14 日第 7 版。
② 纪江明：《消费文化的社会意义及消费文化阶层结构的形成》，《四川行政学院学报》2010 年第 4 期。

够准确地把握女性的美容观。虽然女性的美容观念处于不断变动之中，不同的历史时期，甚至同一时期，女性对美的看法与标准，都会有所不同。因此这就要求化妆品行业需要不断调整和适应这些不同的"美容文化"，而"美丽经济"与"美容文化"之间的不断调整与适应，也正是化妆品行业延续至今的奥秘所在。

（一）"美丽经济"对"美容文化"的形塑

近代上海正处在转型时期，在这个日渐多元化的社会里，人们的思想也呈现出开放性和多元化趋势。对海外传入的近代文化场域里的时尚、摩登的种种论述，以及相应地追求时尚的努力，在实践中被商家迅速攀附和挪用，而商家这样的行为自然扩散及加强了近代关于化妆与美容关系的表达与想象，进而影响到人们的消费实践。事实上，这个市场不断发展的最强大推动力，就是对女性欲望的利用和提升，即"美容文化"的不断传播。

化妆品与其他商品有着较为明显的区别，它一方面具有养颜美容的功效，另一方面则代表着一种新的生活方式，在消费层次上通过使用化妆品，受众达到提高生活质量的目的。显然，化妆品并非每个受众的生活必需品，因此，在化妆品的销售过程中，化妆品厂商以诱惑式的言说方式和符号化的传播手段，强调其美容效果，激发消费者的想象，推动"美容文化"的传播，进而加快了这一行业对日常生活的渗透。

化妆品的销售过程中，宣传一直起着至关重要的作用。在进行产品宣传时，比起一般的商品，化妆品宣传更需突出消费的附加值，注重消费者对外貌和生活质量的关注，强调其预期效果。通过在产品包装、文案设计、图片搭配、销售服务等方面的与时俱进，采用海报、报刊、路牌等多途径的宣传方式，举办开幕优惠、赠送礼品、低价促销以及捆绑消费等活动，使民众不断了解并更新关于化妆品的信息，强化了其对化妆品的认识和了解。

我国妇女，消费能力强于男子，而一般妇女之心理，多轻视国货而崇拜洋货，在化妆品领域，更是如此，无论是化妆品的选择还是化妆术的运用，都受西方影响深刻。故在化妆品的早期宣传中，化妆品厂商多是将所销售的化妆品与"西方""文明""贵族"等挂钩。一方面，这些广告或宣传，在文案的设计上，宣称产品产自国外，或宣扬质量不亚于甚或高于舶来品；另一方面，则是通过图片的搭配，营造出妇女向往的温馨生活：时髦的美女受到各种赞誉、丈夫对美丽妻子的疼爱、摩登夫妇出入高级场所。如"固龄玉消毒牙膏"就采取连载的形式描绘夫妻间的相处之道，将夫妻间的种种不如意，归结为牙齿黄污，牙龈有病。因为妻子的牙齿黄污，牙龈疼痛，惹得丈夫嫌弃，致使夫妻间无话可讲，婚姻关系岌岌可危。在使用固龄玉消毒牙膏 3 天后，黄污牙齿变得明亮光洁，且因为牙膏的除垢杀菌作用，妻子的口腔清洁，牙龈坚固，变得也爱说话了，丈夫更是表露出爱慕之情。这样，化妆品被转换为夫妻间的调和剂，美丽的女子成为被关爱和呵护的对象。

当产品和美丽、时尚和都市建立起关联之后，化妆品的销量就开始迅速上升，这些关联能够让人们感受到自己与美好、自己与时尚之间的关联。当时电影在上海已经非常受欢迎，电影女星成为上海女性模仿的对象。胡蝶、阮玲玉、王人美、陈玉梅、黎莉莉等女星皆当过化妆品广告的主角，甚至一些好莱坞女星，如卡洛郎白、曼琳奥苏里文、琼哈劳等也都是舶来化妆品广告的主角，上海名媛和女学生也都是化妆品广告主角的热门人选。号称含有数种名花香精，馥郁芬芳，日久留香的"三花香品"，就曾选用过唐家三姐妹唐瑛、唐雪、唐琳，作为广告主角。广告还刊登过梁玉龄、梁翠龄两位大学高才生的推许之言，宣称三花香品是"护肤美容之至宝"。广告宣传与女性内心的欲望进行了成功的对接，使女性坚定地相信面容之美，分有二点：一为姿色，即外表；二为举止，即内性。举止发于内性，故内性宜加修养。姿色露于肌肤，故肌肤宜加爱护，两者结合方可获得真美，于是女性愈发需要购用化妆品。

与此同时，有些宣传另辟蹊径，向女性展示如果不使用这些产品，在今后的生活中可能会面临的灾难性后果。如"你欲想得着一个多才多貌的如意郎君终身为你之伴侣么？你可曾注意到你的容貌是否美丽么？如你的容貌粗鲁黧黑，应先美丽你的容貌，如你的容貌不美丽，便不能引动心倾慕了"① 如果不化妆如何会成天仙，如果不美丽如何留住你的爱情？因而，讲究美丽不可不备化妆品，即便是电影明星，"如果面部不化妆，几乎当她们是摄影场打杂的小工"②。再者，如果你不美

---

① 《以月殿之仙心，自应有郎似玉》，《申报》1926 年 12 月 16 日第 14 版。
② 《影场现光记》，《申报》1933 年 6 月 28 日第 16 版。

丽，可能连一份工作也找不到，又如何独立？通过预设这些可怕的后果，告诫女性意欲守护自己在意的东西，就需要使用化妆品，拥有美丽的外貌。

在传播人士那里，化妆品被重新定义为维持女性美丽与魅力的工具之一。化妆品广告宣传当头发出油、掉发严重时，生发香水能使头发乌黑发亮，发根健康，免去掉发忧虑；担心洁白的牙齿变得污黄，牙龈肿痛时，可选择牙粉或牙膏，它们能帮助牙齿保持"洁白芳香，永不蛀坏"①；当春光灿烂，春风和煦，闺中妇女想要结伴游春之时，不妨抹上雪花膏，"定能保证嫩肤驻颜"②；还可喷洒少量香水，既可娱情，又可悦意；如担心夏季痱子的烦恼，可选择使用花露水，"质料精净，香味文郁，消退痱子"③；北风劲起之时，也无须担心，"红白玫瑰香蜜会令你肌润肤泽、冻颜开春"④；而胭脂、粉膏可以保证你四季面容艳丽；扑粉能使你面色更为鲜艳耐久。总之，化妆品会使你随时保持美丽，事事顺心。

在化妆品的销售过程中，化妆品厂商一直在营造"美容文化"，那就是，美丽与化妆品之间存在着密切关系，化妆品是帮助妇女的美容妙剂，也是妇女的美容至宝，妇女要想使自己更美，那么就用化妆品吧。而且广告努力营造出这样的氛围：女性是完全可以掌控自己容颜的，如果你没有将自己打扮得美艳动人，或者你没有经营好自己的生活，那么这完全是你自己的问题，就在于你没有使用化妆品。

（二）"美容文化"对"美丽经济"的推动

近代女性完成了由审美客体向审美主体的转变，正是女性的爱美之心，给化妆品业的发展提供了源源不断的推动力。近代上海"美容文化"的形成，既是都市女性塑造自我形象的历史性成果，也是都市消费网初具雏形的产物，上海"美容文化"的演变并非一种孤立、偶然的现象，而近代新的"美容文化"的确立，又进一步刺激了化妆品销售市场网络的构建。

化妆品行业通过对"美容文化"的把握，有选择地生产女性所需

---

① 《货真价实海上大马路老德记起首药房童叟无欺》，《申报》1882年8月5日第7版。
② 《美容之门》，《申报》1929年10月12日第18版。
③ 《中西大药房》，《申报》1933年5月14日第7版。
④ 《搽冻皱红白玫瑰香蜜》，《申报》1881年4月23日第7版。

的化妆品。如胭脂在古代原是一种奢侈品，在 20 世纪 30 年代的上海却差不多变为必需品了。走在上海街头，仔细看街上的妇女，"除掉蓬头粗服、面如菜色的粗作女工，与被日头晒得面如赤铜的农妇之外，哪一个不是装成嘴颊嫣红的？说也奇怪，在男权高于一切的那个时代，女子非向男子争妍取怜，生活就有危险，用胭脂的妇女，还占少数，倒是在妇女醒觉、独立、解放、女子不复做男子的玩物这一类的高呼，正叫得起劲的这个时候，政府虽然把脂粉列入奢侈品内，征收重税特捐，胭脂的销路倒反愈大愈广，连号称妇女先导的女学生，装台手袋里，无一不有胭脂这种要素……这正是美容文化发达的结果，把富豪贵族阶级独享的奢侈品，变为人人能享用的日用品，所以在这个美容文化发达的年头，胭脂就普遍化了。"①

虽然不断有人质疑这种"美容文化"，认为"搽搽粉，洒洒香水，这是小题，用不着大作，可是如果大作起来，那确又足以影响到民族的兴亡。买巴黎粉、七四一一香水，我们的血汗钱会流到外国人的衣荷包里去，固不用谈。尤其，这种化装心理是顶危险的。如果不是丑人，用不着搽粉，如果不是臭人，用不着洒香水，须要化装的人，一定是没有体面见人的人。并且，因为有粉与香水，脚尽可不洗，粉却不能不搽，内衣尽管肮脏，香水还得洒上。只图外表，不顾实际，造成红漆马桶的空壳社会。甚至上升到，做官人在就职时，尽管堂皇宣誓着：不受贿，不用私人，其实呢，贪赃枉法，戚族当权，满不在乎。这是甚么一回事呢？就是搽粉洒香水那种'化装心理'的扩大形态而已"②。尽管被批判得如此严厉，然而实际情况却是，女性的美容消费逐年上升，进口化妆品输入激增。

特定的"美容文化"，已经在近代上海广泛传播，为了寻求盈利机会，美容化妆品业主动地与之调和，我们看到，化妆品业的发展史，也可以说是女性的"美容文化"进化史。在近代"美容文化"的要求下，近代的化妆品业有了长足的发展。第一，在生产过程中，古代的化妆品只注重稳定性和实用性，对创新性重视不足。近代的化妆品，在商品的生产过程中，还融入化学、药理学、美术等方面知识，在创新方面力求

---

① 黄石：《胭脂考》，《妇女杂志》1931 年第 17 卷第 4 期，第 55 页。
② 《硬说：粉与香水》，《平汉新生活》1934 年第 2 期，第 6 页。

能有所突破。第二，从行业性质说，古代的脂粉业，生产制造方法简单，品种有限，从严格意义上讲，只可算是一种稚嫩的工艺品。近代的化妆品业，则开始采用机器生产，注重设备的投入和科学的管理方法，已可算是一门工业。第三，最值得提及的是，近代化妆品厂商已开始关注消费层面。从消费层面来看，化妆品已由过去的奢侈品开始向生活日用品转换，当研发出一种新产品后，各工厂即开始大量生产，以满足消费需求，且注重对产品的推销，以期达到生产制造和销售活动的统一。

毫无疑问，正是"美丽经济"和"美容文化"的有效互动，才使近代上海女性拥有了掌控美丽的机会。"美容文化"所形成的消费需求，是化妆品行业发展的土壤，而化妆品行业不断推陈出新，"美丽经济"持续扩大，又在一定程度上形成了新的"美容文化"，如此反复，化妆品工业得以持续发展。

余论：近代化妆品工业所造就的女性妆容特点

　　近代化妆品工业在上海的发展堪称迅速，整个行业持续不断的努力，就是希望能够接触到更多的消费者，从上海都市女性，到上海周边乡村妇女，甚至全国的女性、全世界的女性，都是这个行业潜在的消费者。化妆品之于女性虽不如水对于鱼儿般重要，却也是足令女性朝思暮想的商品。

　　近代上海，社会分工和职业竞争总体还是有利于男性，但职业女性的增多和自主意识的增强，使都市女性不仅仅满足于生存性消费，而且追求享受性消费。化妆品行业自觉或不自觉地都需要将女性视为消费的主体。化妆品厂商在产品命名、包装、广告宣传上需对女性有足够的理解，能够在情感上引发消费者的共鸣。

　　化妆品行业是以实现女性变美为主要诉求的行业，在整个行业的发展过程中，作为一种新型经济形态，必然有一套运行体系。女性作为消费者，就是"美丽经济"与"美容文化"之间的"连接体"，而女性妆容则是两者之间相互影响的集中体现。

　　首先，女性妆容具有社会性。任何个体都不可能脱离社会而孤立存在，化妆品塑造出的女性"美"也符合这一规律。自古代起，各地女性所持有的审美标准就有着很大的差别，这些差异主要受人类本身从祖先那里承继下来的肤色、发质、服饰、宗教等的影响。如"阿拉伯女性会把自己的手指甲和脚趾甲涂成红色，眉毛涂成黑色，而嘴唇则涂成蓝色……日本女性给自己镶上满口金牙，而东西印度群岛上的人们则干脆把牙齿涂成红色……希望自己在他人眼中拥有无敌魅力的印度女性会给自己全身抹上红花、姜黄和油膏……现代波斯人对红发深恶痛绝，土耳其人则对红发有着狂热的偏好。中国人喜欢圆圆小小的眼睛，女孩子们总是时不时地打理一下自己的眉毛，让它们看上去如同一弯细长的弦月"①。即便同属中国，北京的妆饰和上海的妆饰也有差别。晚清时期，京师妇女多承接旗俗，涂脂抹粉时喜用胭脂，无论老少妍媸，咸厚涂脂粉，面颊猩红，"胭脂如血"，以为美观。上海妇女虽曾仿效，但是上海属于季风性、海洋性气候，厚重的脂粉终是不适合，上海女性慢慢找到了适合自己的淡雅装扮。

其次，女性妆容具有时代性和个体性的特点。装扮往往伴有时代的特性，唐朝人文璀璨、六宫粉黛竟美争妍，化妆则浓艳；宋代民风保守，女子妆容亦素洁。清代女子妆容在宫廷和民间有很大的不同，宫廷妆虽是以艳丽为主，然民间妆则多素净。到了20世纪20年代时，女子受妇女解放运动的影响，又转而崇尚简约、中性的妆容。女性消费水平和审美标准的差异，也决定了女性可以在不脱离时代的大背景下，根据自身意愿，依据市场提供的化妆品来打扮自己。市场既为女性提供了奢侈类化妆品，又为女性提供了清洁类日常用品。但化妆品对于都市女性而言，多是追求摩登和身份的一种手段，故奢侈类化妆品的消费，自然颇多。而对于周边乡镇女性而言，经济条件决定了其无力购买奢侈类的妆饰品，她们使用较多的，多是清洁类的日用品。

最后，女性妆容具有时尚性。化妆品与时尚和社会名望之间具有密不可分的联系，就是这些产品主要聚集在上海都市的深层原因。近代，因为电影业和摄影的兴起，女明星受到社会追捧，其化妆后的造型也深深地影响到社会大众，成为审美观最强力的传播者。如影星杨耐梅以作风大胆著称，无论在银幕上还是在现实生活中，她都表现大胆，奇装异服，招摇过市，难免让人另眼相看。"当时国内女星化妆着重于表现脸部柔和神态、晕红的双颊及樱桃小嘴，配合细长且尾部略往上挑的眉型，展现出温婉之美"②，上海女性纷纷仿效。又如胡蝶的衣服，多由上海鸿翔时装公司量身定做，设计师为了紧跟最新流行趋势，也常到影院观察电影明星和时髦女郎的穿戴与妆饰。化妆品厂商总是在推崇女性的"标准气质"，而这种标准对于绝大多数女性来说是很难达到的，广

---

① ［美］杰弗瑞·琼斯：《美丽战争：化妆品巨头全球争霸史》，王苗、顾洁译，清华大学出版社2014年版，第5—6页。

② 李秀莲：《崇尚简约、中性的二十年代妆容——近代妆容史话之二》，《中国化妆品（时尚）》2004年第1期。

告于是不断暗示唯有通过不断购买厂商所销售的化妆品，才能接近所谓的"标准气质"。

由上所述，我们可知道近代女性的妆容风尚是"美丽经济"与"美容文化"相互作用而产生的，同时这也是女性自主选择的结果。"而当女性开始拥有一些代言人，并且能够成为拥有独立选择权的消费者，开始让自己从依附于男性转变成为独立的个体，能够自主决定应该购买什么东西，应该看上去什么模样的时候，这个行业确实呈现出了近代化的趋势。"①

科技在发展，思想在进步，但是女性追求美、追求自信、追求时尚的目标，却不会改变，近代化妆品行业的发展过程，就是一部经济史和文化史的互动过程，也是一部女性的妆容变迁史。

---

① ［美］杰弗瑞·琼斯：《美丽战争：化妆品巨头全球争霸史》，王苗、顾洁译，清华大学出版社 2014 年版，第 292 页。

附　　录

区域	厂名或公司名	地址	经手人
闸北区	章林记香精号厂	宝山路会文路 59	章林生先生
	香亚公司厂	香山路中市	林泽彤
	兄弟工业社	香山路中市 266	牟月秋
	永和实业社厂	宝兴路公兴桥西	叶钟廷
	祥生香品公司	宝山路联珠里 17	
	香群公司	恒丰路崇德里	
	美生公司	蒙古路肇和里 1 号	
	永生化妆品公司	中兴路崇明路 57	
	中国新建公司	大通路太阳庙后	
	丽叶香品社	香山路止园口	樊人贤
	华商化工社	虬江路 191 华兴 8 号	王光辉
	新华工业社	宝兴路	
	新康化学药厂	共和新路	
	民生化工社	大通路宗裕里 709	
	上海商行化工社	永兴路安康里 48	陈玉清
	好友实业社	宝山路联珠里 12	
	兰我化工社	虬江路 142	郑少常
	好华工艺厂	宝昌路 1514	
	国华化学制药厂	虬江路 191	
	老勤化妆品厂	中兴路 854	

续表

区域	厂名或公司名	地址	经手人
公共租界虹口北区	大陆药房栈房	篷路 987	
	中法药房总发行所	北京路芝罘路西口	
	金锠厂——粉币	文监师路浙江路祥麟里	
	日新化学工艺社	北四川路横滨桥敦礼里 24	
	南洋化学工业社	北泥城桥长吉里	
	明和工厂	山西路七浦路怀德里	
	南洋化工社	北西藏路 60	
	三友工业社	七浦路 581	童恂恢
	有华实业社	界路 159	
	科学工业社	海宁路渭安坊 2135	
	明明化学药厂	北四川路 1645	与公达药房联
	明华公司	七浦路顺庆里 560	
	乾生化学公司	浙江路 656 厂在：嘉兴路桥塅 1520 号	蔡章成
	恒裕公司	北苏州路 230	陈朝佐
	天济炳记公司	福建路 808	
	乐安化妆品公司	山西路七浦路顺庆里	
	苏华药房	东有恒路梧州路口	
	金鹰大药房	四川路 233 号	
	上海科学贸易行	北浙江路底	
公共租界中区	广生行	南京路石路口	林炜南
	香亚公司	南京路 435	
	中国化学工业社	河南路 444 厂：小沙渡	
	先施化妆品部	天津路 332	
	五洲大药房	四马路河南路	
	中西法记大药房	福州路 85	
	大陆药房	五马路 517	
	中法药房	汉口路湖北路角 107	

续表

区域	厂名或公司名	地址	经手人
公共租界中区	久大精盐公司	北京路 145	
	孔雀化工社业	江西路 62	
	冠亚实业社	广东路 5 号	
	锟记牙粉公司	北京路 491	
	老德记药房	六马路 100	
	南洋药房	南京路虹庙隔壁	
	老仁济药房	麦家圈	
	集成药房	南京路抛球场	
	太和药房	福州路 526	
	华美药房	福州路昼锦里角	
	华英药房	福州路 119	
	中英药房	福州路河南路 448	
	中南药房	福州路 42 号	
	大华药房	福州路山东路东	
	中外药房	广东路河南路西 69	
	宝威大药房	香港路 5 号	
	人寿医药室	山西路 225	
	明明化学药厂	广东路河南路西 69	
	亚洲实业公司发行所	二马路山西路延康里 302	
	鸿生公司	博物院路	
	仙福公司	博物院路德裕里 20	孙良有
	正义实业公司	南京路江西路民昌里 263	
	中国荣康公司	贵州路 152	
	香华公司	东唐家弄 375	
	华海公司	山东路麦家圈	
	爱根生公司	四马路昼锦里	
	陈嘉庚公司	河南路山东路金寿里内	
	中国化妆公司	棋盘路泗泾路口	

续表

区域	厂名或公司名	地址	经手人
公共租界中区	可达公司	广东路 A39	
	根生化学厂	安仁街 26	薛一鸣
	中华第一厂	仁记路 25	潘三省
	民生工业社	劳合路德鑫里	
	远东化学社	河南路 62 号	
公共租界东区虹口	华兴贸易公司	武昌路静宜里 245	
	中央药房	兆丰路华德路	
	馨茂化妆品厂	兆丰路岳州路东	
	永盛薄荷有限公司	麦克利克路 80 号	
	美龙香料药品公司	华德路麦克利克路	
	新亚化学制药厂	牯岭路 17—白克路 24 号洋房	
	南洋家庭工艺社	新闸路大统路新康里	
	太平洋化学工艺社	派克路 694	
	中华实业公司	白克路三多里 705	
	德成公司	新闸路天通庵路	
	美生公司	新闸路成都路 1463	
	顺道化妆公司	新闸路大通路斯文里	叶天正
	南瀛公司	新闸路斯文里 178	李润
	久大公司	牯岭路支店：新北门福佑路中	
	大东工业社	新闸路鸿福里 145	
	新中华实业社	新闸路福康里 643	
	曼丽化学厂	新大沽路 473	
	中国化学工业社厂	槟榔路	
公共租界南区（法界）	家庭工业社	南阳路 429—437	
	永和实业社	老北门民珠街 56	
	五洲固本厂	徐家汇谨记桥南塥	
	九星公厂	长滨路公陞南里吴校里	
	次罗药房	葛罗路	

续表

区域	厂名或公司名	地址	经手人
公共租界南区（法界）	延龄西药社	恺自迩路嵩山路西唯善里 4 号	
	华盛实业社	南阳桥新乐里 8 号	
	天香化学工业社	南阳桥太平里 2 号	
	五友化工社	巨籁达路同康里	
	天和实业社	老北门潘家弄 48	
	明星化学社	老北门晏海陆 10 号	
	吉星化工社	汤恩路 6 号	叶钟廷
	华南化工社	南阳桥白尔安纳金路福裕里 25	
	午安公司	南阳桥茄勒杨路永兴里	
	美林化妆公司	南阳桥白尔路裕福里 25	潘五和
	永安福记公司	法大马路 409	
	大昌公司	南阳桥振华里 109	
	基诚公司	辣斐德路 188	
	源和物产化妆厂	法大马路德善里	
	科学工艺社工厂	菜市路菜市场	徐亚馨
	中华协记化妆品厂	新北门大康里	方子钧
	太仓耀华薄荷厂	带钧桥南麦底安陆 135	
城内与南市	家庭工业社厂	南市梅雪路方厅西首	
	亚洲实业社厂	城内青莲街晋昌里	
	冠亚实业社	小南门外留云阁	
	上海女子工业社	西门外太平路方板桥粗鹿里	
	亚秋实业公司	老北门苍旧街恒德里 5 号	牟月秋
	严大生制药公司	万聚码头	
	红梅化妆品公司	肇嘉路兰发里	
	美星公司	西门计家弄吉祥坊 1 号	徐桐柏
	美美行化学工业社	肇嘉路宝隆路 27	孙炳章
	中华国货出品社	西门肇滨路	
	东方化工社	尚文门外大林路瑞康里 4 号	陶伯千

续表

区域	厂名或公司名	地址	经手人
城内与南市	三和工艺社	九亩田	
	宝丹制药公司香妆部	西门外唐家湾 160	
	协昶洋行	汉口路 9 号	郭幹甫张树武
	锡尔康公司	南京路民昌里	叶家恺
	馥华洋行	博物馆路 20	叶宗恺

附表二　　　20 世纪 30 年代部分上海外国之化妆品公司

厂名或公司名	地点	经手人
仁利洋行	江西路 9 号	华经理葛星南
联达洋行	仁记路 25	冯兆熊
平奇洋行	南京路沙逊房子	大班粉川氏
瑞宝洋行	河南路 8 号	
任博洋行	四川路 29	
宝多洋行	爱多亚路 39	
活脱生洋行	南京路 16	
新华洋行	交通路 131	
兴业洋行	恺尔自路 29	
新惠洋行	江西路 367	
老晋隆洋行	博物馆路 22	
德商美最时洋行	九江路 19	
怡昌洋行	广东路 3 号	
孔士洋行	四川路 29 号	
威厘洋行	四川路 227	
咪吔洋行	广东路 16 号	
先灵洋行	香港路 4 号	
薛鲁敦药行	九江路 19	
礼和洋行	四川路 222	

续表

厂名或公司名	地点	经手人
祥茂洋行	广东路 2 号	
福克公司	仁记路 2 号	
寰珠香料公司	吕班路 128	
英国西药进口公司	西上麟五马路口	徐达
派德制药公司	圆明园路 6 号	
华海公司	江西路 128	
德商鲁麟公司	江西路 452	
利华公司	天主教堂街 56	
美纽约威廉华纳公司	广东路 3 号	
棕榄公司	广东路 3 号	
赫德纳公司	广东路 3 号	
卜内门洋碱有限公司	四川路 41	
美狄根有限公司	江西路 6 号	
大美药房	南京路 81	
科发药房	南京路 120	
亿利登药品厂	江西路 451	

参考文献

一　档案

上海市档案馆藏：

B94－1－43－23　关于化妆品甲、乙类规定不一的报告

B94－1－43－27　关于化妆品甲、乙类征税应以现行规定税目、税率为标准的指令

D2－0－2653－7　从化妆品的输入说起

D2－0－3046－79　妇女国货年中之舶来化妆品的畅销

Q1－12－1372　上海市政府有关化妆品工会呈请禁止外来化妆品出售文件

Q6－34－206　上海市化妆品业公会整理事与社会局往来文书

Q202－2－411　上海市工业协会限额进口原料调查表

Q242－1－829　上海化妆品业调查录

Q275－1－1944　上海商业储蓄银行有关化妆品业调查资料

Q434－1－204　财政部上海货物税局关于化妆品补税问题化妆品工业公会等来往文书

Q434－1－206－15　上海货物税局关于核定永和实业公司及美迪厂各项化妆品税额表问题与税务署及上海市化妆品同业公会的往来文件

Q434－1－206－74　上海货物税局就核定明星香水厂等化妆品税额表问题与税务署及上海化妆品工业同业公会的往来文件

Q434－1－456　财政部上海货物税局关于化妆品类各厂征免范围稽征规则及调整税价等问题的训令

Q434－1－457　财政部上海货物税局关于化妆品目征免范围及贴证规定等问题的训令

Q434－1－458　财政部上海货物税局关于化妆品目逐期税额表及令文

Q434－1－540　财政部上海货物税局关于化妆品类稽征规则等重份

文件

Q6 - 7 - 198　上海市社会局关于中兴化妆品厂工人要求停工工资问题

Q6 - 7 - 382　上海社会局关于广生行股份有限公司要求改善待遇和补
　　　　　　　发实物津贴文件

Q6 - 7 - 830　上海市社会局有关广生行定期契约

Q6 - 8 - 2521　上海市总工会劳资纠纷和解笔录

Q6 - 8 - 2750　上海市社会局关于香兰化妆品厂年赏、工资、复工问题
　　　　　　　文件

Q6 - 8 - 3368　上海市社会局关于中兴行化妆品厂之调整待遇、停工等
　　　　　　　纠纷的文件

Q6 - 31 - 394 - 10　指导人民团体组织总报告表

Q90 - 1 - 940　立信会计师事务所关于上海同德堂香亚化妆品药品公司
　　　　　　　账目审查、代办企业注册、商标注册等文件

R1 - 7 - 564　日伪上海特别市政府关于中央颁行之糖类及化妆品类临
　　　　　　　时特税暂行条例的文件

R13 - 1 - 774 - 1　实业部关于香港先施化妆品有限公司申请在上海设
　　　　　　　立支店的训令

R13 - 1 - 1842 - 1　雅滴化妆品厂股份有限公司申请登记、经济局呈批
　　　　　　　函、实业部令

R14 - 1 - 122 - 1　新生香品庄等五户化妆品店呈上海特别市社会局的
　　　　　　　《商业登记呈请书》及该局的《商业登记调查报告》

S86 - 1 - 1　上海市化妆品业同业公会第二次改选大会特刊

S86 - 1 - 2　明星香水厂等联名发起筹组"上海市华商化妆品制造业同
　　　　　　业公会"呈伪经济局的报批文件

S86 - 1 - 24 - 12　上海市化妆品工业同业公会八一三事变后第三届理监
　　　　　　事名单

S86 - 1 - 24 - 18　上海特别市化妆品业同业公会现任理监事名单

S86 - 1 - 31　上海市化妆品工业同业公会会员实况调查表

S86 - 1 - 33 - 2　上海市化妆品工业同业公会会员入会申请书

S86 - 1 - 35　上海特别市化学工业品业同业公会会员出席代表委托书

S86 - 1 - 36　上海市化妆品业同业公会整理委员会登记表

S86 - 1 - 38 - 1　上海市化妆品业同业公会1946年会员名录

S86－1－38－62　上海市化妆品工业同业公会第一届会员名册

S86－1－41　上海市日用化学品工业同业公会对开征化妆品临时特税事要求税局核减税率并询问工部局在租界内是否可行的来往文件

S86－1－44－5　上海市化妆品业厂商缴纳 1940 年度营业税情况调查表

S86－1－45　上海市日用化学品工业同业公会关于化妆品已纳临时特税、要求财政部免交营业税和减低 1948 年 12 月份税额以及对所得税条文提出意见等有关文

S86－1－46　上海市日用化学品工业同业公会呈请立法院、行政院等要求将洗脸皂对卫生用品及化妆品九种一并免予重征货物税的文书

S86－1－47　上海市日用化学品工业同业公会关于化妆品类临时特税征收税额表

S86－1－54　上海市日用化学品工业同业公会呈报警察局、经济保安处的公协定价调查表和各地化妆品厂新产品报价及拟定完税价格表、化妆品类临时特税、香皂部分报税评价表、以及部份厂的价目单等

S86－1－55　上海市日用化学品工业同业公会会员厂报送协定货物出品价目表、成本计算表、经化妆品组评价会常核、并由经济局核准备案的有关文书

S86－1－57　上海市日用化学品工业同业公会各厂报送的化妆品货物税报价表

U1－6－280　上海公共租界工部局总办处关于上海市化妆品业同业公会成立及其改选情况

U38－2－599　上海法租界公董局警务处关于上海市化妆品业同业公会成立及其改选情况

Y9－1－48　化妆品工业概况

Y9－1－94－334　上海国货调查录：化妆品类

Y9－1－95－59　上海国货厂商名录

二　报刊史料

《大公报》

《东方杂志》

《妇女共鸣》

《妇女世界》

《妇女杂志》

《国闻周报》

《家庭》

《家庭良伴》

《良友》

《玲珑》

《商业月报》

《申报》

《生活》

《万象》

《益世报》

《永安月刊》

The China Weekly Review

The China Press

The North – China Herald and Supreme Court & Consular Gazette

The Shanghai Times

North China Daily News

North – China Herald

三　资料汇编

荒砂、孟燕坤主编，《上海妇女志》编纂委员会编：《上海妇女志》，上海社会科学院出版社 2000 年版。

李文海主编：《民国时期社会调查丛编·底边社会卷》，福建教育出版社 2005 年版。

上海市档案馆编：《上海档案史料研究》第 17 辑，上海三联书店 2014 年版。

上海市政协文史资料委员会编：《上海文史资料存稿汇编：工业商业》，上海古籍出版社 2001 年版。

上海特别市社会局：《上海之工业》，中华书局 1930 年版。

上海通社编：《上海研究资料》，上海书店出版社 1984 年版。

上海通社编：《上海研究资料续集》，上海书店出版社 1992 年版。

吴汉民主编：《20 世纪上海文史资料文库》第 3 辑，上海书店出版社 1999 年版。

中日贸易商品调查所：《肥皂》，中日贸易商品调查所，1931 年。

中日贸易商品调查所：《化妆品》，中日贸易商品调查所，1931 年。

四 专著

包亚明：《上海酒吧：空间、消费与想象》，江苏人民出版社 2001 年版。

陈东原：《中国妇女生活史》，上海文艺出版社 1990 年版。

陈芳：《粉黛罗绮——中国古代女子服饰时尚》，生活·读书·新知三联书店 2015 年版。

陈惠芬等：《现代性的姿容：性别视角下的上海都市文化》，南开大学出版社 2013 年版。

陈丽菲：《妆饰：审美的流动》，上海文化出版社 1997 年版。

陈梁主编：《上海摩登·上海往事》，上海锦绣文章出版社 2009 年版。

东郭先生：《妓家风月》，北岳文艺出版社 1990 年版。

冯世伦等：《历代化妆美容秘方》，山西经济出版社 1993 年版。

高福进：《洋娱乐的流入——近代上海的文化娱乐业》，上海人民出版社 2010 年版。

高翔：《近代的初曙——18 世纪中国观念变迁与社会发展》，社会科学文献出版社 2000 年版。

龚震波、王颂舒：《美容化妆品热销有绝招》，中国经济出版社 2009 年版。

郭本澜：《最新化妆品制造法》，商务印书馆 1937 年版。

何锡蓉：《另一片天地——女性伦理新论》，湖北教育出版社 2001 年版。

洪丕谟：《走进女性世界》，中国国际广播出版社 2000 年版。

胡晓云主编：《世界广告经典案例》，高等教育出版社 2012 年版。

胡缨：《翻译的传说：中国新女性的形成（1898—1918）》，江苏人民出版社 2009 年版。

黄金麟：《政治与身体：苏维埃的革命与身体（1928—1937）》，台北联经出版社 2005 年版。

荒林、王红旗：《中国女性文化》，中国文联出版社 2001 年版。

黄盈盈：《身体·性·性感：对中国城市年轻女性的日常生活研究》，社会科学文献出版社 2008 年版。

黄玉涛：《民国时期商业广告研究》，厦门大学出版社 2009 年版。

黄志伟、黄莹：《为世纪代言：中国近代广告》，学林出版社 2004
　　年版。

乐正：《近代上海人社会心态》，上海人民出版社 1991 年版。

雷毓华、付小燕：《东方女性美容化妆》，农村读物出版社 1990 年版。

李长莉：《晚清上海社会的变迁——生活与伦理的近代化》，天津人民
　　出版社 2002 年版。

李长莉：《中国人的生活方式：从传统到近代》，四川人民出版社 2008
　　年版。

李婷：《广告摩登：近现代中国商业广告海报研究》，上海锦绣文章出
　　版社 2011 年版。

李秀莲：《中国化妆史概说》，中国纺织出版社 2000 年版。

李芽：《中国历代妆饰》，中国纺织出版社 2004 年版。

李芽：《中国古代妆容配方》，中国中医药出版社 2008 年版。

李芽：《漫话中华妆容》，东华大学出版社 2014 年版。

李银河：《妇女：最漫长的革命：当代西方女权主义理论精选》，生
　　活·读书·新知·三联书店 1997 年版。

连仲元、庞玉坤：《东方女性化妆美》，天津科技翻译出版公司 1990
　　年版。

林升梁：《广告折射中国社会价值观念的变迁：以 1978—2011 年四大报
　　纸广告内容分析为例》，厦门大学出版社 2014 年版。

刘悦：《女性化妆史话》，百花文艺出版社 2005 年版。

刘志琴主编：《近代中国社会文化变迁录》第 1 卷，浙江人民出版社
　　1998 年版。

楼嘉军：《上海城市娱乐研究》，文汇出版社 2008 年版。

卢汉超：《霓虹灯外：20 世纪初日常生活中的上海》，段炼、吴敏、子
　　羽译，上海古籍出版社 2004 年版。

罗苏文：《女性与近代中国社会》，上海人民出版社 1996 年版。

罗苏文：《上海传奇：文明嬗变的侧影（1553—1949）》，上海人民出版
　　社 2004 年版。

马敏、朱英：《传统与近代的二重变奏——晚清苏州商会个案研究》，
　　巴蜀书社 1993 年版。

毛秀月：《女性文化闲谈》，团结出版社 2000 年版。

欧阳洁：《女性与社会权力系统》，辽宁画报出版社 2000 年版。

彭南生：《行会制度的近代命运》，人民出版社 2003 年版。

秦其文：《中国近代企业广告研究》，知识产权出版社 2010 年版。

上海家庭工业社：《化妆品简易制造法》，轻工业出版社 1959 年版。

沈宗洲、傅勤：《上海旧事》，学苑出版社 2002 年版。

宋立中：《闲雅与浮华：明清江南日常生活与消费文化》，中国社会科
　　学出版社 2010 年版。

苏智良主编：《上海：近代新文明的形态》，上海辞书出版社 2004
　　年版。

孙燕京：《晚清社会风尚研究》，中国人民大学出版社 2002 年版。

唐振常主编：《近代上海繁华录》，商务印书馆 1993 年版。

屠祥麟、车志义：《化装品及香料制造法》，正中书局 1937 年版。

涂晓华：《上海沦陷时期〈女声〉杂志研究》，中国传媒大学出版社
　　2014 年版。

江波：《广告与消费心理学》，暨南大学出版社 2010 年版。

王镜璘：《雪花膏之理论及其制法》，中华书局发行所 1937 年版。

王敏：《从土货到国货：近代消费行为政治化与民族主义思潮》，知识
　　产权出版社 2014 年版。

汪民安：《身体的文化政治学》，河南大学出版社 2004 年版。

汪维玲、王定祥：《中国古代妇女化妆》，陕西人民出版社 1991 年版。

汪向荣：《化妆品制造》，世界书局 1944 年版。

王亚非、霍楷主编：《中国老广告设计》，冶金工业出版社 2011 年版。

魏文享：《中间组织——近代工商同业公会研究（1918—1949）》，华中
　　师范大学出版社 2007 年版。

武斌：《美丽的战争》，时代文艺出版社 2002 年版。

巫仁恕：《奢侈的女人：明清时期江南妇女的消费文化》，商务印书馆
　　2016 年版。

忻平：《从上海发现历史：现代化进程中的上海人及其社会生活
　　（1927—1937）》，上海人民出版社 1996 年版。

忻平：《全息史观与近代城市社会生活》，复旦大学出版社 2009 年版。

夏莹：《消费社会理论及其方法论导论》，中国社会科学出版社 2007
　　年版。

相宝荣：《美容与化妆品》，轻工业出版社 1988 年版。

肖子英：《化妆品学》，天津教育出版社 1988 年版。

徐安琪主编：《社会文化变迁中的性别研究》，上海社会科学院出版社 2005 年版。

徐国桢：《上海的研究》，上海世界书局 1929 年版。

徐国桢：《上海生活》，上海世界书局 1933 年版。

许纪霖、罗岗等：《城市的记忆：上海文化的多元历史传统》，上海书店出版社 2011 年版。

徐剑雄：《京剧与上海都市社会（1867—1949）》，上海三联书店 2012 年版。

徐珂：《上海商业名录》，商务印书馆 1918 年版。

许南亭、曾晓明：《中国服饰史话》，轻工业出版社 1989 年版。

严昌洪：《20 世纪中国社会生活变迁史》，人民出版社 2007 年版。

杨剑龙：《都市上海的发展与上海文化的嬗变》，上海文化出版社 2012 年版。

杨朕宇：《〈新闻报〉广告与近代上海休闲生活（1927—1937）》，复旦大学出版社 2011 年版。

姚霏：《空间、角色与权力：女性与上海城市空间研究（1843—1911）》，上海人民出版社 2010 年版。

虞和平：《商会与中国早期现代化》，上海人民出版社 1991 年版。

袁燮铭：《上海：中西交汇里的历史变迁》，上海辞书出版社 2007 年版。

恽福森：《香妆品制造大全》，商务印书馆 1927 年版。

张仲礼：《近代上海城市研究（1840—1949 年）》，上海文艺出版社 2008 年版。

郑言：《化妆品与美容》，山东人民出版社 1986 年版。

郑尊法：《香料及化妆品》，商务印书馆 1939 年版。

知缘村：《闻香识玉：中国古代闺房脂粉文化演变》，上海三联书店 2008 年版。

周汛、高春明：《中国历代妇女妆饰》，学林出版社 1988 年版。

朱积煊：《人造香料》，商务印书馆 1935 年版。

左旭初：《百年上海民族工业品牌》，上海文化出版社 2013 年版。

［美］安妮·霍兰德：《性别与服饰》，魏如明译，东方出版社 2000 年版。

［美］道格拉斯·凯尔纳：《媒介文化：介于现代与后现代之间的文化研究》，丁宁译，商务印书馆 2004 年版。

［美］高家龙：《中华药商：中国和东南亚的消费文化》，上海辞书出版社 2013 年版。

［美］葛凯：《制造中国：消费文化与民族国家的创建》，黄振萍译，北京大学出版社 2007 年版。

［美］贺萧：《危险的愉悦：20 世纪上海的娼妓问题与现代性》，韩敏中、盛宁译，江苏人民出版社 2003 年版。

［美］杰弗瑞·琼斯：《美丽战争：化妆品巨头全球争霸史》，王茁、顾洁译，清华大学出版社 2011 年版。

［美］卡拉·亨德森等：《女性休闲：女性主义的视角》，刘耳等译，云南人民出版社 2000 年版。

［美］李欧梵：《上海摩登：一种新都市文化在中国（1930—1945）》，毛尖译，北京大学出版社 2001 年版。

［美］琳蒂·伍哈德：《美丽的战争》，庄千慧译，晨星出版有限公司 2004 年版。

［美］罗兹·墨菲：《上海——现代中国的钥匙》，上海社会科学院历史研究所编译，上海人民出版社 1986 年版。

［美］玛丽·吉福根、菲力斯·陶奇 – 斯帕奇特：《仪表与着装》，赵燕华译，轻工业出版社 1986 年版。

［美］塞缪尔·爱泼斯坦、兰德尔·菲茨杰拉德：《化妆品的真相》，卢姝姝译，重庆出版社 2011 年版。

［美］索尔斯坦·凡勃伦：《有闲阶级论》，程猛译，北京出版社 2012 年版。

［法］阿兰·科尔班等主编：《身体的历史》，杨剑译，华东师大出版社 2013 年版。

［英］布莱恩·特纳：《身体与社会》，马海良、赵国新译，春风文艺出版社 2000 年版。

［法］达尼埃尔·罗什：《平常事情的历史：消费自传统社会中的诞生（17 世纪初—19 世纪初）》，吴鼎译，百花文艺出版社 2005 年版。

[法] 米歇尔·福柯:《规训与惩罚》,刘北成、杨远缨译,生活·读书·新知·三联书店1999年版。

[日] 池田铁作:《化妆品学》,任犀、李庄稼译,轻工业出版社1983年版。

[日] 大槻广:《香料及化妆品制造法》,曹沉思译,商务印书馆1939年版。

[日] 小泽王春:《奇妙的化妆品:介绍化妆品的正确使用》,光存译,黑龙江人民出版社1986年版。

[日] 垣原高志:《化妆品实用知识》,邬曼君译,轻工业出版社1985年版。

五　传记、文集、回忆录、年谱等

程乃珊:《上海女人》,湖南文艺出版社2014年版。

戴绪恭、姚维斗编:《向警予文集》,湖南人民出版社1985年版。

丁玲:《丁玲文集》,北京燕山出版社2007年版。

丁言昭:《丁玲传》,复旦大学出版社2011年版。

顾炳权:《上海洋场竹枝词》,上海书店出版社1996年版。

黄海波:《小资女人》,华文出版社2002年版。

《趣闻圣经》编辑部主编:《老上海的趣闻传说》,旅游教育出版社2013年版。

姚公鹤:《上海闲话》,上海商务印书馆1917年版。

郑逸梅:《艺海一勺》,天津古籍出版社1994年版。

[德] 奥托·布劳恩:《中国纪事》,现代史料出版社1980年版。

六　论文

柴勇:《从宋代奢侈消费新特征看中国古代消费制度的转变》,《保定学院学报》2008年第2期。

陈伶俐:《解读化妆品广告中的女性形象》,《科教文汇》(上旬刊)2014年第7期。

陈姝:《清末上海工商业的发展与近代城市空间的形成》,《传承》2013年第2期。

陈蕴茜:《身体政治:国家权力与民国中山装的流行》,《学术月刊》2007年第9期。

程亚丽:《从晚清到五四:女性身体的现代想象、建构与叙事》,博士学位论文,山东师范大学,2007 年。

池子华、赵双阳:《略论 20 世纪 20 年代城市女性社会形象的变化》,《文化学刊》2007 年第 4 期。

邓伍英:《论影视服饰语言对消费文化的影响》,《湖南社会科学》2014 年第 4 期。

董金平:《从权力技术到自我技术——从福柯的视角看女性美容手术的身体建构》,《武汉理工大学学报》(社会科学版)2013 年第 5 期。

段炜:《晚清至五四时期女性身体观念考》,博士学位论文,华中师范大学,2007 年。

樊卫国:《近代上海的奢侈消费》,《探索与争鸣》1994 年第 12 期。

范子谦:《论延安时期中国共产党对陕甘宁边区妇女身体与形象的塑造》,硕士学位论文,山东师范大学,2015 年。

巩天峰:《欲望空间的营造:文人士大夫的奢侈消费与明中晚期江南园林的兴盛》,《艺术学设计》2012 年第 1 期。

韩素梅:《月份牌广告的消费文化分析》,《广告大观》(理论版)2008 年第 1 期。

贺怀锴:《小视角大历史:〈申报〉视域下民初女子梳妆西方化元素研究》,《赤峰学院学报》(汉文哲学社会科学版)2016 年第 6 期。

何燕:《古代中国女性美容文化初探》,《汕头大学学报》1999 年第 4 期。

洪长晖:《国货运动中的月份牌广告与民族现代性想象》,《浙江传媒学院学报》2015 年第 2 期。

胡敏中:《消费文化与文化消费》,《北京师范大学学报》(社会科学版)2011 年第 1 期。

皇甫秋实:《中国近代卷烟市场研究(1927—1937):企业发展、消费文化、经济危机》,《中国经济史研究》2012 年第 3 期。

纪江明:《消费文化的社会意义及消费文化阶层结构的形成》,《上海管理科学》2010 年第 5 期。

蒋建国:《符号、身体与治疗性消费文化——以近代广州报刊医药、保健品广告为例》,《甘肃社会科学》2007 年第 6 期。

蒋建国:《〈上海新报〉广告与西方消费文化传播》,《新闻大学》2013 年第 1 期。

蒋建国：《晚清消费文化中的西方元素——晚清时期报刊广告与西餐消费的变迁》，《学术月刊》2013 年第 12 期。

鞠萍：《民国时期审美观与上海女性美容妆饰》，硕士学位论文，华中师范大学，2008 年。

李从娜：《〈北洋画报〉的身体史意蕴及解读》，《兰台世界》2011 年第 16 期。

李东晓：《消费文化背景下女性的客体化与主体建构》，《今传媒》2013 年第 2 期。

李忠兴：《近代上海人的社会心态》，《书城》1994 年第 8 期。

刘秋根、任欢欢：《宋代女性时尚消费》，《河北学刊》2011 年第 3 期。

刘霞：《女性化妆品消费的审美心理研究》，硕士学位论文，山东师范大学，2010 年。

刘云：《现代广告中女性身体审美观的物化倾向》，《新闻传播》2013 年第 6 期。

路宏伟：《20 世纪 20 年代—30 年代上海报刊上的化妆品广告分析》，《内江科技》2011 年第 8 期。

陆明：《上海近代中西医药交流简史》，《医古文知识》2005 年第 3 期。

马慧娟：《广告对青年女性形象的建构作用——以 20 世纪 30 年代〈申报〉图片广告为例》，《当代青年研究》2013 年第 6 期。

潘一禾：《论妇女与消费》，《浙江大学学报（社会科学版）》1998 年第 1 期。

宋玉书、刘学军：《传统文化传播与现代生活诉求的和声——民国时期月份牌广告的都市文化建构》，《辽宁大学学报》（哲学社会科学版）2016 年第 4 期。

孙梦诗：《民国上海广告的现代性特征探讨》，《江淮论坛》2015 年第 2 期。

汤跃跃、张毓雄：《我国古代奢俭消费思想及其影响》，《江苏商论》2007 年第 1 期。

王冰冰、赵翠杰：《"摩登上海"的"另类"身体——对〈良友〉画报图片中身体的考察》，《江汉大学学报》（人文科学版）2010 年第 4 期。

王春梅：《被肢解的女性——广告中的女性形象解读》，《江西社会科学》2005 年第 4 期。

王冬梅：《女性身体的疾病隐喻与政治编码》，《当代文坛》2010 年第
　　6 期。

王金阳：《民国时期女性形象的变迁》，硕士学位论文，山东大学，
　　2013 年。

王琳：《中国美容发展史略》，《河南中医药学刊》1995 年第 5 期。

王强：《以社会史眼光看〈申报〉与上海近代商人的历史性关联》，《延
　　安大学学报》（社会科学版）2003 年第 3 期。

王清洁：《淡妆浓抹皆相宜——浅析 1931 年 2 月〈申报〉的美容、化
　　妆品广告》，《知识窗》（教师版）2015 年第 1 期。

王文成：《消费文化与文化消费》，《消费导刊》2009 年第 1 期。

王雪锦：《从传播学角度分析化妆品名称文化内涵的传播》，《陕西学前
　　师范学院学报》2014 年第 6 期。

王颖、申亚萍：《从月份牌广告中的服饰元素探析女性的性别角色变
　　迁》，《新闻研究导刊》2015 年第 17 期。

王瀛培：《广告、想象与女性日常生活的更张（1915—1931）——以上
　　海〈妇女杂志〉广告为例的讨论》，《近代中国》2014 年第 00 期。

王瀛培：《"医学共荣"还是"殖民地医学"：汪伪国民政府治下的医学
　　卫生——以 1943—1945 年伪〈申报〉为中心的管窥》，《社会科学
　　论坛》2015 年第 6 期。

王虞：《消费主义下的世俗生活——浅析 20 世纪 30 年代〈申报〉化妆
　　品广告》，《新闻世界》2013 年第 6 期。

王玉庭：《〈申报〉广告与近代上海消费文化的互动》，《常州工学院学
　　报》（社科版）2013 年第 2 期。

吴果中：《从〈良友〉画报广告看其对上海消费文化空间的意义生产》，
　　《国际新闻界》2007 年第 4 期。

吴果中：《民国时期〈良友〉画报广告与上海消费文化的想象性建构》，
　　《广告大观》（理论版）2007 年第 3 期。

吴佩玲：《百货公司化妆品专柜再购行为之研究》，台湾《建国科大学
　　报》1997 年第 2 期。

夏时华：《宋代平民社会生活中的香药消费论述》，《江西社会科学》
　　2012 年第 12 期。

肖燕雄、彭凌燕:《三十年代对女性美的消费——以〈申报〉美容、化妆品广告为中心》,《湖南师范大学社会科学学报》2013 年第 2 期。

谢文雀、胡同来、林素如等:《促销活动、品牌形象、顾客满意度、再购意愿之研究——开架式化妆品实证》,《台北科技大学学报》2012 年第 1 期。

许纪霖、王儒年:《近代上海消费主义意识形态之建构——20 世纪 20—30 年代〈申报〉广告研究》,《学术月刊》2005 年第 4 期。

许淑惠、李世聪:《面相影响化妆美容产品消费行为之研究》,《数据分析》(台湾)2010 年第 4 期。

姚霏、马培:《抗战宣传画中的女性形象研究》,《妇女研究论丛》2015 年第 4 期。

张虹:《从杭州女装服饰形象与消费文化管窥中国现代女性服饰形象塑造》,《中国科技信息》2012 年第 15 期。

张剑光、张洁:《唐代长安女性消费研究》,《史林》2008 年第 5 期。

张宁:《明中后期奢侈风气形成的原因分析——以西南地区为例》,《安徽文学》2008 年第 3 期。

张旭华、罗萍:《两晋时期的奢侈性消费对社会经济的影响》,《南京晓庄学院学报》2001 年第 2 期。

张仲民、潘光哲:《卫生、种族与晚晴的消费文化——以报刊广告为中心的讨论》,《学术月刊》2008 年第 4 期。

张仲民:《补脑的政治学:"艾罗补脑汁"与晚清消费文化的建构》,《学术月刊》2011 年第 9 期。

张仲民:《当糖精变为燕窝——孙镜湖与近代上海的医药广告文化》,《社会科学研究》2017 年第 1 期。

赵方杜:《身体规训——中国现代性进程中的国家权力与身体》,博士学位论文,南开大学,2010 年。

赵国评、陈庆荣:《谈香料与化妆品》,《林业研究专讯》(台湾)2008 年第 3 期。

赵勇:《从审美文化到消费文化》,《探索与争鸣》2008 年第 10 期。

郑富元:《论人类美容史》,台湾《美容科技学刊》2012 年第 2 期。

周军:《女性化妆品消费心理及营销策略探析》,《中国集体经济》2009 年第 3 期。

周石峰:《阶层、性别与空间：民国时期崇洋消费文化的生成与传播》，《贵州社会科学》2013 年第 10 期。

朱晓伟、张红茹:《从化妆品广告看广告中女性形象异化》，《新闻世界》2010 年第 4 期。

Emina Busatlija, Mia – Berentje Land, Anne N. Mathieu, *How Could Cosmetic Companies Use Social Media in Times of Crisis*, Bachelor Thesis, Jönköping University, 2014.

Hwa Soon Yun, *Business Strategy Analysis of Domestic Beauty Business in the USA Expanding towards Emerging Asian Markets*, Master Thesis, California State University, Northridge, 2014.

Jingxuan liu, *Factors Affecting the Choice of a Cosmeitic Brand: A Case Study of Skinfood LTD*, Bachelor Thesis, Laure a – ammattikorke akoulu, 2013.

Perrine Alma DeShield, *Breaking Beauty Barriers: How the Evolution of Societal Beauty Standards Impacts the Luxury Cosmetic Industry*, Master Thesis, Savannah College of Art and Design, 2014.

Silvia Menendez, *Deceptive Advertising in the Cosmetic Industry*, Master Thesis, Roskilde University, 2014.

后　记

这本书得以出版，我要特别感谢恩师魏文享教授，魏老师不仅引领我步入经济—社会史的研究之途，且他严谨的治学态度、虚怀若谷的学者风范，亦使我深受感染。正因为有他的理解和支持，我得以按照自己的意愿选择近代上海化妆品业为博士研究论题，也正是因为有他的信任和鼓励，这本书稿才得以完成。本书出版也得到华中师范大学"桂子学者"名师计划部分经费支持。

每当想起写作这本书稿时，师长、家人、朋友给予我的鼓励、支持和帮助，都会让我深深感动。感谢华中师范大学中国近代史研究所里的诸位老师，感谢他们在我学习、生活中给予的指导和支持。感谢本专业的朋友给予的关心和帮助。当然，亦要感谢我的爱人，自始至终都是我的坚强后盾。

最后，感谢中国社会科学出版社给了拙作得以面世的机会。

张鑫

2023 年 4 月